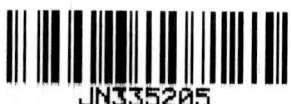

Legal Progressive Series

12

リーガル・プログレッシブ・シリーズ

民事再生

佐村浩之
内田博久
〔編著〕

青林書院

はしがき

民事再生手続は，経済的苦境にある債務者が，債権者の多数の同意を得，裁判所の認可を受けた再生計画を定めること等によって債務者と債権者との間の民事上の権利関係を適切に調整し，その事業又は経済生活の再生を図ることを目的とする手続である。再建型の倒産処理手続の一つとして，平成11年に制定されたものであり，比較的新しい制度であるとともに，その理解には，倒産処理の基本ともいえる破産法や，類似制度である会社更生法などの知識も必要となることから，その習得は，手続法としての取り付きにくさもあって，必ずしも容易なものではないように思われる。

民事再生法の体系書や基本書は，これまでもいくつもの優れたものが刊行されてきたところであるが，本書は，リーガル・プログレッシブ・シリーズの編集方針に従い，法科大学院生や，司法修習終了後日が浅い若手の法律実務家が民事再生法を学ぶことを念頭に置いて，民事再生法の基本的事項を実務の実情に即して解説しようとするものである。執筆者は，いずれも東京地方裁判所民事第20部（破産事件と民事再生事件を担当する。なお，会社更生事件については，民事第８部が担当している。）に同時期に在籍して破産及び民事再生の実務に精通しており，本書の企画に賛同して執筆を担当することとなったものである。

本書の執筆にあたって留意したことは，以下のとおりである。

まず，講学と実務とを架橋する体系書とすべく，制度の概要と実務における手続の流れの双方が平易にイメージできるものを目指したことである。法科大学院生や再生事件を手掛けた経験の少ない実務家などが，民事再生法の基礎知識にいまだ乏しい状態であっても，独力でストレスなく理解でき，通読も可能な内容，分量とすることを心がけた。そして，基礎的な論点はなるべく盛り込むようにし，今日的な論点も無理のない範囲で触れることとした。

また，制度の説明に関しては，実務家が執筆することから学術的な掘り下げに限界はあるものの，整理してわかりやすく説明するように努めた。他方，実務の紹介は，制度の基礎的学習に必要十分な範囲とすることとし，執筆者が携わった東京地方裁判所における運用を中心として，可能な範囲で全国的な運用状況も紹介するようにした。

ただ，紙幅の関係から，否認権，法人役員に対する損害賠償請求権の査定の制度，債務者複数の場合における再生債権の取扱い（民再86条２項）などについては，破産法と共通する部分の説明を基本的に省略することとし，また，外国の倒産処理手続との関係（民再207条以下）及び罰則（民再255条以下）についての説明も省略した。

なお，執筆者それぞれの内容，表現などについては，可能な限り議論をするとともに，編集者においてできるだけ統一を図るようにした。したがって，本文中には執筆者名がその担当部分の末尾に付記されているが，内容はこうした議論を経たものである。

本書は，執筆者らが東京地裁民事第20部に在籍した当時に企画され，分担を決定したものの，その後全員が異動し，執筆や編者における取りまとめも難渋を余儀なくされ，編集作業も当初の予定を大きく遅れることとなってしまった。また，実務の運用は，日々，改善のために変更を繰り返しているところであり，その間東京地方裁判所における運用の変更点もあることから，鹿子木康部長をはじめとする現在の東京地裁民事第20部の方々にもご教示をいただいたところであり，深く感謝を申し上げたい。そして，本書が民事再生法を学ぼうとする方々の一助となれば，望外の喜びである。

最後になるが，本書の刊行に漕ぎつけるまでを支えていただいた青林書院編集部の長島晴美さんには，この場を借りて厚くお礼を申し上げたい。

平成26年６月10日

編　集　者

佐村　浩之

内田　博久

執筆者紹介

編 集 者

佐 村　浩 之（さむら　ひろゆき）

【第１章，第11章，第12章，第14章】

和歌山地方・家庭裁判所長

［平成20年４月～21年12月　東京地方裁判所民事第20部（破産再生部）勤務］

内 田　博 久（うちだ　ひろひさ）

【第１章，第２章Ⅵ，第３章，第５章Ⅸ５，第６章Ⅶ，第７章Ⅲ，第８章Ⅴ，第９章，第10章，第17章Ⅰ・Ⅱ７・８(2)(3)・９・Ⅲ６～８】

東京高等裁判所判事

［平成19年４月～22年３月　東京地方裁判所民事第20部（破産再生部）勤務］

執 筆 者

島 岡　大 雄（しまおか　ひろお）

【第２章Ⅰ～Ⅴ・Ⅶ，第５章Ⅸ１～４，第７章ⅠⅡ・ⅣⅤ，第８章Ⅰ～Ⅳ，第13章，第15章】

大阪高等裁判所判事

［平成20年４月～23年３月　東京地方裁判所民事第20部（破産再生部）勤務］

五十嵐　章裕（いがらし　あきひろ）

【第４章，第５章Ⅰ～Ⅷ，第６章Ⅰ～Ⅵ】

東京地方裁判所判事

［平成19年４月～22年３月　東京地方裁判所民事第20部（破産再生部）勤務］

石 井　芳 明（いしい　よしあき）

【第16章，第17章Ⅰ・Ⅱ７・８(2)(3)・９・Ⅲ６～８】

盛岡地方裁判所判事

［平成20年７月～22年３月　東京地方裁判所民事第20部（破産再生部）勤務］

古 谷　慎 吾（ふるや　しんご）

【第17章Ⅱ１～６・８(1)・Ⅲ１～５】

横浜地方裁判所相模原支部判事

［平成20年４月～23年３月　東京地方裁判所民事第20部（破産再生部）勤務］

（執筆順，肩書きは執筆当時）

凡　例

1．用字・用語等

本書の用字・用語は，原則として常用漢字，現代仮名づかいによったが，法令に基づく用法，及び判例，文献等の引用文は原文どおりとした。

2．関係法令

関係法令は，原則として平成26年５月末日現在のものによった。

3．本文の注記

判例，文献の引用や補足，関連説明は，脚注を用いた。法令の引用，例示などは，本文中にカッコ書きで表した。

4．法令の引用表示

本文解説中における法令条項は，原則としてフルネームで引用した。

カッコ内における法令条項のうち主要な法令名は，後掲の「主要法令略語表」によった。

5．判例の引用表示

脚注における判例の引用は，原則として次のように行った。その際に用いた略語は，後掲の「判例集等略語表」によった。

（例）　平成23年12月15日最高裁判所判決，最高裁判所民事判例集65巻９号3511頁

→　最判平23・12・15民集65巻９号3511頁

平成16年８月16日東京高等裁判所決定，判例時報1871号79頁

→　東京高決平16・８・16判時1871号79頁

6．文献の引用表示

脚注中に引用した文献について，頻出する文献は略語を用いて引用し，その際用いた略語は，後掲の「主要文献略語表」によった。それ以外のものについては，著者（執筆者）及び編者・監修者の姓名，『書名』（「論文名」），巻数又は号数（掲載誌とその巻号又は号），発行所，刊行年，引用（参照）頁を掲記した。

主要な雑誌等は後掲の「主要雑誌等略語表」によった。

主要法令略語表

会更	会社更生法	独禁	私的独占の禁止及び公正取引の確保に関する法律（独占禁止法）
会更規	会社更生規則	特許	特許法
会社	会社法	破	破産法
仮登記担保	仮登記担保契約に関する法律	非訟	非訟事件手続法
企担	企業担保法	民	民法
商	商法	民再	民事再生法
税徴	国税徴収法	民再規	民事再生規則
税通	国税通則法	民執	民事執行法
地税	地方税法	民執規	民事執行規則
仲裁	仲裁法	民訴	民事訴訟法
動産債権譲渡特	動産及び債権の譲渡の対抗要件に関する民法の特例等に関する法律	民訴規	民事訴訟規則
		労基	労働基準法
		労契	労働契約法

判例集等略語表

最	最高裁判所	民集	最高裁判所民事判例集
高	高等裁判所	裁判集民	最高裁判所裁判集民事
地	地方裁判所	判時	判例時報
判	判決	判タ	判例タイムズ
決	決定	金判	金融・商事判例
支	支部	金法	旬刊金融法務事情

主要文献略語表

一問一答・　→深山卓也＝花村良一＝筒井健夫＝菅家忠行＝坂本三郎編『一問一答民事再生法』（商事法務，2000）

一問一答個人再生・　→始関正光編著『一問一答個人再生手続』（商事法務，2001）

一問一答破産法・　→小川秀樹編著『一問一答新しい破産法』（商事法務，2004）

伊藤・　→伊藤眞『破産法・民事再生法〔第２版〕』（有斐閣，2009）

伊藤・更生法・　→伊藤眞『会社更生法』（有斐閣，2012）

伊藤・倒産処理手続と担保権・　→伊藤眞「倒産処理手続と担保権―集合債権譲渡担保を中心として」ＮＢＬ872号（2008）

伊藤ほか・〈座談会〉商事留置手形・　→伊藤眞＝岡正晶＝村田渉＝山本和彦「〈座談会〉商事留置手形の取立充当契約と民事再生法との関係」金法1884号（2009）

個人再生の手引・　→鹿子木康＝島岡大雄編／東京地裁個人再生実務研究会著『個人再生の手引』（判例タイムズ社，2011）

最新実務会更・　→東京地裁会社更生実務研究会編『最新実務会社更生』（金融財政事情研究会，2011）

最新実務解説一問一答・　→園尾隆司＝山本和彦＝中島肇＝池田靖編『最新実務解説一問一答民事再生法』（青林書院，2011）

再生論・　→伊藤眞＝門口正人＝園尾隆司＝山本和彦編『時代をリードする再生論―松嶋英機弁護士古稀記念論文集』（商事法務，2013）

佐藤ほか・　→佐藤歳二＝山野目章夫＝山本和彦編『新担保・執行法講座第４巻』（民事法研究会，2009）

実務と理論・　→事業再生研究機構編『民事再生の実務と理論』（商事法務，2010）

詳解再生法・　→福永有利監修／四宮章夫＝高田裕成＝森宏司＝山本克己編『詳解民事再生法　第２版』（民事法研究会，2009）

条解再生法・　→園尾隆司＝小林秀之編『条解民事再生法〔第３版〕』（弘文堂，2013）

条解破産法・　→伊藤眞＝岡正晶＝田原睦夫＝林道晴＝松下淳一＝森宏司『条解破産法』（弘文堂，2010）

新・裁判実務大系㉑・　→門口正人＝西岡清一郎＝大竹たかし編『新・裁判実務大系㉑会社更生法 民事再生法』（青林書院，2004）

新注釈民事再生法(上)(下)・　→才口千晴＝伊藤眞監修／全国倒産処理弁護士ネットワーク編『新注釈民事再生法(上)(下)〔第２版〕』（金融財政事情研究会，2010）

須藤・　→須藤英章編著『民事再生の実務』（新日本法規，2005）

通常再生の実務・　→全国倒産処理弁護士ネットワーク編『通常再生の実務Ｑ＆Ａ120問』（金融財政事情研究会，2010）

手続と監督委員・　→民事再生実務合同研究会編『民事再生手続と監督委員』（商事法務，2008）

道垣内・　→道垣内弘人『現代民法Ⅲ担保物権法〔第３版〕』（有斐閣，2008）

倒産法概説・　→山本和彦＝笠井正俊＝沖野眞已＝水元宏典＝中西正『倒産法概説〔第２版〕』（弘文堂，2010）

西岡ほか・　→西岡清一郎＝鹿子木康＝桝谷雄一編／東京地裁会社更生実務研究会著『会社更生の実務(上)』（金融財政事情研究会，2005）

西・留置権及び非典型担保・　→西謙二「民事再生手続における留置権及び非典型担保の扱いについて」民事訴訟雑誌54号（2008）

破産管財の手引・　→鹿子木康＝島岡大雄編／東京地裁破産実務研究会著『破産管財の手引〔増補版〕』（金融財政事情研究会，2012）

破産・再生の実務〔第３版〕(下)・　→東京地裁破産再生実務研究会編『破産・民事再生の実務（民事再生・個人再生編）〔第３版〕』（金融財政事情研究会，2014）

松下・入門・　→松下淳一『民事再生法入門』（有斐閣，2009）

民事再生の手引・　→鹿子木康編／東京地裁民事再生実務研究会著『裁判実務シリーズ４民事再生の手引』（商事法務，2012）

村田・取立委任手形の商事留置権・　→村田渉「民事再生手続における取立委任手形の商事留置権の取扱い」金融法務事情1896号（2010）

主要雑誌等略語表

ＮＢＬ	ＮＢＬ	判タ	判例タイムズ
最判解民	最高裁判所判例解説民事篇		

目　　次

＊この目次は，本文中の見出しのうち，目次に掲げる必要性が低いものの掲載を省略してまとめたものです。

第２章　再生手続の機関　29

第12章 再生計画成立後の手続――――――――――――――――357

第13章 再生手続の廃止と再生計画の取消し――――――――369

第 1 章

民事再生手続の特色

民事再生手続は，どのような特色を持つ手続で，どのように進行するのだろうか。本章では，民事再生手続の特色や，その進行の概要について説明する。

I　民事再生手続とは

1．民事再生手続の位置づけ

倒産状態とは，債務者が経済的に破綻し，支払うべき債務を一般的，継続的に支払うことができなくなった状態をいう[1)]。倒産処理手続とは，債務者がこのような状態に陥り，あるいは陥るおそれが生じた場合に，法律関係を適切に整理，処理するための手続である。

現行法制上の倒産処理手続としては，破産手続，特別清算手続，民事再生手続，会社更生手続の４つが挙げられる[2)]。

これらの倒産処理手続は，一般に，「清算型」と「再建型」の２つのタイプに分類される。破産手続と特別清算手続では，手続の中で債務者の財産関

1）　倒産法概説・２頁。

2）　民事再生手続と再生手続，会社更生手続と更生手続は，それぞれ同じ意味である。本書では基本的に後者の表現を使うが，制度間の比較をする場面などでは，区別しやすいように前者の表現を使うことがあり，本章では主に前者を用いることとする。

係がすべて清算され，その経済的主体としての実体が解体される。このような倒産処理手続は，「清算型」と呼ばれる。これに対し，民事再生手続と会社更生手続は，債務者の財産関係の清算を必ずしも行わず，その事業や経済活動の再生を目指す手続である（民再1条，会更1条）。このような倒産処理手続を，「再建型」と呼んでいる。会社更生手続と民事再生手続を比較すると，前者は株式会社のみが対象であり，主に大規模な会社の事業の再生を想定した複雑な手続であるのに対し，後者は対象となる債務者を限定せず，中小企業や個人の債務者も対象としたより簡易な手続だという違いがある。

手続追行等の主体に着目すると，破産手続と会社更生手続においては，債務者の財産の管理処分権が債務者から剥奪されて裁判所が選任した管財人に専属し，この管財人が中心となって手続を進行させる。こうした倒産処理手続のあり方は，「管理型」と呼ばれる。これに対し，民事再生手続においては，手続が開始されても原則として債務者は財産の管理処分権及び事業の遂行権を失わず，引き続き事業を継続させながら自ら中心となって手続を追行する。このような倒産処理手続のあり方は，一般に「DIP 型」と呼ばれている[3]。特別清算手続でも同様に，管財人は選任されず，債務者会社の従前の経営者が清算人として清算業務を行う[4]。

以上を簡単に図示すると，■図表1－1のようになる。

■図表1－1　倒産処理手続の分類

	清算型	再建型
債務者自身が業務を遂行	特別清算手続	民事再生手続
管財人が業務を遂行	破産手続	会社更生手続

このように，民事再生手続は，「再建型」かつ「DIP 型」の手続として位置づけられるものであるが，では，さらに進んで，民事再生手続とは具体的

3）「Debtor In Possession」（占有継続債務者）の頭文字をとったものである。

4）「DIP 型」という呼称は通常，民事再生手続に対して用いられるが，手続追行等の主体を基準とするならば，特別清算手続もこのタイプに分類することができる。倒産法概説・27頁。

にどのような特色を持ち，実際にどのようなことを行う手続だろうか。これについては，民事再生手続の倒産処理制度の中での位置づけに即して，その倒産処理手続としての特色，再建型手続としての特色，会社更生手続との比較における特色を，それぞれ指摘することができるであろう。以下，このような視点から，民事再生手続の特色を，もう少し具体的に見ていくこととする。

２．倒産処理手続としての特色——個別的権利行使の禁止と平等弁済

債権を有する者は，判決等の債務名義を取得したうえでその内容を強制的に実現することができ，そのための法制度として，強制執行制度が民事執行法等で定められている。しかし，すべての債務の支払が困難になると，債務者が自己の利益のために財産を隠匿したり，一部の債権者に対してのみ支払をしたりするおそれが出てくる。また，債務の支払が困難になったとの事実が外部に知れると，債権者は債務者に対して我先に支払を求めるようになり，いわば「早い者勝ち」「強い者勝ち」の状況が生じ，無理な支払の強要などの違法，不当な行為が行われるおそれも生じてくる。このような状況になれば，債務者の財産が散逸し，かえって総債権者への支払が減少することとなるし，債務者の経済的な立ち直りも困難となる。

このように債務者が倒産状態に陥った場合，あるいは陥るおそれが生じた場合に，すべての債権者に対して，平等に，少しでも多くの弁済をすることが，倒産処理制度の目的である。また，立ち直るべき債務者を経済的に立ち直らせることも，その目的となる。これらの目的を達成するためには，そのための基盤となる債務者の財産を保全し，増殖させなければならない。

そこで，倒産処理手続においては，一般に，手続が開始されると，強制執行などの債権者の個別の権利行使や，所定の手続を経ない債務者の弁済等の行為が禁止される（民再39条１項・85条１項，破42条１項・100条１項，会社515条１項・537条，会更47条１項・50条１項）。このようにして，不平等な債務の弁済が行われることを防ぎ，債務者の財産を保全するのである（第６章Ⅰ１・139頁，２・140頁，第８章Ⅰ２・207頁参照）[5]。

そのうえで，倒産処理手続においては，債権者に対して平等な弁済がなされる。倒産状態では，すべての債権に対して全額の弁済をすることは不可能であるから，ここでの「平等」とは，債権間の実体法上の優先，劣後関係に従ったうえで，同順位の債権に対しては同じ割合で弁済をするということである（民再155条１項，破194条，会社537条・565条，会更168条１項）[6]。

この「債権者の個別的権利行使の禁止」と「平等弁済」の２点が，倒産処理手続に共通した特に重要な要素であるが，それ以外にも，債務者の資産を増殖させるために，否認や役員の責任に基づく損害賠償請求権の査定等の制度が設けられている点なども指摘することができる（ただし，特別清算手続には否認制度はない。民再127条以下・142条以下，破160条以下・177条以下，会社545条，会更86条以下・99条以下）。

3．再建型手続としての特色――債権の変更と清算価値保障原則

倒産処理の諸制度は，いずれも債権者の個別的権利行使を禁止し，平等な弁済を目指すものであるが，清算型の手続と再建型の手続では，そこから先の作業の内容と，それにより生じる結果は，大きく異なっている。

すなわち，清算型手続においては，債務者の全資産が換価，処分され，債務者にまつわる法律関係もすべて清算され，それによって得られた金銭は全債権者に公平に分配される。その結果，債務者が法人の場合は，すべての経済的基盤が失われて，その後に活動を継続する余地がなくなり，法人自体が解散，消滅することになる。手続中で弁済されなかった債務は，債務者が存在しなくなることにより（破産手続），あるいは，債務の額を現存する資産の範囲に圧縮したうえでその弁済がなされることで（特別清算手続）消滅する。一方，自然人の破産の場合は，債務者は同様にその資産のほとんどを失うことになるが，債務者の生活の更生のために並行して行われる免責手続におい

5）　伊藤・10頁，倒産法概説・６頁・９頁・10頁，詳解再生法・４頁〔山本克己〕。

6）　ただし，衡平の理念から，同順位の債権についても，その実体的な性質の違いに応じて，合理的な範囲で差異を設けられることもある（民再155条１項ただし書，会社565条，会更168条１項柱書きただし書・同条３項，第10章Ⅱ２(1)(b)・306頁参照）。伊藤・12頁以下。

て免責決定がなされることを別とすれば，破産手続自体の中で債権の内容が変更されることはない。

これに対し，再建型手続は，債権の内容を変更し，債務者の責任を限定，縮小することを制度の中核とする。この変更を定めた計画案を債権者が決議により承認し，裁判所が認可決定をし，これが確定すると，計画の内容のとおりの効力が生じる。この債権の変更は，すべての債権者に対して効力を生じる集団的なものであり，また，債権者の決議を経ている点において債権者全体の意思に従ったものではあるが，決議は多数決により行われることから，これに反対した少数の債権者にとっては，その意思に反して強制的になされるものである[7)]。再建型手続においては，この弁済計画を履行することにより，債権者に対する平等な弁済が果たされる一方，債務者は，資産を換価処分することは求められないことから，事業を継続することができる。その履行の方法については，将来の事業の収益により債務を継続的に弁済したり，あるいは，スポンサーから資金の提供を受けて弁済に充てるなど，様々な態様があり得るが，いずれにしても，清算型の倒産処理手続においては不可能であった当該債務者の下での事業の継続，再建ができることとなるわけである[8)9)10)]（民再1条，会更1条）。

ところで，上記のとおり，計画案の決議は法定の多数決によりなされ，こ

7）　詳解再生法・4頁・11頁〔山本克己〕。ただし，すべての債権がこうした変更の対象になるわけではなく，民事再生手続では再生債権，会社更生手続では更生債権として分類される債権のみがこのような扱いを受ける（**第8章・203頁参照**）。

8）「再建型手続」という呼称は制度の目的に着目したものであるが，手続を通じて行われる作業の内容に着目するならば，民事再生手続や会社更生手続は，「債務変更型手続」と称することもできるのではないだろうか。なお，特別清算においても，清算人が作成する協定案が債権者集会の特別決議で可決され，裁判所の認可決定が確定して協定が成立すると（会社567条・569条・570条），これに従って債権が変更されるが，これは，特別清算も清算の一種であり，これを結了させるためには資産も債務もゼロにしなければならないことから，会社を清算して得られた弁済原資の額まで債務の総額を減額したうえで弁済をするという過程でなされるものであって，手続の中核的な要素は清算作業である。

9）　厳密には，民事再生手続の「再生」とは債務の減免猶予による再建手法を意味し，会社更生手続の「更生」とは資本構成の変更による再建手法を意味し，後者における再建の理念型は，更生債権に対して更生会社の発行する株式を代物弁済することによるものであるとされる。ただし，会社更生手続においても，このような更生計画は実際には少ない。倒産法概説・30頁以下参照。

れに反対した少数の債権者も決議に拘束される。そこで，こうした反対債権者の最低限度の権利の保護のために，計画は，債務者の資産を破産手続により清算して弁済したとした場合を上回る弁済を行うことを内容としなければならないこととされている[11]（清算価値保障原則，民再174条２項４号，第10章Ⅱ２(1)(a)・305頁参照）。

以上のとおり，清算型手続においてなされる作業の中核は債務者の財産関係の清算であるのに対し，再建型手続における作業の中核は債務者に対する債権の集団的な変更であり，これが法定の手続を通じて行われ，清算価値保障原則を満たす内容であることが，手続の骨格となっている。

なお，民事再生手続と会社更生手続は，いずれも，債務者が完全に経済的に破綻した場合だけでなく，そうした状況に陥るおそれがあるにとどまっている段階においても，手続を開始することができる（民再21条，会更17条１項）。これは，早期に手続を開始することにより，事業の再生が成功する可能性を高めることができるようにするためであるが，これも，再建型の倒産処理手続に共通した特色ということができるだろう。

４．民事再生手続の会社更生手続との相違

同じ再建型の倒産処理手続の中で，民事再生手続と会社更生手続を比較した場合，いずれも前記２，３において説明した特色を持ち，手続構造も類似している点が多い一方，前者は主に大規模な会社の事業の再生を想定した複雑で慎重な手続であるのに対し，後者は中小企業や個人の債務者も対象としたより簡易な手続だという違いがある。具体的には，民事再生手続が会社更

10)　ただし，清算型手続においても，事業を第三者に譲渡すれば，譲受先で事業の再生を図ることは可能であり，他方，再建型手続でも，再生計画ないし更生計画で事業の清算をすることを定めてこれを行うことができる（第10章Ⅵ４・327頁参照，会更185条・196条５項）。このような例は実務ではしばしばみられ，制度の活用のあり方は，「清算型」「再建型」といった分類と必ずしも一致しない。

11)　倒産法概説・24頁。会社更生法では清算価値保障原則を裏づける明文の規定はないが，倒産処理手続全般を支配する原則として，当然のことと解されている（伊藤・更生法・12頁，631頁）。最新実務会更・236頁。

生手続と相違している主な点は，以下のとおりである。

(1) 債務者が株式会社に限られないこと

会社更生法が適用されるのは株式会社のみである（会更1条）が，民事再生法が適用される債務者には限定がない（民再1条）。したがって，学校法人，医療法人，協同組合等の株式会社以外の法人や自然人の債務者は，会社更生手続を利用することはできないが，民事再生手続を利用することは可能である。

(2) DIP型手続であること

前記1のとおり，会社更生手続は「管理型」の手続であり，これに対し，民事再生手続は「DIP型」の手続である。

すなわち，会社更生手続においては，手続開始とともに管財人が選任され（会更42条1項），更生会社の事業の経営権及び財産の管理処分権は管財人に専属し（会更72条1項），従前の経営陣はこれらの権限を喪失する。[12)]

これに対し，民事再生手続においては，手続開始後も，債務者は業務の遂行権，財産の管理処分権を失わず，債務者が法人の場合は，原則として従前の代表者が業務を遂行する（民再38条1項，後記Ⅱ1参照）。そして，法人の債務者について財産の管理又は処分が失当であるとき，その他事業の再生に特に必要があるときに限り，例外的に管財人が選任され（民再64条1項），再生債務者の業務遂行権，財産の管理処分権が管財人に専属することになる（民再66条）。

(3) 担保権及び優先債権の行使に制約がないこと

会社更生手続においては，担保権の実行は禁止され（会更50条1項・24条1

---

12) 近時，会社更生手続においても，裁判所において，従来の経営者を管財人に選任して，手続開始後も会社の経営を行わせる運用が行われている（いわゆるDIP型会社更生，最新実務会更・17頁）。しかし，こうした運用の下においても，従前の経営者は管財人としての資格において業務を遂行するのであり，会社更生手続が法制度として管理型であることには変わりがない。

項２号)，更生計画に従って被担保債権の弁済がなされる（会更47条１項・138条２項)。

これに対し，民事再生手続では，破産手続と同様，質権，特別の先取特権，抵当権，商事留置権等は，別除権として，再生手続によらずにいつでも行使することができることとされている（民再53条１項・２項)。会社更生手続のように手続中で担保権者の優先的地位を実現するためには，担保目的財産の評価（会更２条10項参照）やそれを前提とした決議の際の組分けなどが必要となるが，主として中小企業や個人の事業の迅速な再生を目指す民事再生手続においては，こうした複雑で手間のかかる構造はふさわしくないので，手続構造を簡素化し，担保権には原則として手続の制約を及ぼさないこととしたのである（第９章Ⅰ２(1)・258頁参照)。

また，会社更生手続においては，公租公課やその他の優先的な債権であっても，一定のものが共益債権となる（会更129条・130条）ほかは優先的更生債権となり，手続開始決定前は保全処分によって滞納処分や強制執行の中止，禁止が可能であり（会更24条１項・２項・25条１項)，また，手続開始決定後は弁済，強制執行，滞納処分等が基本的に禁止され（会更47条１項・50条１項・２項)，更生計画に従って弁済がなされる（会更168条・169条)。

これに対し，民事再生手続においては，やはり手続の簡素化のため，税金，社会保険料等の公租公課や労働債権等の一般の優先権がある債権は，一般優先債権として再生手続によらないで随時弁済すべきものとされ，これらに基づき手続開始前に既になされている滞納処分や強制執行は中止されず，手続開始後にも新たな滞納処分，強制執行などを行うことができることとされている（民再122条１項・２項・39条１項，第８章Ⅲ２(1)・248頁，(2)・248頁参照)。

(4) 株主が手続に関与しないこと

会社更生手続では，株主は手続に参加することができ，更生計画の決議において議決権を有する（会更165条１項・166条１項・196条５項３号)。そして，更生計画において株主の権利が変更され（会更167条１項１号・205条１項)，この場合，株主の権利は債権者に劣後させなければならないものとされている（会更168条３項・１項)。また，更生計画に定めることによって，合併，会社分割，株式交換などの組織再編行為を行うことが可能である（会更167条２項）。

これに対し，民事再生手続では，債務者が株式会社である場合でも，株主がこのように手続に関与することはないし，再生計画による株主の権利の変更も必要的なものではない。また，上記のような組織再編行為を行おうとする場合，再生計画ではこれを定めることはできず，別途，株主総会決議などの会社法が定める手続を行う必要がある（第８章Ⅴ１・253頁参照）。

⑸　その他の主な相違点

・民事再生手続では，再生債権の届け出がなされなかった場合でも，再生債務者等が自認して確定した再生債権や自認義務があった再生債権については失権を免れる（民再101条３項・179条１項・181条１項３号。第８章Ⅰ６⑸・222頁，第11章Ⅴ２⑵・352頁参照）が，会社更生手続では，届け出がなされなかった更生債権についてこのような救済はない。

・計画案の可決要件に関して，会社更生手続では，株主については議決権の総数の過半数，更生債権については議決権の総額の２分の１超，更生担保権については，期限の猶予を定める場合は議決権の総額の３分の２以上，減免等を定める場合には議決権の総額の４分の３以上，清算を内容とする場合には議決権の総額の10分の９以上の同意が必要であり（会更196条５項），相当に厳格なものとされている。これに対し，民事再生手続では，議決権を行使した議決権者の過半数で，かつ，議決権の総額の２分の１以上の議決権を有する者の同意で足りることとされている（民再172条の３第１項，第11章Ⅱ３⑹・341頁参照）。

・債権の弁済の期限の猶予に関して，会社更生手続では，原則として15年（特別の事情があれば20年）を超えてはならないものとされている（会更168条５項）のに対し，民事再生手続では，原則として再生計画認可決定の確定から10年を超えてはならないものとされ（民再155条３項，第10章Ⅱ２⑴(c)・307頁参照），より短期間で弁済を終えなければならないこととされている。

・会社更生手続においては，更生計画が成立した後も，計画の遂行が完了した場合，総額の３分の２以上の弁済が不履行なくなされてその後も計画が遂行されないおそれが認められない場合，又は計画の遂行が確実と認められる場合でなければ手続が終結されず（会更239条１項），裁判所による監督が継続する。これに対して，民事再生手続においては，監督委員又は管財人が選任されていない場合には，再生計画認可決定確定により直ちに手続が終結され（民再188条１項），監督委員が選任されて再生計画の遂行に対する監督が行われる場合であっても，再生計画認可決定確定後３年を経過したときは手続を終結することとされている（同条２項，第12章Ⅲ１・363頁参照）。

５．小　括

以上で説明したような特色の主要な点をまとめると，民事再生手続とは以下のような手続であると表現することができるだろう。

> 民事再生手続は，倒産状態の，あるいはそれに陥るおそれのある債務者について，一定期間，優先債権や担保権を有する者を除く一般債権者の個別的な権利行使を禁止しつつ，債務者の業務遂行権及び財産の管理処分権は原則として債務者自身が保持するものとし，その間に，債権者に対して平等に，かつ破産手続がなされたとした場合の弁済率を上回る弁済をすることを内容とする弁済計画案が作られ，これが債権者の法定の多数の賛成により可決され，裁判所の認可決定が確定すると，計画のとおりに債権の内容が集団的に変更され，債務者はこれに従って弁済をしながら事業の再建を目指していく，という仕組みの手続である。

６．民事再生手続の利用状況

民事再生法は，主に比較的債権者数の少ない中小企業の再生を想定して制定された法律であり，立法当初は，もっぱらこうした中小企業の債務者に利用されるものと予想されていた。しかし，原則としてDIP型による手続追行が可能であること，手続が簡便で迅速な進行ができること，一般に手続費用が会社更生手続よりも少額とされていることなどの利点から，実際には，中小企業に限らず上場会社を含む大企業にも広く利用されており，再建型倒産処理の基本手続としての地位が定着している。

平成20年から同23年までの全国における個人再生手続を除く通常の民事再生手続，個人再生手続及び会社更生手続の各開始の申立て件数は，▩図表１－２のとおりである。

▩図表１－２　全国における民事再生手続と会社更生手続の開始の申立て件数

	平成19年	平成20年	平成21年	平成22年	平成23年	平成24年
通常の民事再生手続	654件	859件	659件	348件	327件	305件
個人再生手続	27,672件	24,052件	20,731件	19,113件	14,262件	10,021件
会社再生手続	19件	34件	36件	20件	7件	24件

注：司法統計による。

7．民事再生法の制定の経緯

民事再生法の制定以前には，清算型手続として破産法による破産及び商法による特別清算が，再建型手続として和議法による和議，会社更生法による会社更生，及び商法による会社整理の各制度が存在した。これらの再建型手続のうち，会社更生手続は，その対象が株式会社に限られ，しかも比較的大規模なものが想定された手続であり，また，会社整理手続は，株式会社に適用される簡易な再建型手続であったが，債権者全員の同意を要することとされていたために使い勝手の悪いものであった。そこで，中小規模の企業の法的手段による再建を図るには，和議法による和議の手続を利用するのが一般的であった。ところが，和議法は，和議手続の開始原因が破産原因と同一とされていたため，申立ての要件が備わった時点では，既に事業経営が再建が困難な程度にまで悪化してしまっている場合が多かったことや，和議が成立しても，その後に和議条件の履行を確保するための方法の規定がなかったことなど，再建型手続としては十分な制度とはいえないものであった。そのため，和議法に代えて，手続の開始原因をより広いものとし，また，履行確保の手段を設けることなどを内容とする新法の制定が待望されていた。そこで，平成11年12月14日に民事再生法が制定されて平成12年４月１日に施行されるとともに，その附則２条により和議法は廃止されるに至った。

なお，会社整理については，前記のとおり，債権者の全員の同意を要することによる使い勝手の悪さに加え，その実効性にも問題があるとの指摘などもあったため，平成17年に商法から独立して会社法が制定された際に規定が削除され，翌平成18年５月１日の同法の施行とともに廃止された。

したがって，現在では，前記１のとおり，清算型手続として，破産手続（破産法については，平成16年に新たな破産法が制定され，平成17年１月１日に施行された。），特別清算手続が，再建型手続として，民事再生手続，会社更生手続（会社更生法は，平成14年に全部改正がされて平成15年４月１日に施行された。）が存在している。

また，破産制度においては，かつては破産を罪悪視する懲戒主義が制度の基調をなしていたが，昭和27年に免責制度が導入され，その後，いわゆる消費者破産の激増を経て，債務者の更生を目指す免責主義の考え方が定着するようになった。そこで，自然人についても活用できる再建型の手続が待望されるようになり，民事再生法の中に個人再生の制度が置かれることとなった（民再221条以下，第17章・437頁参照）。

Ⅱ　再建型・DIP型手続としての特色

1．再建型・DIP型手続のメリットとリスク

⑴　再建型手続のメリット

再建型倒産処理手続は，清算型倒産処理手続にはないメリットを有している。すなわち，再建型の手続を通じて事業が再生されれば，債務者は，経済活動を継続できるという利益を得ることができ，他方，債権者も，破産手続を通じて得られる以上の弁済を受けるという利益を得ることができる（前記

Ｉ３参照)。のみならず，事業の再生が成功した場合には，債務者は，事業を継続することにより様々な生産活動や取引を行い，雇用を創出する。事業の再建の過程でも，経営合理化のために一部の従業員の解雇が行われることは少なくないが，その場合であっても，事業そのものが解体，清算される場合と比較すれば，時間的にも余裕を持って，より穏やかな条件によりなされることが期待できる。そして，事業が採算が取れるようになるのであれば，これを存続させて生産活動を行わせる方が，解体するよりも，社会的にみて有益と評価できることが多く，これは債権者にとっても，直接，間接に利益となるものである。

一つの企業が倒産した場合，その債務者との取引に依存していた取引先は，売掛金などの債権が回収できなくなるだけでなく，その後の取引が継続できなくなることによっても不利益を被るのであり，これにより取引先も経済的に苦境に陥り，連鎖倒産が起こるといったことが珍しくない。しかし，その債務者の事業が再建できれば，取引先は，仮にそれまでの債権が十分に回収できなくても，将来に向かって取引が継続されることにより利益を上げることができる。こうしたことから，企業の経営が破綻しても，債権者としては，これを清算するよりも再建することを歓迎することが通常である。

このような理由から，企業が倒産に瀕した場合には，これを清算するよりも，再建できるかどうかをまずは検討すべきものといえる[13]。そして，法的にも，再建型倒産処理手続は清算型倒産処理手続よりも優先して扱われることとされている（第15章Ｉ・393頁参照）。

(2) DIP型手続のメリット

民事再生手続は，原則としてDIP型により進行する手続であり，再生債務者は，再生手続が開始された後も引き続き，その業務を遂行し財産を管理，処分する権利を有する（民再38条１項）。これは，債務者の自主再生の意欲を尊重し，これを最大限に生かすことにより，債務者の事業又は経済生活の再

13）三山裕三『会社再建・清算のノウハウ〔第４版〕』（レクシスネクシス・ジャパン，2009）16頁。

生を図ろうとしたものである。こうしたことから，再生手続の円滑な進行に努める再生債務者の活動はできる限り尊重されなければならないものと定められている（民再規１条３項)。[14)]

手続が管理型で進行し，管財人が債務者の業務の遂行や財産の管理，処分を行う場合，管財人が当該企業の実情を把握するだけでもある程度の時間を必要とするうえ，その判断はいきおい慎重となって，迅速，柔軟な進行が図りづらくなりがちである。また，民事再生手続の主要な利用者である中小企業にとっては，管財人の報酬に充てるための高額な予納金を納めることは大きな負担であるし，その事業が経営者個人が有するノウハウや人脈，信用等に依存していることが多く，管財人がこれに代わって的確に事業を遂行をすることが困難な場合もある。さらに，経営権を失うことを嫌う企業の経営者が，早期に手続開始の申立てをすることをためらい，結果として申立てが遅れて事業の再建が困難になるといった問題も指摘されている。

これに対し，DIP 型により進行がなされると，実情を知った債務者自身の，自らの事業を自らで再生しようという意欲が尊重されることにより，迅速かつ身軽で，事案に即した柔軟な手続追行が可能となり，また，債務者が進んで早期に手続開始の申立てをすることも期待できる。なお，再建型手続の申立ては倒産処理に通じた弁護士が債務者の代理人となって行うのが通例であるところ，DIP 型の進行であれば，手続開始後もこの代理人の能力を生かして手続を追行できるというメリットもある。[15)]

(3) 再建型・DIP 型手続のリスク

他方，再建型・DIP 型の倒産処理手続には，特有のリスクも存在する。

---

14) 詳解再生法・22頁〔山本克己〕。

15) 民事再生手続の前身である和議手続も基本的に DIP 型の手続であった（和議法32条１項本文）ものが，民事再生手続に引き継がれた。それについては，本文で説明したような点に加え，主に中小企業の債務者に利用される民事再生手続では事件数も多数に上り，これについて経営まで担う管財人を確保するのは困難であること，個人の債務者については経済活動のみを切り分けて管財人に委ねること自体が困難であることなども指摘できる（現在の民事再生手続においても，個人の債務者については管理命令を発令することができない〔民再64条１項〕。）。詳解再生法・14～17頁〔山本克己〕。

すなわち，再建型の倒産処理手続は，事業の活動を維持しながら手続を進めるものであるから，そのための費用がかかり，事業の再生に失敗すれば資産が失われる危険性がある[16)]。手続中に事業が頓挫して破産手続に移行しても，当初から破産手続を開始したとしたならば得られたであろう配当の額を下回る額の配当しか受けられない可能性があるし，計画が可決して認可決定を受けても，それが履行されない可能性が残っている。清算価値保障原則（前記Ⅰ3）は，計画における弁済額は破産手続がなされたとした場合の配当額を上回るものとすることを義務づけるものだが，当該計画が必ず履行されることまでも現実に保障するものではなく，これが履行されなければ，結局債権者は約束された内容の満足を受けることはできない。再建型の手続においては，このような結末があり得るのである[17)]。

そして，DIP 型の民事再生手続においては，手続開始後も原則として再生債務者がその業務を遂行し財産を管理，処分する権利を有することから，再生債務者の力量が不足していれば，上記のようなリスクは高まることになる。のみならず，手続開始から再生計画認可決定確定までは，再生債権者は個別の権利行使が制限されて債権を回収するための行動を取れなくなるため，再生債務者がこれに乗じて，自己の資産を隠匿したり散逸させてしまうなど，制度が濫用される可能性すらある。

こうしたことから，民事再生手続においては，再生債務者を適切に監督していくことが重要な課題となる。

2．再生債務者の適正な業務遂行を確保するための規定と運用

(1) 再生債務者の適正な業務遂行を確保するための規定

民事再生手続が有する上記1(3)のようなリスクを抑え，再生債務者を適

16) 手続開始後の業務に要した費用は共益債権となり（民再119条2号・5号，会更127条2号・5号），債務者はこれを随時優先的に支払わなければならない（民再121条1項・2項，会更132条1項・2項）。一方，事業を通じて得られた利益は資産となるが，それよりも費用の方が大きければ，資産を「食いつぶす」状態となる。

17) 伊藤眞「再生債務者の地位と責務㊤」金法1685号（2003）13頁。

切に監督するために，民事再生法は様々な規律を置いている。その主要なものとしては，以下の規定が挙げられる。

(a) **再生債務者の公平誠実義務**　再生債務者は，債権者に対して公平かつ誠実に権利を行使すべき義務を負い（民再38条２項），再生手続の円滑な進行に努めなければならず（民再規１条１項），再生手続の進行に関する重要な事項を再生債権者に周知させるように努めなければならない（同条２項）ものと定められている。すなわち，再生債務者は，自己の利益のみを考えて行動するのではなく，再生手続の機関として，総債権者の利益のために行動することを義務づけられているのである[18]（第２章Ⅰ２・30頁参照）。

(b) **裁判所と監督委員による監督**　再生債務者等は，手続中においては，裁判所の監督に服する[19]。そして，裁判所は，必要があると認めるときは，再生債務者等が一定の重要な行為をするには裁判所の許可を得なければならないものと定めることができる（民再41条１項，第２章Ⅰ４・32頁参照）。

また，民事再生法には，再生債務者を監督する専門の機関である監督委員の制度が置かれている（第２章Ⅱ・38頁参照）。監督委員が選任されている場合には，再生債務者は，裁判所が指定した行為を行う際には，監督委員の同意を得なければならない（民再54条２項）。

(c) **情報の収集と開示**　上記１(3)のような再建型・DIP 型手続のリスクをどのように引き受けるかは，最終的には再生債権者自らが判断するものであり，そのために，再生債権者には，再生計画案の決議における議決権等の各種の権利が認められている（第８章Ⅰ１(3)(b)・206頁，(c)・206頁参照）。しかし，再生債権者がその権利を適切に行使し，また，裁判所や監督委員が再生債務者を適切に監督するためには，関係する情報を裁判所や監督委員が十分に取得し，再生債権者に対してこれを開示していなければならない。

そこでまず，前記(a)のとおり，再生債務者は，再生手続の進行に関する重要な事項を再生債権者に周知させるように努めなければならないものと定

18) 民事再生手続と同様，従来の経営者が引き続き清算人として手続を追行する特別清算手続においても，清算人に対し，清算会社及び株主に対して公平かつ誠実に清算業務を行う義務を課している（会社523条）。

19) 詳解再生法・265頁〔三木浩一〕。

められている（民再規1条2項）。[20]

そして，再生債務者等は，再生債務者の一切の財産について価額を評定し（民再124条1項），財産目録及び貸借対照表（同条2項）並びに再生債務者の業務，財産その他の事項についての報告書（民再125条1項・2項）を作成して裁判所に提出しなければならないこととされている（第7章Ⅰ・177頁，Ⅱ・185頁参照）。また，監督委員は再生債務者やその関係者に対して各種の調査を行うことができ（民再59条，第2章Ⅱ3(3)(a)・44頁参照），さらに，裁判所は，専門の調査機関である調査委員を選任し（民再62条，第2章Ⅲ・50頁参照），あるいは，再生債務者の財産の評価をさせるために評価人を選任することができる（民再124条3項，第7章Ⅰ2(3)・180頁参照）。

そして，このようにして裁判所が得た資料については，利害関係人は閲覧，謄写等をすることができる（民再16条，第5章Ⅸ・133頁参照）。

なお，再生債務者等も，自ら債権者説明会を開催して，再生債務者の業務や財産の状況等について，再生債権者に情報を提供することができる（民再規61条1項）。

(d)　**再生債務者の権限の剥奪等**　法人である再生債務者の財産の管理，処分が失当であるときその他事業の再生のために特に必要があるときは，裁判所は，管理命令を発令し，再生債務者の業務遂行権及び財産の管理処分権を剥奪することができる（民再64条1項，第2章Ⅳ・52頁参照）。また，決議に付するに足りる再生計画案の作成の見込みがないことが明らかである場合（民再191条1号），再生債務者に一定の義務違反がある場合（民再193条），再生計画が遂行される見込みがないことが明らかである場合（民再194条）には，裁判所は，再生手続を廃止する権限を有し（第13章Ⅱ・370頁，Ⅳ・373頁，Ⅴ・375頁参照），このようにして廃止決定をし，あるいは再生計画不認可や再生計画の取消しの決定をしてこれが確定した場合には，職権で破産手続を開始することができる（民再250条1項，第15章Ⅲ1(5)(a)・399頁参照）。

これらの制度は，不適切な手続追行をした再生債務者に対するサンクションとなり，適正な手続の進行を担保する機能も有するものである。

20）　詳解再生法・23頁〔山本克己〕。

⑵ 再生債務者の適正な業務遂行を確保するための運用の工夫

上記⑴のような規定を踏まえ，民事再生手続がDIP型で進行する場合において，再生債務者に適正に業務を遂行させるために，実務では，以下のような運用の工夫がなされている。

⒜ **監督委員の広範な活用**　監督委員は，個々の事件ごとに選任され，その事件に集中して柔軟かつ機動的に監督業務を行うことができることなどから，全国の裁判所において，監督委員を積極的に選任し，活用する運用が定着している。東京地方裁判所破産再生部では，いわゆる個人再生手続を除く通常の再生手続においては，原則としてすべての事件について，手続開始の申立てがあったら速やかに，監督委員を選任することとしている（第２章Ⅱ１・38頁，第５章Ⅰ１・103頁参照）。

⒝ **スケジュールの管理**　民事再生手続においては，手続開始から再生計画認可決定確定までの間，再生債務者は業務遂行権及び財産の管理処分権を有するが，再生債権者は強制執行等の個別的な権利行使が禁止されるという，不均衡な状態が作り出される。また，実務上は多くの事件において，手続開始申立て後開始決定までの間も，各種の保全処分が発令され，再生債権者の権利行使が制限される。そこで，裁判所は，こうした期間がいたずらに長期化しないように，手続の進行の管理に努めている。具体的には，多くの裁判所において，「標準スケジュール」（後記Ⅲ３⑴参照）が定められており，事件の進行は基本的にこれに従うこととしたうえで，再生計画案の提出期間の伸長（民再163条３項）の申立てがなされた場合にはその許否について適切に判断することなどにより，進行の管理を行っている（第11章Ⅰ３・330頁参照）。

⒞ **再生手続廃止等の場合の破産手続の開始**　東京地方裁判所破産再生部においては，法人の再生債務者について，民事再生手続が廃止，再生計画不認可，再生計画の取消しの決定の確定により終了し，破産手続開始の原因が認められる場合には，原則としてすべての事件について，破産手続を開始することとしている（民再250条１項）。これは，そのような法人について清算を行うことは社会的に利益となることに加え，手続開始により再生債権者には権利行使を禁じる一方で，再生債務者は自由に財産の管理，処分を行えることとし，さらに手続が目的を達せずに終了してもなお再生債務者は従前

と変わらずに事業を継続できるものとすると，安易な，あるいは濫用的な手続開始の申立てを助長し，債権者を害することとなるおそれがあるからである（第15章Ⅲ１(6)・400頁参照）。

Ⅲ　民事再生手続の進行の概観[21)]

１．DIP 型と管理型

(1)　DIP型による進行

これまで説明してきたとおり，民事再生手続は原則として DIP 型により進行し，再生債務者は，手続が開始された後も，業務遂行権及び財産の管理処分権を保持する（民再38条１項）。

DIP 型による進行においても，監督委員が選任される場合と選任されない場合がある。全国の裁判所において，監督委員を積極的に選任し，活用する運用が定着しており，東京地方裁判所破産再生部では，いわゆる個人再生手続を除く通常の再生手続については，原則としてすべての事件について監督委員を選任することとしている（上記Ⅱ２(2)(a)，第５章Ⅰ１・103頁参照）。

監督委員の選任はいつでも行うことができる（民再54条１項）が，通常は再生手続開始の申立てがなされたら速やかに選任されている。

(2)　管理型による進行

法人の再生債務者について，その財産の管理，処分が失当であるときその他事業の再生のために特に必要があるときは，例外的に管理型の進行をとることができる。

管理型による進行は，要件を満たすと認められれば，随時行うことができる。すなわち，裁判所は，再生手続開始決定と同時に又はその決定後，管理

21)　ここでは，個人再生手続を除く通常の民事再生手続について説明する。個人再生手続の進行については，第17章Ⅰ５・444頁で説明する。

命令を発令し，管財人に手続を追行させることができる（民再64条１項）。また，再生手続開始申立て後，開始決定までの間であれば，保全管理命令を発令し，保全管理人に手続を追行させる（民再79条１項）。この場合，再生手続開始決定後も管理型により進行させる場合には，開始決定と同時に管理命令を発令する。

管理命令ないし保全管理命令が発令されると，再生債務者の事業の遂行権及び財産の管理処分権は管財人ないし保全管理人に専属し（民再66条・81条１項），手続の追行も管財人ないし保全管理人が中心となって行う。[22]

なお，監督命令が発令されている状況でDIP型から管理型に切り替える場合には，監督命令は取り消す（民再54条５項，第２章Ⅱ２(1)・39頁参照）。

２．民事再生手続の標準的な進行とそこで行われる作業

民事再生手続は，その進行に従って，①再生手続開始申立てから開始決定まで，②再生手続開始から再生計画認可決定確定まで，③再生計画認可決定確定から再生手続終結まで，の３つの時期に分けて理解することができる。以下，再生債務者が再生手続開始の申立てをし，手続がDIP型により進行する場合を前提に，それぞれの時期の特色とそこで行われる作業等について概観する（■図表１－３　民事再生手続で行われる作業の概観参照）。

(1)　再生手続開始申立てから開始決定まで

民事再生手続は，申立てに基づき開始される（民再33条１項）。手続開始の申立てから開始決定までは，開始決定をするかどうかの検討がなされている期間である。

この期間には，個別的権利行使の禁止（民再39条１項・85条１項）をはじめとした開始決定の効果は生じていない。また，双方未履行の双務契約の解除等（民再49条１項，第６章Ⅴ・155頁参照）によって法律関係を整理したり，法

22）民事再生法の法文中で使用される「再生債務者等」との文言は，管財人が選任されていない場合にあっては再生債務者を，管財人が選任されている場合にあっては管財人を意味するものである（民再２条２号）。本書においても，そのように用いる。

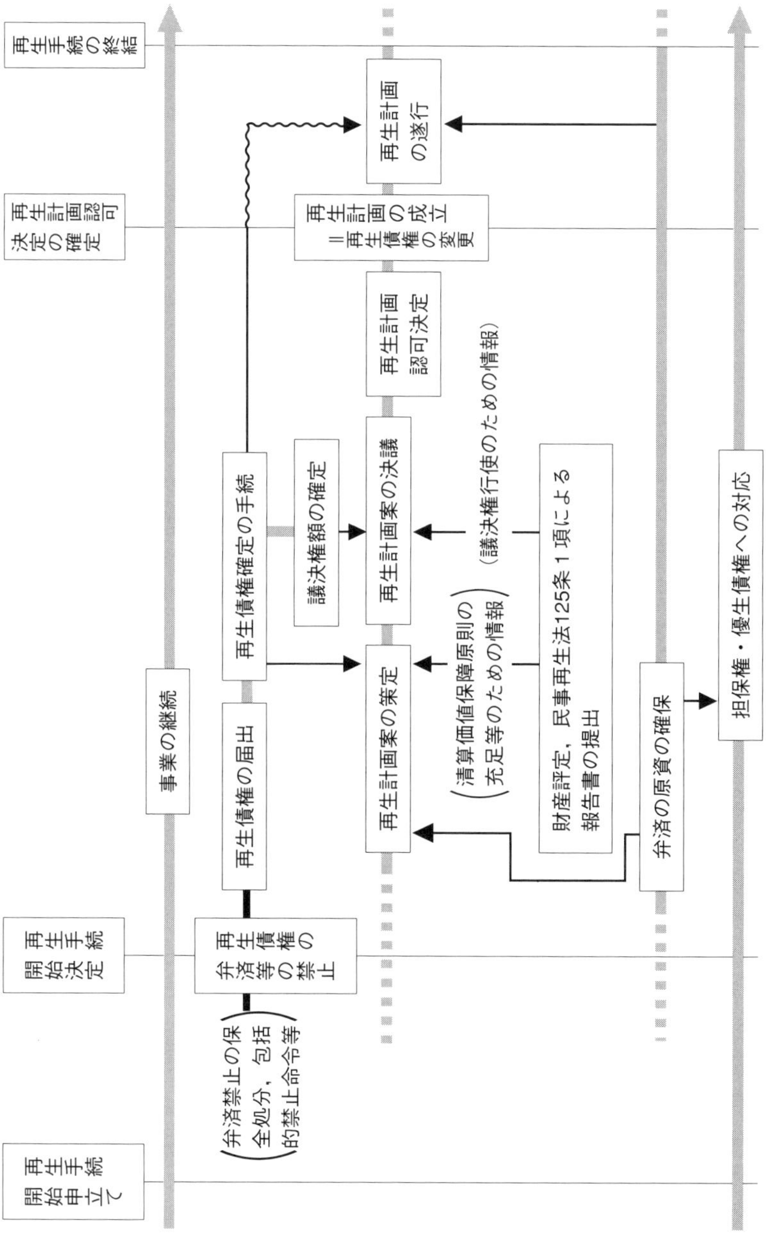
再生手続開始申立て
再生手続開始決定
再生計画認可決定の確定
再生手続の終結
事業の継続
（弁済禁止の保全処分，包括的禁止命令等）
再生債権の弁済等の禁止
再生債権の届出
再生債権確定の手続
議決権額の確定
再生計画案の策定
再生計画案の決議
再生計画認可決定
再生計画の成立＝再生債権の変更
再生計画の遂行
（清算価値保障原則の充足等のための情報）
（議決権行使のための情報）
財産評定，民事再生法125条1項による報告書の提出
弁済の原資の確保
担保権・優先債権への対応

■図表1－3　民事再生手続で行われる作業の概観

人の役員に対する損害賠償請求権の査定の手続（民再143条１項，第７章Ⅴ・199頁参照）や監督委員による否認権の行使（民再127条１項等，第７章Ⅲ・189頁参照）によって再生債務者の財産を増殖させることもできない。

もっとも，各種の中止命令や保全処分（民再26条１項・27条１項・30条１項・31条１項，第５章Ⅱ・108頁～Ⅴ・119頁参照）を発令することにより，必要な範囲で再生債権者等の権利行使を制限することができ，否認権を保全するための保全処分を発令することもできる（民再134条の２第１項）。また，実務では多くの場合，再生手続開始の申立て後，早期に監督命令を発令して，再生債務者の監督を開始する（民再54条１項，第５章Ⅰ１・103頁参照）。

この間，再生債務者は，業務を継続しつつ，手続開始の要件の存在等について裁判所に資料を提出し，また，債権者説明会を開催するなどして再生債権者の理解と協力を得ることに努める（第５章Ⅰ３・105頁参照）。さらに，事業の再生に向けた作業（後記(2)(b)）も，可能な範囲で行う。

いずれにしても，この時期は，手続が開始されるかどうかが確定しておらず，事業の再生に向けた作業が本格的に開始できない不安定な時期であり，これが長引けば，信用や企業のイメージの低下，取引先や従業員の離反などが起こり，事業価値の毀損も進むおそれがあるので，できる限り早く申立てに係る決定をすることが求められる（第５章Ⅰ５・106頁参照）。東京地方裁判所破産再生部の標準スケジュールでは，再生手続開始の申立て後，１週間程度で申立てに係る決定をすることとされている（後記３(1)参照）。

(2) 再生手続開始から再生計画認可決定確定まで

再生手続開始決定により，再生債権者の個別的権利行使が禁じられて（民再39条１項・85条１項，第６章Ⅰ１・139頁，２・141頁，第８章Ⅰ２・207頁参照），再生債務者の財産が保全され，その間に再生計画案の策定やその決議など，民事再生手続の中核的な作業が行われる。再生債務者は，事業の遂行権及び財産の管理処分権を失わない（民再38条１項）が，公平誠実義務を負い（同条２項），裁判所や監督委員の監督を受けながら，自ら中心となって手続を追行する。

再生債務者の財産や事業価値の維持の観点からも，この期間がいたずらに長期化しないように，手続の進行を管理することが求められる（前記Ⅱ２⑵⒝参照）。東京地方裁判所破産再生部の標準スケジュールでは，再生手続開始の申立てから再生計画認可決定までの期間は，５か月程度とされている（後記３⑴参照）。

この間に行われる作業は多岐にわたるが，以下ではこれを，(a)事業の継続，(b)再生計画の成立と弁済原資の確保に向けた作業，(c)財産評定等，(d)再生債権の届出・調査，(e)担保権や優先債権への対応，の５つに分け，再生債務者の行う作業を中心として説明する。

⒜　**事業の継続**　再生債務者は，事業の再生を目指すために，手続中も事業を継続する。ただし，後記(b)のとおり，収益力の向上等のために契約関係の変更が行われたり，事業譲渡が行われることもある。また，事業の再生を断念し，清算に向かうこともある（第６章Ⅶ・174頁参照）。

⒝　**再生計画の成立と弁済原資の確保に向けた作業**　民事再生手続は，再生計画により再生債権を集団的に変更する手続であり，再生計画の成立に向けた作業は，手続の中核をなすものである（前記Ⅰ３参照）。

再生計画は，再生債務者又は再生債権者が裁判所の定める期間内に再生計画案を提出し（民再163条），再生債権者が債権者集会における投票，書面等投票，又はその両方の併用による投票を行い（民再169条２項），法定の多数決により可決して（民再172条の３）裁判所の認可決定が確定すると成立する（民再176条）。実務では，ほとんどの再生計画案は再生債務者により提出される[23)]（第11章Ⅰ１・329頁参照）。

再生計画は，確実に履行できる内容でなければならず，そのためには，弁済をするための原資が，質的にも量的にも，確固としたものでなければならない。そこで，再生債務者による再生計画案の立案に際しては，弁済の原資を確保する作業が非常に重要となる。すなわち，例えばスポンサーの支援を中心としたスキームによるのであれば，スポンサーを探して支援を取り付けなければならないし，将来の収益により再生債権を弁済するスキームによる

23)　また，東京地方裁判所破産再生部では，再生債務者に対し，再生計画案の提出の前に，その草案を提出するように求めている（第11章Ⅰ５・331頁参照）。

のであれば，経営改善の手立てを尽くして収益力を上げなければならず，そのために，不採算部門の閉鎖や経費の削減，事業の提携などが行われる。多くの事案において，この時期，再生債務者の精力の大きな部分が，このような弁済原資の確保のための作業に注がれることとなる（第10章Ⅵ１・318頁参照）。

再生債務者は，再生手続開始後，双方が未履行の双務契約を解除することができる（民再49条１項，第６章Ｖ１・155頁参照）が，これは，上記の経営改善のための作業の中で活用される。また，弁済の原資の確保の一つの態様として，事業譲渡がなされることもある（第６章Ⅲ２・148頁，第10章Ⅵ３(4)・322頁参照)。さらに，再生債務者の財産を増加させ，弁済の原資を増やすために，否認（民再127条以下，第７章Ⅲ・189頁参照）や法人の役員に対する損害賠償請求権の査定（民再143条，第７章Ｖ・199頁）の制度が活用されることもある。

再生計画案を提出した後は，再生債務者は，必要に応じて弁済の原資を確保する作業を継続するとともに，説明会を開催するなどして再生計画案について再生債権者に説明をし，賛同を求めることに尽力するのが通例である（民再規61条１項，第11章Ⅰ７・333頁参照)。

(c)　**財産評定等**　　再生債務者は，再生手続開始後，遅滞なく，一切の財産の価額を評定し（民再124条１項，第７章Ⅰ１・177頁参照)，その完了後には財産目録及び貸借対照表を作成して，その正本及び副本を裁判所に提出する（同条２項，第７章Ⅰ３・181頁参照)。

また，再生債務者は，民事再生法125条１項に基づき，所定の事項を記載した報告書を作成して，その正本及び副本を裁判所に提出する（第７章Ⅱ１・185頁参照)。

(d)　**再生債権の届出・調査**　　再生債権者は，再生手続に参加するためには，債権届出期間内に裁判所に対して再生債権の届出をしなければならない（民再86条１項，第８章Ⅰ６・219頁参照)。

再生債務者は，届け出られた再生債権について認否書を作成し，届出がされていない再生債権があることを知っている場合には，これを自認する旨を認否書に記載する（民再101条，第８章Ⅰ７(1)・223頁参照)。

その後，一般調査期間において，上記認否書及び届出再生債権者の書面による異議に基づき，再生債権の調査が行われる（民再100条～102条，第８章Ⅰ

７⑵・224頁参照)。

⒠　**担保権や優先債権への対応**　　再生手続開始時に再生債務者の財産に設定されている担保権（別除権）は，再生手続の制約を受けずに随時行使することができる（民再53条，第９章Ⅰ３・260頁参照)。したがって，事業のために必要な財産に別除権が設定されている場合には，再生債務者は，別除権者と協議をして別除権協定を締結し（第９章Ⅳ・287頁参照)，あるいは担保権の実行手続の中止命令（民再31条，第５章Ⅴ・119頁参照）や担保権消滅許可の制度（民再148条，第９章Ⅴ・291頁参照）を利用するなどして，別除権の行使を防がなければならない。これは，多くの事案において，再生債務者の非常に重要な業務となっている。

また，一般優先債権（民再122条２項，第８章Ⅲ・247頁参照）や共益債権（民再119条等，第８章Ⅱ・240頁参照）も，再生手続の制約を受けずに随時行使することができることから，これらに対しても，債権者と交渉するなどして対応しなければならない場合がある（第８章Ⅲ２⑵・248頁参照)。

⑶　再生計画認可決定確定から再生手続終結まで

再生計画認可決定が確定すると，監督委員も管財人も選任されていない場合には，再生手続は終結される（民再188条１項)。しかし，実務ではほとんどの事案で監督委員が選任されており，この場合，再生計画が遂行されるまで，あるいは３年を経過するまで，再生手続は係属する（同条２項)。

再生計画認可決定が確定すると，再生債権は再生計画に従って変更され（民再179条１項)，再生債務者は再生計画を遂行して（民再186条１項)，監督委員はこれを監督する（同条２項)。再生債務者がこれを遂行しなければ，再生債権者は強制執行をすることができる（民再180条３項)。

再生債務者は引き続き公平誠実義務を負い（民再38条２項)，また，再生債務者の行為の制限（民再41条・54条２項）も継続させることができるが，再生債務者の弁済が始まり，再生債権者が個別的権利行使をすることができるようになることもあり，裁判所と監督委員の監督は，事案に応じて，再生計画認可決定確定前よりも緩やかなものとすることが少なくない（第12章Ⅰ２・358頁参照)。

3．標準スケジュール

(1) 意　　義

多くの裁判所では，再生手続開始の申立てから再生計画認可決定までの手続の標準の進行スケジュールを策定し，これを公表して，手続の進行は原則としてこのスケジュールに従うこととしている（以下「標準スケジュール」という。）。これは，再生債務者に再生手続開始の申立て前からこのスケジュールに従って手続を追行できるように準備をさせて，迅速で安定した手続の進行を確保するとともに，再生債権者その他の利害関係人に対しても手続の進行についての予測可能性を与えるためである（前記Ⅱ２(2)(b)参照）。

東京地方裁判所破産再生部の標準スケジュールは，■図表１－４のとおりである。[24)]

■図表１－４　民事再生手続標準スケジュール

手　　続	申立日からの日数
申立て・予納金納付	0　日
進行協議期日	（０日～１日）
保全処分発令・監督委員選任	（０日～１日）
（債務者主催の債権者説明会）	（０日～６日）
第１回打合せ期日	1　週間
開始決定	1　週間
債権届出期限	1月　＋　1　週間
財産評定書・報告書提出期限	2　月
計画案（草案）提出期限	2　月
第２回打合せ期日	2　月
認否書提出期限	2月　＋　1　週間
一般調査期間	10週間　～　11　週間
計画案提出期限	3　月
第３回打合せ期日	3　月
監督委員意見書提出期限	3月　＋　1　週間
債権者集会招集決定	3月　＋　1　週間
書面投票期間	集会の８日前まで
債権者集会・認可決定	5　月

平成22年７月27日改訂（東京地方裁判所民事第20部）。

(2) 短縮スケジュール等

再生債務者が，早期に再生計画の認可を得ることを希望し，あらかじめ標準スケジュールよりも短縮したスケジュールによりたいとの希望を裁判所に申し入れる場合がある。東京地方裁判所破産再生部では，そのような場合，その意向に沿うように，標準スケジュールよりも短縮されたスケジュールを定める運用をしている[25]。

逆に，初めから標準スケジュールよりも長い期間でスケジュールを定めることは，東京地方裁判所破産再生部においては，極めて例外的な場合に認めた例があるのみである。

(3) 裁判所と関係者の打ち合わせ

裁判所と再生債務者（代理人）及び監督委員が，裁判所において打ち合わせ（民再23条の２）を行い，情報や意見を交換することがしばしばある。これは，正式な法律上の期日ではなく非公開の事実上の打ち合わせとして行うことが多いが，手続の進行を適正に管理し，再生債務者を適切に監督するために，重要な役割を果たしている。

東京地方裁判所破産再生部では，標準スケジュール上は，再生手続開始申立ての当日又はその翌日にこの打ち合わせを行ったうえで，▒図表１－４のとおり，その後３回の打ち合わせをすることとしているが，それ以外にも，必要に応じて随時，打ち合わせを行っている。

〔佐村　浩之＝内田　博久〕

24）多くの裁判所の標準スケジュールが，この東京地方裁判所破産再生部の標準スケジュールと類似した内容となっている。

25）いったん短縮スケジュールを定めて手続を開始した後に，これを標準スケジュールに変更することは認められない。また，標準スケジュールに従って再生計画案の提出期限を定めた場合に，再生債務者がそれよりも早く再生計画案を提出したとしても，再生債権者も再生計画案を提出することが認められている以上，予定よりも早期に債権者集会を招集することはできないことになる（第11章Ⅰ４・331頁参照）。

第2章

再生手続の機関

再生手続では，裁判所のほか，様々な機関が協力して手続を進めていく。本章では，再生手続の機関について説明する。

I　再生債務者

1．再生手続における再生債務者の地位

再生債務者とは，経済的に窮境にある債務者であって，その者について再生手続開始の申立てがされ，再生手続開始の決定がされ，又は再生計画が遂行されている者をいう（民再2条1号）。再生債務者は，再生手続開始決定前はもちろん，再生手続開始決定後においても，原則として，その業務を遂行し，又はその財産を管理し，もしくは処分する権利を失わず（民再38条1項），業務の継続，再生計画案の策定，財産評定，再生債権の認否，再生計画の遂行といった様々な手続上の作業を自ら行い，再生手続を中心となって追行していく（第1章Ⅲ2・20頁参照）。こうしたことから，再生債務者は，再生手続の当事者であるとともに，再生手続上の機関として位置づけられる[1]。

もっとも，再生債務者の業務遂行や財産の管理処分等の適正を確保するためには，裁判所による監督のほかに再生債務者を監督する機関が必要なこと

1）　伊藤・609頁，伊藤眞「再生債務者の地位と責務(中)」金法1986号（2003）114頁。

があり，民事再生法は，そのための機関として，後記Ⅱのとおり監督委員の制度を設けている。

このほか，民事再生法は，一定の事項について調査を行う必要がある場合に選任される調査委員（後記Ⅲ），再生債務者の財産の管理処分が失当であるなどの理由により裁判所が選任して業務遂行及び財産の管理処分を委ねる管財人（再生手続開始以後の場合。後記Ⅳ），保全管理人（再生手続開始前の場合。後記Ⅴ）の各制度を設けている。

2．再生債務者の公平誠実義務

再生債務者は，再生手続の開始後も業務遂行権及び財産の管理処分権を失わない。これは，実情をよく知る再生債務者自身の再生に向けた意欲を尊重することが，再生の可能性を高め，債権者の利益にもつながると考えたことによる。そこで，再生手続においては，その円滑な進行に努める再生債務者の活動は，できる限り尊重されなければならないものとされている（民再規1条3項，第1章Ⅱ1(2)・13頁参照）。

しかし他方で，再生債権者は，個別の権利行使が禁止され，再生計画の定めに従ってのみ弁済を受けることになる（民再39条1項・85条1項）から，再生債務者は，債権者全体の利益を適切に守り，その利益を損ねることのないように行動することが求められ，自己の利益のみを図って行動することがあってはならない。そこで，民事再生法38条2項は，再生債務者に対し，債権者に対して公平かつ誠実に業務遂行権及び財産の管理処分権を行使し，再生手続を追行すべき義務を課し（公平誠実義務），これを受けて，民事再生規則は，再生債務者に対し，再生手続の円滑な進行に努めなければならないこと（民再規1条1項），再生手続の進行に関する重要な事項を再生債権者に周知させるよう努めなければならないこと（同条2項）を規定した（第1章Ⅱ2(1)(a)・16頁参照）。

再生債務者の負う公平誠実義務のうち，公平義務とは多数の債権者を公平に扱う義務を意味し，誠実義務とは会社法上の取締役等が負う忠実義務と同様のものと解されている。すなわち，再生債務者が債権者の利益を害して自己又は第三者の利益を図ってはならないことを意味する。[2)]

再生債務者がこの公平誠実義務に違反した場合，それによって損害を被った者に対する損害賠償責任が認められる（もっとも，損害賠償請求権が発生するとしても共益債権には当たらず，開始後債権（民再123条）に当たるにとどまる。）ほか，管理命令の発令（民再64条）が認められる場合がある。[3)]

3．再生債務者の職務

再生債務者の職務は多岐にわたる。業務の遂行及び財産の管理処分以外の主な作業としては，以下のようなものが挙げられる（第１章Ⅲ２・20頁参照）。

(1) 再生計画案の作成・提出

再生債務者が再生計画案を作成して提出する作業は，再生手続の中核をなすものである（民再163条１項，民再規84条。第10章・303頁，第11章Ⅰ・329頁参照）。

(2) 財産の評定及び財産目録等の作成・提出

再生手続では，再生債務者の財産の状況が正確に把握される必要があるとともに，財産評定の結果に基づいて算出される清算配当率（破産配当率）を上回る弁済を内容とする再生計画案が作成される必要がある（民再174条２項４号）。そこで，民事再生法は，再生債務者に対し，再生手続の開始後，遅滞なく財産の評定に着手し（民再124条１項），財産の評定の完了後，直ちに財産目録及び貸借対照表を作成して裁判所に提出すること（同条２項）を義務づけている（第７章Ⅰ・177頁参照）。

2） この公平誠実義務の一つの現れとして，再生債務者は，再生計画案を策定する際に，事業の再生という目的を達成できる限度において，再生債権者の権利の変更の内容を，再生債権者にとってできるだけ有利なものとする義務を負っているものと解することができる。伊藤・前掲注１）116頁・119頁，破産・再生の実務〔第３版〕(下)・185頁，民事再生の手引・134頁〔古谷慎吾〕，内田博久「民事再生手続と裁判所」実務と理論・297頁。

3） 最新実務解説一問一答・408～410頁〔山本和彦〕。なお，山本教授は，管理命令によっては他の債権者の損害の回復ができないような義務違反行為の場合には，義務違反についての相手方の悪意等を要件に，その効力を否定するのが相当であるとしている。

また，再生債務者は，再生手続開始に至った事情や再生債務者の業務及び財産の現状等の事項を記載した報告書を裁判所に提出しなければならない（民再125条１項）。このほか，実務的には，再生債務者に対し，毎月所定の期限までに月間の業務及び財産の状況等に関する報告書（「月間報告書」とか「月次報告書」と呼ばれている。）を裁判所（及び監督委員）に提出することを命じるのが通例である（民再125条２項，第７章Ⅱ・185頁参照）。

⑶　届出再生債権についての認否書の作成・提出

再生手続における再生債権の調査・確定は，再生債務者が所定の期限までに認否書を作成・提出することと届出再生債権者の書面による異議によって行うものとされており（民再100条・101条１項），所定の期限までに再生債務者が認否書を提出しない場合，再生手続廃止事由となる（民再193条１項３号，第８章Ⅰ７⑴・223頁参照）。

⑷　再生計画の遂行

再生計画認可決定が確定すると，再生債務者は，速やかに再生計画を遂行すべき義務を負う（民再186条１項，第12章Ⅰ１・357頁参照）。

４．再生債務者の行為の制限

再生債務者は，再生手続開始後も業務遂行権及び財産の管理処分権を失わないため，再生債務者がこれらの権限を濫用して再生債務者の財産を危うくするおそれがある。そこで，裁判所は，再生手続開始後，必要があると認めるときは，再生債務者が，①財産の処分，②財産の譲受け，③借財，④民事再生法49条１項の規定による双方未履行の双務契約の解除，⑤訴えの提起，⑥和解又は仲裁合意（仲裁法２条１項に規定する仲裁合意を指す。），⑦権利の放棄，⑧共益債権，一般優先債権又は取戻権の承認，⑨別除権の目的である財産の受戻し，⑩その他裁判所の指定する行為をするには裁判所の許可を要する旨を指定することができる（民再41条１項各号，第６章Ⅲ１・147頁参照）。

また，裁判所は，監督命令を発令する場合には，監督委員の同意を得なければ再生債務者がすることができない行為を指定しなければならない（民再54条２項）。これも，再生債務者の財産の散逸・減少を防止し，債権者の一般の利益を保護しようとする趣旨である。この指定は，民事再生法41条１項による指定と異なり，再生手続開始前においてもすることができる（後記Ⅱ３⑴参照）。

実務的には，裁判所が民事再生法41条１項に基づく許可事項の指定をすることは少なく，監督命令において，監督委員の同意事項として同項各号所定の行為の全部又は一部を指定するのが通例である[4]（決定例として，後記Ⅱ２⑴▩書式２－１参照）。

このほか，再生手続の開始後，再生債務者がその営業又は事業の全部又は重要な一部を譲渡するには，裁判所の許可を得なければならない（民再42条１項，第６章Ⅲ２・148頁参照）。

５．再生債務者の第三者性

⑴　問題の所在

再生債務者の第三者性とは，実体法上対抗問題が生ずる場合や第三者保護規定がある場合に，再生手続開始後の再生債務者が，手続開始前の再生債務者との関係において，このような場面で保護を受ける「第三者」に該当するかという問題である。例えば対抗問題の場面であれば，手続開始前に再生債務者から不動産を譲り受けた譲受人が移転登記を備えていないと，手続開始後，再生債務者が民法177条の「第三者」に当たるために，これに対して所有権の取得を対抗できなくなるかどうかが問題となる。

破産手続においては，破産管財人は，破産者とは別個の公正中立な第三者であり，総債権者の代表としての性格を有していることから，一定の範囲で

4）　ただし，東京地方裁判所破産再生部では，再生債務者が再生計画外で会社分割を行う場合には民事再生法41条１項10号に基づき裁判所の許可を得なければならない旨を定めることとしている（第５章Ⅶ１▩書式５－２・126頁，第６章Ⅲ１・147頁参照）。なお，高裁所在地の地裁本庁における監督命令の同意事項の指定の状況を紹介したものとして，通常再生の実務・336～339頁がある。

第三者性が肯定されることに異論はない。[5] 同様に，再生手続における管財人も，第三者性が肯定されるものと考えられている。しかしながら，再生手続が開始されても管理命令が発令されなければ，再生債務者は，業務遂行権や財産の管理・処分権を失わず（民再38条１項），一見すると従前と変わりなく経済活動を継続する。他方で，再生債務者は手続が開始されると総債権者のために公平誠実義務を負う（同条２項）ので，それまでと異なる立場に立つようになるとも考えられる。このように手続開始後の再生債務者の地位には二面性があることから，第三者性が肯定されるかどうかについて，見解が対立している。

⑵　肯定説と否定説

再生債務者の第三者性を肯定する見解は，公平誠実義務（民再38条２項）に加え，双方未履行契約における解除・履行の選択権（民再49条１項），相殺制限（民再93条），法人の役員に対する損害賠償請求権の査定の申立権（民再143条１項），担保権消滅許可等の申立権（民再148条１項）等の規定からも，再生手続開始後の再生債務者には，総債権者の利益を代表すべき地位があることがうかがえること，民事再生法45条が，手続開始前に生じた登記原因に基づき開始後にされた登記・登録の効力を原則として否定していること，手続開始後は再生債権者は債務者の財産に対する個別執行が禁止されることから，かかる債権者を保護すべき必要があることなどを根拠とする。

これに対し，第三者性を認めることに慎重な見解は，再生債務者は手続開始後も個別的な財産の処分管理権を有するから，その背後にいるにすぎない再生債権者の利益を強調することは困難であること，再生債務者は破産管財人とは異なり否認権の行使権限がないことなどを根拠とする。なお，原則として第三者性を否定しつつも，財産の処分に対して裁判所の許可（民再41条１項１号）や監督委員の同意（民再54条２項）を要するものとされた場合には第三者性を肯定するという見解も示されている。[6] また，問題となる民法等の

5）　最判昭58・３・22裁判集民138号303頁。
6）　条解再生法・195頁〔河野正憲〕。

実体法規ごとに個別に判断すべきとする見解もある。

この点に関連して，最高裁は，自動車の購入者から委託を受けて販売会社に売買代金の立替払をした者が，購入者及び販売会社との間で，販売会社に留保されている自動車の所有権につき，これが上記立替払により自己に移転し，購入者が立替金及び手数料の支払債務を完済するまで留保される旨の合意をしていた場合に，「再生債務者の財産について特定の担保権を有する者の別除権の行使が認められるためには，個別の権利行使が禁止される一般債権者と再生手続によらないで別除権を行使することができる債権者との衡平を図るなどの趣旨から，原則として再生手続開始の時点で当該特定の担保権につき登記，登録等を具備している必要がある」として，購入者に係る再生手続が開始した時点で上記自動車につき上記立替払をした者を所有者とする登録がされていない限り，販売会社を所有者とする登録がされていても，上記立替払をした者が上記の合意に基づき留保した所有権を別除権として行使することは許されないものとした[7)]。この結論は，再生債務者の第三者性を肯定する説と親和性を有するものであるが，上記のとおり，別除権制度の趣旨等をその理由としたものである。これに対し，再生債務者の第三者性を正面から肯定した下級審の裁判例もある[8)]。

実務の扱いとしては，肯定説と否定説のいずれの見解にも固まっていない状況にあるものといえる。

⑶　個別の論点

以下，個別の場面について付け加える。

⒜　**対抗問題**　　上記⑴の対抗問題の例では，再生債務者の第三者性を肯定する見解は，譲受人は所有権の取得を再生債務者に対抗できないとする[9)]のに対し，第三者性を否定する見解は，所有権の取得を主張する余地を認

7）　最判平22・6・4民集64巻4号1107頁。

8）　大阪地判平20・10・31判時2039号51頁・判タ1300号205頁。

9）　ただし，再生債務者の側から譲受人の所有権取得を認めることは可能である。所有権の取得を認めないことが正義の観念に著しく反しないか，再生債務者が資産を失う結果となることが再生債権者らの理解を得られるか，同様の相手方が複数いる場合の公平性，所有権の取

める。[10] ただし，前者の見解に立っても，譲受人が再生手続開始後に手続開始を知らないで登記手続をした場合は，有効に対向要件を具備したことになる（民再45条１項ただし書）ので，所有権の取得を対抗できる。

(b) **通謀虚偽表示，詐欺による取消し**　再生債務者が手続開始前に行った取引について，手続開始後，相手方が通謀虚偽表示による契約の無効（民94条１項）の主張や詐欺を理由とする契約の取消し（民96条１項）を主張した場合，再生債務者がこれらの条項の「第三者」として保護を受けることができるかが問題となる。これを肯定する見解では，この場合の「善意」の判断基準については，再生債務者は債権者の代表として保護の対象となるので，再生債権者のうちに１人でも善意の者がいれば再生債務者は自らが善意であることを主張できると解する見解が有力である。[11] これに対しては，再生債権の確定には届出及び債権確定手続が必要であり，再生債権者の主観的要素を基準とするのは現実的でないという批判がある。

(c) **動産の先取特権**　再生債務者が手続開始前に動産を売り渡した場合，手続開始後，再生債務者が民法333条の「第三取得者」に該当し，譲渡人が動産の先取特権を行使できなくなるかが問題となるが，同条は動産の「引渡し」を要件としているところ，再生手続開始によって「引渡し」が生じたということはできないから，動産の先取特権の行使は妨げられないと解される。[12]

６．再生債務者代理人の立場

再生手続は，DIP 型で進められる限り，再生債務者の活動を軸として進行するものであり，そこでの再生債務者の役割は，非常に幅広く重要なものである（前記１～３参照。）。再生債務者が単独でこのような役割を果たすことは，実際上は極めて困難で，法律の専門家である弁護士を代理人とすることが必

得を認めることでその後の取引が円滑になるなどして事業の再生に有利に働く可能性等の諸事情を総合考慮して決することになろう。

10）条解再生法・194頁〔河野正憲〕。

11）最新実務解説一問一答・413頁〔山本和彦〕。

12）破産管財人に関する最判昭59・２・２民集38巻３号431頁参照。

要不可欠であることから，実務では，個人再生を除いた通常の再生手続では，ほとんどの事件で，弁護士が再生債務者の代理人となっている。そして，再生債務者代理人は，再生手続開始の申立ての準備から，手続開始後の各種事務の遂行や再生計画案の策定，再生計画成立後の履行の指導に至るまで，手続の中で指導的，中心的な役割を果たしている。

もとより弁護士は，依頼者の利益の擁護を本来的な職責とする。再生債務者の代理人となった弁護士は，債務者に対し，事業の維持と再生について責任を負うこととなる。そして，実際上，代理人の手続追行の巧拙が，再生債務者の事業の再生という目的を達成できるかどうかを大きく左右する。

しかし同時に，再生債務者は，再生債権者に対して公平誠実義務に従って適切に業務を遂行し，財産を管理する責務を負っている。再生債務者の業務の遂行が不誠実，不適切であれば，最終的に管理命令（民再64条１項）が発令されて再生債務者の業務遂行権及び財産の管理処分権が剥奪される可能性もあるのであり，再生債務者代理人としては，再生債務者がその義務を遵守するように，適切に指導しなければならない。

このように，DIP 型手続における再生債務者の地位を反映して，再生債務者代理人の弁護士も重要かつ多面的な役割を果たすことが求められる。実務の現場では，時としてそれはかなり困難なものであり，また，方針をめぐって再生債務者本人と衝突するような場面もないとはいえない。しかし，再生債務者代理人は，そうした困難を克服するように努めなければならないのであり，これには高いモラルと指導力が求められるものといえる。[13)]

13)　内田博久「民事再生手続と裁判所」実務と理論・302〜303頁。なお，再生債務者代理人による依頼者の利益擁護と公平誠実義務との衝突について論じたものとして，伊藤・611頁，伊藤・前掲注1）39頁，小林信明「民事再生手続における申立代理人の役割」新・裁判実務大系(21)・326頁，三村藤明「DIP と再生債務者の公平誠実義務と再生債務者」実務と理論・２〜６頁，縣俊介＝清水祐介「開始決定後の各種業務その２――各種契約の処理等」東京弁護士会弁護士研修センター運営委員会編『弁護士専門研修講座 倒産法の実務２民事再生申立代理人の実務』（ぎょうせい，2011）122〜126頁，通常再生の実務・78〜80頁〔田川淳一〕などがある。

Ⅱ 監督委員

1．意　　義

監督委員とは，再生債務者を監督し，そのために必要な調査を行い，再生債務者が一定の行為を行う際に同意を与えること等を職務とする再生手続上の機関である。

再生手続においては，再生債務者は原則として業務遂行権及び財産の管理処分権を失うことなく，自らが主体となって手続を進める（民再38条１項）。そこで，他方において再生債務者には公平誠実義務が課されている（同条２項）が，それでも再生債務者の手続追行が適切に行われない可能性は払拭できない。

再生債務者に対する監督は，もとより裁判所も行うものであり（民再41条１項・125条参照），民事再生法上，監督委員を選任するか否かは裁判所の裁量に委ねられている（民再54条１項）。しかし，裁判所は，限られた人数で同時に多数の事件を扱っていることもあり，係属している一件一件の事件について適時に十分な情報を収集して丁寧に監督を行うには，実際上，限界があることが否定できない。この点，監督委員は，倒産事件の処理に精通した弁護士の中から，個々の事件ごとに，その事件を担当するのにふさわしい者が選任されるのが通例であり，当該事件に精力を集中できるうえ，自ら現場等に足を運び関係者と面接をするといった機動的な活動が可能であるなど，監督機関として優れた面を多く有している。そして，実務においては，こうした特性を生かして調査，情報収集を行い，これに基づいて再生債務者に対し一定の重要な行為に同意を与え，また，指導，監督を行い，さらには裁判所に意見を述べるなど，再生手続の適正な進行と，それに対する関係者の信頼の確保のために，欠くことのできない重要な役割を果たしている。そこで，今日では全国の裁判所において，監督委員を積極的に選任し，活用する運用が定着している。

2．監督委員の選任

(1) 監督命令の発令

裁判所は，再生手続開始の申立てがあった場合において，必要があると認めるときは，利害関係人の申立て又は職権で，監督命令を発して監督委員を選任することができる（民再54条1項）。再生手続開始の申立てがなされれば，開始決定がなされる前であっても，監督命令を発令することができる。ただし，監督委員は再生債務者の業務の遂行と財産の管理に対して監督を行うことを職務とするので，管理命令や保全管理命令が発令されて再生債務者が業務遂行権と財産の管理処分権を失っている場合には，監督命令が発令されることはなく，管理命令や保全管理命令が発令されれば，既に発令されている監督命令は取り消される[14)]（民再54条5項）。

手続がDIP型で進行している場合には，監督委員を選任，活用する運用が，全国で定着している（上記1参照）。東京地方裁判所破産再生部では，再生手続開始の申立てがなされた事件のほとんどについて，速やかに監督命令を発令しており，例外的にこの段階では調査命令を発令するにとどめる事件についても，後に開始決定がなされれば，それと併せて監督命令を発令している（第5章Ⅰ1・103頁参照）。

監督命令の決定例は▩書式2－1のとおりである。

14） 一問一答・80頁。

▒書式2－1　監督命令の決定例

平成○○年(再)第○○○号　再生手続開始申立事件

決　　　定

東京都○○区○○△丁目△△番△△号
再生債務者　○○○○株式会社
代表者代表取締役　○○　○○

主　　　文

1　○○○○株式会社について監督委員による監督を命ずる。
2　監督委員として，次の者を選任する。
東京都○○区○○○△丁目△番△号
○○総合法律事務所
弁護士　○○　○○
3　監督委員は，再生債務者が，民事再生法120条1項に規定する行為によって生ずべき相手方の請求権を共益債権とする旨の裁判所の許可に代わる承認をすることができる。
4　再生債務者が次に掲げる行為をするには，監督委員の同意を得なければならない。ただし，再生計画認可決定があった後は，この限りでない。
(1)　再生債務者が所有又は占有する財産に係る権利の譲渡，担保権の設定，賃貸その他一切の処分（常務に属する取引に関する場合を除く。）
(2)　再生債務者の有する債権について譲渡，担保権の設定その他一切の処分（再生債務者による取立てを除く。）
(3)　財産の譲受け（商品の仕入れその他常務に属する財産の譲受けを除く。）
(4)　貸付け
(5)　金銭の借入れ（手形割引を含む。）及び保証
(6)　債務免除，無償の債務負担行為及び権利の放棄
(7)　別除権の目的である財産の受戻し
(8)　事業の維持再生の支援に関する契約及び当該支援をする者の選定業務に関する契約の締結
5　再生債務者は，平成○○年○○月○○日以降毎月末日締切りにより，再生債務者の業務及び財産の管理状況についての報告書をその翌月10日までに当裁判所及び監督委員に提出しなければならない。ただし，再生計画認可決定があった後は，この限りではない。

平成○○年○○月○○日

東京地方裁判所民事第20部
裁判長裁判官　○　○　○　○
裁判官　○　○　○　○
裁判官　○　○　○　○

(2) 監督委員の適格性等

民事再生規則20条１項は，監督委員の適格について，その職を行うに適した者のうちから選任される旨規定している。監督委員は，事業経営に精通し，高度な法律知識等を有する実務経験の豊富な者が選任されることが望まれるところであり，東京地方裁判所破産再生部では，倒産事件に特に精通した経験豊かな弁護士の中から適格者を選任している。

監督委員は，複数の選任が可能であり（民再54条２項），法人の選任も可能である（同条３項）が，複数選任や法人選任の例はほとんどない。

(3) 監督命令の変更・取消し，即時抗告等

裁判所は，監督命令を変更し，又は取り消すことができる[15]（民再54条５項）が，監督命令，監督命令の変更及び取消しの決定に対しては即時抗告ができる（同条６項）。この即時抗告は執行停止の効力を有しない（同条７項）。

また，裁判所は，監督命令を発したとき，監督命令の変更又は取消しをしたときは，その旨を公告する必要があり（民再55条１項），監督命令，監督命令の変更又は取消しの決定，即時抗告についての裁判があった場合には，その裁判書を当事者に送達する必要がある（同条２項）。

裁判所書記官は，法人である再生債務者について監督命令が発令されたときは，遅滞なくその旨の登記の嘱託をしなければならない（民再11条２項）。変更・取消しがあった場合も同様である（同条４項）。

３．監督委員の職務

監督委員の主な職務は，①再生債務者の行う重要な行為についての同意，②共益債権化の承認，③再生債務者の財産状況等の調査・報告及び意見の提出等，④否認権の行使，⑤再生計画の遂行の監督である。

15）実務的には，監督命令の変更は，再生計画認可決定の時点で，履行監督（民再186条２項）に必要な範囲で新たに同意事項を指定する場合などに行われ，監督命令の取消しは，再生計画の遂行完了前に再生手続終結決定をすべき必要性がある場合などに行われる（**第12章Ⅲ１(3)**・364頁参照）。

(1) 再生債務者の行う重要な行為についての同意

(a) **同意の意義**　裁判所は，監督命令の発令と同時に，監督委員の同意を得なければ再生債務者がすることができない行為を指定しなければならない（民再54条２項）。この同意権を適切に行使することにより，再生債務者の行為を監督することが監督委員の中心的な職務となる。

(b) **同意事項の定め方**　監督委員の同意事項をどのように指定するのかは裁判所によって異なるが，東京地方裁判所破産再生部では，①再生債務者が所有又は占有する財産に係る権利の譲渡，担保権の設定，賃貸その他一切の処分（常務に属する取引に関する場合を除く），②再生債務者の有する債権について譲渡，担保権の設定その他一切の処分（再生債務者による取立てを除く。），③財産の譲受け（商品の仕入れその他常務に属する財産の譲受けを除く。），④貸付け，⑤金銭の借入れ（手形割引を含む）及び保証，⑥債務免除，無償の債務負担行為及び権利の放棄，⑦別除権の目的である財産の受戻しのほか，⑧事業の維持再生の支援に関する契約及び当該支援をする者の選定業務に関する契約の締結を同意事項に指定している（前記２■書式２－１参照）。

上記⑧は，スポンサー（第10章Ⅵ３(1)・321頁参照）との各種契約や，スポンサー選定のためのフィナンシャル・アドバイザー（FA）（第10章Ⅵ３(6)・325頁参照）の選任契約が，これに該当する。これらの契約を監督委員の同意事項として指定することの是非は考え方の分かれるところであり，東京地方裁判所破産再生部でも，従前は監督委員の同意事項とまではせずに，スポンサーの選定過程の適正さ等について，監督委員による調査，監督をするにとどめる運用としていた。しかしながら，FA 契約において多額の報酬の支払が約定されるケースがあったこと，再生債務者が締結したスポンサー契約が不適切，不相当であったとしても，それを事後的に解消させることは困難である場合が多く，違約金が発生する場合もあり得るなどの事情から，現在では，あらかじめ監督委員就任予定者の意見を聴いたうえ，監督命令において前記⑧を同意事項として指定する運用に改めている。[16]

16) 破産・再生の実務〔第３版〕(下)・185頁，民事再生の手引・60頁〔吉田真悟〕，鹿子木康「東京地裁における再生手続の運用と利用状況」最新実務解説一問一答・24頁。

なお，和解又は仲裁合意を監督委員の同意事項に指定する裁判所も少なくない。これに対し，東京地方裁判所破産再生部の運用では，これを直接的には同意事項には指定していないが，そうであっても，和解の内容が他の同意事項（財産の処分，権利の放棄等）に該当する場合には，その点について監督委員の同意が必要となる。

(c)　**同意が必要な期間の終期**　東京地方裁判所破産再生部では，監督委員の同意が必要な期間を再生計画認可決定時までとしている（前記２▩書式２－１の主文第４項ただし書参照）が，裁判所によっては，認可後の監督委員による履行監督（民再186条１項）の一環として，重要な財産の処分及び譲受け，多額の借財等を監督委員の同意事項として残す運用をしている[17]。もっとも，東京地方裁判所破産再生部も，事案によっては，監督委員の意見を聴いたうえ，認可後も監督委員の同意事項を一部残す運用をしている（法的には，民事再生法54条５項により認可決定時に監督命令を変更する決定をすることになる。**第12章Ⅰ２・358頁参照**[18]）。

(d)　**同意の方法等**　監督委員の同意を求める申請及び監督委員の同意は書面でしなければならず（民再規21条１項），再生債務者が監督委員の同意を得たときは，遅滞なくその旨を裁判所に報告しなければならない（同条２項）。

(2)　共益債権化の承認

(a)　**承認の意義**　再生債務者が，再生手続開始の申立て後再生手続開始前に，資金の借入れ，原材料の購入その他再生債務者の事業の継続に欠くことのできない行為をする場合には，裁判所は，その行為によって生ずべき相手方の請求権を共益債権とする旨の許可をすることができ（民再120条１項），また，監督委員に対し，この許可に代わる承認をする権限を付与することができる（同条２項）。実務的には，監督命令において共益債権化の承認権限を付与しているのが一般的である（前記２▩書式２－１の主文第３項，**第８章Ⅱ１(2)(b)(ア)・242頁参照**）。

---

17)　大阪，名古屋，福岡，仙台など。通常再生の実務・336～339頁。

18)　民事再生の手引・61頁〔吉田真悟〕。

再生手続開始の申立て後，再生手続開始前の再生債務者の行為によって生じた相手方の財産上の請求権は再生債権となる（民再84条１項）のが原則であるが，そうすると，再生手続開始の申立て後，再生手続開始までの間に再生債務者と取引をする者がいなくなり，事業の継続に支障を来すことになる。そこで，事業の継続に欠くことのできない行為をする場合に限り，共益債権と扱うことを認めることで，再生債務者の事業の継続を容易ならしめ，再生手続開始の申立て後に取引をした相手方を保護しようとしたものである。

(b) **承認の方法等**　監督委員の承認は，通常は書面でなされることが多いが，事前に書面を準備する余裕がない場合には，口頭で承認を得たうえ，後日書面を追完する方法でも差し支えない。東京地方裁判所破産再生部では，監督委員に取引状況を説明して了承を得た場合には包括的な承認でもよいこととしているが，再生手続開始前に生じた再生債権を一定の要件の下に共益債権とするものであるから，可能な限り特定することが前提である。少なくとも，債権の発生原因，債権発生時期（期間），最大限予想される債権総額といった程度の特定は必要であるとしている。また，包括的な承認により共益債権化された債権を弁済した場合には，事後に債権の発生原因，発生した時期（期間）及び相手方（支払先）ごとに支払金額を記載した報告書を監督委員に提出することを必要としている[19)]。

なお，監督委員は，共益債権化の承認をしたときは，遅滞なくその旨を裁判所に報告しなければならない（民再規55条）。

(3) 再生債務者の財産状況等の調査・報告及び意見の提出等

(a) **監督委員の報告義務・調査権**　監督委員は，裁判所の定めるところにより，再生債務者の業務及び財産の管理状況その他裁判所の命ずる事項を裁判所に報告しなければならない（民再125条３項）。そして，この報告を可能にするため，監督委員は，再生債務者，再生債務者の代理人，再生債務者が法人である場合のその理事，取締役，執行役，監事，監査役及び清算人並びにこれらに準ずる者，再生債務者の従業員（これらの者は，いずれも過去にそ

19）破産・再生の実務〔第３版〕(下)・227頁，民事再生の手引・65頁〔吉田真悟〕。

うであった者を含む。）に対して再生債務者の業務及び財産の状況につき報告を求め，再生債務者の帳簿，書類その他の物件を検査することができる（民再59条1項・2項）。また，監督委員は，その職務を行うため必要があるときは，再生債務者の子会社等に対しても，その業務及び財産の状況につき報告を求め，又はその帳簿，書類その他の物件を検査することができる（同条3項）。

実務的には，監督委員において公認会計士を補助者として選任し，公認会計士の協力を得ながら財産状況等の調査を行っている（後記6参照）。

そしてまた，実務上，監督委員は，再生債務者に向けた調査以外にも，必要に応じて，手続に関連する各種の事実関係について調査を行い，さらには再生債権者らの意向の聴取などもして情報を収集し，裁判所に報告している。このように，監督委員による調査，報告は，再生手続全般に及ぶ広範なものである。[20]

(b)　**監督委員からの情報・意見の活用と再生債務者に対する助言**　実務上，監督委員は，調査，報告を行うのみならず，裁判所の求めに応じて意見を述べるものとされている。東京地方裁判所破産再生部においてこうした運用が定着し，重要な機能を果たしている場面としては，再生手続開始決定の当否に関する意見（後記(c)）や，再生計画案に対する意見（後記(d)）などがあるが，それ以外にも，裁判所は一般に，手続中の様々な局面において，監督委員に対して意見を求めている。そして，裁判所は，以上により提出された情報や意見を踏まえて，手続上の判断，決定を行う。監督委員は倒産事件の処理に特に精通した経験豊かな弁護士であり（上記2(2)参照），こうした監督委員の活動は，再生手続の適正，円滑な進行のために重要な役割を果たしている。

そして，監督委員からの情報や意見は，裁判所の判断，決定の資料とされるだけでなく，必要に応じて，監督委員が個別に説明をしたり，その報告書や意見書を裁判記録の一部として閲覧，謄写に供する等の方法により，適宜に再生債権者等の関係者にも開示され，その意思決定のための資料となる。

20）　通常再生の実務・340～343頁。

これは，これらの者の再生手続に対する理解，信頼の向上にも資するものといえる。

さらに，監督委員は，以上のような活動を通じて得られた情報を踏まえ，再生債務者に対しても必要に応じて様々な助言をし，指導を行うことが少なくない。このような再生債務者に対する助言，指導も，再生手続の適正，円滑な進行に大きく寄与している（後記７参照）。

(c) **再生手続開始の当否の意見** 実務の運用では，裁判所が再生手続の開始決定をするか否かを判断するにあたり，監督委員が意見を述べるものとしていることが多い（第５章Ⅰ５・106頁参照）。重要な判断を迅速に行わなければならず，かつ，裁判所自らが収集できる情報が限られる場面であることから，監督委員の果たしている役割は非常に重要である。

(d) **再生計画案に対する意見** 実務の運用においては，裁判所は，提出された再生計画案を付議することが相当か否か，また，これが可決された場合に認可することが相当か否かにつき監督委員に調査を命じ，その調査結果をまとめた意見書を踏まえて付議や認可に係る判断をしている。この意見書は，付議決定の後に再生計画案や議決票などとともに届出再生債権者に送付されており，債権者に対して情報を開示するものとして，実務上重要な役割を果たし，再生計画案の決議における債権者の投票行動に大きな影響を与えている[21]（第11章Ⅰ６・332頁参照）。

(4) 否認権の行使

管財人が選任されない通常の再生手続において，再生手続開始決定前の再生債務者の行為につき否認権を行使することが相当と認められる場合には，裁判所は，利害関係人の申立て又は職権で，監督委員に対して，特定の行為について否認権を行使する権限を付与することができる（民再56条１項，第７章Ⅳ・191頁参照）。

---

21) 松嶋英機編著『民事再生法入門〔改訂第３版〕』（商事法務，2009）49頁。

(5) 再生計画の遂行の監督

(a) **監督の期間**　再生債務者は，再生計画認可決定が確定した後は，速やかに再生計画を遂行すべき義務を負うところ，監督委員が選任されている場合には，監督委員が再生計画の遂行を監督すべきものとされている（民再186条1項・2項）。

監督委員の監督期間は，再生計画認可決定の確定から3年である（民再188条2項）（第12章Ⅰ２・358頁参照）。

(b) **監督の方法**　実務では，監督の方法としては，再生計画の遂行状況について再生債務者代理人から報告を受けることが中心となっているが，必要があれば，民事再生法59条に基づき，帳簿等の検査をすることもできる。また，債権者その他の第三者から様々な情報を得ることもある。監督委員は，これらを通じて，再生計画の遂行に支障が生じたことを知ったときは，直ちに裁判所に報告し，再生債務者（代理人）と協議を行うことになる（第12章Ⅰ３・360頁参照）。

なお，多くの裁判所において，再生債務者代理人に対し，再生計画に基づく弁済をした場合には，そのつど，その旨の報告書を裁判所や監督委員に提出するよう指示しており，また，裁判所によっては，再生計画認可決定後も，裁判所及び監督委員に対し，従前の月次報告書を提出するように指示している。

4．監督委員に対する監督

監督委員は，裁判所が監督する（民再57条1項）。裁判所は，監督委員が再生債務者の業務及び財産の管理の監督を適切に行っていないとき，その他重要な事由があるときは，利害関係人の申立て又は職権で，監督委員を解任することができるが，その場合には監督委員の審尋が必要である（同条2項）。

なお，裁判所は，監督委員に対する監督に関する事務を裁判所書記官に命じて行わせることができ（民再規23条1項），監督委員は，正当な理由があるときは，裁判所の許可を得て辞任することができる（同条2項）。

監督委員は，職務執行につき善管注意義務を負い（民再60条1項），この義務を怠ったときは，利害関係人に対し，連帯して損害賠償責任を負う（同条２項）。

5．監督委員の報酬

監督委員は，費用の前払いのほか，裁判所が定める報酬を受けることができる（民再61条１項）。裁判所が定める報酬の額は，その職務と責任にふさわしいものでなければならない（民再規25条）。通常は，再生手続開始の申立て時に予納された予納金の中から，裁判所が決定した額が支給される。

東京地方裁判所破産再生部の場合，再生計画認可決定時及び再生手続の終結時（再生手続開始の申立て棄却，再生手続廃止の場合にはそれらの決定時）に監督委員の報酬決定を行っているが，いずれも再生手続開始の申立て時に予納された予納金の中から支給している[22]。これに対し，監督委員が否認権限の付与を受けて否認の請求又は訴えの提起をする場合には，別途報酬を支給することとしており，そのために再生債権者に予納金を追納させている（第４章Ⅵ１・100頁，４・101頁，第７章Ⅳ４・193頁参照）。

6．公認会計士による調査

監督委員が前記３の職務を遂行すべく再生債務者の業務上及び財務上の情報を正しく把握するためには，公認会計士による調査が不可欠であることが多い。そこで，東京地方裁判所破産再生部では，法人の事件の場合は全件につき，個人の事件の場合は必要に応じて，監督委員が公認会計士を補助者としてつけている[23]。

公認会計士は，再生債務者の財務関係における過去の実績（粉飾の有無）

22） これに対し，大阪地方裁判所の場合，再生計画認可決定時に履行監督に係る監督委員の報酬に充てるための予納金を追納させている。通常再生の実務・346頁。

23） 監督委員が公認会計士を補助者としてつけるという運用は，他にも多くの裁判所で行われているが，監督委員とは別に公認会計士を調査委員として選任するという運用を採っている裁判所もある（後記Ⅲ１参照）。

や再生債務者が提出した財産評定書の審査，再生計画案における弁済率が清算配当率を上回っているか，その履行可能性があるかなど，再生手続の根幹部分の調査にあたって重要な役割を果たしている。

7．積極的監督委員像と消極的監督委員像（監督の程度）

監督委員による監督の程度に関し，監督委員は再生債務者の職務の遂行に積極的に関与すべきであるという「積極的監督委員像」と，DIP 型を基本とする再生手続では消極的・後見的な関わりにとどめるべきであるという「消極的監督委員像」が議論されることがある。

この点に関しては，実務的には，どちらであるべきかを一概に論じるのは相当でなく，事案によって関与の程度を柔軟に変えていくことが必要であると考えられている。すなわち，再生債務者代理人が再生手続に通暁しており，再生債務者を適切に指導監督しながら債権者に対して適切に情報開示を行い，また，再生債務者の業務内容や財産管理にさほど大きな問題がないような事案では，監督委員としては，一歩引いた立場から，再生債務者が提出した財産評定書の正確性や再生計画案の適法性，妥当性等について検証していくといった対応で足りる場合が多いといえる。これに対し，再生債務者や同代理人の再生手続に対する知識，経験が十分でなく，適切な業務遂行や債権者に対する情報開示が期待できないような事案では，監督委員が自ら進んでより積極的に調査権限を行使し，また，再生債務者や同代理人に対して指導を行って，監督の精度を高めることが求められることになる。[24)]

24）手続と監督委員・274頁。もっとも，民事再生規則１条３項に照らし，監督委員は，再生手続が円滑に進むよう事実上助言することは別として，再生債務者が行うべきことを手伝うことや内容の細かな点にまで指示をすることは，監督委員の仕事・責務ではないとされている（通常再生の実務・149頁〔出水順〕）。

Ⅲ 調査委員

1．意　　義

裁判所は，再生手続開始の申立てがあった場合において，必要があると認めるときは，利害関係人の申立て又は職権で，調査委員による調査を命ずる処分をすることができる（民再62条1項）。

監督委員は，調査権限を有するほか，再生債務者の行う一定の行為に対して同意を付与したり，共益債権を承認するなど，多様な権限を有している。しかしそのために，監督命令が発令されると，遅滞なく公告（民再55条1項）がなされ，再生債務者が法人である場合には登記（民再11条2項）もなされて，再生手続開始の申立てがなされたことが公となる。こうしたこともあり，再生手続開始決定前であれば，混乱を避けるために，多くの場合，同時に保全処分（民再30条）も発せられる。

これに対し，調査委員の職務は調査に限定されている。しかし，調査命令は，これが発令されても，監督命令のように再生債務者の対外的行為を制限し，第三者に影響を与えることはないし，公告や登記もなされないので，影響を抑えつつ調査のみを行わせることができるという利点がある。

実務においては，調査委員の活用のあり方は，裁判所によりまちまちである。再生手続開始の申立てがなされると，通常は速やかに監督命令が発令され，これにより監督委員の調査が可能となるので，多くの裁判所においては，調査命令が発令されることはまれである。しかし，調査命令の上記のような特質を活かし，再生手続開始の申立てがなされたのに対して，例外的に監督命令を発令せず，調査命令を発令するにとどめる場合がある（第5章Ⅰ2・104頁参照）。また，既に監督委員が選任されていても，これとは別に調査委員を選任して調査を行わせることが適当である場合には，再生手続開始の前後を問わず，調査命令が発令されることがあり得る。さらに，裁判所によっては，特定の事項の調査を行わせるために，既に監督委員に選任されている者を重ねて調査委員に選任することもある[25)]。

これに対し，公認会計士による調査が必要な場合に，公認会計士を監督委員の補助者とするのではなく，独立した調査委員として選任するという運用を採っている裁判所もある。こうした運用の下では，監督命令と併せて調査命令が頻繁に発令されることとなる[26]。

2．調査委員の選任

⑴ 調査命令の発令

裁判所は，必要があると認めるときは，利害関係人の申立て又は職権で調査命令を発して調査委員を選任することができる。

調査命令では，調査事項及び裁判所に調査の結果を報告すべき期間が定められる（民再62条2項）。調査委員は，期限までに調査を遂げ，調査報告書を提出するのが通例である。

⑵ 調査委員の適格性等

調査委員は，その職を行うに適した者で利害関係のないもののうちから選任される（民再規26条1項）。調査委員の調査の結果，監督命令が発せられる場合に，同一人を引き続き監督委員に選任することを予定しているときには，監督委員としての適格性も同時に考慮することになる。

なお，調査委員も，複数の選任が可能であり（民再62条2項），法人の選任も可能である（民再63条・54条3項）が，複数選任又は法人選任の例はほとんどない。

⑶ 調査命令の変更・取消し，即時抗告等

裁判所は，調査命令を変更し，又は取り消すことができ（民再62条3項），調査命令，調査命令の変更及び取消しの決定に対しては即時抗告ができる

25） 安木健＝四宮章夫＝林圭介＝小松陽一郎＝中井康之編『一問一答民事再生の実務〔新版〕』（経済法令研究会，2006）329頁〔林圭介〕，通常再生の実務・177～178頁〔小松陽一郎〕。
26） 前記注23）参照。

（同条４項）が，即時抗告は執行停止の効力を有しない（同条５項）。調査命令の変更は，調査期間を延長する場合や調査の途中で追加で調査すべき事項が生じたような場合に行われ，調査命令の取消しは，調査が目的を達した場合や調査の必要性がなくなったような場合に行われる。

調査命令，調査命令の変更又は取消しの決定，即時抗告についての裁判があった場合には，その裁判書を当事者に送達する必要がある（民再62条６項）が，監督命令のような公告や登記嘱託は行われない。

３．調査委員の権限

前記のとおり，調査委員は，再生債務者の財産状況等，特定の事項について裁判所の命を受けて調査を行うことになるから，監督委員の調査権に関する規定が準用されている（民再63条・59条）。

４．調査委員の監督，報酬

調査委員の監督，注意義務及び報酬については，監督委員に関する規定が準用されている（民再63条・57条・60条・61条，民再規26条２項・23条・25条）。

Ⅳ　管　財　人

１．意　　義

裁判所は，再生債務者（法人である場合に限る。）の財産の管理又は処分が失当であるとき，その他再生債務者の事業の再生のために特に必要があると認めるときは，利害関係人の申立てにより又は職権で，再生手続開始と同時に又は開始決定後，再生債務者の業務及び財産に関し，管財人による管理を命ずる処分をすることができる（民再64条１項）。

再生手続では原則として再生債務者は再生手続の開始後も業務の遂行及び

財産の管理処分権を失わない（民再38条１項）が，手続開始後も常に再生債務者が業務遂行，財産の管理を行うことができるとすると，再生債務者に意欲や能力が乏しい場合や，濫用的な意図がある場合などに，再生債務者の資産が減少するなどして，再生債権者の利益が害されるおそれがある。かといって，事業の再生の可能性自体はないとはいえない場合には，直ちに手続を不開始ないし廃止とするのも相当とはいえない。そこで，このような場合に例外的に，裁判所が選任する第三者である管財人に再生債務者の業務遂行及び財産の管理処分を委ねることとしたのが管理命令の制度であり，管理命令において選任されるのが管財人である。破産管財人や更生手続における管財人と区別するため，「再生管財人」と呼ぶこともある。

２．管財人の選任

(1)　管理命令の発令

(a)　**発令の対象**　　管理命令は，再生債務者が法人である場合に限り発令することができる。会社更生手続の対象とはならない株式会社以外の法人（学校法人，医療法人など）については，民事再生手続で管理命令の制度を活用することにより，会社更生手続に代替する管理型の再建手続として利用することが可能である。

管理命令の対象から自然人が除外されているのは，事業者でない自然人の場合には，経済生活の再生のために管理命令の発令が必要な事案を想定しにくいこと，事業者である自然人の場合も，事業は専ら個人の信用等に依拠して行われており，事業主体の交代になじみにくく，事業上の財産と私生活上の財産との峻別も困難であることなどが考慮されたものである[27)]。

(b)　**発令の要件**　　管理命令は，「再生債務者〔……〕の財産の管理又は処分が失当であるとき，その他再生債務者の事業の再生のために特に必要があると認めるとき」に発令される（民再64条１項）。条文の規定から明らかなように，管理命令は，「財産の管理又は処分が失当であるとき」又は「その他

27)　一問一答・93頁。

再生債務者の事業の再生のために特に必要があると認めるとき」のいずれかの要件を満たせば発令が可能である。

前記のとおり，再生手続は，DIP 型を採用する一方，再生債務者に公平誠実義務を課しているので，かかる義務違反が認められれば，管理命令の発令要件を満たす場合があると考えられる。

また，再生債務者の経営陣が業務遂行の意思を有しておらず，管理命令の発令を希望している場合，経営陣に重大な不正行為が存することなどから当該経営陣が引き続き業務遂行することが不相当と認められるのに経営陣の交代等がされない場合，債権者の多数が再生債務者の業務遂行，財産管理に不信感を示しており，そのことに相当な理由がある場合，経営権をめぐって経営陣，あるいは株主間で対立があるような場合なども，管理命令の発令要件を満たすことがあると考えられる。

なお，民事再生法64条１項の規定から明らかなように，管理命令は事業の再生のために必要があるときに発令されるべきもので，事業の再生の見込みがない場合には，管理命令を発令せずに再生手続を廃止すべきであり（民再191条１号・194条），そのうえで，牽連して破産手続を開始する場合には，保全管理命令を発令する（民再251条１項，破91条２項）のが相当である。

(c) **発令の時期**　再生手続を開始する時点で発令の要件を満たしていると認められる場合には，開始決定と同時に管理命令を発令することができるが，開始後に要件を満たすと認められるようになった場合には，その時点で管理命令のみを発令することもできる[28]（民再64条１項）。

(d) **発令の手続**　管理命令は，再生債務者の業務遂行権及び財産の管理処分権を剥奪するものであるから，発令に当たっては，手続保障の観点から，急迫の事情がある場合を除き，再生債務者の審尋を行う必要がある（民再64条３項）。急迫の事情が認められる場合としては，再生債務者による財産の不正処分，隠匿が行われるおそれがある場合が挙げられる[29]。

(e) **運 用 状 況**　管理命令は，DIP 型を基本とする再生手続では例外的

28）この場合，発令されている監督命令は取り消される（民再54条５項）。
29）新注釈民事再生法(上)・364頁〔籠池信宏〕。

な処分であるため，その発令件数は少ない。東京地方裁判所破産再生部では，平成22年１月から同24年10月までの発令件数は９件である。[30)]

⑵　管財人の適格性等

管財人の適格について，民事再生規則27条１項は，監督委員の適格に関する同規則20条１項を準用しており，「その職務を行うに適した者」のうちから選任される。

再生手続の開始後に管理命令が発令される場合（「管理型」への移行）には，既に再生債務者の業務や財産状況を把握している監督委員を管財人に選任する例が多いが，事案の規模や事業内容等を考慮して，それまでの監督委員とは別の弁護士を管財人に選任する場合もある。

なお，管財人は，複数の選任が可能であり（民再64条２項），法人の選任も可能である（民再78条・54条３項）が，複数選任又は法人選任の例はほとんどない。

⑶　管理命令の変更・取消し，即時抗告等

裁判所は，管理命令を変更し，又は取り消すことができる（民再64条４項）。

管理命令，管理命令の変更及び取消しの決定に対しては即時抗告ができる（同条５項）。この即時抗告は執行停止の効力を有しない（同条６項）。

また，裁判所は，管理命令を発したとき，管理命令の変更又は取消しをしたときは，その旨を公告する必要があり（民再65条１項～３項），管理命令，管理命令の変更又は取消しの決定，即時抗告についての裁判があった場合には，その裁判書を当事者に送達する必要がある（同条４項）。

裁判所書記官は，管理命令が発令されたときは，遅滞なくその旨の登記の嘱託をしなければならない（民再11条２項）。変更・取消しがあった場合も同様である（同条４項）。

---

30)　再生論・170頁〔鹿子木康〕。大阪地方裁判所における管理命令の実情等を紹介したものとしては，中井康之「管理命令の現状と課題」実務と理論・12～31頁が詳しい。

３．管財人の権限

管理命令が発令された場合，再生債務者の業務の遂行及び財産の管理処分権は管財人に専属する（民再66条）。また，管財人は，監督委員と同様，再生債務者やその取締役，子会社等に対し，再生債務者の業務及び財産の状況につき報告を求め，再生債務者の帳簿等を検査することができる（民再78条・59条）。

管理命令が発せられた場合の再生債務者の財産関係の訴えについては，管財人が原告又は被告となり（民再67条１項），発令当時に係属している再生債務者の財産関係の訴訟手続で再生債務者が当事者であるものは中断し（同条２項），中断した訴訟手続のうち再生債権に関しないものは管財人が受継することができる（同条３項）。そして。これらの規定は，発令当時に行政庁に係属しているものについて準用される（民再69条）。

このように，管財人は，再生債務者の業務の遂行及び財産の管理処分に関する一切の権限を掌握することになるので，就任後直ちに再生債務者の業務及び財産の管理に着手しなければならない（民再72条）。

また，管財人は，当然に否認権を行使する権限を有する（民再135条１項）。

もっとも，管財人の権限は，法人の組織法の分野には及ばないので，再生債務者の取締役等の役員は，管理命令の発令後も引き続きその地位にとどまり，再生債務者においては，株主総会，取締役会等を開催することができるし，取締役等の選任及び解任，定款変更等を行うことが可能である。[31]

管財人は，再生債務者に代わって，事業譲渡及び代替許可の申立て（民再42条１項・43条１項），再生債権の調査（民再100条），財産の評定（民再124条），業務及び財産の状況に関する報告（民再125条），担保権消滅許可の申立て

31）　再生債務者が学校法人や医療法人，一般社団法人や一般財団法人の場合に管財人が事業譲渡を行うには，理事の同意，理事会，社員総会ないし評議員会による決議等が必要となり，民事再生法43条１項のような裁判所による代替許可の制度もないので，現経営陣の理解と協力なくして事業譲渡を行うことは困難である（中井康之「管理命令の現状と課題」実務と理論・27～28頁）。

（民再148条１項），再生計画案の提出[32]（民再163条１項），再生計画の遂行（民再186条１項），再生計画変更の申立て（民再187条１項），再生手続終結の申立て（民再188条３項），再生手続廃止の申立て（民再192条～194条），簡易再生・同意再生の申立て（民再211条１項・217条１項）などの職務を担う。民事再生法の法文上，「再生債務者等」という用語を用いている条文が多数あるが，この再生債務者「等」は，管財人が選任されている場合の管財人を指す（民再２条２号）。

このほか，裁判所は，管財人の職務遂行のため必要があると認めるときは，再生債務者あての郵便物等の管財人への転送嘱託をすることができ（民再73条１項），管財人は，再生債務者あての郵便物の開被ができる（民再74条１項）。破産管財人の場合（破81条・82条），更生手続における管財人の場合（会更75条・76条）と同趣旨である。

４．管財人代理

管財人は，必要があるときは，その職務を行わせるため，裁判所の許可を得て，自己の責任で１人又は数人の管財人代理を選任することができる（民再71条）。

監督委員，調査委員には監督委員代理，調査委員代理といった制度はないが，管財人の職務は広範かつ多岐にわたるため，管財人代理を選任して適宜職務を分掌させるとともに，適切な指揮監督を通じてこれを統括することにより，管財人の広範な職務を合理的かつ効率的に遂行することが可能となる。

32）管財人は，裁判所の許可を得たうえ，再生計画案において，再生債務者の株式の取得に関する条項，株式の併合に関する条項，資本金の額の減少に関する条項又は再生債務者が発行することができる株式の総数についての定款の変更に関する条項を定めることができる（民再154条３項・166条）が，募集株式を引き受ける者の募集に関する条項を定めることはできず，再生債務者のみが当該条項を定めた再生計画案を提出することが可能である（民再166条の２第１項）。そのため，管財人が当該条項を定めたい場合には，経営陣の協力を得て，再生債務者と連名の再生計画案を提出することが考えられるが，経営陣の協力が得られない場合には，募集株式の引受けに関する条項を定めることができないため，管財人の採り得る再生スキームは限られることになる（新注釈民事再生法㊦・59～60頁〔土岐敦司〕，中井康之「管理命令の現状と課題」実務と理論・23～27頁）。

更生手続における管財人代理（会更70条1項本文・2項）と同趣旨である。[33]

5. 管財人に対する監督

管財人は，監督委員と同様，裁判所の監督に服する（民再78条・57条1項）。具体的に次のような監督を受ける。

裁判所は，再生手続開始後において，必要があると認めるときは，管財人が，①財産の処分，②財産の譲受け，③借財，④民事再生法49条1項の規定による双方未履行の双務契約の解除，⑤訴えの提起，⑥和解又は仲裁合意，⑦権利の放棄，⑧共益債権，一般優先債権又は取戻権の承認，⑨別除権の目的である財産の受戻し，⑩その他裁判所の指定する行為，をするには裁判所の許可を得なければならないとすることができる（民再41条1項各号，第6章Ⅲ1・147頁参照）。

また，再生手続開始後において，管財人が再生債務者の営業又は事業の全部又は重要な一部の譲渡をするには，裁判所の許可を得なければならず（民再42条1項，第6章Ⅲ2・148頁），管財人が再生債務者の財産を譲り受け，又は再生債務者に対し自己の財産を譲り渡し，その他自己又は第三者のために再生債務者と取引をするには裁判所の許可を得なければならない（民再75条1項）。

裁判所が管財人を解任できること，管財人が職務執行につき善管注意義務を負うこと，裁判所が定める報酬を受けられることは，監督委員の場合と同様である（民再78条・54条2項・60条・61条）。

6. 管財人，管財人代理の報酬

管財人及び管財人代理の費用の前払い，報酬については，監督委員に関する規定が準用されている（民再78条・61条1項，民再規27条1項・25条）。[34]

33） 西岡ほか・317～319頁〔名雪泉〕。

34） 更生手続における管財人報酬の算定について，西岡ほか・347～350頁〔押谷文哉〕。

なお，管財人及び管財人代理の費用，報酬に係る請求権は，民事再生法119条４号により共益債権となり，通常は再生債務者の財産の中から直接支払われる。

また，管理命令が発せられた場合，取締役等は再生債務者に対して報酬を請求することができない（民再76条の２）。

Ｖ　保全管理人

１．意　　義

裁判所は，再生手続開始の申立てがあった場合において，再生債務者（法人である場合に限る。）の財産の管理又は処分が失当であるとき，その他再生債務者の事業の継続のために特に必要があると認めるときは，利害関係人の申立て又は職権で，再生手続開始の申立てにつき決定があるまでの間，再生債務者の業務及び財産に関し，保全管理人による管理を命ずる処分をすることができる（民再79条１項）。

再生債務者は，再生手続開始決定後も業務遂行及び財産の管理処分を行うのが原則であるが，再生債務者が法人であって，その財産の管理又は処分が失当であるとき，その他再生債務者の事業の継続のために特に必要があると認めるときは，管理命令を発し，業務遂行権及び財産の管理処分権を管財人に専属させることができる（民再64条１項，前記Ⅳ１）。そして，再生手続開始の申立て後，開始決定の前であっても，同様の事情がある場合には，再生債務者から業務遂行権及び財産の管理処分権を剥奪して適切な第三者にこれを委ねることが相当である。そこで，こうした場合に，裁判所が選任する第三者である保全管理人が，再生手続開始までの間の業務遂行及び財産の管理処分を暫定的に担当しながら，再生手続開始の当否及び開始する場合の管理命令の発令の当否等を調査して裁判所に報告するのが保全管理命令の制度であり，保全管理命令によって選任されるのが保全管理人である。

２．保全管理人の選任

⑴ 保全管理命令の発令

実務的には，保全管理命令が発令されると，その後，再生手続が開始される場合には同時に管理命令が発令され，保全管理人がそのまま管財人に選任されるのが通例である。したがって，保全管理命令が発令される場合については，管理命令の発令要件に関する前記Ⅳ２⑴(a)，(b)の説明が妥当する。

⑵ 保全管理人の適格性等

保全管理人は，「その職務を行うに適した者」のうちから選任される（民再規27条１項・20条１項）。保全管理人の適格性については管財人の場合と同様である（前記Ⅳ２⑵参照）。

また，保全管理人も，複数の選任が可能であり（民再79条２項），法人の選任も可能である（民再83条・54条３項）が，複数選任又は法人選任の例はほとんどない。

⑶ 保全管理命令の変更・取消し，即時抗告等

裁判所は，保全管理命令を変更し，又は取り消すことができる（民再79条４項）が，保全管理命令，保全管理命令の変更及び取消しの決定に対しては即時抗告ができる（同条５項）。この即時抗告は執行停止の効力を有しない（同条６項）。

また，裁判所は，保全管理命令を発したとき，保全管理命令の変更又は取消しをしたときは，その旨を公告する必要があり（民再80条１項），保全管理命令，保全管理命令の変更又は取消しの決定，即時抗告についての裁判があった場合には，その裁判書を当事者に送達する必要がある（同条２項）。

裁判所書記官は，保全管理命令が発令されたときは，遅滞なくその旨の登記の嘱託をしなければならない（民再11条２項）。保全管理命令の変更・取消しがあった場合も同様である（同条４項）。

3．保全管理人の権限

保全管理命令が発令されると，再生債務者の業務遂行権及び財産の管理処分権は保全管理人に専属する（民再81条1項本文)。ただし，保全管理人が再生債務者の常務に属しない行為をするには，裁判所の許可を得る必要がある（同項ただし書)。

この「常務」とは，再生債務者の継続的な業務を指し，原材料の仕入れや製品の販売等はこれに当たるが，新規設備の導入，営業譲渡等の行為は当たらないと解される[35)]。

また，管財人の場合と同様，裁判所は，必要があると認めるときは，保全管理人が一定の行為をするには裁判所の許可を得なければならないものと指定することができる(民再81条3項・41条1項各号，前記Ⅳ5参照)。

保全管理人が権限に基づいてした行為によって生じた請求権は共益債権とされる（民再120条4項)。

4．保全管理人代理，保全管理人の監督，保全管理人及び保全管理人代理の報酬

保全管理人代理の選任，保全管理人の監督及び注意義務，保全管理人及び保全管理人代理の費用の前払及び報酬については，管財人の場合と同様である（民再82条・83条1項・57条・60条・61条)。

〔島 岡　大 雄〕

35）　一問一答・110頁。

Ⅵ　債権者集会

1．意　　義

債権者集会は，裁判所が法定の手続に従って開催する再生債権者の集会であり，これも再生手続における機関として位置づけられる[36)]。

再生手続において債権者集会が最も重要な役割を果たすのは，再生計画案の決議を行う場面である。すなわち，再生計画案の決議を行う際に，裁判所は，①債権者集会の期日において議決権を行使する方法，②書面等投票により裁判所の定める期間内に議決権を行使する方法，③上記①②のうち議決権者が選択するものにより議決権を行使する方法，のいずれかによることを定めることとされており（民再169条２項），①又は③による場合には，債権者集会を開催して再生債権者に議決権を行使させることとなる（第11章Ⅱ３・337頁参照）。

このように，裁判所は②の方法を選択することもできるので，債権者集会が必ず開催されるわけではないが，実務では，③の併用型を採用して債権者集会を開催することが多く，東京地方裁判所破産再生部でも，③によることを原則としている（第11章Ⅱ２・336頁参照）。

このほかに法律上，特に規定が設けられている債権者集会としては，財産状況報告集会（民再126条）がある。これは，再生債権者に対する情報開示と再生債権者等の意見の聴取のために開催されるものである。もっとも，この財産状況報告集会も開催しなくてもよいものとされており，開催しない場合の代替措置が設けられている（民再規63条）。実務でも，財産状況報告集会を開催することは少なく，東京地方裁判所破産再生部でも，開催しない運用である（第７章Ⅲ・189頁参照）。

以上のほか，裁判所は，下記２のとおり，法定の要件を満たす申立てがあったときは，債権者集会を招集しなければならず，また，こうした申立てがな

36）　伊藤・634頁。

くても，裁量により債権者集会を招集することができる。[37]

2．手　　続

裁判所は，再生債務者等もしくは債権者委員会の申立て又は知れている再生債権者の総債権について裁判所が評価した額の10分の１以上に当たる債権を有する再生債権者の申立てがあったときは，債権者集会を招集しなければならない。また，このような申立てがなくても，相当と認めるときは，債権者集会を招集することができる（民再114条）。

債権者集会の期日には，再生債務者，管財人，届出再生債権者及び再生のために債務を負担し又は担保を提供する者がある場合はその者を呼び出さなければならない。ただし，知れている再生債権者の数が1000人以上であり，民事再生法34条２項の決定があったときは，再生計画案の決議のための債権者集会以外の債権者集会については，届出再生債権者を呼び出すことを要しない（民再115条１項）。また，議決権を行使することができない届出再生債権者は，呼び出さないことができる（同条２項）。

債権者集会の期日は，労働組合等に通知しなければならず（民再115条３項），期日及び会議の目的である事項は，公告しなければならない（同条４項）。

債権者集会の期日においてその延期又は続行の言渡しがあったときは，以上の呼び出し，通知，公告をする必要はない（同条５項）。

債権者集会は，裁判所が指揮する（民再116条）。債権者集会には，監督委員及び調査委員を出席させ，意見を述べさせることができる（民再規49条）。

〔内 田　博 久〕

37）　和議においては，決議のために債権者集会の開催は必要的であった（和議法46条・50条）ものが，再生手続においては，開催が必要的ではないことと改められた。債権者集会の開催を義務づけることが手続上の負担となることを考慮したものである。これに引き続き，破産手続においても，破産法の改正により，債権者集会の開催が任意的なものとされた。

Ⅶ　債権者委員会

1．意　　義

裁判所は，再生債権者をもって構成する委員会がある場合には，利害関係人の申立てにより，当該委員会が法律に規定された事項について再生手続に関与することを承認することができる（民再117条1項本文）。

再生債務者等が適正かつ円滑に手続を追行し，裁判所や監督委員がこれを適切に監督するうえでも，再生債権者の意向を再生計画案の内容等に反映させるうえでも，再生債権者に十分に情報を伝え，また，その意見を十分に聴取することは重要である。そのための方法としては債権者集会（民再114条）や債権者説明会（民再規61条）があるが，いずれも常設のものではないし，多数の債権者が存在するような事案では，再生債権者の統一された意思を形成することも容易ではない。そこで，少数の再生債権者が全体の利益を代表し，情報を収集したり，裁判所等に対し意見を述べたりするために設けられたのが債権者委員会の制度である。

2．要　　件

(1)　委　員　会

委員会は，再生手続開始前に組織されていたものに限らず，開始後に組織されたものであってもよい。いずれの場合でも，あらかじめ委員会として組織されていることを前提に，利害関係人が裁判所に対して手続関与の承認申立てをする。

(2)　承認の要件

裁判所が手続関与の承認申立てを認める要件は，①委員の数が３名以上10名以下であること（民再117条1項1号，民再規52条），②再生債権者の過半数が当該委員会の再生手続への関与について同意していること（民再117条1

項2号)，③当該委員会が再生債権者全体の利益を適切に代表すると認められること（同項3号）である。

このうち，②の要件は，形式的にではなく実質的に過半数の債権者の同意があると認められればよい。民事再生規則53条2項2号は，債権者委員会の承認申立書の添付書類として，再生債権者の過半数が再生手続に関与することについて同意していることを認めるに足りる書面を求めているが，これは個々の債権者の同意書に限らず，委員会の議事録等で過半数の債権者の同意が認定できるものであれば足りる。③の要件は，当該委員会が再生債権者全体の利益を代表することとその活動が適切に行われることを含んでおり，これらは，上記申立書の記載及び添付書類によって明らかにする必要がある（同条1項4号・2項1号)。

3．承認の手続

前記のとおり，利害関係人の申立てにより裁判所が承認するか否かを判断する。

裁判所が債権者委員会の手続関与を承認すると，裁判所書記官は，遅滞なく再生債務者等に対してその旨を通知しなければならない（民再118条1項)。承認申立てを却下する決定又は承認決定に対する不服申立ては認められていないが，裁判所は，利害関係人の申立てにより又は職権で，いつでも承認を取り消すことができる（民再117条5項)。

4．債権者委員会の権限・活動

裁判所から手続関与の承認を受けた債権者委員会は，次のような権限を有し，活動することができる。

(1) 権　限

(a) **意見陳述権**　債権者委員会は，再生手続一般に関して，裁判所，再生債務者等又は監督委員に対して意見を述べることができる（民再117条2項・

3項・110条2項)。また，事業譲渡の許可に際しても意見を述べることができる（民再42条２項ただし書，**第６章Ⅲ２(1)(b)**・149頁参照)。

(b) **再生債務者等に対する報告書等の徴求権・報告命令申立権**　再生債務者等が財産目録及び貸借対照表（財産評定書。民再124条２項）並びに民事再生法125条１項による報告書を裁判所に提出したときは，これを債権者委員会にも提出することを要する（民再118条の２第１項)。もっとも，提出に当たり，民事再生法17条１項所定の支障部分に該当する部分があると主張して同項の申立てをしたときは，当該部分を除いた報告書等を提出すれば足りる(民再118条の２第２項)。

また，債権者委員会は，再生債権者全体の利益のために必要があるときは，裁判所に対し，再生債務者の業務及び財産状況その他再生債務者の事業の再生に関し必要な事項について民事再生法125条２項による報告をすることを命ずるよう申し出ることができ（民再118条の３第１項)，この申出を受けた裁判所は，当該申出が相当であると認めるときは，再生債務者等に対して民事再生法125条２項による報告をすることを命じなければならない（民再118条の３第２項)[38]。

(c) **債権者集会の招集申立権**　裁判所は，債権者委員会の申立てがあったときは，債権者集会を招集しなければならない（民再114条前段)。

(d) **再生計画の履行の監督**　債権者委員会は，再生計画の履行の監督をすることも期待されており，この監督は，再生手続が終結した後も可能である。そこで，この監督の費用の負担に関する条項を再生計画に定めれば，再生債務者に費用の全部又は一部を負担させることができるものとされている(民再154条２項，**第10章Ⅲ３**・310頁参照)。

---

38) 近時，東京地方裁判所破産再生部において，再生計画認可決定確定後に債権者委員会の手続関与を承認し，同委員会が(a)の意見陳述権及び(b)の報告命令申立権を行使した事例がある（再生論・166頁〔鹿子木康〕)。

⑵ 活　　動

債権者委員会の活動は，構成する委員の過半数の意見による（民再規54条1項）。もっとも，意見陳述については，その性質上，多数意見と少数意見の併記が許されると解される。

債権者委員会は，これを構成する委員のうち連絡を担当する者を指名し，その旨を裁判所に届け出なければならない（同条2項）。また，構成する委員又は運営に関する定めについて変更が生じたときは，遅滞なくその旨を裁判所に届け出なければならない（同条3項）。

⑶ 費用の負担

債権者委員会の活動に要する費用は，これを構成する委員が負担するのが原則であるが，活動が再生債務者の再生に貢献したと認められるときは，裁判所は，当該活動のため必要な費用を負担した再生債権者の申立てにより，再生債務者財産から当該再生債権者に対し，相当と認める額の費用を償還することを許可することができる（民再117条4項）。会合費や消耗品費のほか，弁護士や公認会計士の費用・報酬も含まれると解されている。上記許可がされた場合に再生債務者が支払うべき費用の請求権は共益債権となる（民再119条4号）。

〔島 岡　大 雄〕

第3章

再生手続の選択と申立ての準備

倒産に瀕した債務者が再生手続の開始を申し立てるのが適切なのは，どのような場合だろうか。本章では，再生手続を選択する基準と，その開始申立てための準備について説明する。

Ⅰ　手続の選択

1．手続選択の重要性

債務者が倒産状態に陥り，あるいは陥るおそれがある場合，これに対して早急に手立てを講じなければ，債務者の責任財産が更に毀損，減少してしまいかねない。したがって，こうした場合，早期の対応が何よりも重要である。しかし，このような状態に対応する方策にも様々なものがあり，そのうちで適切なものを選択することは，債務者自身にとっても債権者にとっても，非常に重要である。

債務者が倒産処理のための方策を選択する場合，一般に以下の点を順に検討することとなる。

① 事業の再建を目指すか，清算を目指すか

② 事業の再建を目指すとしても，法的な倒産処理手続を利用するか，私的整理を行うか

③ 法的な手続を利用するとしても，民事再生手続を利用するか，会社更

生手続を利用するか

以下，事業者が自ら倒産処理の方策を選択する場合を念頭において，順次説明をしていくこととする（なお，個人再生手続の利用の検討については，第17章Ⅰ４(1)・442頁参照）。

２．再建か清算か

事業が再建された場合には，債務者は経済活動を継続することができ，債権者は破産手続を通じて得られる以上の弁済を受けることができるのみならず，その後の取引の継続によっても利益を得られ，また，従業員の雇用が維持されるなど，事業を解体，清算した場合には得られない多くの利益が得られる。こうしたことから，事業が倒産に瀕した場合には，これを清算するよりも，再建できるかどうかをまずは検討すべきである（第１章Ⅱ１(1)・12頁参照）。

しかし他方，事業を継続しても採算を取ることに失敗すれば，債務者の責任財産が毀損され，それから破産手続を開始しても，当初から破産手続を開始したとしたならば得られたであろう配当額すら得られない可能性もある（第１章Ⅱ１(3)・14頁参照）。そのようなことがないように，債務者としては，当初の手続を選択する段階から，事業の再建が可能かどうかをよく吟味し，その可能性が低いと判断される場合には，清算型の手続を選択しなければならない[1)]。

民事再生手続ないし会社更生手続においては，再生計画ないし更生計画の成立の見込みがないことが明らかでないことは，手続を開始する際の要件ともなっている（民再25条３号，会更41条１項３号）。したがって，この要件を満たさない場合には，もとよりこれらの手続を選択することはできない。

1）　債務者が手続を申し立てる場合，その選択は経営者が行うが，経営者が手続について十分な知識を有していなかったり，倒産に瀕した状況で債務者が守るべきモラルについて十分に理解していない場合も少なくない。こうした状況では，債務者の依頼を受けた弁護士の助言と指導が重要となる。弁護士としては，手続の特色を理解し，当該事案に最も適した手続を選択するように，債務者とよく協議し，場合によっては説得をして，方向づけをしなければならない。

事業再生の可能性は，個別具体的事情から総合的に判断することが必要だが，一般的には，以下に述べるような要素を考慮する。

(1) 事 業 収 益

事業の再生のためには，事業が将来的に収益が見込めるものであることが必要であり，これが根幹である。現時点で収支が赤字であっても，経費の削減，不振原因の解明と除去，黒字部門の強化や不採算部門の閉鎖等の手だてを講じることで，黒字化できる場合もある。しかし，例えば，債務を圧縮し，かつ，経費の削減等の経営改善策を尽くしても，営業利益すら見込めず，構造不況等により将来の収益向上の見込みも立たないというような場合であれば，事業再生は困難と判断せざるを得ない。

事業収益の見通しは将来の景気動向などにも影響されるので，あまり厳格に考えすぎることは適切でない。しかし，再建手続に入ったことが公になることにより，事業収益が悪化する可能性もある。商社のように信用に大きく依存している業種では，信用力低下により取引先が取引に応じてくれなくなることもある。これに対し，個人相手の小売業のような業種や，製造業でも特殊な技術等に裏打ちされた競争力の強い商品を有するような企業であれば，手続開始による悪影響は小さいかもしれない。

なお，債務者自身が経営しても黒字化は望めないが，他の企業が事業を運営すれば，新たな資金の注入やいわゆるシナジー効果により収益を上げられることもあり，その場合，事業譲渡や会社分割などを検討することになる。

(2) 経営者の意欲と能力，従業員の協力

再生手続では，手続開始決定後も，再生債務者は業務の遂行権，財産の管理処分権を失わず，債務者が法人の場合も，原則として従前の代表者が事業経営に当たる（民再38条1項)。そこで，再生手続を選択する場合には，これら経営陣が事業の再生に向けた強い意欲と能力を有していることが必要である。経営者がこうした意欲，能力を欠く場合や，経営陣に内紛があって意思が統一できない場合などは，再生手続による事業の再生は困難となる。なお，それまでの経緯等から現在の経営陣が債権者の信用を得られない場合などで

は，手続開始の前，あるいはその後のいずれかの時期において，それまでの経営陣は退任する必要に迫られるが，その場合でも，上記の条件を満たす新たな経営陣を手配できなければならない。

また，事業の再生は，企業体全体が一致団結してこそ初めて可能なものである。したがって，従業員の協力が得られる見通しであることも，重要な要素となる。ことに，従業員の有する技術，能力，人脈等が事業の中核となっている企業においては，当該従業員の協力が得られるような内容で再生を進めることができなければならない。

(3) 資金繰り

再建型の手続においては，手続開始後も事業を継続していくことになるので，そのために必要なだけの資金（主に現金）が，必要な時点で常に確保できていなければならない。これを資金繰りという。資金繰りが破綻すると，その時点で直ちに事業は停止し，再建は頓挫してしまう。実務的には，特に手続開始後数か月間の資金繰りに窮することが多く，再建型の手続の利用をする前には，この点の見通しが立つかどうかを十分に検討することが不可欠である（後記Ⅱ２参照）。

この検討の際には，手続による影響を考慮しなければならない。具体的には，再生手続であれば，再生計画に基づく支払が始まるまでは，再生債権の弁済は不要であるものの（民再85条１項），その一方で，新たな仕入れ等に係る債務は共益債権となり（民再119条２号・５号），随時優先的に弁済しなければならないところ（民再121条１項・２項），手続の開始による信用の低下により，支払期限が短縮されたり現金取引でなければ応じてもらえなくなるなど，取引条件が悪化することが通常である。また，金融機関の預金残高が相殺により減少することもあるし，事業の整理縮小をする場合には，経費が節減される一方で，退職金等のコストが発生することもある。他方，売掛金等の債権の回収についてはそれまでのサイトは変えられず，手形割引などによる資金確保もより困難となるので，資金繰り破綻のリスクが高まる。この点，日々の現金収入が得られる業種であれば，資金繰りは比較的楽である。

資金不足を補うために，手続の申立て後に借入れをする道もあるが，貸し手がこれに応じるだけの条件（手持ち資産の担保余力など）が整っていなければならない。これに対し，早期に事業譲渡（民再42条１項）ができれば，債務者自身としては，以後は事業継続による経費が生じなくなるが，こうした場合でない限り，債権者集会で再生計画案が可決されるなどして信用が一応回復するまで，自力で資金を回していける見通しがなければならない。

⑷ 再生計画立案の可能性

再生手続の再生計画による支払は，破産手続によったとした場合の配当を上回るものでなければならない（清算価値保障原則〔民再174条２項４号〕）。そして，その支払は，原則として10年以内に行わなければならない（民再155条３項）。

破産手続の中で資産を処分する場合，かなり安価でしか売却できないのが通常である。再生手続の中で資産を売却する場合は，それよりも高値で売却できることが多いし，事業譲渡により資産を有機的一体性を保ったまま譲渡できれば，より高額の対価が得られる。こうして得られた金銭を弁済に充てることにより，破産手続によった場合より高い配当率を見込むことができる。

しかし，破産手続によってもある程度高い配当率が見込める場合で，かつ，民事再生においては資産を売却せず，事業収益により弁済をしようとする場合には，破産手続によった場合を上回る支払を10年以内に行う計画を立てることが困難となることもある。

また，滞納している公租公課が多額で，破産手続によった場合にはこれを財団債権（破148条１項３号）として優先的に支払うことから一般配当がまったく見込まれない場合であっても，再生計画においては何らかの弁済をすることとしなければ，「破産手続によったとした場合の配当を上回る」とはいえないものとされている（第10章Ⅱ２⑴(a)・305頁参照）。しかし，公租公課は再生手続の中でも一般優先債権として随時弁済をしなければならないので（民再122条１項・２項），これが多額にのぼる場合には，その支払をしながらなおかつ一般再生債権の支払をする計画を立てることが困難である場合もある。公租公課以外の一般優先債権や，別除権協定を通じるなどして別除権者に支払う金銭が多額となる場合も同様である。

再生手続の利用をする際には，以上のような点を考慮して，実行可能な再生計画を立てられるかどうかを十分に検討することが必要である。

⑸ 顧客，仕入先等の理解

事業が再生されるためには，顧客や仕入先等との間で取引が継続されることが必要である。しかし，仕入先は，再生手続開始前の原因に基づく売掛金債権が再生債権となり，原則として再生計画に従った一部弁済しか受けられなくなってしまうことなどから，取引の継続を拒絶することがある。他方，破産手続によるよりは弁済率が向上することや，事業が継続されれば新たな取引を通じて利益を上げることが可能となることなどから，再生手続に協力をしてくれる可能性もある。顧客に関しても，事業の継続への不安などから，注文が減少することもあり得る。

事業の再生を試みる場合，以上のような観点から，取引相手の理解，協力が得られるかどうかを予測，検討する必要があり，特に，債務者にとって不可欠な取引先については，取引が継続される見通しを持っていなければならない。

⑹ 債権者の理解

再生計画案の可決には，債権者集会への出席ないし書面等投票をした再生債権者の過半数の同意，及び総議決権額の２分の１以上の再生債権者の同意が必要であり（民再172条の３第１項），再生計画案の可決の見込みのないことが明らかなときは，再生手続開始の申立てが棄却される（民再25条３号）。したがって，再生計画案に対して可決の要件を満たすだけの再生債権者の賛成が得られないことが明らかな場合には，再生手続開始の申立てをすべきではない。

もっとも，手続の申立準備の段階では，対外的にそのことを開示できないことが通常で（後記Ⅱ４参照），再生債権者の賛否を正確に予測することは困難であるし，当初に反対の意向を有していた再生債権者も，再生債務者による適切な手続の遂行や情報の開示により，賛成してくれるようになることは珍しくないので，申立て前にこの点を厳しく考えすぎることも適切ではない。

しかし，議決権額の大きな部分を占める大口再生債権者が反対することが確実で，手立てを尽くしても打開できる可能性がないような場合には，再生手続を利用することは困難となる。

⑺ スポンサーの有無

債務者の事業の再生に経済的に支援，協力する企業等をスポンサーと呼ぶ。支援方法は，融資，事業の譲受け，募集株式引受けなどがある。債務者単独では事業の再生が困難でも，スポンサーの支援が受けられれば再生が可能である場合も少なくない（第10章Ⅵ３⑴・321頁参照）。しかし，スポンサーも，将来利益が得られることを期待して資金を投下するのが通常であるので，支援を得るためには，事業の内容にそれだけの魅力，将来性が必要ということになる。なお，今日，こうしたスポンサーを紹介することを業とする会社も多数存在しているが，これを利用するにも相応の費用がかかることになる（第10章Ⅵ３⑹・325頁参照）。

事業再生の道を探る場合，こうしたスポンサーが現れる可能性についても検討することが必要である。

３．私的整理か法的手続か

⑴ 私的整理とは

私的整理（任意整理）とは，債権者と債務者が，債務の減免猶予等を合意するものであり，法的には民法上の和解契約に当たる。必ずしもすべての債権者が参加する必要はなく，一部の債権者のみとの間で話を進めることも可能である。この私的整理を通じて，債務者の事業の解体，清算を行うこともできるし，債務者の事業の再建を目指すこともできる。いずれにしても，すべては関係者の合意の下に行われ，これを強制することはできない。

このように，事業の再建を目指すとしても，法的手続を取らずに，再建を目的とする私的整理を行う方法もあるが，その選択は，以下のようなそれぞれの方策の特色と留意点をよく理解したうえでなされなければならない。[2)]

(2) 私的整理のメリットとデメリット

私的整理では，当事者を限定し，その当事者が了承することにより，金融債権と取引債権を分けて取り扱うなど，事案に応じた柔軟な取決めをより容易に行うことができる。これにより，事業の継続にとって重要な取引先との関係をより良好に保つといったことが可能となる。

また，参加する当事者以外には事業が再建中であることを知られずに進めることができることから，風評被害を抑えたり，多数の一般利用者が存在する病院，学校，公共交通機関等の再建をする際に，社会的な混乱を回避することができるなどの利点がある。

さらに，法的手続の申立てが上場廃止基準に該当する場合であっても，私的整理を通じて再建をすれば，上場を維持できる可能性がある。

このように，私的整理には，法的手続に伴う混乱を回避し，企業価値の毀損を最小限に抑えられるというメリットがある。そこで，金融債権者や大口債権者など，一部の債権者から債務の減免猶予を得ることができ，これにより事業を再生することが可能な場合には，私的整理を行う意味がある。これに応じる債権者としても，法的手続による場合よりも事業の価値が維持でき，より多くの弁済を受けることができるのであれば，経済合理性があることとなる。

しかし他方，同意しない債権者に対しては，その内容を強制することができないところ，債権者にはそれぞれの事情があるので，対象とすべき債権者が少数の事案でなければ，全員から同意を得て私的整理を行うことは，一般には相当に困難である。また，裁判所が介在しないので，当事者全員に情報が十分に開示されず，一部の者により不正がなされる危険性もある。さらに，当然ながら，否認権を行使することはできない。

(3) 私的整理を行うための条件と留意点

私的整理を行うためには，個別的な権利行使を控えて再建計画で債権を変更することについて，対象となる債権者全員から円滑に同意を得られる見込

2） 須藤英章「私的整理手続との相違と選択基準」最新実務解説一問一答・48頁。

みがなければならない。同意の取得に手間取ると，当初から法的手続をとった場合と比較しても，かえって事業価値の毀損が進んでしまうことになりかねない。

そのためには，金融機関や大口債権者などの対象債権者を適切に選定したうえで，適正で透明性のある進行を行うように心がけなければならない。具体的には，弁護士，公認会計士などの専門家が責任をもって関与し，スケジュール等の進行の枠組みを明確にし，財務諸表，資金繰り表，事業計画書等を作成するなどして情報を適切に開示するとともに，法的手続による場合と比較しても経済合理性のある再建計画案を立案する必要がある[3)]。

また，私的整理では否認権の行使ができないので，流出した財産については，相手方に任意に返還してもらうか，民法上の債権者取消権の行使により対処するしかない。そこで，否認の対象となるような行為がなされている場合には，これに対する適切な対応を講じられる見通しをつけておく必要がある。

4．民事再生か会社更生か

法的手続による事業の再建を目指すとしても，それには民事再生と会社更生の２つの手続があるので，いずれを選択するかを検討しなければならない。基本的な考え方としては，民事再生の方が手続が簡略なので，特に会社更生手続を選択する必要性がない限り，民事再生手続を選択するのが相当と判断してよい。

検討に当たっては，以下のような事項を考慮する。

3）私的整理を適正に進めるための手順等を示したものとして，いわゆる「私的整理に関するガイドライン」がある。これは，学者，弁護士，金融界や産業界の代表者等によりなる「私的整理に関するガイドライン研究会」が平成13年９月19日に発表したもので，私的整理を進めるうえで，実務上の重要な指針となった。そして，その後，いわゆる事業再生 ADR（「産業活力の再生及び産業活動の革新に関する特別措置法」48条により経済産業大臣の認定を受けた認証紛争解決事業者）や，中小企業再生支援協議会（同法42条により各都道府県に設置された協議会）などの制度が整えられた。これらの機関の関与，指導を受けることは，適正，透明，円滑な私的整理の実現に資するものといえる。

⑴ 債務者が株式会社かどうか

民事再生法は，対象となる債務者を限定していないが（民再1条），会社更生法は，適用される対象を株式会社に限定している（会更1条）。したがって，学校法人，医療法人，協同組合等の株式会社以外の法人については，会社更生手続を選択することができない。

⑵ 会社の規模

会社更生手続は，大規模な株式会社に適した手続であり，民事再生手続は，中小の事業体の利用を念頭に置いた手続である，と説明されるが，いずれの手続も，事業体の規模について法律上の限定があるわけではない。実際，民事再生手続は，中小企業のみならず，極めて大規模な会社の事業再生にも頻繁に利用されている。

これに対し，会社更生手続は，通常は中小企業に利用されることはない。同手続は，大規模な事業体の再生に利用されることを想定したものなので，それに耐えられるように各種の要請が盛り込まれ，より複雑な内容となっている。そして，裁判所の運用も，一般に，標準スケジュールの期間がより長く設定され，各種審査はより慎重で，予納金の額も高額であるなどの差がある。したがって，民事再生手続を利用することで不都合がない中小企業が，あえて会社更生手続を利用することは適切ではない。

⑶ 経営者の交代

DIP型の進行を基本とする民事再生手続においては，手続開始決定後も，原則として再生債務者は業務の遂行権，財産の管理処分権を失わず，債務者が法人の場合も，原則として従前の代表者が事業経営に当たり（民再38条1項），管財人が選任されるのは例外的な場合にとどまる（民再64条1項）。他方，会社更生手続においては，手続開始決定とともに管財人が選任され（会更42条1項），更生会社の事業経営権及び財産管理処分権は管材人に専属し（会更72条1項），従前の経営陣はこれらの権限を喪失する。

DIP型による進行においては，債務者の自主再生の意欲を最大限に生かし，迅速，柔軟に，低コストで事業の再建を果たすことが期待できる（第1章Ⅱ

１(2)・13頁参照)。したがって，DIP型の進行のこのようなメリットを生かすべき事案であれば，民事再生手続を選択することが適切ということになる。

もっとも，会社更生手続においても，近時，裁判所において，従来の経営者を管財人に選任して，手続開始後も会社の経営を行わせる扱いがなされるようになってきており（いわゆるDIP型会社更生），こうした運用の下では，経営者の交代という点における両手続の実質上の差異は小さくなる（第１章Ｉ４(2)脚注12)・7頁参照)。

(4) 担保権行使の制約の必要性

民事再生手続では，質権，特別の先取特権，抵当権，商事留置権等は，別除権として手続外での行使が可能である（民再53条１項・２項)。民事再生手続を選択しようとする場合，事業に必要な資産にこれらの別除権が設定されているときには，それが実行されることにより事業が頓挫しないための方策がとれるかどうかを検討しなければならない。

一般的には，別除権の実行回避は，別除権者との間で別除権協定を締結することによってなされる（第９章Ⅳ１・287頁参照)。しかし，別除権者が非協力的である場合には協定の締結はできない。その場合，担保権消滅の許可の制度（民再148条以下）を利用することが考えられるが，裁判所への金銭の支払は一括となるなど，その利用は簡単ではない。

他方，会社更生手続においては，担保権の実行は禁止され（会更50条１項・24条１項２号)，更生計画に従って被担保債権の弁済がなされる（会更47条１項・138条２項)。

したがって，事業の継続に必要不可欠な資産について別除権協定の締結が困難であれば，これは会社更生手続を選択する方向に働く事情の一つとなる。ただし，更生担保権の期限の猶予の定めをする更生計画案の可決のためには，議決権を行使できる更生担保権者の議決権の総額の３分の２以上，それ以外の更生担保権の制限を定める更生計画案の可決のためには，同じく４分の３以上の同意が得られる必要があること（会更196条５項２号イ・ロ）には，留意する必要がある。

(5) 優先債権の行使の制約の必要性

民事再生手続では，税金，社会保険料等の公租公課や労働債権等の一般の優先権がある債権は一般優先債権とされ，これらに基づき手続開始前に既になされている滞納処分や強制執行は中止されず，手続開始後もこれらによる新たな滞納処分，強制執行などがなされる可能性がある（民再122条１項・２項・39条１項）。これにより事業の継続のために必要な資産が失われるおそれがある場合，別除権に対するのと同様に，分割払いを約束するなどして権利行使を控えてもらうことが必要である。

他方，会社更生手続においては，公租公課やその他の優先的な債権も，一定のものが共益債権となる（会更129条・130条）ほかは優先的更生債権となり，これについては，手続開始決定前は保全処分によって滞納処分や強制執行の中止，禁止が可能であり（会更24条１項・２項・25条１項），また，手続開始決定後は弁済，強制執行，滞納処分等が基本的に禁止され（会更47条１項・50条１項・２項），更生計画に従って弁済がなされる（会更168条・169条）。

したがって，優先的な債権の権利行使を控えてもらうことが困難で，事業の継続に必要不可欠な資産が失われるおそれがある場合，これは会社更生手続を選択する方向に働く事情の一つとなる。

(6) 組織再編の必要性

民事再生手続では，合併，会社分割，株式交換などの組織再編行為を行おうとする場合，再生計画ではこれを定めることはできず，別途，株主総会決議などの会社法が定める手続を行う必要がある。

他方，会社更生手続では，更生計画に定めることによって，こうした組織再編行為を行うことが可能である（会更167条２項）。したがって，事業の再建の方策としてこうした組織再編を行う必要があるが，これについて株主の協力が得られない場合，これは会社更生手続を選択する方向に働く事情の一つとなる。

Ⅱ　再生手続開始の申立ての準備

1．事業の状況の正確な把握

再生手続の申立ての是非を判断するためにも，また，事業の再生を適切に進め，その情報を債権者に正確に開示するためにも，事業の状況を正確に把握することは必要不可欠である。しかし，倒産に瀕した企業においては，粉飾決算等の不正がなされていたり，また，意図的ではなくても資料が不正確，不十分であることが多い。したがって，手続の申立てにあたっては，これらの可能性を踏まえ，事業の状況を正確に把握するように努めなければならない。

そして，特に粉飾決算等の不正がなされている場合，その責任を明確にしなければ債権者の協力を得られないことが多い。そうした事態が予想される場合には，あらかじめ適切な後任を手配して，役員を更迭してから手続の申立てをしたり，そうでなくても，手続開始後に役員の交代や旧役員に対する損害賠償請求（民再143条以下参照）をする準備をしておくことなどが必要となる。

2．資金繰りの確保

再生手続を申し立てる場合，事業継続のための資金繰りが可能でなければならず，特に手続開始後数か月間について見通しをつけることが不可欠である（前記Ⅰ２(3)参照）。

その分析の基礎資料として，まず，現状の資金繰りの予定を正確に把握しなければならない。健全な企業においては常に把握されているはずのものであるが，破綻に瀕している企業では，正確な情報が集約されていない場合も少なくない（回収困難な事情のある売掛金が安易に入金予定と報告されている等）。したがって，既存の資料についても改めて正確性を検証するなど，十分な注意が必要である。

具体的には，再生手続開始を申し立てた場合に発生する事態を想定したうえで，出入金の予定と手元現金の増減を時間の経過に沿った一覧表（資金繰り表）にまとめて，必要な現金が手元になくなる時がないかどうかをチェックする。そして，そのような時期があることが判明した場合には，入金の手当をしたり，出金の抑制や出金時期の繰り延べを図ることとなる。この資金繰り表は，手続開始の申立てにあたって申立書に添付すべき書面としても必要なものである（民再規14条１項６号，第４章Ⅳ３⑥・96頁参照）。

３．再生計画案の基本的枠組みの検討

再生計画案における支払は，破産手続によったとした場合の配当率を上回るものでなければならない（清算価値保障原則〔民再174条２項４号〕）。のみならず，弁済率が低いと，再生債権者の同意を得られず，再生計画案が否決される可能性が高まる。そこで，再生債務者としては，清算価値保障原則を満たし，再生債権者の支持を得られるだけの弁済をする原資を確保しなければならない。

この弁済原資としては，再生債務者自身の将来の収益の中から充てるというのが簡明であるが，一般に，高い弁済率を確保することが困難で，弁済期間も長期となりがちである。これに対し，スポンサーからの資金援助を得て，これを再生債権者への弁済に充てることができれば，早期に，比較的多い弁済をすることも可能となる（第10章Ⅵ３(1)・321頁参照）。

このような再生計画案の基本的な枠組みについては，再生手続の開始を申し立てる段階で，可能な限り，見通しをもっておくことが望ましい。もっとも，申立ての準備段階では，債権者等に情報を秘匿しなければならないことなどから，確かな方向性を定めるのは困難な場合もある。

なお，スポンサー獲得のための交渉は，内々に行う限り，手続開始申立ての準備段階であってもできないものではなく，実務でもしばしば行われている。申立ての時点でスポンサーとなる予定の者が確保できていることで，その後の手続が円滑に進行する場合もある。もっとも，こうしたスポンサー候補者が当初から特定の１名に限定されると，その者の意向がその後の手続に

強く反映されすぎるおそれも生じるので，注意が必要である（第10章Ⅵ3(6)・325頁参照）。

4．債権者等への対応の準備

債務者が再生手続開始の申立てを準備していることが事前に外部に知られた場合，債権者が先を争って債権の回収や納めた物品の引き上げに及ぶなどし，事業の再生に甚大な支障が生じるおそれがある。したがって，申立ての準備は，一般に，厳重に秘匿して進めるべきものとされている。極めて例外的に，一部の重要債権者に対し，その後の手続に対する理解，協力を得るために，申立ての直前にそのことを知らせることもあるが，その是非は慎重に判断すべきである。

そこで，通常は，債権者等に対しては，手続開始を申し立て，裁判所による弁済禁止等の保全処分（民再30条1項）の発令を受けてから，できるだけ速やかに事情の説明と協力の依頼をすることになる。これは，債権者がごく少数である場合などを除けば，債務者が債権者を集めた説明会を開催して行うことが多い（民再規61条1項）。そして，東京地方裁判所破産再生部では，この債権者説明会に監督委員も出席し，そこで述べられた債権者の意向その他の情報を裁判所に報告することとしている（第5章Ⅰ3・105頁参照）。したがって，債務者は，申立てより前に，この債権者説明会の開催に向けて，会場の手配等の準備を進めておく必要がある。

なお，内部の従業員等に対しても，手続の申立て後，速やかに事情を説明して理解と協力を得なければならないので，そのための準備も必要である。

5．取締役会決議等

再生手続開始の申立てについての意思決定は企業にとっての重大な事項であるので，取締役会を設置している株式会社においては，事前にその決議を経なければならず（会社362条2項1号），取締役会を設置していないが取締役が複数いる会社においては，過半数の取締役の賛成を得ておかなければならない（会社348条２項）。

6. 裁判所への情報提供

裁判所は，債務者から再生手続開始の申立てを受けると，速やかに監督命令と必要な保全処分を発令するのが通例である（第５章Ⅰ１・103頁参照）。しかし，事案を分析してそれにふさわしい監督委員候補者を選び，監督委員就任について了解を取り付けるには，一定の時間的な余裕が必要となる。したがって，債務者が裁判所に対して事前に申立てに関する情報を提供するのは，手続の円滑な進行のために重要なことである。

しかし他方，申立て前のあまりに早い時期から詳細な情報提供を求めることは，申立ての準備に忙殺されている債務者の行動を阻害し，申立ての遅延を招くことにもなりかねない。債務者にどの時点でどの程度の情報提供を求めるかについては，以上の要素を勘案し，それぞれの裁判所が運用を定めている。

東京地方裁判所破産再生部は，申立人となる債務者に対し，原則として申立ての３日前までに，負債総額や見込みの債権者数等の事案の概要と，その他の監督委員選任のための重要事項を記載した連絡メモをFAXにより送信することを求めており，また通常は更に，その時点でのスポンサーの有無や予想される再生計画案のスキームなどの重要事項について，裁判所書記官が電話により事情を聴取しているが，それ以上に事前の相談等は行っていない。これは，通常の事案であれば，この程度の時間的余裕があれば，適任の監督委員候補者を選任できる態勢を常時整えているからである。しかし，学校法人や医療法人が債務者である場合など特別の配慮を必要とする事案や，特別に大規模な事案などについては，より早期に情報提供がなされることが望ましく，また，こうした事案では，申立て前に，債務者（代理人）と裁判所及び監督委員候補者で，事前の打ち合わせを行うこともある[4]。

〔内田　博久〕

4） 破産・再生の実務〔第３版〕(下)・33頁，民事再生の手引・22～26頁〔寺田聡〕。

第4章

再生手続開始の申立て

再生手続は申立てにより開始する。本章では，再生手続開始の要件や開始申立ての手続等について説明する。

I　再生能力

1．再生債務者になることができる者の範囲

民事再生法は，再生債務者となることができる能力（再生能力）を有する者の範囲に制限を設けておらず，債務者が再生能力を有するかどうかは，民事訴訟法上の当事者能力に関する規定を踏まえて決せられる（民再18条）。その結果，再生手続の適用範囲は，株式会社にのみ適用される会社更生手続と比較すると，大幅に広いものとなっている。すなわち，法人及び自然人のいずれも再生債務者になることができ，法人については，株式会社に限らず，有限会社，医療法人，学校法人など，あらゆる法人が含まれる[1)]。また，法人でない社団・財団で代表者又は管理人の定めがあるもの（民訴29条）も再生債務者となることができる。さらに，事業者のみならず非事業者も再生債務者となることができ，外国人及び外国法人も再生債務者となることができる

1）　ただし，相続財産には再生能力は認められないと解されており，再生手続係属中に再生債務者たる個人が死亡した場合には，再生手続は終了する（伊藤・578頁）。

(民再３条)。

２．再生手続を利用する法人の規模

民事再生手続は，主に中小企業の再生を念頭に制定された手続であり，立法当初は，債権者が中小企業で比較的債権者数の少ない事件において利用されるものと予想されていた。しかし，実際には，DIP 型による進行が可能で，手続費用も会社更生手続よりも少額であるなどの利点から，中小企業はもちろん，上場会社を含む大企業においても広く利用されている（第１章Ｉ６・10頁参照)。

Ⅱ 申立権者

１．概　　要

再生手続の開始は，申立てによることが必要であり，裁判所の職権によることはできない。民事再生法は，債務者及び債権者に再生手続開始の申立権を認めている（民再21条）ほか，破産管財人（民再246条１項）や外国管財人(民再209条１項）等にも申立権を認めている。

なお，法人についての破産手続では，法人の役員等にも申立権が認められている（いわゆる準自己破産〔破19条１項〕）が，再生手続では，再生債務者たる法人の役員に同様の申立権は認められていない。ただし，他の法律の規定により法人の理事等がその法人に対して破産手続開始又は特別清算開始の申立ての義務を負う場合（会社484条１項・511条２項など）においては，これらの者は再生手続開始の申立てもすることができる（民再22条)。

また，会社更生手続において株主に申立権が認められているのとは異なり(会更17条２項２号)，再生手続においては株主に申立権はない。

2. 債　務　者

債務者に申立権が認められることは，民事再生法が債務者の事業又は経済生活の再生を図ることを目的としていることから当然であり，実務においても，債務者からの申立てが再生事件の大部分を占めている。

法人が債務者として再生手続開始の申立てをする場合，取締役会などの意思決定機関の決議が必要となる[2)]ことがある（会社362条２項１号など）。

自然人たる債務者について既に破産手続が係属しており，その破産手続中で債務者が免責許可の申立てをしているときは，債務者自身から再生手続開始の申立てをすることはできない（破248条６項）。

3. 債　権　者

債権者には，その有する債権額の多寡にかかわらず，申立権が認められている。この点，会社更生手続において，一定金額以上の債権を有する債権者にのみ申立権が認められている（会更17条２項１号）とは異なる。

申立権の基礎となる債権は，期限未到来の期限付債権や条件未成就の条件付債権，非金銭債権であってもよい。

一般優先債権者に申立権があるか否かには争いがある。これを否定する見解は，一般優先債権が随時弁済を受けられることを理由とするが，条文上債権者の有する債権の種類に制限がないことや，事業の再生が一般優先債権の弁済にも有利な影響を及ぼすなど，一般優先債権者も再生手続について利害関係を有するといえることから，一般優先債権者にも申立権があると解するのが相当である[3)]。

2）　和議手続では，法人の申立ては，理事又はこれに準ずる者の全員一致によることが要求されていた（和議法12条１項ただし書）が，再生手続開始の申立てにおいては，このような要件は設けられていない。

3）　新注釈民事再生法㊤・103頁〔高井章光〕。伊藤・584頁は反対。

4．そ の 他

債務者の監督庁に再生手続の申立てをすることが認められることがある（金融機関等について，金融機関等の更生手続の特例等に関する法律446条1項。農水産業協同組合について，農水産業協同組合の再生手続の特例等に関する法律3条）。

Ⅲ　再生手続開始の要件

1．形式的要件

再生手続開始の申立ては，書面でしなければならない（民再規2条1項）。また，申立書に必要的記載事項の記載を欠く申立ては不適法であり，裁判長は補正を命じ，これに応じなければ申立書を却下することになる（民再18条，民訴137条）。なお，申立書の添付書類（民再規14条）については，その添付がなくても申立書が却下されることはない（後記Ⅳ参照）。

2．実質的要件の定めとその特色

再生手続が開始されるためには，積極的要件である手続開始原因（後記3）が認められなければならない（民再21条）。また，申立人が債権者であるときは，その有する債権の存在が認められることも必要である（民再23条2項）。そして，以上の場合であっても，消極的要件である申立棄却事由（後記4）が認められれば，申立ては棄却される（民再25条）。

手続開始原因は，破産手続における開始原因よりも緩和されたものとなっているのが特色である。また，申立棄却事由が存在しないことは消極的要件という形式で規定されているから，裁判所は，手続開始原因を満たす再生手続開始の申立てがあったときは，申立棄却事由が存在することによりこれを棄却する場合を除いて開始決定をすることとなる（民再33条1項）。これにより，申立人が積極的に立証しなければならない事実の範囲が限定され，その立証の負担が軽減されている。

これらはいずれも，できるだけ早期に，容易に手続開始の申立てができるようにして，事業再建の可能性を高めようとする趣旨によるものである。

なお，再生手続開始の申立てをするときはその原因となる事実を疎明しなければならないものと定められている（民再23条１項）が，これは申立ての適法要件であり，これを受けて裁判所が開始決定を行う際の判断においては，疎明では足りず，証明がなされなければならないものと考えられている。さらに，債権者が申立てをする場合においては，その有する債権の存在も疎明しなければならないものと定められている（同条２項）ところ，この点についても裁判所が開始決定を行う際の判断では証明まで必要かどうかについては争いがあるが，開始決定は債務者の利益を大きく左右するものであるので，申立人が債権者であることについても，証明まで要するものと考えるべきだろう。[4]

３．手続開始原因

(1) 破産手続開始原因となる事実の生ずるおそれ

「破産手続開始の原因となる事実」とは，支払不能（破15条１項・２条11項）と債務超過（破16条）であり，支払停止（履行期が到来している債務を一般的，継続的に弁済することができないことを示す債務者の行為。債権者に対する通知。手形不渡り等。）の事実があったときは支払不能にあるものと推定される（破15条２項）。そして，再生手続においては，同じく再建型の倒産処理手続である会社更生手続の場合（会更17条１項）と同様に，このような破産手続開始原因がなくてもこれが生ずるおそれがあれば足りるものとされており，破産に至る前の段階で早期に再生手続を利用することが可能となっている（第１章Ⅰ３・4頁参照）。

4） 新注釈民事再生法(上)・112頁〔髙井章光〕。これに対し，伊藤・100頁は，破産手続に関してであるが，債権の存在については疎明で足りるとする。

支払不能とは，債務者の弁済能力では，履行期の到来した債務を一般的，継続的に弁済することができない客観的状態をいい，債務超過とは，法人において，計算上，消極財産が積極財産を上回ることをいう。支払不能は相続財産を除く一般的な破産手続開始の原因であるが，債務超過は存立中の合名会社及び合資会社を除く法人の付加的な破産手続開始の原因である（破16条）。なお，後者の債務超過を判断する際の資産評価については，清算価値ではなく，継続企業価値を基準とするのが相当である。[5]

これらの「おそれがあるとき」とは，債務者が重大な経済的危機の状態にあり，事態がそのまま推移すれば支払不能又は債務超過の状態に至ることが客観的に予測される場合である。

⑵ 債務者の事業に著しい支障を来すことなく弁済期にある債務を弁済することができないとき

これは，弁済資金の調達は可能であるが，そのために事業の継続に著しい支障を来す場合である。例えば，債務者の生産設備や工場用地を処分すれば債務の弁済が可能であって支払不能や債務超過のおそれがあるとはいえないが，その処分をしてしまうと事業の継続が困難となってしまうような場合が想定される。この要件も，債務者が経済的破綻を来す前の早期の段階での再生手続開始の申立てを促す趣旨で定められたものである。

この原因が存在することを理由として申し立てることができるのは債務者に限られており，債権者はすることができない（民再21条2項）。

4．申立棄却事由

⑴ 再生手続の費用の予納がないとき（民再25条1号）

再生手続開始の申立てをするときは，申立人は，裁判所が定める手続費用を予納しなければならない（民再24条1項，後記Ⅵ）。国庫の負担において再生

5） 山本和彦＝長谷川宅司＝岡正昌＝小林信明編『Q＆A民事再生法〔第2版〕』（有斐閣，2006）29頁。

手続を進めるべきではなく，また，費用の予納が長期間されずに不安定な状態が続くのは相当ではないことから，費用の予納のないことが棄却事由とされている。費用の予納がないときは，裁判所は所定の期間を定めて予納命令を発し，所定の期間を経過しても予納がない場合には民事再生法25条１号により棄却決定をするが，予納期間が経過しても棄却決定前に予納がされれば棄却されるべきではない。

⑵ 裁判所に破産手続，特別清算手続が係属し，その手続によることが債権者の一般の利益に適合するとき（民再25条２号）

再生手続は，清算手続である破産手続又は特別清算手続が既に係属していても申し立てることができる（第15章Ⅰ１・393頁参照）。しかし，既に係属している手続によることが債権者の一般の利益に適合するときは，その手続を優先させるべきであるから，民事再生法25条２号により再生手続の申立ては棄却される。「債権者の一般の利益に適合する」か否かは，弁済率，弁済期及び弁済期間等を総合し，特定の債権者ではなく，債権者全体の利益になるか否かを判断して決定する。再生手続を通じては清算価値保障原則（第10章Ⅱ２⑴(a)・305頁参照）を満たす弁済ができない場合は本号に該当する[6]。他の手続の「係属」とは，その手続の申立てがあれば足り，開始決定に至っていることは必要でない。

なお，同じ再建型手続でも，会社更生手続は再生手続よりも強力かつ慎重な手続であるので，会社更生手続が既に係属している場合には，再生手続よりも会社更生手続が優先する（第15章Ⅱ１・395頁参照）。

⑶ 再生計画案の作成もしくは可決の見込み又は再生計画認可の見込みがないことが明らかであるとき（民再25条３号）

これらの事由があるときは，再生手続を開始しても意味がないため，棄却事由とされたものである。ただ，開始決定の時点では，裁判所は再生債務者の事業の実態等について十分な情報を有していないため，再生計画案の可決

6） 条解再生法・120頁〔瀬戸英雄＝上野尚文〕。

等の見込みがないことが「明らかである」場合に限定されている。

再生計画案の作成の見込みがない場合としては，事業が既に停止しており，事業の再開や継続の目処がつかない場合や，事業は一応継続しているものの当面の運転資金が確保できない場合，公租公課や労働債権等の一般優先債権に対する弁済原資すら確保することができず，再生債権者に対する弁済計画が立てられない場合などが挙げられる。収益のみでは弁済が困難な状況にあったとしても，スポンサーの支援等によって再生債権者に対する弁済原資を調達できる可能性がないとはいえない場合は，見込みがないことが明らかとはいえない。

再生計画案の可決の見込みがない場合としては，議決権総額の２の１以上の議決権を有することとなる債権者が強硬に反対している場合や，多数の債権者が再生債務者に対して不信感を抱いており，再生計画の内容いかんにかかわらず，可決の見込みがない場合などが挙げられる（民再172条の３第１項参照）。しかし，有力債権者が反対の意向を表明している場合であっても，再生債務者の働き掛け等によってその意向が変わることも考えられることから，上記のような場合において棄却決定をするかどうかは，慎重に判断されるべきである。

再生計画認可の見込みがないことが明らかな場合とは，再生手続が法律に違反しており，その補正の余地がない場合や，再生計画の遂行可能性がない場合などが挙げられる。

⑷ 不当な目的で再生手続開始の申立てがされたとき，その他申立てが誠実にされたものでないとき（民再25条４号）

手続開始の申立てが，再生債務者の事業の再生又は経済生活の再生という本来の目的（民再１条）から逸脱した濫用的な目的で行われた場合を棄却事由とするものであり，いわば包括的な棄却事由である。

この棄却事由に当たる例としては，債権者申立ての場合では，嫌がらせを目的とする申立て，株価操作を目的とする申立てなどが挙げられる。また，債務者申立ての場合としては，真に再生債務者の権利変更による調整が必要でないのに，専ら担保権消滅許可制度を利用して担保権の抹消をすることを目的とする申立て[7]などが挙げられる。

一方，再生手続開始の意図を隠して，申立ての直前に多額の金融を得たり，原材料を大量に仕入れたりした場合に，不誠実な申立てに当たるか否かについては，見解が分かれているが[8]，民事上又は刑事上の責任を問い得ることは別として，その真意が事業の再生の目的ではなく，専ら第三者を騙して利得を得る目的で申立てがされたような場合でない限り，民事再生法25条４号の棄却事由には該当しないと解する見解が有力である[9]。

その他，民事再生法25条４号の該当性が肯定された事例としては，債務者会社が取締役会で再生手続開始の申立てを決議した後，取引先から商品の仕入れを行ったほか，合計5000万円の融通手形を振り出した等の事情がある事例[10]などがあり，同号の該当性が否定された事例としては，①再生計画の不認可決定確定後に再度の再生手続開始申立てがされた事例[11]，②申立てに先立ち，会社代表者らが銀行からの借入れのため請負代金債権に譲渡担保を設定し，第三債務者の承諾書を偽造した事例[12]，③再生債務者が，粉飾決算をし，裁判所から求められた資料をすべて提出せず，また，再生手続開始に反対する債権者を債権者名簿に記載しなかった事例[13]などがある。

7） 東京高決平24・3・9金判1393号46頁。なお，専ら否認権の行使を目的とした再生手続開始の申立てについては議論がある。東京高決平24・9・7金判1410号57頁・金法1977号60頁〔増市徹〕参照。

8） 肯定した裁判例としては，高松高決平18・10・25金判1249号37頁がある。

9） 条解再生法・121頁〔瀬戸英雄〕，破産・再生の実務〔第３版〕(下)・92頁（申立てが，事業再生の目的ではなく，専ら利得を得る目的であったか否かの判断の考慮要素としては，「金融等を得た債権の再生債権全体における割合，金融等を得た時期と再生手続申立時との時間的間隔，得られた金員や原材料の使途，再生債務者の事業継続の有無と申立書の内容等からうかがわれる再生に向けた意欲の程度」等を挙げている。)。

10） 前掲注8）高松高決平18・10・25。

11） 東京高決平17・1・13判タ1200号291頁。

12） 東京高決平19・9・21判タ1268号326頁。

13） 東京高決平19・7・9判タ1263号347頁。

Ⅳ　申立書の記載事項と添付書類

1．必要的記載事項

再生手続開始の申立書には，次に掲げる事項を記載しなければならない（民再規12条1項）。これらの記載を欠く申立ては，補正命令の対象となり，同命令に応じない場合には，命令で申立書が却下されることとなる（民再18条，民訴137条）。

① 申立人の氏名又は名称及び住所並びに法定代理人の氏名及び住所
② 再生債務者の氏名又は名称及び住所並びに法定代理人の氏名及び住所
③ 申立ての趣旨
④ 再生手続開始の原因となる事実
⑤ 再生計画案の作成の方針についての申立人の意見

これらのうち，⑤の再生計画案の作成の方針等については，申立て段階であるので，ある程度概括的な記載となることはやむを得ないが，できる限り，予想される再生債権者の権利の変更の内容及び利害関係人の協力の見込みを明らかにしなければならない（民再規12条2項）。

2．実質的記載事項

再生手続の申立書には，上記事項のほか，次に掲げる事項を記載する（民再規13条）。これらは，その記載がなくても申立てそのものの適法性に影響を及ぼすものではないが，申立てに対する審理や進行に関する判断資料となったり，手続開始後の各種通知等に際して必要となる情報であることから，記載が求められている。

① 再生債務者が法人であるときは，その目的，役員の氏名，株式又は出資の状況その他の当該法人の概要
② 再生債務者が事業を行っているときは，その事業の内容及び状況，営業所又は事務所の名称及び所在地並びに使用人その他の従業者の状況

③　再生債務者の資産，負債（再生債権者の数を含む。）その他の財産の状況
④　再生手続開始の原因となる事実が生ずるに至った事情
⑤　再生債務者の財産に関してされている他の手続又は処分で申立人に知れているもの
⑥　再生債務者について再生債務者の使用人その他の従業者で組織する労働組合があるときは，その名称，主たる事務所の所在地，組合員の数及び代表者の氏名
⑦　再生債務者の使用人その他の従業者の過半数を代表する者があるときは，当該者の氏名及び住所
⑧　民事再生法169条の２（社債権者等の議決権の行使に関する制限）第１項に規定する社債管理者等があるときは，その商号
⑨　再生債務者について民事再生法207条（外国管財人との協力）１項に規定する外国倒産処理手続があるときは，その旨
⑩　再生債務者が法人である場合において，その法人の設立又は目的である事業について官庁その他の機関の許可があったものであるときは，その官庁その他の機関の名称及び所在地
⑪　申立人又は代理人の郵便番号及び電話番号（ファクシミリの番号を含む。）
⑫　民事再生法５条３項ないし７項に規定する管轄の特例の対象となる再生事件又は更生事件があるときは，係属する裁判所，事件の表示及び債務者の氏名又は名称等

３．添付書類

再生手続開始の申立書には次の書面を添付しなければならない（民再規14条)。これらの書類の添付がなくても申立ての適法性に影響を及ぼすものではないが，審理や進行に関する資料として添付することが相当とされているものであるから，申立て時に漏れのないように準備すべきである。
①　再生債務者が個人であるときは，その住民票の写し
②　再生債務者が法人であるときは，その定款又は寄附行為及び登記事項証明書

③ 債権者の氏名又は名称，住所，郵便番号及び電話番号（ファクシミリの番号を含む。）並びにその有する債権及び担保権の内容を記載した債権者の一覧表

④ 再生債務者の財産目録

⑤ 再生手続開始の申立ての日前3年以内に法令の規定に基づき作成された再生債務者の貸借対照表及び損益計算書

⑥ 再生債務者が事業を行っているときは，再生手続開始の申立ての日前1年間の再生債務者の資金繰りの実績を明らかにする書面及び再生手続開始の申立ての日以後6か月間の再生債務者の資金繰りの見込みを明らかにする書面

⑦ 再生債務者が労働協約を締結し，又は就業規則を作成しているときは，当該労働協約又は就業規則

⑧ 再生債務者財産に属する権利で登記又は登録がされたものについての登記事項証明書又は登録原簿に記載されている事項を証明した書面（裁判所が必要があると認めるとき）

また，上記以外にも，再生債務者が法人の場合には，再生手続開始の申立てについて決議した取締役会の議事録の写し等を添付することが必要である。さらに，申立人は手続開始原因が存在することを証明しなければならないので，その資料も添付される。

V 管　　轄

1．専属管轄

再生事件の管轄は専属管轄であり（民再6条），合意管轄や応訴管轄は認められない。再生事件は，債務者や個々の債権者のみならず多数の関係人の利害にかかわるため，迅速・公平に事件処理をすべきであるという公益的な要請が働くためである。

2. 事物管轄

すべての再生事件は地方裁判所が管轄を有する（民再5条）。

3. 土地管轄

(1) 原則的土地管轄（民再5条1項）

民事再生事件の原則的な土地管轄は以下のとおりである。

① 債務者が営業者であるときは，その主たる営業所の所在地を管轄する地方裁判所

② 外国に主たる営業所を有する場合は，日本における主たる営業所の所在地を管轄する地方裁判所

③ 営業者でないとき又は営業者であっても営業所を有しないときは，その普通裁判籍の所在地を管轄する地方裁判所

主たる営業所の概念は実質的に判断されるべきであり，必ずしも本店には限らず，主たるものであることの実質を備えていればよい。

(2) 補充的土地管轄（民再5条2項）

原則的土地管轄がないときは，再生債務者の財産の所在地（債権については，裁判上の請求をすることができる地）を管轄する地方裁判所が土地管轄を有する。

4. 管轄の特例等

(1) 複数の債務者が経済的に密接な関係に立つ場合の特則

この場合，同一の裁判所で倒産処理事件を取り扱うことで円滑で効率的な処理が可能となるため，民事再生法は，再生事件や更生事件が係属する場合も含めて，以下のとおり管轄の特則規定を定めている。

① 親子会社等（民再5条3項～5項）

② 法人と法人の代表者（民再5条6項）

③ 個人の連帯債務者間，個人の主債務者と保証人間，夫婦相互間（民再5条7項）

上記のいずれも，法文上は一方の債務者について事件が先行して係属していることが要件とされているが，その立法趣旨に照らせば，同時に申立てがされた場合も含まれると解される。

⑵ 大規模事件の特則

債権者が多数にのぼる大規模事件の処理においては，事件処理の経験やノウハウの蓄積等が重要であり，再生事件を専門的・集中的に処理する体制が整っている裁判所に管轄を認めるのが適切である。そこで，再生債権者の数が500人以上であるときは，原則的な管轄裁判所の所在地を管轄する高等裁判所の所在地を管轄する地方裁判所にも申立てができるものとした（民再5条8項）。

また，再生債権者の数が1000人以上であるときは，東京地方裁判所又は大阪地方裁判所にも申立てができるものとした（民再5条9項）。

⑶ 管轄の競合

以上の管轄の規定により，2以上の裁判所が管轄を有するときは，先に再生手続開始の申立てがあった裁判所が管轄する（民再5条10項）。

5．国際再生管轄

債務者が個人である場合は，日本国内に営業所，住所，居所又は財産を有するときに限り，法人その他の社団又は財団である場合は日本国内に営業所，事務所又は財産を有するときに限り，再生手続開始の申立てをすることができる（民再4条1項）。なお，ここにいう「営業所」とは，主たる営業所に限られない。

6．移　　送

⑴　管轄違いを理由とする移送

管轄のない裁判所に再生手続開始の申立てがされた場合，裁判所は，申立て又は職権で，再生事件を管轄裁判所に移送することになる（民再18条，民訴16条１項）。

⑵　著しい損害又は遅滞を避けることを理由とする移送

民事再生法７条は，申立てがされた裁判所に管轄がある場合でも，その裁判所が，著しい損害又は遅滞を避けるため必要があると認めるときは，職権により再生事件を以下の各裁判所に移送することができる旨を規定している。

①　再生債務者の主たる営業所又は事務所以外の営業所又は事務所の所在地を管轄する地方裁判所（１号）

②　再生債務者の住所又は居所の所在地を管轄する地方裁判所（２号）

③　民事再生法５条２項に規定する地方裁判所（３号）

④　民事再生法５条３項ないし７項に規定する地方裁判所（４号イ）

⑤　再生債権者の数が500人以上であるときは，民事再生法５条８項に規定する地方裁判所（４号ロ）

⑥　再生債権者の数が1000人以上であるときは，民事再生法５条９項に規定する地方裁判所（４号ハ）

⑦　民事再生法５条３項ないし９項の規定によりこれらの規定に規定する地方裁判所に再生事件が係属しているときは，同条１項又は２項に規定する地方裁判所（５号）

上記規定による移送の可能な時期については法律上制限がないが，「著しい損害又は遅滞」を避けるための移送が想定されるのは申立て後間もない段階までと考えられ，監督委員が選任されるなどして手続が進行し始めた後の移送は，かえって手続の混乱や遅延を招くおそれがあり，相当でない場合がほとんどであろう。

Ⅵ 費用の予納

1．意　　義

再生手続開始の申立てをするときは，申立人は，再生手続の費用として裁判所の定める金額を予納しなければならない（民再24条１項)。予納を命じられた費用を納付しないことは申立棄却事由となる（民再25条１号，前記Ⅲ４(1))。

再生手続においては，手続の遂行のために相当額の費用を必要とするため，これを確保するために費用の予納が求められている。予納金が充てられる費用の主なものは，送達・公告費用のほか，監督委員・調査委員の費用及び報酬，再生手続廃止等の場合に職権で開始される破産手続の費用などである。このうち，通常，予納金の大半が充てられるのは，監督委員の費用及び報酬である。

2．予納金額の基準

予納金の額は，再生債務者の事業の内容，資産及び負債その他の財産の状況，再生債権者の数，監督委員等の選任の要否その他の事情を考慮して（民再規16条１項)，事件ごとに裁判所が定める。

もっとも，再生債務者にとって，申立て前の段階で予納金の額をあらかじめ把握できないと申立てに支障を来すことになりかねないため，実務上は，各裁判所において，負債総額に応じた予納金額の基準を定めて公表し，おおむねこれに従って予納金が決められている。東京地方裁判所破産再生部の例[14]を挙げると，法人の債務者申立て事件の場合，負債総額に対応して，200万円（負債総額5000万円未満の場合）から1300万円以上（負債総額1000億円以上の場合）まで，段階的に予納金基準額が定められている。また，会社とその代表

14) 東京地方裁判所破産再生部における予納金に関する運用の概略は，破産・再生の実務〔第３版〕(下)・48頁，民事再生の手引・39頁〔寺田聡〕参照。

者や関連会社が同時に申し立てられる場合，こうした関連事件の予納金額はより低額に定めるといった運用もなされている。[15)]

3．分割納付

予納金は本来，申立ての段階で全額を納付するべきものであるが，再生債務者において裁判所の定める予納金全額を直ちに捻出することが困難な場合に，予納金の捻出のために申立てが遅延することは，債務者の再生にとって好ましくない。そこで，債務者からの再生手続開始の申立てにおいては，裁判所の裁量により，予納金の分割納付を認める運用が採られることがある。[16)]

4．追加予納

再生手続開始の決定があるまでの間において，予納した費用が不足するときは，裁判所は，申立人に，更に予納させることができる（民再規16条２項）。

もっとも，実務上は，再生手続開始決定後に当初の見込額よりも多額の費用を要する事態が生ずることが少なくない。よく見られる例としては，監督委員が調査を進めた結果，再生手続開始後に，粉飾決算その他の複雑な資金の動きなどが判明し，監督委員の負担が当初の見込みよりも大幅に大きくなった場合や，監督委員が否認権を行使する必要が生じた場合などが挙げられる。このような場合，裁判所は，開始決定後においても，相当な額の費用を申立人に追納させている（第７章Ⅳ４・193頁参照）。ただし，再生手続が開始されている以上，裁判所が命じた追加予納金の納付がされなくても，再生手続開始申立ての棄却決定をすることはできない。

〔五十嵐　章裕〕

15）東京地方裁判所破産再生部では，関連事件の予納金として，関連会社１社につき50万円，代表者等の個人１名につき25万円とする基準を公表している。

16）東京地方裁判所破産再生部では，申立人が希望する場合には，申立て時に予納金額の６割，開始決定後２か月以内に残りの４割を納付する方法での分割予納を認めている（破産・再生の実務〔第３版〕㈦・51頁，民事再生の手引・43頁〔寺田聡〕）。

第 5 章

再生手続開始に関する審理，決定とこれに伴う手続

再生手続開始の申立てから開始に係る決定までは，開始決定をするかどうかの検討がなされている時期である。この期間が長引けば事業価値の毀損が進むおそれがあるので，できる限り早くこの決定をする必要がある（第１章Ⅲ２(1)・20頁参照）。本章では，この期間における手続の進行や，そこで利用される制度等について説明する。

Ⅰ　開始申立て後の実務の流れ

１．監督命令等の発令

監督委員は，倒産事件の処理に精通した弁護士の中から，個々の事件ごとに，その事件を担当するのにふさわしい者を選任するのが通例であり，当該事件に精力を集中できるうえ，機動的な情報収集活動が可能なことなどから，再生手続の適正な進行と，それに対する関係者の信頼の確保のために，非常に重要な役割を果たしている（第２章Ⅱ１・38頁参照）。そこで実務では，監督委員を積極的に活用する運用が定着しており，多くの裁判所では，個人再生手続ではない通常の再生手続においては，管理命令や保全管理命令を発令せずに DIP 型で手続が進行する限り，例外なく管理命令を発令することを方針としている。もっとも，再生債務者が自然人である場合に，事案によって

は監督命令を発令しないとの運用を採っている裁判所もある。いずれにしても，監督命令が発令される事案では，通常，再生手続開始の申立て後，できるだけ早期に発令されている。

また，これと併せて，多くの事件について，保全処分（後記Ⅱ）も発令されており，さらに，他の手続の中止命令（後記Ⅲ）や包括的禁止命令（後記Ⅳ）等も，必要に応じて発令される。

東京地方裁判所破産再生部では，原則として再生手続開始の申立てをする３日前までに，申立人は事件の概要を記載した簡単なメモを裁判所にＦＡＸで送付するように求めており（第３章Ⅱ６・84頁参照），裁判所はこのメモを受け取ると直ちに監督委員の人選等の準備をすませ，原則として申立て当日又はその翌日に開かれる進行協議期日（第１章Ⅲ３(1)・26頁参照）において，監督命令及び保全処分を発令することとしている（監督命令の決定例について，第２章Ⅱ２(1)書式２－１・40頁参照）。事件によっては，監督委員が選任されず調査委員が選任されるにとどまることもあるが（後記２参照），それは例外的な場合であり，債務者により再生手続開始の申立てがなされた事件のほとんどについて，監督命令が発令されている。

２．監督命令が発令されない場合

再生手続開始の申立てがなされる事案の中には，直ちに再生債務者に監督委員の監督を及ぼす必要性が高くなく，また，その時点の資料から，開始決定をすべきか否かについて特に慎重に調査すべきものと考えられる事案もある。こうした場合，調査委員を選任すれば，影響が広がることを抑えながら，調査のみを行わせることができる（第２章Ⅲ１・50頁参照）。そこで，再生手続開始の申立てがなされても，例外的に監督命令を発令せず，調査委員を選任するにとどめ，その調査結果を踏まえて開始決定をするかどうかを判断することがある。

例えば，債権者が再生手続開始の申立てをした場合には，当該債権者が再生債務者の事業や財務状況について十分な情報と資料を有しておらず，再生手続開始の原因があることも直ちに明らかではないことが少なくない。こうした状況で直ちに監督命令を発令して再生債務者を監督委員の監督に服させると，再生債務者の行為が不当に制約され，その信用が無用に毀損されるおそれが生じる。そこで，東京地方裁判所破産再生部では，このような場合，原則として監督命令を発令せず，調査委員による調査を行うこととしている。

また，再生債務者について債権者の申立てにより破産手続が開始されており，これに対抗するために再生債務者が再生手続開始の申立てをした場合では，再生債務者の財産の管理処分権は破産管財人に専属しているので，監督委員が監督を行う必要はないし，破産手続によることが債権者の一般の利益に適合すること（民再25条２号），再生計画案の作成の見込みがないことが明らかであること（同条３号）等の申立て棄却事由の存否について，十分な調査を行った方がよいことが多い。そこで，東京地方裁判所破産再生部では，このような場合にも，調査命令を発令して調査を行っている。さらに，同様の事案で破産手続がいまだ開始されていない場合においても，事案の経緯等から監督委員の監督を直ちに開始することが相当でないと考えて，監督命令を発令せずに調査委員による調査を行う事例が多い。

なお，保全管理命令が発令される場合も，当然，監督命令は発令されない。そして，再生手続開始申立後，直ちに保全管理命令を発令する場合のほか，まずは調査命令を発令し，その調査の結果を踏まえて保全管理命令を発令するという進行が採られることもあり得る。

３．債権者に対する説明

債務者が民事再生の申立てをしようとする場合，その準備をしていることが外部に知られると，債権者が先を争って債権の回収や納めた物品の引き上げに及ぶなどして事業の再生に甚大な支障が生じるおそれがあることから，一般に，申立ての準備は厳重に秘匿して進めるべきものとされている（第３章Ⅱ４・83頁参照）。しかし，申立てをした後は，監督命令や保全処分が発令されれば，申立てがなされたことは当然明らかになるし，保全処分により再生債務者の資産も保全されるので，今度はできるだけ速やかに，債権者らに対して事情を説明しなければならなくなる。実務においては，この説明は，債権者がごく少数で個別に対応すれば足りる場合などを除けば，再生債務者が債権者を集め，任意の説明会（民再規61条）を開催して行うのが通例である。この債権者説明会では，申立てに至った事情や再生の方向性，今後の見通し等が説明される。再生手続が目的を達するためには債権者の協力を得ることが必要不可欠であり，債権者説明会は，早い段階で債権者に再生手続への理解を求め，申立て直後の混乱を避けるうえで，重要な意義を有している。

東京地方裁判所破産再生部では，監督委員がこの債権者説明会に出席し，そこで述べられた債権者の意向その他の情報を裁判所に報告し，裁判所はこの情報を踏まえて再生手続開始決定の判断をすることとしている（後記５参照）。そして，標準スケジュールでは再生手続開始の申立てから１週間程度で開始決定をすることとしているので（第１章Ⅲ３(1)・26頁参照），その間に債権者説明会を開催するように，再生債務者に求めている。

４．労働組合等からの意見の聴取

裁判所は，再生手続開始の申立てがあった場合には，当該申立てを棄却すべきこと又は再生手続開始の決定をすべきことが明らかである場合を除き，当該申立てについての決定をする前に，労働組合等の意見を聴かなければならない。ここに「労働組合等」とは，再生債務者の使用人その他の従業者の過半数で組織する労働組合があるときはその労働組合，これがないときは再生債務者の使用人その他の従業者の過半数を代表する者をいう（民再24条の2）。実務では，この聴取は監督委員を通じて行われることが多い。

５．監督委員等による調査，報告

監督委員は，選任後，直ちに再生債務者に対する監督を開始する。また，多くの裁判所で，再生手続開始決定をするための要件（第４章Ⅲ・88頁参照）が備わっているか否かに関して，監督委員が情報を収集し，意見を述べることとしている。

そこで，監督委員は，選任されると速やかに，申立書類等の検討や再生債務者の代表者，申立代理人，経理担当者等からの事情聴取を行い，必要に応じてその事務所や工場等に赴くなどして，再生債務者の事業と財務の状況を把握する。

また，監督委員は，再生手続に対する債権者らの意向の把握に努める。東京地方裁判所破産再生部では，再生債務者は原則として申立て後速やかに債権者説明会を開催し，監督委員がこれに出席して，債権者の発言や態度を確認して情報を収集することとしている（前記３参照）。ただし，債権者が少数であるなどの事情により債権者説明会が開催されない場合や，債権者説明会における意向確認のみではなお不十分と考えられる場合には，監督委員は，個別に債権者に当たって意向調査等を行う。また，裁判所による労働組合等からの意見聴取（民再24条の２）も，監督委員を通じて行われるのが一般的である（前記４参照）。

監督委員は，以上の調査を通じて得られた情報を裁判所に伝え，開始決定をすべきかどうかについての意見を提出する。

開始決定の可否について，どの程度調査をすべきかは，事案によるものといえる。重大な疑問がある場合（例えば，事業が既に休止していたり，その実体が乏しいことがうかがわれる場合，申立人が濫用的な意図を有していることがうかがわれる場合など）には，慎重な調査が行われることもある。しかし，一般的には，調査は迅速に行い，問題が認められなければ早期に開始決定がなされることが多い。これは，この点にいたずらに時間をかけるよりも，早期に手続を軌道に乗せ，迅速な進行を図る方が，事業の価値の毀損を防ぎ，その再生の可能性を高めて，債権者の利益にも資するとの考えによる。東京地方裁判所破産再生部の標準スケジュールにおいては，申立てから１週間程度で開始に係る決定をすることとされている（第１章Ⅲ３(1)・26頁参照）。

これに対し，調査委員による調査が行われる場合は，調査方法は事案に応じて工夫されるが，一般に慎重な調査をすべき事案であることから，申立てに係る決定までの期間は，より長期となることが多い。東京地方裁判所破産再生部においても，標準スケジュールに定められた１週間という期間にとらわれず，通常３～４週間程度の時間をかけることとし，調査委員は，必要に応じて公認会計士を補助者とするなどして，詳細な調査を行っている。

また，保全管理命令が発令された場合においても，保全管理人は同様に，再生手続開始決定をすべきか否かに関して調査，報告を行う。

6．再生債務者の事業の継続と一定の債権の共益債権化

再生債務者は，再生手続開始申立て後，開始決定までの間も経済活動を継続させる。

この間の再生債務者の行為によって生じた相手方の財産上の請求権は，開始決定後は再生債権となるのが原則である（民再84条１項）。しかし，それではこの期間に再生債務者と取引する者がいなくなり，事業の継続に支障をきたすことから，再生債務者がこの期間に資金の借入れ，原材料の購入その他事業の継続に欠くことのできない行為をする場合には，裁判所は，その行為によって生ずべき相手方の請求権を共益債権とする旨の許可をすることができ（民再120条１項），また，監督委員に対し，この許可に代わる承認をする権限を付与することができる（同条２項。**第２章Ⅱ３⑵**・43頁，**第８章Ⅱ１⑵(b)**㈦・240頁参照）。実務的には，監督命令において共益債権化の承認権限を付与しているのが一般的である（**第２章Ⅱ２⑴■書式２－１**・40頁の主文第３項参照）。また，再生債務者に対して継続的給付の義務を負う双務契約の相手方が上記期間に行った給付に係る請求権も，共益債権とされる（民再50条２項。**第６章Ⅴ５⑷**・168頁，**第８章Ⅱ１⑵(b)**㈣・240頁参照）。

Ⅱ　保全処分

1．意　　義

債務者が再生手続開始の申立てをしても，開始決定前は，再生債権者に対する弁済や再生債務者の財産の処分等は可能である。しかしながら，これを自由に認めると，弁済等の強要，偏頗弁済，財産の不当な流出等を招くおそれがある。そこで民事再生法は，再生手続開始の申立てがあった場合に，裁

判所が，利害関係人の申立て又は職権で，再生手続開始の申立てについての決定があるまでの間，再生債務者の業務及び財産に対し，仮差押え，仮処分その他の必要な保全処分を命ずることができることとした（民再30条１項)。

実務では，再生手続開始の申立てがなされた事件の多くについて，同時に，何らかの保全処分が発令されている。

２．保全処分の内容

(1)　弁済禁止及び担保提供禁止の保全処分

保全処分の具体的な内容は，裁判所の裁量にゆだねられており，弁済禁止及び担保提供禁止の保全処分，不動産の処分禁止及び借財禁止の仮処分等が考えられるところであるが，一般的に各裁判所で広く発令されているのは，弁済禁止及び担保提供禁止の保全処分である[1)]。東京地方裁判所破産再生部における定型的な保全処分は▩書式５－１のとおりであり，申立日前日までの原因に基づいて生じた債務の弁済及び担保提供の禁止を定めた保全処分がなされている[2)]。

保全処分における禁止の対象となるのは上記のとおり「再生債務者の行為」であるが，弁済禁止等の保全処分がされると，再生債権者は，同処分に反してされた行為の効力を主張することができなくなるから（民再30条６項本文)，再生債務者は，申立てを知った債権者からの債務の弁済を迫られるなどの手続開始決定前の混乱を避けることができる。ただし，これは，再生債権者がその行為の当時当該保全処分がされたことを知っていたときに限られる（同項ただし書)。そこで，弁済禁止等の保全処分が発令された場合には，その決定書の写しを再生債権者に送付するなどして，当該保全処分が発令されたこ

1）　各高裁所在地の地裁における標準的な保全処分の内容は，通常再生の実務・334頁。

2）　これら以外の保全処分が実務上行われていないのは，申立て時に保全処分とともに監督命令が発令されていることによるものである。すなわち，再生手続開始の申立てがされると，直ちに監督命令が発令されるが，一般にその要同意事項には再生債務者の借入れ，財産の処分が含まれており，再生債務者は監督委員の同意なくしてこれらの行為ができなくなるため，要同意事項と重ねて保全処分を発令する必要性が乏しいのである。

■書式５－１　保全処分の例

> 再生債務者は，下記の行為をしてはならない。
>
> 記
>
> 平成○○年○月○日までの原因に基づいて生じた債務（次のものを除く）の弁済及び担保の提供
> 　租税その他国税徴収法の例により徴収される債務
> 　再生債務者とその従業員との雇用関係により生じた債務
> 　再生債務者の事業所の賃料，水道光熱費，通信に係る債務
> 　再生債務者の事業所の備品のリース料

とを周知させることが必要である。また，取引金融機関に弁済禁止の保全処分が発令されたことを周知させることにより，手形不渡りによる銀行取引停止処分を免れることができる。

⑵　弁済禁止の例外

弁済禁止の保全処分においては，租税その他国税徴収法の例により徴収される債務や，債務者とその従業員との間の雇用関係により生じた債務などが弁済禁止の例外として定められるのが通常である。再生債務者が当面の間事業の継続に支障を来すことのないように配慮したものである。これらの債権は，開始決定後も共益債権，優先債権として再生計画に基づかずに弁済することが予定されているものである。

実務では，それ以外に，一定額（10万円と定める例が多い。）以下の少額の債権の弁済が弁済禁止から除外されるものと定めることがある。保全処分期間中にこのような少額債権の弁済を行った場合には，開始決定後においても，少額債権の弁済の許可（民再85条５項前段）による弁済の実施や，再生計画案における債務免除の下限を10万円ないしこれを上回る額とすることなどにより，少額債権の取扱いが不公平にならないように配慮するのが相当である（第８章Ⅰ３⑵・210頁，第10章Ⅱ２⑴⒝・306頁参照）。

3. 審　　理

(1) 再生債務者による申立ての場合

実務上，再生債務者申立ての再生事件では，ほとんどの場合，手続開始の申立てと同時に，再生債務者から保全処分の申立てがされている。東京地方裁判所破産再生部では，申立てが濫用的である疑いが明らかな場合を除いて，原則として申立ての当日又はその翌日に開かれる進行協議期日において，監督命令と同時に保全処分を発令している（前記Ⅰ１，第１章Ⅲ３(1)・26頁参照）。保全処分発令後は再生手続開始の申立ての取下げに裁判所の許可が必要となるという制約が再生債務者に課されること（民再32条）や，監督委員による監督が開始されることから，大きな弊害は生じていない。

(2) 債権者等による申立ての場合

実務上稀ではあるが，再生債権者その他の利害関係人による保全処分の申立てがされた場合には，再生債務者の事業の遂行の障害となり得るため，再生債務者の審尋を行うなどにより，慎重に審理することが必要であろう。

(3) 職権による場合

保全処分は職権によっても発令することができるが（民再30条１項），再生債務者等が保全処分をあえて求めていないにもかかわらず，裁判所がその必要性があると認めることは通常はない[3]。

4. 効　　力

保全処分は，再生手続開始の申立てについて決定があるまでの間効力が存続し，開始決定があったときには当然にその効力を失う。申立ての却下又は棄却決定がされた場合も同様である[4]（民再30条１項）。

3） 同旨・須藤・107頁〔三村義幸〕。

弁済禁止の保全処分に反してされた弁済その他債務を消滅させる行為は，その弁済等について，再生手続との関係では，再生債権者が保全処分があったことを知っていた場合は無効となる（民再30条６項）。

５．変更・取消し，送達，即時抗告等

裁判所は，保全処分を変更し，又は取り消すことができる（民再30条２項）。

保全処分，その変更又は取消しの決定の裁判書は，当事者に送達しなければならない。この場合，代用広告はすることができない（民再30条５項）。

再生債務者財産に属する権利で登記がされたものに関して保全処分，その変更又は取消しの決定があったときは，裁判所書記官は，職権で，遅滞なく，保全処分の登記を嘱託しなければならない（民再12条１項１号・２項）。

保全処分，その変更又は取消しの決定に対しては，即時抗告をすることができる（民再30条３項）。即時抗告には執行停止の効力はない（同条４項）。即時抗告についての裁判書も，当事者に送達しなければならず，代用広告をすることはできない（民再30条５項）。

Ⅲ　他の手続の中止命令

１．意　　義

再生手続開始の決定がされると，再生債務者に対する破産手続や再生債務者の財産に対する強制執行などは当然に中止ないし効力を失う（民再39条）が，再生手続開始の申立てから再生手続開始までの間は，これらの手続の進行は妨げられない。しかし，開始決定前であっても，再生債務者の財産の散

4）　棄却の決定に対して即時抗告がされた場合，その裁判がされるまでの期間中の財産の散逸，処分を回避するためには，再生債務者等は新たな保全処分等の申立てをする必要がある（民再36条２項）。

逸を防止し，あるいは清算型の倒産処理手続の進行を止めて，円滑な事業遂行を図る必要がある場合もある。そこで民事再生法は，再生手続開始の申立てがあった場合において，それについての決定があるまでの間，裁判所が，破産手続，特別清算手続，再生債権に基づく強制執行等の手続の中止を命じることができる旨を定めた（民再26条１項)。

保全処分（民再30条１項）が主に再生債務者の行為を制限することによってその財産の散逸を防止しようとするものであるのに対し，民事再生法26条の定める中止命令，包括的禁止命令（民再27条，後記Ⅳ参照）及び担保権実行中止命令（民再31条，後記Ⅴ参照）は，債権者の権利行使を制限することによって再生債務者の財産の保全を図るものである。

２．中止命令の対象となる手続

中止命令の対象となる手続は，以下のとおりである。

⑴　再生債務者についての破産手続，特別清算手続（民再26条１項１号）

再建型の倒産処理手続は，清算型のそれより優先されるべきであるとの考え方による（第15章Ⅰ１・393頁参照)。

⑵　再生債権に基づく強制執行，仮差押え，仮処分又は再生債権を被担保債権とする留置権（商法又は会社法によるものを除く。）による競売の手続で，再生債務者の財産に対し既にされているもの（民再26条１項２号)

再生債権に基づく強制執行等が中止の対象であり，共益債権又は一般優先債権に基づく強制執行等や滞納処分に基づく差押えは，その対象とならない。また，取戻権や別除権の行使も対象とならない。これらは，再生手続開始後も制限を受けないからである（民再39条１項・52条・53条・121条１項)。したがって，留置権のうち民事再生法26条１項の中止命令の対象となるものは民事留置権であり，別除権として取り扱われる商事留置権に基づく競売手続は，同条の中止命令の対象とはならない。

保証人や物上保証人等の第三者に対する強制執行等は，再生債務者の財産に対するものではないから，中止の対象とはならない。

⑶　再生債務者の財産関係の訴訟手続（民再26条1項3号）

財産関係の訴訟に限定されるので，株主総会不存在確認の訴えなどの会社の組織に関する訴訟は中止の対象とならない。

⑷　再生債務者の財産関係の事件で行政庁に係属しているものの手続

公正取引委員会に係属する審判手続（独禁49条6項），特許に関する審判手続（特許121条），租税に関する不服申立手続（税通75条）などが例として挙げられる。

3．要　　件

利害関係人の申立て又は職権により，裁判所が「必要があると認めるとき」に発令することができる（民再26条1項）。「必要がある」とは，中止の対象たる手続をそのまま放置しておくと，再生手続開始決定までに再生債務者の財産が散逸し，あるいは債権者の公平が保てないなど，再生手続に支障を来すおそれがある場合をいう。

また，強制執行等については，これに加え，「申立人である再生債権者に不当な損害を及ぼすおそれがない場合」であることが発令の要件とされている（同項ただし書）。

4．効　　力

中止命令の対象となった手続は，それ以上進行しない状態になる。既にされた手続の効力に影響はない。なお，再生債権者が新たに同種の申立てをすること自体は妨げられない。

中止の効力は，再生手続開始決定があるまで存続する（民再26条1項柱書本文）が，同決定があると，これらの手続は当然に中止，失効ないし中断することになる（民再39条1項・40条）。また，再生手続開始の申立てが棄却又は却下されると，中止命令は失効し，中止していた手続が進行を始める。

5．中止した強制執行等の取消し

裁判所は，再生債務者の事業の継続のため，特に必要があると認めるときは，再生債務者（保全管理人が選任されているときは保全管理人）の申立てにより，担保を立てさせて，中止命令の対象となった強制執行等の取消しを命じることができる（民再26条３項）。

再生債権者の利害により大きく関わるため，「特に」という要件を加重し，また立担保を必要的としたものである。強制執行等の取消しがされる場合としては，例えば，代替性のない原材料や在庫商品等に対して差押えがされた場合など挙げられる。

6．変更・取消し，即時抗告

裁判所は，中止命令を変更し，又は取り消すことができる（民再26条２項）。

中止命令，中止命令の変更又は取消し，中止された手続の取消しの各決定に対しては即時抗告ができる（民再26条４項）。即時抗告は執行停止の効力を有しない（同条５項）。各決定及びこれに対する即時抗告についての裁判は，裁判書を当事者に送達しなければならない（同条６項）。

Ⅳ　包括的禁止命令

1．意　　義

民事再生法26条１項の中止命令は，既にされている手続について個別的に中止を求めるものである。しかし，いまだ手続がされていない場合や対象となり得る手続が多数であり個別的な中止命令では対応できない場合など，中止命令のみによっては，再生手続の目的を十分に達成できない場合もある。

そこで民事再生法は，裁判所が，再生手続開始に対する決定前の段階において，再生債務者の財産に対する再生債権に基づく強制執行等を包括的に禁止することができる旨を定めた（民再27条）。

なお，他の手続の中止命令（民再26条１項，前記Ⅲ）と同様，共益債権に基づく強制執行等や滞納処分に基づく差押えは対象とならない。この点で，破産手続における包括的禁止命令とは異なっている（破25条参照）。

２．要　　件

⑴　再生手続開始の申立てがあった場合において，中止命令によっては再生手続の目的を十分に達成することができないおそれがあると認められるべき特別の事情があるとき（民再27条１項本文）

「特別の事情」があると認められるためには，個別の中止命令や個別の話合いによっては対応できない状況であることが必要であり，再生債務者の資金繰りが逼迫していて，債務名義を有する再生債権者が多数，広範囲に存在し，売掛金，預金，現金，在庫商品等の重要な資産に対する差押え等が予想される場合などが当たるとされている[5]。

⑵　事前に又は同時に，保全命令（民再30条１項），監督命令（民再54条１項）又は保全管理命令（民再79条１項）が発令されていること（民再27条１項ただし書）

３．手　　続

裁判所は，利害関係人の申立てにより又は職権で，包括的禁止命令を発令する（民再27条１項）。利害関係人には，再生債務者，再生債権者，保全管理人だけでなく，共益債権者，一般優先債権者も含まれる。

5）　須藤・98頁〔松村昌人〕。

4．効　　力

⑴　強制執行等の禁止

再生債権者が，再生債務者の財産に対して，新たに強制執行等をすることは禁止される（民再27条１項）。

⑵　既にされた強制執行等の中止，取消し

既にされた再生債権に基づく強制執行等は中止する（民再27条２項）。また，裁判所は，再生債務者の事業の継続のために特に必要があると認めるときは，再生債務者（保全管理人が選任されている場合は保全管理人）の申立てにより，担保を立てさせ，中止した手続の取消しを命じることができる（民再27条４項）。

⑶　時効の停止

包括的禁止命令が発令されたときは，再生債権につき，当該命令が効力を失った日の翌日から２月を経過するまでの間は，時効は完成しない（民再27条７項）。包括的禁止命令が発令されると再生債権者が権利行使をすることができなくなることから，時効の完成を停止することとしたものである。

⑷　効力の発生時期等

包括的禁止命令は，再生債務者（保全管理人が選任されている場合にあっては，保全管理人）に対して裁判書の送達（後記６参照）がされた時から，すべての再生債権者に対して一律に効力が生じる（民再28条２項）。個々の再生債権者が決定の通知を受けているかどうか，決定を知ったかどうかに関わらない。存在が知れていない再生債権者がいる場合や，再生債権者が多数，広範に及ぶ場合であっても，その権利行使を包括的に停止させるためである。その効力は，再生手続開始の申立てについての決定があるまで継続する（民再27条１項）。

５．変更・取消し，解除

裁判所は，包括的禁止命令を変更し，又は取り消すことができる（民再27条３項）。その決定も，再生債務者（保全管理人が選任されている場合にあっては，保全管理人）に対して裁判書の送達（後記６参照）がされた時から効力を生じる（民再28条２項，前記４(4)参照）。

また，裁判所は，包括的禁止命令を発令した場合において，再生債権者に不当な損害を及ぼすおそれがあると認めるときは，当該再生債権者の申立てにより，当該再生債権者に対して，包括的禁止命令を解除する決定をすることができる（民再29条１項）。

６．公告・通知，即時抗告等

包括的禁止命令，その変更ないし取消決定は，その旨を公告し，裁判書を再生債務者（保全管理人が選任されている場合にあっては，保全管理人）及び申立人に送達し，決定主文を知れている再生債権者等に通知する（民再28条１項）。

包括的禁止命令，その変更又は取消決定及び強制執行の取消決定に対しては，即時抗告ができる（民再27条５項）。即時抗告には執行停止の効力はない（同条６項）。

即時抗告についての裁判書（包括的禁止命令を変更し，又は取り消す旨の決定を除く。）及び強制執行取消しの命令の裁判書は，当事者に送達しなければならない（民再28条３項）。

また，包括的禁止命令の解除の申立てに係る決定に対しても，即時抗告をすることができる。包括的禁止命令の解除の申立てに係る裁判書及びこれに係る即時抗告についての裁判書も当事者に送達しなければならず，この場合，代用広告はすることができない（民再29条５項）。

Ｖ　担保権の実行手続の中止命令

1．意　　義

別除権者は，本来，再生手続に服さずに担保権を実行することができるが（民再53条２項，第９章Ⅰ３・260頁参照），これにより再生債務者の事業継続に必要な資産が換価されてしまうと，事業の再建が困難となり，ひいては債権者の一般の利益を害する結果となる場合がある。そこで，裁判所は，一定の要件の下に競売手続の一時的な中止を命ずることができるものとした（民再31条）。

担保権の実行を一時的に中止しても，中止期間が経過してしまえば，再び担保権の実行手続が進行を始めることになるので，その前に，申立人としては，担保権の実行をその後も阻止できるような手立てを講じなければならない。そのような手立てとして，別除権協定（第９章Ⅳ・287頁）の締結と，担保権消滅許可の制度（第９章Ｖ・291頁）の利用が考えられる。しかし，別除権協定を締結するにはある程度の交渉期間が必要であるし，担保権消滅許可の制度を利用するにしても，申立ての準備が必要であるだけでなく，申立て後も裁判所が審理，決定をするのにはある程度の時間がかかる。そこで，実務においては，再生債務者が担保権の実行を抑えようとする場合，まずは別除権協定の締結を目指して担保権者と交渉をし，担保権の実行に着手されてしまった場合には，担保権実行手続の中止命令を得て時間を確保したうえで，さらに別除権協定の締結に向けて交渉を続けるか，担保権消滅許可の制度を利用する，という形で制度が活用されることが多い。

ところで，保全処分（民再30条１項，前記Ⅱ），他の手続の中止命令（民再26条１項，前記Ⅲ）及び包括的禁止命令（民再27条１項，前記Ⅳ）は，いずれも開始決定がなされるまでの暫定的な処分であり，再生手続開始の申立て後，開始決定がなされるまでに限って申し立てることができ，その効力も開始決定がなされることにより消滅する。これは，再生手続が開始されれば，再生債権の弁済の禁止（民再85条１項）や他の手続の中止（民再39条）等の効力が当然に生じるからである（第６章Ⅰ・199頁参照）。これに対し，担保権の実行手続の中止命令は，後に開始決定がなされても効力は失われないし，開始決定がなされた後も申し立てることができる。これは，再生手続開始決定後も，担保権の実行は自由にすることができ，再生債務者の事業の継続のためにこれを阻止することが必要となる場面があるためである。この点で，担保権の実行手続の中止命令は，上記の３つの制度とは性格を異にしており，実務においても，開始決定後に申し立てられる例が多い。

２．要　　件

中止命令の要件は，①再生債権者の一般の利益に適合し，かつ，②競売申立人に不当な損害を及ぼすおそれがないものと認めるとき，である（民再31条１項）。ただし，被担保債権が共益債権又は一般優先債権でないことが求められる（同項ただし書）。

「再生債権者の一般の利益に適合」するとは，事業の再生のために競売の目的物が必要であり，その目的物が換価されると，再生債務者の事業等の再建が困難となる場合や，その目的物の換価はやむを得ないとしても，換価の時期又は方法によって高額に処分できる見込みがある場合などである。

「競売申立人に不当な損害を及ぼすおそれがない」とは，再生債務者の事業又は経済生活の再建のために受忍すべき通常の損害を超えた大きな損害が競売申立人に生じないことをいうものと解される。競売申立人の資金繰りが悪化し，倒産の危険が生じるおそれのある場合や，担保余力の乏しい物件について価格の著しい低下が見込まれ，担保割れの金額が増加する場合などがこれに当たる。

３．中止命令の対象となる手続

中止命令は，明文上，特別の先取特権，抵当権，質権及び商事留置権による競売手続が対象とされている（民再31条１項）。

譲渡担保，所有権留保，ファイナンス・リースなどの非典型担保にも中止命令の規定が類推適用されるか否かについては議論がある[6)]。これらの非典型担保は，倒産手続上，別除権として取り扱う実務が定着しており，再生手続中もこれを自由に行使することができる（民再53条２項）ので，中止命令を発令する必要性は認めることができる[7)]。しかし，本来の中止命令は，担保権の実行手続が終了するまでに一定の時間がかかる典型担保を対象としていることから，担保権の実行に着手された後に中止命令の申立てをすることとされているところ，上記の非典型担保では，いずれも担保権者の意思表示のみにより即座に実行手続が完了してしまうので，これらについて中止命令の規定を類推適用するとすれば，担保権実行の意思表示がなされる前に申立てをすることを認めなければ，実効性がない。また，非典型担保への類推適用については，中止命令の発令に先だって担保権者への意見の聴取（民再31条２項）を実施すると，担保権者の担保権実行を誘発することとなり，そうなると担保権者の意思表示により直ちに実行手続が完了して，中止命令を発令する余地がなくなってしまうという問題点も指摘されている[8)]。裁判例には，集合債権（診療報酬債権）や賃料債権の譲渡担保について中止命令の発令を肯定したものがある[9)]ところ，東京地方裁判所破産再生部でも，近時，集合債権譲渡担保について担保権実行手続中止命令を発令した例がある[10)]。

6）　この論点は，担保権消滅許可の制度が非典型担保に（類推）適用できるかという論点（第９章Ｖ４・295頁参照）と関連性がある。しかし，仮にある非典型担保が担保権消滅許可の対象とならないとしても，これについて別除権協定を締結することはできるので，その時間を確保するために，担保権の実行手続については中止命令を認める実益があるともいえる。このように，２つの論点の結論は必ずしも軌を一にするとは限らない。

7）　伊藤・601頁以下，松下・入門・100頁，倒産法概説〔第２版〕・406頁以下，小林信明「担保権実行手続の中止命令の適切な利用――非典型担保への類推適用」実務と理論・32頁など。

8）　西・留置権及び非典型担保・69頁。

9）　前者につき大阪高決平21・６・３金法1886号59頁，後者につき福岡高那覇支決平21・９・７判タ1321号278頁・金判1333号55頁。これらはいずれも，担保権実行の意思表示がされる前に申立てがなされ，これを受けて担保権者に対し，一定期間担保権の実行をしてはならない旨の命令が発令されたものである。また，いずれも決定文からは，担保権者への意見の聴取が行われたことはうかがわれず，類推適用をする場合には担保権者への意見の聴取は必ずしも行う必要はないと解したものと思われる。

10）　この発令の前には担保権者の意見の聴取は行なわなかったが，その代わりに中止期間を１月とし，発令後に担保権者からの意見聴取の機会を設けるといった特別の配慮をした。民事再生の手引・88頁〔片山健〕。

なお，非典型担保権の目的財産が動産や債権である場合，担保権の実行が中止されている間に急速に減価するものがある。特に，債権譲渡担保等において担保設定者に目的債権の取立権限が付与されている場合には，中止命令が発令され，その中止期間に再生債務者が対象債権を取り立てられるとなると事実上担保権者が目的債権を失うことになり得るため，「不当な損害」（前記2の要件②）の有無について慎重な検討を要するであろう。[11)]

4．手　　続

再生手続開始の申立て後に，利害関係人の申立て又は職権により行われるが，実務上は再生債務者の申立てによる場合がほとんどである。裁判所は，中止命令を発令する場合には，競売申立人の意見を聴かなければならない（民再31条2項）。東京地方裁判所破産再生部では，申立てからおおむね1週間後に審尋期日を指定することが多い。

中止命令に対しては競売申立人に限り即時抗告をすることができるが（民再31条4項），即時抗告は執行停止の効力を有しない（同条5項）。

5．効　　力

中止命令が発令されると，継続中の競売手続は現状のまま凍結され，それ以上手続は進行しないが，既にされた手続の効力は失われない。競売手続の中止命令は，民事執行法上の執行停止文書であるから，中止命令を執行裁判所に提出することにより実行手続は中止される。

中止命令には中止期間が定められる。東京地方裁判所破産再生部では，その期間を3か月と定める例が多い。その伸長が必要と認められる場合は，その期間到来前に，再生債務者の申立て等によって期間伸長の決定がされることがある（民再31条3項）。

11）　小林・前掲注7）49頁。

6．変更・取消し，送達，即時抗告

裁判所は，中止命令を変更し，又は取り消すことができる（民再31条３項）。

中止命令，その変更又は取消しの決定の裁判書は，当事者に送達しなければならない。この場合，代用広告はすることができない（同条６項）。

中止命令，その変更又は取消しの決定に対しては，即時抗告をすることができる（民再31条４項）。即時抗告には執行停止の効力はない（同条５項）。即時抗告についての裁判書も，当事者に送達しなければならず，代用広告をすることはできない（同条６項）。

Ⅵ　開始申立ての取下げの制限

1．趣　　旨

再生手続開始の申立てをした者は，再生手続開始の決定がされるまでは申立てを取り下げることができるのが原則である。しかし，強制執行等の手続の中止命令（民再26条１項），包括的禁止命令（民再27条），仮差押え・仮処分その他の保全処分（民再30条１項），担保権実行中止命令（民再31条），監督命令（民再54条１項），保全管理命令（民再79条１項），否認権のための保全処分（民再134条の２第１項），住宅資金貸付債権に関する特則中の抵当権実行中止命令（民再197条１項）が発せられた後に取下げをする場合には，裁判所の許可を要する[12)]（民再32条）。

12）これらの命令が再生手続開始の申立人の申立てによるものか，他の申立人の申立てによるものか，職権によるものかは問わず，取下げが制限される。また，開始決定後は，即時抗告期間中や即時抗告の提起後でも取下げはできない。

これは，濫用的な申立ての防止及び手続の安定と信頼の確保を図る趣旨である。すなわち，従来和議手続においては，一時的に弁済禁止の保全処分を得て手形の不渡りを免れること目的として申立てをし，その間に財産を隠匿したり，偏頗弁済をしたりしたうえで申立てを取り下げるといった濫用的な申立てが見られた。再生手続においては，このような申立ての濫用により債権者等の利益が不当に損なわれないようにするため，保全処分等が発令されて再生債権者等の権利行使が制約を受けた後は，裁判所の許可がなければ取下げを認めないこととしたものである。また，監督委員や保全管理人が選任された場合，申立人がこれらの機関の権限行使を嫌う場合には申立てを自由に取り下げることができるとなると，これらの機関に権限を与えた趣旨が没却されてしまうことから，申立ての取下げに裁判所の許可を必要とした。

２．許可の手続

再生手続開始の申立てをした者が裁判所に申立ての取下げの許可を申し立てる。再生手続開始申立ての棄却決定がされた場合でも，それが確定するまでの間は裁判所の許可を得れば申立てを取り下げることができる。

Ⅶ　開始決定と付随する処分等

１．開始申立てに係る決定

裁判所は，申立人の提出した再生手続開始の申立書とその添付書類を自ら検討するとともに，監督委員等の調査結果や意見も踏まえ，開始申立てに係る決定をする。東京地方裁判所破産再生部の標準スケジュールでは，申立てから１週間程度で開始に係る決定をすることとされている（前記Ⅰ５参照）。

再生手続が開始されるためには，積極的要件である手続開始原因（第４章Ⅲ３・89頁）が認められなければならず，その場合であっても，消極的要件である申立棄却事由が認められれば，申立ては棄却される（民再25条）。また，申立人が債権者であるときは，その有する債権の存在が認められることも必要である（民再23条２項，第４章Ⅲ２・88頁参照）。

再生債務者が申立てをした場合，手続開始原因については通常は問題なく認められるので，ほとんどの事案では，申立棄却事由の存否が審理の中心となる。そしてその場合，申立棄却事由が存在すると積極的に認定されない限り，裁判所は再生手続開始決定をすることとなる（民再33条１項）。

この点，実務で問題になることが比較的多いのは，民事再生法25条３号の事由（再生計画案の作成もしくは可決の見込み又は再生計画認可の見込みがないことが明らかであるとき）の存否である。しかし，開始決定時点においてかなり見通しが厳しくても，その後の再生債務者の適切な手続遂行等により，再生計画案が可決され，認可にまで至ることは稀ではなく，申立てを棄却できるのが「見込みがないことが明らかである」場合に限定されていることに照らしても，同号を理由とした申立て棄却の判断は慎重にすべきものと考えられている（第４章Ⅲ４(3)・91頁参照）。

開始決定をする場合，同時に同時処分等（後記２，３）もなされる。また，それまで監督命令が発令されず，調査委員による調査のみが行われていた場合，引き続きDIP型により進行するのであれば，開始決定に併せて監督命令が発令されるのが通例である。この場合，監督委員には，それまで調査委員を務めていた者が選任されることが多いだろう。

他方，調査の結果，管理命令発令の要件が認められる場合には，開始決定と併せて管理命令を発令することができる（民再64条１項）。この場合，監督命令が発令されていれば取り消される（民再54条５項，第２章Ⅱ２(1)・39頁参照）。

東京地方裁判所破産再生部における再生手続開始決定の例は，▩書式５－２のとおりである。

■書式5－2　再生手続開始の決定例

平成○○年(再)第○号　再生手続開始申立事件

決　　　　定

東京都○○区○○○丁目○○番○号
再生債務者　株式会社○○○○○
代表者代表取締役　○○　○○

主　　　　文

1　株式会社○○○○○について再生手続を開始する。
2　(1)　再生債権の届出期間　平成○○年○月○○日まで
　(2)　認否書の提出期限　平成○○年○月○○日
　(3)　再生債権の一般調査期間
　　平成○○年○月○日から平成○○年○月○○日まで
　(4)　報告書等（民事再生法124条，125条）の提出期限
　　平成○○年○月○○日
　(5)　再生計画案の提出期限　平成○○年○月○○日
3　再生債務者が会社分割（再生計画による場合を除く。）をするには，当裁判所の許可を得なければならない。

理　　　　由

証拠によれば，再生債務者は，民事再生法21条1項に該当する事実が認められ，同法25条各号に該当する事実は認められない。

平成○○年○月○○日午後○時

東京地方裁判所民事第20部
裁判長裁判官　○　○　○　○
裁判官　○　○　○　○
裁判官　○　○　○　○

2．再生手続開始と同時に定めるべき事項（同時処分）

裁判所は，再生手続の開始決定と同時に，①再生債権の届出期間及び②再生債権の一般調査期間を定めなければならない（民再34条1項）。

再生債権者が再生手続に参加するためには，債権届出期間内に債権届出をしなければならず（民再94条），また，債権調査は，再生債務者等が再生債権の認否書を裁判所に提出し，一般調査期間内に届出再生債権者等が届出のあった再生債権等の内容及び議決権について異議を述べる方法によって行われる（民再100条以下）。そこで，民事再生法は，再生手続開始決定と同時に上記①及び②の事項を定めるものとしたものである（民再34条1項）。

再生債権の届出期間は，特別な事情がない限り，開始決定の日から2週間以上4か月以下（知れている再生債権者で日本国内に住所，居所，営業所又は事務所がないものがある場合は4週間以上4か月以下）の範囲で定めることとされている（民再規18条1項1号）。また，一般調査期間は，特別な事情がない限り，再生債権の届出期間の末日から1週間以上2か月以下の期間を置き，1週間以上3週間以下の期間を定めることとされている（同項2号）。

一方，再生手続においては，債権者集会の開催が必要的なものとはされていないことから（民再114条），債権者集会の期日を同時に定めることは必要とされていない。

なお，裁判所は，知れたる再生債権者の数が1000人以上であり，かつ，相当と認める場合には，知れたる再生債権者に対する再生債権の届出期間の変更及び手続開始決定の取消しに係る通知を省略し，かつ，再生計画案を決議するための債権者集会以外の債権者集会に届出債権者を呼び出さない旨の決定をすることができる（民再34条2項）。

3．裁量的に定められる事項

再生手続開始に際しては，実務では通常，上記2の事項のほか，以下の事項が定められる（▒書式5－2参照）。

⑴　認否書の提出期限（民再101条５項，第８章Ⅰ７⑴・220頁参照）

再生債務者等は，認否書を作成し（民再101条１項），一般調査期間前の裁判所が定める期限までに，これを裁判所に提出しなければならない（同条５項）。そこで実務では通常，裁判所は，一般調査期間と併せて，認否書の提出期限を定めている。

⑵　報告書等の提出期限（民再124条２項・125条１項，第７章Ⅰ３・181頁，Ⅱ１⑴・185頁参照）

再生債務者等は，財産目録及び貸借対照表（民再124条２項），再生手続開始に至った事情や再生債務者の業務及び財産に関する経過及び現状等の事項を記載した報告書（民再125条１項）を，再生手続開始後遅滞なく提出することが求められているが，実務上，これらの提出期限は開始決定と同時に定められている。

⑶　再生計画案の提出期限（民再163条１項・２項，第11章Ⅰ２・330頁参照）

再生計画案は，再生債権の届け出期間満了後，裁判所の定める期間内に提出しなければならず（民再163条１項），その期間は，特別の事情がある場合を除き，一般調査期間の末日から２か月以内でなければならない（民再規84条１項）。そこで実務では，上記期間もまた，開始決定と同時に定められている。

⑷　再生債務者が裁判所の許可を得なければすることができない行為の指定

裁判所は，再生手続開始後において，再生債務者が裁判所の許可を得なければすることができない行為を指定することができる（民再41条１項）。実務上，この指定がなされることは必ずしも多くないが，東京地方裁判所破産再生部では，再生債務者が株式会社等である場合には，再生手続開始決定と併せて，再生計画外で会社分割を行う場合には裁判所の許可を得なければならない旨を定めることとしている（■書式５－２，第６章Ⅲ１・147頁参照）。

4．東京地方裁判所破産再生部における標準スケジュール

東京地方裁判所破産再生部では，上記２，３の各期間及び期限等は，特段の事情がない限り，標準スケジュール（第１章Ⅲ３(1)・26頁参照）に従って定めている。

5．公告・通知

(1) 公　　告

再生手続開始決定をしたときには，①開始決定の主文，②債権届出期間及び一般調査期間，③民事再生法169条の２第１項が定める社債等について同項が定める社債管理者等がある場合には，当該社債等についての再生債権者の議決権は，同項各号のいずれかに該当する場合（同条３項の場合を除く。）でなければ行使できない旨を公告しなければならない（民再35条１項）。さらに，知れたる再生債権者の数が1000人以上の場合に，民事再生法34条２項による一定の通知，呼び出しの省略の決定（前記２参照）をしたときには，その旨も公告しなければならない（民再35条２項）。

民事再生法上の公告は官報に掲載する方法によるものとされており（民再10条１項），公告の効力は官報に掲載のあった日の翌日に生ずる（同条２項）。

公告がされたときは，一切の関係人に対して当該裁判の告知があったものとみなされる（民再10条４項）。ただし，民事再生法に特別の定めがある場合にはこの規定は適用されない[13]（同条５項）。

(2) 通　　知

民事再生法35条１項及び２項の規定により公告すべき事項は，再生債務

13)　特別の定めにより民事再生法10条４項の適用が排除されるものは，①監督命令の公告（民再55条３項），②管理命令に関する公告（民再65条６項），③保全管理命令の公告（民再80条３項）である。

者及び知れている再生債権者（同条４項に該当する約定劣後再生債権者を除く。）並びに監督委員，管財人又は保全管理人が選任されている場合にはこれらの者に通知しなければならない（同条３項）。この通知は，裁判所が相当と認める方法で行えば足りる（民再18条，民訴３条，民訴規４条１項）。

６．登　　記

⑴　再生手続開始決定の登記

法人である再生債務者について再生手続開始決定があったときは，裁判所書記官は，遅滞なく，再生手続開始決定の裁判書の謄本を添付して，その登記を再生債務者の各営業所又は各事務所（法令の規定により当該営業所又は事務所の所在地における登記において登記すべき事項として当該法人を代表する者が定められているものに限られる。）の所在地の登記所に嘱託しなければならない（民再11条１項，民再規７条１項１号）。再生債務者が外国会社であるときは，日本における各代表者の所在地の登記所に嘱託される（民再11条１項ただし書）。

法人には取引先をはじめ様々な利害関係人が存在するのが通常であり，法人について再生手続が開始されるとその影響は広範囲に及ぶため，手続が開始されたことをはじめ再生手続上の重要な事柄については，これらの利害関係人に対する公示を徹底して行い，混乱を避ける趣旨から設けられた規定である。

再生手続開始決定の登記をする場合，登記官は，再生債務者について特別清算開始の登記が既にあるときは，職権で，その登記を抹消しなければならない（民再11条６項）。

⑵　登記のある権利についての登記

再生手続が開始されても，再生債務者所有の不動産等に対する権利に関する登記の嘱託はされない。しかし，再生手続が開始される前に，再生債務者財産について保全処分があった場合にはその登記がされているから（民再12条１項），開始決定によって失効した保全処分の登記につき抹消登記の嘱託がされることになる（同条２項）。また，裁判所書記官は，再生手続開始決定があった場合，再生債務者に属する権利で登記がされたものについて，特別清算の保全処分（会社938条３項・４項）の登記があることを知ったときは，職権で，遅滞なく，その登記の抹消を嘱託しなければならない（民再12条３項）。

Ⅷ　不服申立て

1．再生手続における不服申立ての方法

(1)　即 時 抗 告

再生手続に関する裁判に対しては，利害関係を有する者が，法に特別の定めがある場合に限って，即時抗告をすることができる（民再９条）。手続の迅速な進行を図るため，即時抗告を許す旨の規定を個別に定めたものであり，[14] このような趣旨からすれば，「特別の定め」は限定列挙であると解される。また，即時抗告をすることが認められるための「利害関係」は，事実上の利害関係では足りず，法律上の利益が害される場合でなければならない。

(2)　即時抗告期間

即時抗告期間は，①公告がされる裁判の場合には公告が効力を生じた日（官報掲載日の翌日）から２週間（官報掲載日の翌日を算入）であり（民再９条），②公告がされない裁判の場合には告知を受けた日から１週間（初日不算入）である（民再18条，民訴332条，民140条）。③公告及び送達を要する裁判の即時抗告期間については，見解が分かれるところであるが，再生手続では再生債権者をはじめとして手続にかかわる利害関係人が多数存在し，集団的画一的処理が必要とされることや，破産手続について公告と送達の両方がされる場合の即時抗告期間は一律に公告を基準とする旨の判例が確立されていること[15]から，

14)　民事再生法上即時抗告が認められている裁判の一覧は，破産・再生の実務〔第３版〕(下)・106頁。

15)　免責決定につき最決平12・７・26民集54巻６号1981頁・判時1721号82頁・判タ1040号132頁，破産宣告につき最決平13・３・23判時1748号117頁・判タ1060号170頁。

公告が効力を生じた日（官報掲載の日の翌日）から２週間と解するのが相当である。

⑶　執行停止の効力

即時抗告は，原則として原裁判の執行を停止する効力があるが（民再18条，民訴334条１項），再生手続の迅速な進行を図るため，即時抗告が執行停止の効力を有しない旨の個別の規定が置かれているものが多い。

⑷　手　　　続

原裁判所は，即時抗告がされた場合，再度の考案によって自ら更正決定をすることができる（民再18条，民訴333条）。

抗告審は，抗告が不適法な場合は抗告を却下し，理由がない場合は抗告を棄却し，抗告が適法かつ理由がある場合には，原決定を取り消して差し戻すか自判する（民再18条，民訴331条）。

抗告審の裁判に対しては，特別抗告（民再18条，民訴336条），許可抗告（民再18条，民訴337条）の申立てをすることができるが，これらの申立てには原裁判の確定遮断効はなく（民再18条，民訴122条・116条１項），申立てによる当然の執行停止効もないため，抗告提起に伴う執行停止制度（民訴336条３項・337条６項・334条２項）が準用される。

２．再生手続開始の申立てについての裁判に対する即時抗告

再生手続開始の申立てについての裁判に対しては，即時抗告をすることができる（民再36条１項）。ただし，この即時抗告に執行停止効はない（開始決定について民再33条２項，申立棄却決定について民再36条２項・26条～30条）。

再生手続開始決定に対しては，債務者申立ての事案では債権者が，債権者申立ての事案では債務者又は申立債権者以外の債権者が，即時抗告権を有する。一方，再生手続開始の申立棄却決定に対しては，債務者申立ての事案では債務者が，債権者申立ての事案では申立債権者が即時抗告権を有する。

再生手続開始決定は，公告及び送達を要するが，これに対する即時抗告期

間は，官報掲載日の翌日から２週間である（前記１(2)③参照)。再生手続開始の申立棄却決定は，公告が要求されていないことから，棄却決定の送達を受けた日から１週間が即時抗告期間となる（同②参照)。

〔五十嵐　章裕〕

Ⅸ　再生事件に関する文書の閲覧等

１．趣　旨

再生手続が円滑に進行するためには債権者等の利害関係人の協力が不可欠であるところ，そのためには利害関係人に対する情報開示が適切に行われ，手続の透明性を確保して手続への信頼を得る必要がある。利害関係人自身も，再生債務者の業務内容や財産状況等を把握し，再生計画に賛成するか否かを適切に判断するためには，裁判記録に接する必要がある。

そこで，民事再生法は，利害関係人に対し，裁判所に提出され，もしくは裁判所が作成した文書等につき閲覧・謄写すること（録音テープ，ビデオテープ等の電磁的記録媒体の場合は複製の許可）を認めている（民再16条１項～３項，民再規９条１項)。

もっとも，密行性の確保の観点から閲覧時期の制限を設けた（民再16条４項）ほか，一定の文書につき支障部分の閲覧制限の規定を設けて（民再17条)，再生債務者の事業の維持再生等との調和を図っている。

２．請 求 権 者

文書等の閲覧等を請求できる者は，「利害関係人」に限られる（民再16条１項)。再生手続は非公開手続であることから，民事訴訟法91条１項と異なり，閲覧請求権者を利害関係人に限ったものである。

この「利害関係人」とは，再生手続について法律上の利害関係を有する者をいい，再生債務者の債権者，株主，再生債務者に雇用されている従業員等がこれに当たると解されている。

なお，利害関係を有することは，請求者が疎明することを要する（民再18条，民訴91条２項～４項）。

３．閲覧等の対象となる文書

閲覧等の対象となる文書は，民事再生法及び民事再生規則に基づき，裁判所に提出され，又は裁判所が作成した文書その他の物件である（民再16条１項，民再規９条１項）。具体的には，再生手続開始の申立書，同添付書類，報告書，許可申立書，債権認否書，再生計画案，裁判所が作成した裁判書等がこれに当たるが，再生債務者代理人や監督委員が裁判所と打合せを行うために提出した連絡文書等はこれに当たらない。

監督委員が裁判所の求めに応じて提出する意見書（再生手続開始の当否に関するもの，再生計画案の適法性等に関するものなど〔民再125条３項。第２章Ⅱ３(3)・44頁参照〕）は，裁判所が決定を行う際の参考資料となり，あるいは再生債権者が決議を行う際の参考資料となるものであって，民事再生法の規定に基づき，あるいはこれに密接に関連する再生手続上の文書であるから，閲覧等の対象文書に含まれると解される。監督委員の補助者である公認会計士が作成した調査報告書も同様である。[16)17)]

16)　新注釈民事再生法(上)・79頁〔中山孝雄〕。

17)　なお，再生計画案の決議のために提出された議決票については，東京地方裁判所破産再生部では，集計の正確性について利害関係人に確認させる必要性が認められる場合に，投票者の特定に関わる部分にマスキングを施したうえで閲覧のみを認める運用としている。議決票は，議決権の行使の有無及び額を明確にするための手段として作成されるものであり，民事再生法の規定に基づく文書自体ではないが，議決の集計が適正にされたか否かを検証するためには不可欠な文書であることを考慮したものである。新注釈民事再生法(上)・79頁〔中山孝雄〕，破産・再生の実務〔第３版〕(下)・54頁，民事再生の手引・94頁〔寺田聡〕。

4．閲覧等の請求に対する制限

(1) 時的制限

再生手続開始の申立てがなされたことが外部に知られた場合，債権者が先を争って債権の回収や納めた物品の引揚げに及ぶなどのおそれがあり，また，再生債務者以外の者による申立てがなされた場合には，再生債務者自身も資産を毀損するおそれがあることから，いずれの場合も，申立て後の手続はできる限り秘密裏に進行させる必要がある（いわゆる密行性の要請）。

そこで，申立人及び再生債務者以外の利害関係人は，再生手続開始前の暫定的な処分（他の手続の中止命令〔民再26条１項〕，包括的禁止命令〔民再27条１項〕，保全処分〔民再30条１項〕，担保権の実行手続の中止命令〔民再31条１項〕，監督命令〔民再54条１項〕，保全管理命令〔民再79条１項〕，否認権のための保全処分〔民再134条の２第１項〕，住宅資金特別条項に係る抵当権の実行手続の中止命令〔民再197条１項〕）又は再生手続開始の申立てに係る裁判のいずれかがあるまで，閲覧等の請求が制限される（民再16条４項１号）。

また，再生債務者以外の者が再生手続開始の申立てをした場合の再生債務者は，その申立てに係る口頭弁論期日又は審尋期日の指定があるか，上記の暫定的な処分があるまで，閲覧等の請求が制限される（民再16条４項２号）。

なお，事件記録の保存又は裁判所の執務に支障があるときは，閲覧等の請求ができない（民再18条，民訴91条５項）。

(2) 支障部分についての制限

(a) **趣　　旨**　一定の文書については，閲覧等により，再生債務者の事業の維持再生に著しい支障が生ずるおそれ，又は再生債務者財産に著しい損害を与えるおそれがある場合に，閲覧等により支障が生ずる部分（支障部分）の閲覧請求権者の範囲を，制限を求める申立人及び再生債務者等に限る旨の申立てをすることができることとされている（民再17条１項）。

(b) **申立権者**　支障部分の制限の申立権者は，当該文書を提出した再生債務者，保全管理人，監督委員，調査委員又は個人再生委員であり，職権で支障部分の閲覧等を制限することはできない。

(c)　**対象となる文書**　　閲覧等の制限の対象となる文書は，以下の許可申立書（民再17条１項１号）及び報告書（同項２号）に限られる。

①　再生債務者等による指定行為の許可申立書及びその際に提出された文書等（民再41条１項各号・81条３項）

②　事業譲渡等の許可申立書及びその際に提出された文書等（民再42条１項）

③　否認権限の付与を受けた監督委員に対する指定行為の許可申立書及びその際に提出された文書等（民再56条５項）

④　保全管理人による常務以外の行為の許可申立書及びその際に提出された文書等（民再81条１項ただし書）

⑤　調査委員又は個人再生委員の報告書（民再62条２項・223条３項・244条）

⑥　再生債務者等又は監督委員による業務及び財産状況報告書（民再125条２項・３項）

(d)　**申立ての方式**　　制限の申立ては，当該文書を提出する際に行う必要がある（民再規10条２項）。もっとも，文書提出後であっても，閲覧等がなされる前であれば，制限の申立てをすることは可能と解される[18]。

申立ての際は，支障部分を特定し（民再規10条１項），支障部分を除いた当該文書の抄本を作成して提出する必要がある（同条５項）。

申立てがあると，利害関係人は，申立てについての裁判の確定まで，支障部分の閲覧等の請求ができない（民再17条２項）。

(e)　**不服申立て**　　支障部分の閲覧等の制限を認める決定に対しては，即時抗告をすることができない。

(f)　**制限の取消し**　　閲覧等の請求権者は，裁判所に対し，閲覧等の制限部分（支障部分）につき，制限の要件を欠くこと又は欠くに至ったことを理由に，制限を認めた決定の取消しの申立てをすることができる（民再17条３項）。

この申立てに対しては，実務上，裁判所は，閲覧等の制限の申立てをして

18)　新注釈民事再生法(上)・83頁〔中山孝雄〕，民事再生の手引・99頁〔寺田聡〕。

決定を得た者に対し，反論等の機会を与えたうえで判断をしている[19)]

取消しの申立てに関する裁判に対しては，即時抗告をすることができる(民再17条4項)。

なお，取消決定が確定するまで，利害関係人は支障部分の閲覧等の請求ができない(民再17条5項)。〔島岡　大雄〕

5．再生債務者の営業所での閲覧等

再生債務者が作成する重要な文書については，裁判所における閲覧等以外の方法によっても情報開示が図られている。

すなわち，再生債務者は，営業所又は事務所を有している場合には，その主たる営業所又は事務所において，下記の①②の書面に記録されている情報の内容を表示したものを，それぞれ下記の期間，再生債権者が閲覧することができる状態に置く措置をとらなければならない。また，①の書面については，再生債権者は，この措置がとられた営業所又は事務所において，自己の再生債権に関する部分の内容を記録した書面の交付を請求することができることとされている(民再規43条3項・4項)。

① 認否書(民再101条1項)及び認否を認める旨に変更する書面(民再規41条1項)：一般調査期間及び特別調査期間中(民再規43条1項・4項)

② 財産目録，貸借対照表(民再124条2項)及び民事再生法125条1項による報告書：裁判所に提出した日から再生手続開始決定取消し，再生手続廃止又は再生計画の認可もしくは不認可決定の確定までの間(民再規64条1項，第7章Ⅰ4・184頁参照)

さらに，再生債務者は，主たる営業所又は事務所以外の営業所又は事務所において同様の措置をとることや，その他上記の情報の内容を周知させるための適当な措置をとることができる(民再規43条2項・64条2項)。この「適当な措置」としては，インターネット上のウェブサイトに掲載するなどの方策がある。〔内田　博久〕

---

19) 新注釈民事再生法(上)・85頁〔中山孝雄〕，民事再生の手引・101頁〔寺田聡〕。

第 6 章

再生手続開始の効力

再生手続が開始されると，実体面においても手続面においても，様々な効力が生じる。本章では，これらの効力について説明する。

I　再生債権の弁済禁止と他の手続の中止等

1．再生債権の弁済等の禁止 （詳細は第８章Ｉ２・207頁参照）

再生債権については，再生手続開始決定後は，特別の規定がある場合を除いて，再生計画によらなければ，弁済をし，弁済を受け，その他これを消滅させる行為（免除を除く。）をすることはできない（民再85条１項）。

再生計画によらない個別的権利行使を許していては，再生債務者の資産が流出して再生債務者の事業の再建が困難となるおそれがあるし，債権者の平等を図ることもできない。そこで，再生債権の個別的な権利行使を原則的に禁止したもので，倒産処理手続としての本質に根ざした効力である（第１章Ｉ２・３頁参照）。

禁止される行為は，再生債務者の行為のみならず再生債権者が行う強制的な取立行為を含めて，広く債権を消滅させる一切の行為であり，弁済，弁済の受領，代物弁済，更改，相殺（ただし，民事再生法92条により許される場合を除く。）及び供託が含まれる。

一方，再生計画によらないで随時弁済される共益債権（民再121条１項）及び一般優先債権（民再122条3項）には，このような規制は適用されない。また，別除権は再生手続によらずに行使できるので（民再53条2項），これを通じて別除権付き再生債権が満足を受けることは認められる。

再生債権の弁済禁止の例外として，中小企業者への弁済（民再85条2項），少額債権の弁済の許可（同条5項），再生債務者からの相殺（民再85条の2）の規定があるが，いずれも裁判所の許可が要件とされている。

2．再生債権に基づく強制執行等の禁止・中止

再生手続の開始決定がされると，再生債権に基づく強制執行，仮差押えもしくは仮処分，再生債権を被担保債権とする留置権による競売（商事留置権によるものを除く。）又は再生債権に基づく財産開示手続を申し立てることはできず，既にされているこれらの手続は中止される（民再39条1項）。再生手続が開始されると，再生計画によらなければ再生債権の弁済を受けることができなくなるので（民再85条1項，上記1），その趣旨を全うするために，個別の執行行為も禁止されることとしたものである。

これに対し，①共益債権（民再121条）に基づく強制執行等，②一般優先債権（民再122条）に基づく強制執行等，③滞納処分に基づく差押え，取戻権に基づく強制執行等は，再生手続開始後も中止・禁止されない。ただし，①及び②については，再生に著しい支障を及ぼし，かつ，再生債務者が他に換価の容易な財産を十分に有するときは，裁判所は，再生手続開始後において，再生債務者等の申立て又は職権で，担保を立てさせ，又は立てさせないで，その強制執行等の中止又は取消しを命ずることができる（民再121条3項・122条4項）。

再生手続開始に伴い中止された再生債権に基づく強制執行等の手続は，再生計画認可の決定が確定したときは失効する（民再184条本文）。しかし，裁判所は，その前の時点においても，再生のため必要があると認めるときは，再生債務者等の申立て又は職権で，担保を立てさせ，又は立てさせないで，中止した強制執行等の手続の取消しを命じることができる（民再39条2項後段）。「再生のため必要があると認めるとき」に当たる場合とは，運転資金や原材

料，在庫商品等に対して差押えがされたが，再生債務者がこれらを近い時期に利用したり販売したりする必要がある場合などが例として挙げられる。

他方で，裁判所は，再生に支障を来さないと認めるときは，再生債務者等の申立て又は職権で，中止した強制執行等の手続の続行を命じることができる（民再39条２項前段）。再生のスキームにおいて換価して弁済原資に充てることが予定されているような遊休資産などについては，この規定により強制執行手続を続行させて換価することが可能となる。

３．他の倒産手続の禁止・中止・失効

民事再生法は，清算型の手続である破産手続や特別清算手続との関係では，再建型の手続である再生手続を優先させるとの立場を採っている（第15章Ⅰ１・393頁参照）。そこで，再生手続の開始決定がされると，再生債務者についての破産手続，他の再生手続，特別清算手続の開始の申立ては禁止される（民再39条１項）。また，既にされている破産手続は中止され，特別清算手続は当然失効する（民再39条１項）。破産手続が当然失効せずに中止されるにとどまるのは，再生手続が廃止された場合や再生計画不認可決定が確定した場合などに破産手続を続行させることになるからである（民再252条６項後段参照，第15章Ⅲ１(2)・398頁参照）。破産手続が中止された後，再生計画認可決定が確定すると，中止していた破産手続は失効する（民再184条）。

これに対し，会社更生手続は，株主や担保権者をも取り込む強力かつ厳格な手続であるため，民事再生手続よりも優先される（第15章Ⅱ１・395頁参照）。

Ⅱ　訴訟手続等の取扱い

１．訴訟手続の中断

再生手続開始決定の効果として，再生債務者の財産関係の訴訟のうち再生債権に関するものについては，訴訟手続が中断する（民再40条）。これは，再

生手続においては，再生債権の存否や額は，再生債権の調査から始まる債権確定手続（第８章Ⅰ７・223頁参照）を通じて確定されるためである。

これにより中断する訴訟手続は，上記のもの（①）に限られるから，再生債務者の財産関係の訴訟のうちでも再生債権に関しないもの（②：所有権に基づく物の引渡訴訟，共益債権や一般優先債権に関する訴訟など）や，財産関係以外の訴訟（③：株主総会決議無効確認訴訟，離婚訴訟など）は，再生手続が開始されても中断は生じない。ただし，②については，管理命令が発令された場合には，再生債務者が財産の管理処分権を失う（民再66条）ことにより，訴訟手続が中断する（民再67条２項前段）。

なお，管理型の手続である破産手続や会社更生手続では，手続の開始により直ちに管財人が選任されて債務者が財産の管理処分権を失うことから，上記の①だけでなく②の類型の訴訟についても，手続の開始とともに中断するものとされている（破44条１項，会更52条１項，■図表６－１参照）。

上記の①と②は請求権の性質により区別されるところ，この点自体が訴訟で争われている場合にどのように対応すべきかが問題となるが（例えば，未払金が賃金か請負代金かについて争いのある場合など），訴訟の中断が生ずるか否かは，

■図表６－１　各倒産手続と訴訟中断

	財産関係の訴訟		財産関係以外の訴訟（③）
	倒産債権に関するもの（①）	倒産債権に関するもの以外（②）	
破産，会社更生	中断する（破44条１項，会更52条１項）	中断する（破44条１項，会更52条１項）	中断しない
再生（管理型）	中断する（民再40条１項）	中断する（民再67条２項）	中断しない
再生（DIP型）	中断する（民再40条１項）	中断しない（民再40条１項参照）	中断しない
再生（個人再生）	中断しない（民再238条・245条）	中断しない（民再40条１項参照）	中断しない

受訴裁判所が，債権者の主張内容から特定される訴訟物を基準として判断することになると解される。

以上に対し，個人再生手続においては，債権確定手続においても再生債権は実体的に確定しないので，再生債権に関する訴訟手続も中断しない（民事再生法238条，245条による40条の適用除外。第17章Ⅱ１(4)(b)・455頁参照）。

2．再生債権に関する訴訟手続の中断後の取扱い

(1) 再生債権者が債権届出をした場合

(a) **債権調査において，再生債務者等が認め，かつ，他の再生債権者から異議がなかった場合**　再生債権は確定し（民再104条１項），再生債権者表の記載が確定判決と同一の効力を有するから（同条３項），中断中の訴訟の目的は達せられ，本案判決を受ける利益を失うことになり，中断していた訴訟手続は当然に終了すると解される。

(b) **債権調査において，再生債務者等がこれを認めず，又は他の再生債権者から異議があった場合**（第８章Ⅰ８(4)・229頁参照）　当該再生債権が無名義債権の場合，再生債権者は，債権調査期日の末日から１月の不変期間内に，当該債権を認めなかった再生債務者等や異議を出した再生債権者全員を相手に，受継の申立てをすることを要する（民再107条１項）。係属中の訴訟が再生債権者の提起した給付訴訟であった場合，受継後の訴訟では，再生債権の存否と額が確定されれば十分であるので，請求の趣旨を確認請求に変更するのが通例である。再生債権者が上記期間内に受継の申立てをしなかった場合については，再生債権者がそもそも債権届出をしなかった場合（後記(2)）と同様に考えられる[1)]（第８章Ⅰ８(7)・230頁参照）。

これに対し，当該再生債権が有名義債権の場合には，同じ不変期間内に，当該債権を認めなかった再生債務者等及び当該債権に異議を述べた届出再生債権者の側から，訴訟手続を受継しなければならない（民再109条２項・３項，第８章Ⅰ８(5)・229頁参照）。上記期間内に受継の申立てがなされなかった場合，

1）　破産法に関するものであるが，条解破産法・856頁，839頁参照。

再生債権者の異議はなかったものとみなされ，再生債務者等はその再生債権を認めたものとみなされる（同条４項）。これにより，中断していた訴訟手続は当然に終了すると解される（上記(a)参照）。

(2) 再生債権者が債権届出をしなかった場合

再生債権者が債権届出をしなかった場合に，訴訟手続がどのように処理されるかについては，①付議決定までに債権届出がなかった再生債権は実体的に免責され，訴訟係属の実益がなくなるので，訴訟終了宣言により終了させることができるとする見解，②再生手続が終了するまで中断は解消されず，再生手続の終了により再生債務者が受継するという見解，③再生計画が付議された時点で，再生手続の制約から解放され，再生債務者が受継するという見解があるが，③説が有力である。ただし，③の見解によっても，再生計画の認可決定が確定すれば，再生債務者は当該再生債権について，民事再生法178条本文の規定に従い，原則として責任を免れることになる[2)]。

(3) 再生手続が終了した場合（第８章Ⅰ８(9)(b)(イ)・233頁参照）

受継がある前に再生手続が終了した場合，再生債務者は，訴訟手続を当然受継する（民再40条２項）。

受継がされた後，訴訟継続中に再生手続が終了した場合は，訴訟手続が再生債務者を当事者とするものであれば，引き続き係属するが，管財人を当事者とするものであれば中断し（民再68条２項），再生債務者が受継しなければならない（同条３項）。再生債務者等以外の者が当事者である訴訟手続については，再生計画認可決定の確定前に再生手続が終了した場合には再び中断し（民再112条の２第５項前段），再生債務者が受継しなければならない（民再112条の２第６項）。再生計画認可決定の確定後に再生手続が終了した場合には引き続き係属する（民再112条の２第５項後段）。

2） 森宏司「破産・民事再生に伴う訴訟中断と受継」判タ1110号（2003）37頁，須藤・221頁〔富盛秀樹〕，新注釈民事再生法(上)・205頁〔深山雅也〕，大阪高判平16・11・30金法1743号44頁。

⑷　簡易再生，同意再生の許可の決定が確定した場合

簡易再生及び同意再生の手続には，そもそも債権確定手続が存しないので，簡易再生及び同意再生の許可の決定が確定した場合には，再生債務者が，再生手続開始により中断していた訴訟手続を受継しなければならない（民再213条５項・219条２項，第14章Ⅰ３・386頁及びⅡ３・390頁参照）。

３．再生債権に関する事件が行政庁に係属している場合の取扱い

再生債権に関する事件が，再生手続開始当時，行政庁に係属している場合，それらの事件の手続は中断する（民再40条３項）。公害に関する損害賠償責任査定，公正取引委員会による審決手続，建設工事紛争審査会による調停・斡旋・仲裁手続などが例として挙げられる。

４．再生債務者の財産関係の訴えで再生債権に関するもの以外の訴訟手続の取扱い

これらの訴訟手続については，管理命令が発令されない限り，中断しない（前記１参照）。管理命令が発令された場合には，再生債務者の財産の管理処分権が管財人に移ることから（民再66条），これらの訴訟手続も中断し（民再67条２項前段），管財人はこれを受継することができる（民再67条３項前段）。この場合の受継の申立ては，訴訟の相手方もすることができる（同条項後段）。管財人は，相手方からの受継の申立てを拒むことはできないと解される。

管財人が受継する前に再生手続が終了又は管理命令が取り消されたときは，再生債務者は当該訴訟手続を当然受継する（民再68条１項・４項）。管財人の受継後に再生手続が終了したときは，当該訴訟手続は中断し（同条２項），再生債務者はこれを受継しなければならない（同条３項）。

５．詐害行為取消訴訟等の中断と受継

(1) 債権者代位訴訟

再生債権者が提起した債権者代位訴訟は，再生手続開始決定によって中断し，再生債務者又は管財人がこれを受継することができ，この場合の受継の申立ては，訴訟の相手方もすることができる（民再40条の２第１項・２項）。前記４の場合と同様に，再生債務者等は，相手方からの受継の申立てを拒むことができないと解される。

(2) 詐害行為取消訴訟，否認訴訟，否認請求異議訴訟（第７章Ⅳ９・196頁参照）

再生債権者が提起した詐害行為取消訴訟，破産法上の否認訴訟，否認の請求を認容する決定に対する異議の訴訟は，再生手続開始決定によって中断し（民再40条の２第１項），否認権限を有する監督委員又は管財人がこれを受継することができ，この場合の受継の申立ては，訴訟の相手方もすることができる（民再140条１項）。否認権限を有する監督委員又は管財人が，相手方からの受継の申立てを拒めるか否かについては見解が分かれている。

(3) 再生手続が終了した場合（第７章Ⅳ11・197頁参照）

上記(1)及び(2)の各訴訟手続の受継がある前に再生手続が終了した場合，訴訟の当事者であった再生債権者又は破産管財人は，訴訟手続を当然受継する（民再40条の２第７項）。

他方，上記各訴訟手続が受継された後，再生手続が終了した場合は，管理命令等の取消しにより既に中断している場合（民再68条４項・２項・141条１項）を除き，訴訟手続は再び中断する（民再40条の２第４項・140条３項）。この場合，当初の訴訟当事者であった再生債権者又は破産管財人は，その訴訟手続を受継しなければならず，この場合の受継の申立ては相手方もすることができる（民再40条の２第５項・140条４項）。また，管理命令等の取消しにより中断した後に再生手続が終了したときも，当初の訴訟当事者である再生債権者又は破産管財人は，その訴訟手続を受継しなければならず，この場合の受継の申立

ては相手方もすることができる（民再40条の２第６項・140条４項）。

Ⅲ　再生債務者等の行為に対する規制

1．再生債務者等の行為の制限

裁判所は，再生手続開始後において，必要があると認めるときは，再生債務者等が以下の行為をするには裁判所の許可を得なければならないものとすることができる（民再41条１項）。この場合に，許可を得ずにした行為は無効であるが，善意の第三者には対抗することができない（同条２項）。

①　財産の処分
②　財産の譲受け
③　借財
④　民事再生法49条１項による契約の解除
⑤　訴えの提起
⑥　和解又は仲裁合意（仲裁２条１項）
⑦　権利の放棄
⑧　共益債権，一般優先債権又は取戻権の承認
⑨　別除権の目的財産の受戻し
⑩　その他裁判所の指定する行為

再生債務者は，再生手続開始後も業務遂行権及び財産の管理処分権を保持することを原則とし（民再38条１項），管理命令が発令された場合には管財人がこれらの権限を有する（民再64条１項）ところ，再生債務者等の不相当な行為により再生債務者の財産が減少したり事業の遂行に支障が生じたりすることのないように，一定の行為について裁判所の許可を要するものとすることができるようにしたものである。[3)]

3）　同種の規定である破産法78条２項においては必ず裁判所の許可が必要とされているのに対し，民事再生法では許可を要する旨を定めることができるとされるにとどまっている。これは，再建型手続においては機動性も重要だからである。

もっとも，監督命令が発令される場合，これと同時に，再生債務者が監督委員の同意を得なければ行うことができない行為を定めるものとされているところ（民再54条２項，第２章Ⅱ３(1)・42頁参照），実務においては，専らこの定めを通じて再生債務者の不相当な行為を防止することとしていて，民事再生法41条１項により裁判所の許可を要する事項を定めることは比較的少ない。これは，監督委員の同意を要する事項は再生手続開始前においても定めることができるうえ，専門の監督機関である監督委員の方がより迅速かつ柔軟に問題に対応することが可能であるなどの理由による。

東京地方裁判所破産再生部においても，従来は，監督委員の同意を要する事項のみを定め，裁判所の許可を要する事項は定めないことが一般であった。しかし，近時は，再生債務者が株式会社等である場合に，再生手続開始決定と併せて，再生債務者が再生計画の定めによらずに会社分割を行う場合には裁判所の許可を得なければならない旨を定める運用を行っている（民再41条１項10号，第５章Ⅶ１■書式５－２・126頁参照）。再生債務者が営業を譲渡する場合には裁判所の許可を得なければならないこととされている（民再42条１項，後記２(1)参照）ところ，再生債務者に与える影響は会社分割も事業譲渡と変わりがないためである。[4)]

２．事業譲渡に関する規律

(1)　事業譲渡に対する裁判所の許可

(a)　**意　　義**　再生手続開始後において，再生債務者等が再生債務者の営業又は事業の全部又は重要な一部の譲渡（以下「事業譲渡」という。）をするには，裁判所の許可を得なければならない。この場合，裁判所は，当該再生債務者の事業の再生のために必要であると認める場合に限り，許可をする

4）　再生債権者の意向については，再生債務者主催の債権者説明会（民再規61条）に監督委員が同席して把握し，裁判所に報告をすることとしている（鹿子木康「東京地裁における再生手続の運用と利用状況」最新実務解説一問一答・23頁・25頁，鹿子木康＝住友隆行「再生計画によらない事業譲渡，会社分割の許可手続」民事再生の手引・215頁，新注釈民事再生法(上)・218頁〔長沢美智子〕）。なお，会社分割には民事再生法42条が類推適用されるという説も有力である（伊藤・757頁）。

ことができる（民再42条１項)。許可を得ずにした譲渡は無効であるが，善意の第三者には対抗することができない（同条４項・民再41条２項)。

「営業」ないし「事業」とは，一定の営業目的のために組織化され有機的一体として機能する財産のことをいう[5]。事業譲渡が行われれば，再生債務者自身は事業を継続することができなくなるが，その事業は譲受先で継続され，再生債務者は譲渡の対価を得てこれを再生債権の弁済等に充てることができることになる。これも再生債務者の事業の再生の一つのあり方であり，民事再生法の趣旨に反するものではないと考えられている。

しかるところ，再生債務者等が財産を管理処分することについては，通常は，裁判所が特に定めた場合にのみ，裁判所の許可（民再41条１項）ないし監督委員の同意（民再54条２項）が必要となるにすぎない（上記１参照)。しかし，事業譲渡が行われると再生債務者の資産状態と事業の再生に対して極めて大きな影響が生じることから，これについて常に裁判所の許可を要することとし，裁判所は再生債務者の事業の再生のために必要と認める場合に限り許可することができることとしたものである[6]。

事業譲渡は，スポンサーから資金の提供を受けるためのスキームの一つとして，実務において頻繁に行われている（第10章Ⅵ３(1)・321頁，(4)・322頁参照)。事業譲渡自体は再生債務者等と事業の譲受先との間の契約によって行われるので，実務では，裁判所の許可がなされることを停止条件とした譲渡契約を締結し，裁判所の許可を得て契約の効力を発生させるようにするのが通例である。東京地方裁判所破産再生部では，この契約の締結に当たり，監督委員の同意を得なければならないこととしている（第２章Ⅱ３(1)(b)・42頁参照)。

(b) 手　　続　裁判所は，事業譲渡の許可をする場合には，知れている再生債権者（一定の場合における約定劣後再生債権を有する者を除く。）の意見を聴かなければならない。ただし，債権者委員会があるときは，その意見を聴けば足りる（民再42条２項)。また，労働組合等の意見も聴かなければならない（同条３項)。

5）　最判昭40・９・22民集19巻６号1600頁・判時421号20頁。

6）　したがって，民事再生法42条１項は同法41条１項の特則と位置づけられる。

事業譲渡が行われれば，再生債務者はもはやその事業を継続して利益を得ることはできず，事業の全部が譲渡された場合，再生債権の弁済の原資は，事業譲渡の対価として得られた金銭がほとんどすべてとなるのが通常である。こうしたことから，事業譲渡が行われると，再生債権者は決定的な影響を受けるし，再生債務者に雇用されている労働者も，譲受先に引き継がれるので，重大な影響を受ける。のみならず，これらの者は，当該事業譲渡が再生債務者の事業の再生のために必要かどうかを判断するうえで重要な情報を有していることが少なくない。そこで，事業譲渡の許可に当たって，これらの者の意見を聴かなければならないこととしたものである。

意見聴取は，対象者に対して意見を述べる機会を与えれば足りる。東京地方裁判所破産再生部においては，再生債権者の意見聴取は，通常，許可の申立ての２週間程度後に，再生債権者を招集して，意見聴取のための期日を開催して行うこととしている[7)]。そして，裁判所は，集会後，聴取した意見と監督委員の意見を踏まえ，速やかに許可ないし不許可の決定をしている。この決定に対しては，即時抗告をすることができない。

(2) 株主総会の決議による承認に代わる許可

再生手続開始後において，株式会社である再生債務者の事業の全部の譲渡又は会社法467条１項２号に規定する事業の重要な一部の譲渡が事業の継続のために必要である場合で，当該再生債務者がその財産をもって債務を完済できないときは，裁判所は，再生債務者等の申立てにより，当該譲渡について同項に規定する株主総会の決議による承認に代わる許可を与えることができる（民再43条１項）。この決定は，再生債務者等に対して裁判書が送達されたときから効力を生じ（同条２項・３項），株主はこれに対して即時抗告をすることができる（同条６項）が，執行停止の効力を有しない（同条７項）。

7） 集会には，再生債務者及びその代理人，監督委員とその補助者である公認会計士が列席する。しかし，再生債務者が再生債権者に対して当該事業譲渡の内容や譲受先の選定過程等について事前に十分に説明していることを前提として開催するものであり，その場で質疑応答を行うことは基本的になく，再生債権者の意見の聴取のみを行う扱いとしている。したがって，再生債務者は，集会に先立って，独自に債権者説明会（民再規61条）を開催するなどして，十分な情報提供をしておかなければならない。

株式会社である再生債務者が事業の全部の譲渡又は会社法467条１項２号に規定する事業の重要な一部の譲渡を行う場合，同項に規定する株主総会の決議による承認を得なければならない。しかし，株式会社について再生手続が開始されると，株主は会社の経営について興味を失い，株主総会を開催して必要な決議を得るのが困難となることが少なくない。他方，株式会社が債務超過に陥っている場合，株主たる地位は価値を失っているので，事業譲渡について株主総会の決議を得ないこととしても，株主の立場を不当に害することはないと考えられる。そこで，こうした場合において事業譲渡が円滑に実行できるように，裁判所が株主総会の決議による承認に代わる許可を与えることができることとしたものである。[8)9)]

⑶　計画外事業譲渡と計画内事業譲渡

再生手続の中で行われる事業譲渡には，再生計画の決議の前に譲渡を行ってしまうものと，再生計画案の中で事業譲渡を行うことを定め，これが可決，認可されて再生計画が効力を生じたときに事業譲渡が実行されるものがある。一般に前者は「計画外事業譲渡」と呼ばれ，後者は「計画内事業譲渡」と呼ばれる。もっとも，計画内事業譲渡においても，事業の譲受先との間で再生計画認可決定の確定を停止条件とした譲渡契約を先に締結しておくのが通例である。東京地方裁判所破産再生部では，この契約の締結に当たり，監督委員の同意を得なければならないこととしている（第２章Ⅱ３⑴(b)・42頁参照）。

ここで，計画内事業譲渡について，再生計画認可決定とは別に上記⑴の裁判所の許可が必要かどうかが問題となる。民事再生法42条１項の文言上は計画内事業譲渡も除外されていないが，計画内事業譲渡を行うことを内容とした再生計画案を提出すれば当該事業譲渡について裁判所の許可を求めているものといえるし，再生債権者に対する意見聴取は再生計画案の決議によ

8）　この代替許可と民事再生法42条１項による事業譲渡自体に対する許可は趣旨を異にするので，前者が後者を兼ねることはなく，必要に応じてそれぞれの許可を得なければならない。

9）　ここでの「事業の継続のために必要である場合」は「事業の再生のために必要であると認める場合」（民再42条１項）よりも厳格な要件と解するべきかについて，議論がある（新注釈民事再生法㊤・241頁〔三森仁〕）。

り代替してよいといえる。[10] そして，再生計画認可決定には当該事業譲渡が「事業の再生のために必要」なのでこれを許可するとの判断も含まれているといえるので，事業譲渡の許可をする必要はない，あるいは認可決定には事業譲渡の許可決定が包含されていると解することができると考えられる。[11] 東京地方裁判所破産再生部においても，認可決定とは別に事業譲渡の許可決定はしていない。ただし，この場合であっても，上記(2)の代替許可については，これが必要な場合には，別途申立てをして許可を得なければならない。

(4)　再生計画成立後の事業譲渡

事業譲渡を前提としない再生計画が成立した後に，適当な譲受先が見つかって事業譲渡が行われることがある。これが再生手続終結後であれば，再生手続との関係で何らかの手続が求められるということはないが，再生手続終結前の場合は，どのような手続を踏むべきかが問題となる。事業譲渡により再生債務者は譲渡代金を取得し，通常はこれを再生債権の弁済に充てることになるが，その結果として弁済総額が再生計画によるものを上回り，弁済時期も早まるなど，再生計画の定めよりも再生債権者に不利にならないのであれば，再生計画の変更（民再187条）の手続を経る必要はなく，民事再生法42条が定める手続を踏むことで足りることとなろう。これも一種の計画外事業譲渡ということができる。これに対し，事業譲渡後の弁済総額が再生計画の定めよりも減ってしまったり，弁済時期が遅くなるのであれば，再生債権者に不利な影響を与えるので，再生計画の変更の手続が必要となり，その中で事業譲渡の定めもすべきこととなる（民再187条２項本文）。これも一種の計画内事業譲渡ということができ，この場合に更に民事再生法42条が定める手続を踏む必要があるかどうかについては，上記(3)と同様に考えることができる。[12]

---

10)　労働組合等も，再生計画案についての意見を聴取され（民再168条），認可についても意見を述べられる（民再174条３項）。

11)　伊藤・758頁，新注釈民事再生法(上)・237頁〔三森仁〕。

12)　伊藤・759～760頁，新注釈民事再生法(上)・225頁〔三森仁〕。

Ⅳ　再生手続開始後の法律関係に関する諸規定

民事再生法は，再生手続開始後の再生債務者をめぐる法律関係について，いくつかの規定を置いている。このうち，双務契約の取扱いについては後記Ⅴで，取戻権については後記Ⅵで，別除権については**第９章**（257頁）で説明するので，ここではそれ以外の規定について説明する。なお，以下の各規定については，それぞれ破産法及び会社更生法にも同趣旨の規定がある（破48条・49条・52条・60条，会更55条・56条・58条・60条）。

１．再生手続開始後の権利取得（民再44条）

再生手続開始後，再生債権につき再生債務者財産に関して再生債務者（管財人が選任されている場合は管財人又は再生債務者）の行為によらないで権利を取得しても，再生債権者は，再生手続の関係においては，その効力を主張することができない（民再44条１項)。この規定の適用例は，実務上はあまり見られないが，例えば，商人や代理商である再生債権者が，再生債務者に帰属すべき物の占有を再生手続開始後に第三者から取得した場合に商事留置権を主張することができないことなどが想定されている。

２．再生手続開始後の登記・登録（民再45条）

不動産又は船舶に関し再生手続開始前に生じた登記原因に基づき再生手続開始後にされた登記又は不動産登記法105条１号の規定による仮登記は，再生手続の関係においては，その効力を主張することができない（民再45条１項本文)。ただし，取引安全との調整の観点から，再生手続開始について善意であった登記等の権利者はその効力を主張することができることとされている（同項ただし書)。再生手続開始の公告後は悪意が推定される（民再47条)。

上記の規定は，登録並びに仮登録及び企業担保権に係る登記に準用される（民再45条２項)。

なお，再生債務者の地位に第三者性が認められるかどうかについて議論があるところ（第2章Ⅰ5・33頁参照），これを肯定する立場からは，本規定がその一つの論拠とされている。

3．再生手続開始後の手形の引受け又は支払（民再46条）

為替手形の振出人又は裏書人である再生債務者について再生手続が開始された後に，支払人又は予備支払人が再生手続開始の事実を知らないで引受け又は支払をした場合，当該支払人等は，これによって生じた求償権を再生債権として行使することができる（民再46条1項）。再生手続開始の公告後は悪意が推定される（民再47条）。上記の求償権は，再生手続開始後の原因に基づくものであるから，本来は開始後債権（民再123条）となるが，それでは支払人等の保護に欠け，手形取引の安全等を害することになるため，再生手続開始の事実について善意の支払人等に限り，再生債権としての権利行使を認めたものである。

上記の規定は，小切手及び金銭その他の物又は有価証券の給付を目的とする有価証券について支払が行われた場合に準用される（民再46条2項）。

4．共有関係（民再48条）

共有者は，いつでも共有物の分割を請求することができるが，5年を超えない期間内は分割をしない旨の契約をすることができる（民256条1項）。民事再生法は，この民法の規定の特則として，共有者について再生手続が開始された場合，共有者である再生債務者（管財人が選任されている場合は管財人）は，分割をしない旨の契約があるときでも，共有物の分割請求をすることができることとした（民再48条1項）。その一方で，他の共有者には，再生債務者に対し相当の償金を支払って再生債務者の持分を取得することが認められている（同条2項）。

なお，上記の規定は，性質上又は法律上分割が禁止されている場合（民法257条・229条・676条など）にまで分割請求を認める趣旨ではないと解される。

V　双務契約の取扱い

1．双方未履行の双務契約の取扱いの一般原則

(1)　民事再生法49条の趣旨

民事再生法49条は，再生債務者を一方当事者とする双務契約のうち，再生手続開始時点において当事者双方が債務の履行を完了していないものの取扱いについて一般原則を定め，再生債務者等は，契約を解除するか，又は自らの債務を履行して相手方の債務の履行を請求するかにつき選択権を有することとした（同条１項）。

再生債務者等は，再生手続係属中に，弁済の原資を確保し，再生計画を遂行する見通しを立てなければならない。そこで，事業を整理したり，合理化して収益力を増すといった作業が行われることが多く，本規定は，そうした場面で活用される（後記Ⅶ，第１章Ⅲ２(2)(b)・23頁参照）。

同趣旨の規定は破産法や会社更生法にもある[13]（破53条，会更61条）が，扱いが異なっている部分もある（後記(4)参照）。

(2)　要　　件

民事再生法49条の適用要件は，①再生手続開始時において再生債務者を一方当事者とする双務契約が有効に存続していること，②再生手続開始時点で同契約に基づく各当事者の債務が双方とも未履行であること，である。

双務契約とは，当事者が対価的意義を有する債務を相互に負担する契約をいい，売買，交換，賃貸借，雇用，請負，有償委任，有償寄託などがこれに当たる。ただし，労働協約（民再49条３項）には適用されない（後記(5)参照）。また，継続的給付を目的とする双務契約（民再50条１項），市場の相場のある商品の取引に係る契約（民再51条，破58条）及び交互計算（民再51条，破59条）

13)　破産法53条の趣旨については諸説あり，民事再生法49条についてもこれと同様に考えられている。新注釈民事再生法(上)・258～262頁。

については特則が定められている（後記５～７参照）。

再生手続開始当時，既に再生債務者の債務が履行完了となっていた場合には，再生債務者等から相手方に対して債務の履行を求めることができ，相手方の債務が履行完了となっていた場合には，相手方の有する債権は，再生債権となる（民再84条１項）。

なお，裁判所は，再生債務者等による解除を裁判所の許可又は監督委員の同意を要する行為と指定することができ（民再41条１項４号・54条２項），この指定がされた場合には，再生債務者等は裁判所の許可等がないと解除を選択することができない。許可等を得ないでした解除は無効であるが，許可等がなかったことについて善意の第三者には無効を対抗することができない[14]（民再41条２項，前記Ⅲ１参照）。

(3)　再生債務者等の選択権行使と相手方の地位

(a)　再生債務者等が履行の請求を選択した場合　　双務契約はそのまま存続し，衡平の見地から，相手方の債権は共益債権とされる（民再49条４項）。

また，相手方は，再生債務者等からの履行の請求に対し，同時履行の抗弁権（民533条）のほか，再生手続開始当時再生債務者に主張し得た抗弁を主張することができる。

相手方が，再生手続開始前に再生債務者に対して債務不履行等により解除権を取得していた場合には，再生債務者等が履行の請求を選択したとしても，その解除権を行使することができると解される。ただし，管理命令が発令されている場合，及び，管理命令が発令されていなくても，再生債務者の第三者性（第２章Ｉ５・33頁参照）を肯定する見解に立つと，例えば，再生債務者に不動産を売却して移転登記をした後に売主が解除権を取得し，再生手続開始決定後に解除の意思表示をした場合には，再生債務者等は民法545条１項ただし書の「第三者」に当たり，売主は目的不動産の返還を請求できないこととなる[15]。

14）　東京地方裁判所破産再生部では，再生債務者の自主再建に向けた努力を尊重し，自由かつ機動的な経営判断が行われるようにする観点から，これを裁判所の許可事項や監督委員の同意事項には定めていない（破産・再生の実務〔第３版〕(下)・138頁）。

(b) **再生債務者等が解除を選択した場合**　契約関係は遡及的に消滅し，相手方が有する損害賠償請求権は再生債権となる（民再49条5項，破54条1項）。この損害の範囲は，信頼利益のみならず履行利益の損害も含まれると解される[16]。

相手方が一部履行済みの部分がある場合は，履行した目的物が再生債務者財産に現存するときはその返還を請求でき，現存しないときは価額相当額を共益債権として請求できる（民再49条5項，破54条2項）。

(4) 相手方の催告権

再生債務者等の選択権には特に行使し得る期間が定められていないことから，相手方の地位が不安定となる事態を回避するため，相手方に催告権が認められている。すなわち，相手方は再生債務者等に対し，相当の期間を定めて催告することができ，その期間内に確答がないときは，再生債務者等は解除権を放棄したものとみなされる（民再49条2項後段）。会社更生法61条2項と同趣旨である。

上記規定は，同じく双方未履行の双務契約について定めた破産法53条2項が，同様の場合に解除がされたものとみなすと規定しているのとは逆の効果を定めているものであるが，これは，再建型の倒産処理手続では，清算型の倒産処理手続とは異なり，一般的には契約関係を維持・存続させることがその目的に適うと考えられるからである。

(5) 労働協約への不適用

民事再生法49条1項，2項は労働協約には適用がない（同条3項）。労働協約については，その特殊性から軽々に解除を認めるべきでないという配慮に基づく。したがって，再生債務者等は，再生手続後も，労働協約に定められた労働条件に拘束され，これを改定するためには，労働組合と交渉することが必要となる。

---

15) 伊藤・679頁，273〜274頁，254〜255頁。

16) 条解破産法・405〜406頁。

2．賃貸借契約

(1)　賃借人が再生債務者である場合

賃借人につき再生手続が開始された場合，賃借人は，賃貸借契約を解除するか，又は，再生債務者の債務を履行して相手方の債務の履行を請求するかにつき選択権を有する（民再49条 1 項）。

賃借人が履行を選択した場合には，再生手続開始後の賃貸人の賃料請求権は共益債権となる（民再49条 4 項）。

賃借人が解除を選択した場合には，賃貸人は目的物の返還を主張できる。再生手続開始後解除までに生じた賃料債権は民事再生法119条 2 号により，解除後明渡完了までに生じた賃料債権は同条 6 号により，共益債権となる。賃貸人の損害賠償請求権は，再生債権となる（民再49条 5 項・破54条 1 項）。なお，不動産賃貸借の場合には，民法312条ないし316条の規定により，一定の範囲で賃貸人が特別の先取特権を有する。

(2)　賃貸人が再生債務者である場合

(a)　**履行か解除かの選択**　　賃貸人につき再生手続が開始された場合にも民事再生法49条が適用される。ただし，賃借人が登記，登録その他の対抗要件を備えている場合には，民事再生法49条 1 項・ 2 項の適用は排除され（民再51条，破56条 1 項），賃貸人は，上記規定を根拠として賃貸借契約を解除することはできない。賃借人が借地借家法10条，31条により対抗力を備えている場合は，これに当たる。

賃借人が登記，登録その他の対抗要件を備えていない賃貸借契約について，再生債務者等が解除を選択した場合には，賃貸借関係は消滅し，賃借人の損害賠償請求権は再生債権となり（民再49条 5 項，破54条 1 項），一方，再生債務者等が履行の請求を選択した場合には，賃借人は目的物の使用収益を継続することができるとともに（民再49条 4 項），再生債務者等に対し賃料を支払う義務を負う。

(b)　**賃借人が再生債権を有する場合における賃料債権を受働債権とする相**

殺　賃借人である再生債権者は，再生手続開始後に弁済期が到来する賃料債務について，開始時における賃料の６月分に相当する額を限度として相殺ができる（民再92条２項）。相殺に供する賃料債務の弁済期は到来していなくてもよいが，相殺の意思表示は債権届出期間内にしなければならない（民再92条１項・２項）。破産手続の場合には，賃料債権を受働債権とする相殺についてこのような制限はない。

賃料債権は将来の請求権であるところ，再生債権者は，再生手続開始当時再生債務者に対して債務を負担する場合，再生計画に定めるところによらずに相殺をすることができる（民再92条１項）が，受働債権が将来の請求権であり，これが現実化していない場合であっても相殺に供することができるかどうかについては争いがある（第８章Ｉ４(3)(b)・215頁参照）。この相殺ができるとする立場からは，本規定は，賃料収入の確保は再生債務者の資金繰りに資するものであり，事業等の再生に有用であることから，相殺の範囲を制限したものであると説明される。これに対し，上記のような相殺は原則としてできないとする立場からは，本規定は，賃借人の保護のために相殺権を拡張しつつ，再生債務者の資金繰りにも配慮してこれを一定範囲にとどめたものと説明されることになる[17)]。

自働債権となり得る再生債権は，債権届出期間内に弁済期が到来するものであることが必要であるから（民再92条２項），敷金返還請求権を自働債権として上記規定により相殺することはできない[18)]。同規定により相殺することが予定されているのは，賃借人が敷金返還請求権以外の再生債権を別途有している場合である。

将来債権である賃料債権が譲渡された後に，再生手続開始決定がされた場合も民事再生法92条２項の適用があるかについては議論があるが，同項の文言上，再生手続開始当時，再生債権者である賃借人が再生債務者に対して賃料債務を負担していることが前提となっていると考えられること，既に譲受

17）　条解再生法・483頁〔山本克己〕。

18）　敷金返還請求権は，目的物の明渡し時に未払賃料等を当然充当により控除し，なお残額のあることを条件に，その残額について発生する権利である（最判昭48・２・２民集27巻１号80頁・判時704号44頁・判タ294号337頁）。

人に移転している賃料債権について相殺制限をしても再生債務者の資金繰り等に資することにはならないこと，将来発生する賃料債権という不確実な債権を譲り受けた譲受人を，通常の債権譲渡の場合以上に保護する必要性が乏しいことからすれば，本項の相殺制限の適用はないと解するのが相当である。[19)]

(c)　**敷金返還請求権の取扱い**　　賃借人が賃貸人たる再生債務者に対して有する敷金返還請求権は本来再生債権であるところ，敷金契約は賃貸借契約と密接に関連するがあくまでも別個の契約であることから，再生債務者等が賃貸借契約について民事再生法49条１項に基づき履行を選択した場合であっても，敷金返還請求権は，同条４項により共益債権となることはなく，なお再生債権と扱われるものと解されている。[20)]

しかし，そうした場合であっても，再生手続開始後，賃借人が賃料債務を弁済期に弁済したときは，その敷金返還請求権は，再生手続開始の時における賃料の６月分に相当する額の範囲内におけるその弁済額を限度として，共益債権となるものとされている（民再92条３項)。これは，賃借人が賃料を任意に支払うように促すことで再生債務者の当面の資金繰りを円滑にさせ，その事業の再生の可能性を高めるとともに，その範囲で賃借人の敷金返還請求権を保護しようとした趣旨によるものである。

民事再生法92条２項で相殺した再生債権がある場合には，共益債権化される敷金返還請求権の額は，上記相殺額を控除した額に限られる（民再92条３項かっこ書)。これにより，同条２項・３項の規定により賃借人が賃料債務を通じて債権回収をすることができる額の合計が賃料の６か月分を超えないように制限したものである。

将来債権たる賃料債権が譲渡された後に，再生手続開始決定がされた場合も民事再生法92条３項の適用があるかについては議論があるが，同項が引用する同条２項の文言上，再生手続開始当時，再生債権者である賃借人が再生債務者に対して賃料債務を負担していることが前提となっていると考えられること，既に譲受人に移転している賃料債権について支払を促しても再生

19)　小川秀樹ほか「座談会 新しい破産法の実務と理論」NBL788号（2004）30頁。
20)　破産法に関するものであるが，一問一答破産法・91～92頁。

債務者の資金繰りに資することはなく，にもかかわらず敷金返還請求権の一部を共益債権化すれば再生債務者は一方的に負担を負うこととなるが，そのようにして敷金返還請求権を保護することまでは制度の趣旨に合致するとは考えられないことからすると，上記規定の適用を否定すべきである。

また，担保権の実行としての収益執行がされたり，物上代位により賃料債権が差し押さえられた場合も，やはり賃料債権の支払を促しても再生債務者の資金繰りに資することはなく，賃料が支払われれば被担保債権が減少して再生債務者に利益が生じないわけではないものの，敷金返還請求権の一部共益債権化による負担の方が明らかに大きいので，同様に上記規定の適用を否定すべきである[21)]。

(d) **再生計画による敷金返還請求権の権利変更の範囲**　再生計画による敷金返還請求権の権利変更の範囲については議論がある。敷金返還請求権の「当然充当」「共益債権化」「再生計画による権利変更」をどのような順序で行うかによって結論が異なるからである。この点については，敷金返還請求権の法的性質等も絡んで多様な見解があり得る[22)]。

具体例として，「賃料月額20万円の賃貸借契約において，賃借人が敷金200万円（10か月分）を交付していたところ，賃貸人について再生手続が開始した。賃借人はその後6か月分（120万円）の賃料を支払い，再生債権の90％を免除する内容の再生計画が認可された。賃借人は認可後2か月分（40万円）の賃料を滞納したまま目的物を明け渡した。」という設例を用いながら，各見解について見ていくことにする。

(ア) **当然充当→共益債権化→権利変更の順序で処理すべきとする見解**

当然充当・共益債権化を権利変更よりも先行させるべきであるとする見解である[23)]。

---

21) 破産・再生の実務〔第3版〕(下)・142頁，一問一答破産法・387頁。

22) 議論の状況を詳細に分析し，整理したものとして，簑毛良和「再生計画による敷金返還請求権の権利変更の範囲について」実務と理論・95頁がある。

23) この見解に立つ場合，共益債権化とは別に当然充当を認める説が一般であるが（本文の設例の処理はこの見解に立っている。），当然充当が相殺と同視できることを重視し，当然充当と共益債権化の合計額の上限を賃料6か月分に制限すべきであるとする有力説（山本和彦「倒産手続における敷金の取扱い（2・完）」NBL832号（2006）65頁）がある。

この見解によれば，200万円から未払賃料40万円分が当然充当された後に敷金返還請求権として発生する160万円のうち120万円（6か月分）が共益債権化され，残りの40万円が再生債権として権利変更を受ける。その結果，賃借人が事実上回収し得る敷金返還請求権の額は，164万円（再生計画外で160万円，再生計画内で4万円）となる。

(イ) 共益債権化→権利変更→当然充当の順序で処理すべきとする見解

共益債権化を権利変更よりも先行させ，かつ，権利変更を当然充当よりも先行させるべきであるとする見解である。[24]

この見解によれば，まず200万円のうち120万円（6か月分）が共益債権化され，その残額80万円が再生債権として権利変更を受ける。そして，これによる変更後の敷金返還請求権8万円には，未払賃料40万円の一部が当然に充当され，賃借人は残った32万円の支払義務を負うことになる。その結果，賃借人が事実上回収し得る敷金返還請求権の額は，128万円（再生計画外で120万円，再生計画内で8万円）となる。

(ウ) 権利変更→当然充当→共益債権化の順序で処理すべきとする見解

権利変更を当然充当・共益債権化よりも先行させるべきとする見解である。

この見解によれば，まず200万円全部が再生債権として20万円に権利変更され，これに未払賃料40万円の一部が当然に充当される。その結果，設例では共益債権化される部分はなくなるとともに，賃借人は残額20万円の支払義務を負うことになり，賃借人が事実上回収し得る敷金返還請求権の額は，20万円（再生計画内）となる。

(エ) 小　　括　これらのうち支配的な見解といえるものはいまだ存在しないが，(ウ)の見解については，他の見解と対比すると民事再生法92条3項の意義がほとんど失われることになるため，同規定の趣旨に反するとの疑問が残るところであり，実務上もこの見解に立って作成された再生計画が認可された事例は見受けられない。敷金返還請求権は目的物の明渡し後に未払賃料等を当然充当により控除した後の残額について発生する権利であり，[25]

---

24) 伊藤眞「民事再生手続における敷金返還請求権の取扱い」青山善充先生古稀記念『民事手続法学の新たな地平』（有斐閣，2009）629頁。

このような権利の性質とは，(ア)の見解がなじみやすいようにも思われるが，必然的に結びつくものとまではいえず，(ア)及び(イ)については，それぞれその見解に立って作成された再生計画が認可された実例が存在する[26)]。

3．請負契約

(1)　注文者が再生債務者である場合

双方未履行双務契約の一般規定により，再生債務者は，契約を解除するか，又は自らの債務を履行して相手方の債務の履行を請求するかにつき選択権を有する（民再49条１項）。なお，破産手続においては，請負人保護の見地から請負人にも解除権が認められている（民642条）が，再生手続においてはこのような特則は存在しない。

再生債務者が解除を選択した場合には，既にされた仕事の結果の帰属は，民法の一般理論に従って決せられる[27)]。請負人は，再生手続開始決定前にした仕事に対応して発生した報酬請求権を再生債権として行使できるとともに，解除によって生じた損害賠償請求権を再生債権として行使できる[28)]（民再49条５項，破54条１項）。ただし，不動産を目的物とする請負契約においては，請負人は先取特権（民326条・327条）を有する場合がある。また，仕事の目的物が請負人の所有に属するときは，請負人は取戻権を主張することができる。

これに対し，再生債務者が履行の請求を選択した場合には，請負人は，請負契約に基づき，仕事を完成する義務を負う。請負代金債権は全額共益債権となる（民再49条４項）。一般に請負契約の仕事内容は不可分であるから，再

25)　最判昭48・２・２民集27巻１号80頁・判時704号44頁・判タ294号337頁など。

26)　破産・再生の実務〔第３版〕(下)・145頁，中井康之ほか「全国倒産処理弁護士ネットワーク第４回全国大会シンポジウム報告２　不動産賃貸借契約処理の基本問題」事業再生と債権管理111号（2006）21頁，蓑毛良和「再生計画による敷金返還請求権の権利変更の範囲について」実務と理論・95頁。

27)　材料の提供者に従って決する説，原則として注文者に帰属すると考える説などがある。内田貴『民法Ⅱ債権各論〔第３版〕』（東京大学出版会，2011）276頁。

28)　請負人が自ら材料を提供し，仕事を行った場合などには，請負人は仕事の結果につき，反対給付として返還を受けるか，価額について共益債権として行使できる余地があるという見解もある（須藤・251頁〔三森仁〕）。

生手続の申立て前にした仕事とそれ以降の仕事に分けて，前者の部分に対応する請負代金債権が再生債権となるわけではないとするのが原則である。

もっとも，請負契約には様々な内容のものがあり，とりわけゼネコン業者と下請負業者との工事請負契約などについては，請負人の債務を可分給付とみることにより，再生手続開始時の出来高部分と未完成部分とを区別して処理することができるとする見解が有力であり[29]，実務においてもこのような見解に基づいて処理されることが多い。その理由としては，請負人の債務も社会的に可分なものとして扱われることがあること（ゼネコン業者と下請業者に関しては，両者間の下請契約は出来高払いとなっていることが多い。），全体を双方未履行双務契約と捉えると未払債権がすべて共益債権となり，再生債務者の再生が困難となるおそれがあること，工事を完成している下請業者の債権が全額再生債権となることとの公平性などが挙げられる。このような処理によると，出来高部分に対応する請負代金債権は再生債権となり，未完成部分に対応する請負代金債権のみが共益債権となる。

⑵　請負人が再生債務者である場合

請負人に破産手続が開始された場合に双方未履行双務契約の一般規定が適用されるかについては議論があるが[30]，再生手続においては民事再生法49条が適用されると解するのが通説的見解である。これによると，再生債務者は，契約を解除するか，又は自らの債務を履行して相手方の債務の履行を請求するかにつき選択権を有する（同条１項）。

再生債務者が解除を選択した場合には，注文者は，解除による原状回復請求権として，前払金その他既に給付した物の返還を請求でき，現存していないときは価額相当額を共益債権として請求できる（民再49条５項，破54条２項）。

29）　那須克巳「ゼネコンの会社更生」新・裁判実務大系㉑・230頁（会社更生手続に関するもの），河野玄逸「ゼネコン倒産の諸問題」高木新二郎＝伊藤眞編『講座倒産の法システム⑷』（日本評論社，2006）419頁。

30）　最判昭62・11・26民集41巻８号1585頁は，破産者が請負人である場合，請負契約の目的である仕事が破産者以外の者において完成することができない性質のものであるため，破産管財人において破産者の債務の履行を選択する余地のないものでない限り，平成16年改正前旧破産法59条は当該契約に適用されると判示している。

また，注文者は，再生債務者が中途で仕事を止めたことによって生じた損害など，解除に基づいて発生した損害賠償請求権を再生債権として行使できる（民再49条５項，破54条１項）。

これに対し，再生債務者が履行の請求を選択した場合，再生債務者は契約に基づき仕事を完成させる義務を負い（民再49条４項），注文者は契約に基づき請負代金を支払う義務を負う。

なお，再生債務者が民事再生法49条１項に基づき建物建築請負契約を解除した場合において，建築途中の建物が存在するときに，理論的には，再生債務者が，解除に基づく原状回復義務として，同建物を撤去する義務を負うことがあるが，そうした場合でも，再生債務者は，原状回復をせずに注文者との間で前払金と工事出来高との差額を精算するのが通例である。[31)]

４．労働契約・労働協約

(1) 使用者が再生債務者である場合

(a) **法規の適用関係**　再生手続開始決定時に労働契約が存続しているときは，双方未履行双務契約として民事再生法49条が適用される。したがって，再生債務者である使用者は，労働契約を解除するか，又は自らの債務を履行して相手方の債務の履行を請求するかにつき選択権を有する（民再49条１項）。

もっとも，労働者保護のための労働法上の諸規定が優先適用されるから，労働契約の解除（解雇）をする場合には，労働法上の規制（労契16条，労基19条・20条等）を受けることになる。[32)] 解雇予告手当に係る請求権は共益債権と

31）この場合に注文者が有する前払金差額支払請求権は，破産手続においては破産法54条２項により財団債権となると解されており（前掲注30）最判昭62・11・26），再生手続においても共益債権となると解される（民再49条５項，破54条２項）（山本和彦＝長谷川宅司＝岡正晶＝小林信明編『Ｑ＆Ａ民事再生法〔第２版〕』（有斐閣，2006）142頁〔水元宏典〕）。

32）再生手続開始決定があったことのみでは，直ちに，労働契約法16条の「客観的に合理的な理由を欠き，社会通念上相当であると認められない場合」や，労働基準法19条１項ただし書・20条にいう「天災事変その他やむを得ない事由のために事業の継続が不可能となった場合」に当たるということはできない（須藤・250頁〔三森仁〕）。

なる（民再119条2号）。

なお，労働契約は，継続的給付を目的とする双方未履行双務契約であるが，民事再生法50条1項・2項は適用されないから（民再50条3項），再生債務者等が労働契約について履行の請求を選択した場合でも，再生手続開始申立て前の賃金の不払い等を理由として開始後の就労を拒むことができる（民再50条1項参照）。

民事再生法49条1項・2項は労働協約には適用がない（民再49条3項）ので，再生債務者は労働協約に定められた労働条件に拘束される。したがって，解雇の順位や労働組合との協議の必要等，当該労働協約中に解雇手続に関する規定がある場合には，その規定に従わなければならない。

(b)　**解除を選択した場合**　　再生債務者が，民事再生法49条1項に基づき，労働契約を解除した場合，未払給料債権のうち，再生手続開始前の労働の対価に相当する部分は，一般の先取特権（民308条・306条2号）が成立するから，民事再生法122条1項により一般優先債権として扱われる。また，未払給料債権のうち，再生手続開始後，解除までの労働の対価に相当する部分は，民事再生法119条2号により共益債権として扱われる。

(c)　**履行を選択した場合**　　再生債務者が労働契約の履行を選択した場合には，労働契約が継続し，未払給料債権のうち，再生手続開始前の労働の対価に相当する部分は，一般の先取特権（民308条・306条2号）が成立し，民事再生法122条1項により一般優先債権として扱われる。また，未払給料債権のうち，再生手続開始後の労働の対価に相当する部分は，民事再生法119条2号により共益債権として扱われる。

(2)　労働者が再生債務者である場合

労働者について再生手続が開始した場合，民事再生法49条1項により解除を選択することは可能であるが，労働者は元々自らの意思に基づいて退職することができるから（民627条），上記解除の選択権を認める意義は大きいものではない。使用者が労働者の再生手続開始のみを理由に労働契約を解除することは，解雇権の濫用となり許されない。

5．継続的給付を目的とする双務契約

⑴ 意　　義

再生債権者に対して継続的給付の義務を負う双務契約の扱いについては，特則が設けられている（民再50条）。ここに「継続的給付の義務を負う双務契約」とは，相手方が反復的に種類をもって定められた給付を行うべき義務を負い，再生債務者が各給付ごとに，あるいは一定期間を区切って当該期間にされた給付に対し一括して，その対価を支払う義務を負う関係にある双務契約をいう。これらの契約の中には，再生債務者の事業の継続に不可欠なものが多いが，相手方から，先履行した給付に対する対価の支払がないことを理由に，その後の履行を拒絶されたり，契約の解除をされると，事業の継続に支障が生じるおそれがある。そこで，相手方の履行拒絶に一定の制限を設けて事業の継続・維持を可能とするとともに，再生手続申立て後の給付に係る請求権を共益債権として相手方の保護を図った。破産法55条，会社更生法62条と同趣旨の規定である。

⑵ 対象となる契約

民事再生法50条が適用される契約の典型的なものとしては，電気，ガス，水道水等の供給契約が挙げられるが，例えば，継続的な製作物供給契約や継続的な運送，清掃等の請負契約などに対しても適用される。これに対し，継続的な取引であっても，再生債務者が各取引のつど品質・数量等を指定し，注文することが予定されているような契約については適用されない[33]。

なお，賃貸借契約は，賃貸人の義務が反復して給付をなす義務とはいえず，前の期の賃料の支払がないことを理由に後の期の給付の履行を拒絶するという関係にもないから，上記規定の適用の対象にはならないと解されている[34]。

労働契約については明文規定により適用がない（民再50条３項）。

33）　宮脇幸彦＝時岡泰『改正会社更生法の解説』（法曹会，1969）189頁。
34）　新注釈民事再生法㈦・274頁〔中島弘雅〕。

(3) 履行拒絶の制限

再生債務者に対して継続的給付義務を負う双務契約の相手方は，再生手続開始の申立て前の給付に係る再生債権について弁済がないことを理由としては，再生手続開始後は，その義務の履行を拒むことはできない（民再50条１項）。

上記規定の反対解釈として，手続開始「申立て後」開始前の給付に対する債務の履行がないことを理由とする場合には，手続開始後の義務の履行を拒絶することができる。ただし，この債権は共益債権とされる（民再50条２項，後記(4)）ので，通常はこうした事態は生じない。

また，再生手続開始申立て後であっても，「開始前」であれば，申立て前の給付に係る債務の履行がないことを理由として，義務の履行を拒絶できると解される[35)]（ただし，再生手続が開始されれば，相手方は給付を再開しなければならない。）。この点，再生手続開始申立てに際して発令される弁済禁止の保全処分により申立て前の給付に係る請求権の弁済ができない場合も，相手方は手続開始前であれば履行を拒絶することができると解される。しかし，電気，ガス，水道等の公共料金は，弁済禁止の保全処分の対象外とする運用が広く定着しているから，多くの場合，事業の継続に支障を生ずることはないと考えられる[36)]。

(4) 再生手続開始申立て後開始決定前までの給付に係る請求権の共益債権化

相手方は，再生手続開始申立て後再生手続開始決定前にした給付に対する債務の履行がなければ，再生手続開始後も義務の履行を拒絶することができる（前記(3)）ところ，この相手方の請求権は，本来，民事再生法120条１項に基づく許可ないし監督委員の同意がない限り再生債権となるべきものである。しかし，再生債務者にとって必要な継続的給付が途絶えないようにするとともに，相手方の利益を保護するため，申立て後の給付に係る請求権は共益債権として扱われる（民再50条２項，第８章Ⅱ１(2)(b)(イ)・242頁参照）。

35) 新注釈民事再生法(上)・243頁〔中島弘雅〕。
36) 破産・再生の実務〔第３版〕(下)・155頁。

なお，例えば，電気，ガス，水道など，検針日から次の検針日までの期間について料金を算定する場合のように，一定期間ごとに算定すべき継続的給付においては，再生手続開始の申立ての日とその期間の初日が一致しないことがあり得るため，申立ての日の属する期間内の給付に係る債権も全体が共益債権となるものとされている（民再50条２項かっこ書）。

６．市場の相場がある商品の取引に関する契約

上場有価証券のように，取引所の相場その他の市場の相場がある商品の取引に係る契約で，その取引の性質上特定の日時又は一定の期間内に履行をしなければ契約をした目的を達することができないものについて，その履行期が再生手続の開始後に到来すべきときは，再生手続の開始により当該契約は解除されたものとみなされる（民再51条，破58条１項）。その場合の損害賠償の額は，履行地又はその他の相場の標準となるべき地における同種の取引であって同一の時期に履行すべきものの相場と当該契約における商品の価格との差額によって定めるものとされる（民再51条，破58条２項）。再生債務者の相手方が上記の差額賠償請求権を有するときは再生債権として扱われる（民再51条，破58条３項・54条１項）。

上記のような契約は，その性質上，一方当事者が法的整理手続に入ったときは迅速に契約関係を終了させ，差額の決済処理をすることが相当と考えられることから，再生手続においても，双務契約の一般原則（民再49条）によることなく，破産法58条の規定が準用されたものである。

７．交互計算

交互計算とは，商人間又は商人と商人でない者との間で平常取引（継続的取引）をする場合において，一定の期間内の取引から生ずる債権及び債務の総額について相殺をし，その残額の支払をすることを内容とする契約である（商529条）。この契約は，当事者間の信用を基礎とするものであり，一方当事者が法的整理手続に入ったときには迅速に契約関係を終了させるのが相当

であることから，6の契約と同様に，破産法の規定が準用されている。すなわち，交互計算の当事者の一方について再生手続が開始されたときは，交互計算は終了し，各当事者は，計算を閉鎖して，残額の支払を請求することができ，再生債務者の相手方が残額の支払請求権を有するときは再生債権として扱われる（民再51条，破59条）。

8．倒産解除条項による契約解除の可否

契約の一方当事者について倒産処理手続開始の申立てやその原因となるべき事実が生じたことを相手方の契約解除権の発生原因として定める特約（倒産解除条項）が契約に入れられることがある。実務上よくみられるのは，所有権留保や譲渡担保，ファイナンス・リースなどの非典型担保の設定契約において，債務者が倒産した場合についてこれらの条項が定められる場合である。非典型担保に係る契約の解除であるから，その実質は担保権の実行であり，債務者の経営状況が悪化した際に，債務不履行に陥る前であっても債権者が担保権を実行して債権を回収できることを目的とするものである。そこで，このような条項の有効性が議論されている。

この点に関して，判例は，会社更生手続との関係で，所有権留保付き売買契約における倒産解除条項を無効としていた[37)]が，会社更生手続と異なり，民事再生手続においては担保権の行使が制限されない（民再53条２項）ことから，同様に解することができるのかが議論されていた。そうしたところ，最判平20・12・16（民集62巻10号2561頁）は，フルペイアウト方式のファイナンス・リース契約に付された倒産解除条項について，「担保の目的物も民事再生手続の対象となる責任財産に含まれる。」「担保としての意義を有するにとどまるリース物件を，一債権者と債務者との間の事前の合意により，民事再生手続開始前に債務者の責任財産から逸出させ，民事再生手続の中で債務者の事業等におけるリース物件の必要性に応じた対応をする機会を失わせることを認めることにほかならないから，民事再生手続の趣旨，目的に反する」

37）最判昭57・３・30民集36巻３号484頁。

として，これを無効とした。

上記の各判例によれば，非典型担保設定契約に付された倒産解除条項は，再生手続との関係では，一般に無効と解されるものといえるだろう。[38)]

Ⅵ　取　戻　権

1．一般の取戻権

(1)　意　　義

再生手続の開始は，再生債務者に属しない財産を再生債務者から取り戻す権利に影響を与えない（民再52条１項）。このような権利は取戻権と呼ばれている。これは，民事再生法が権利を創設したのではなく，実体法上の権利が民事再生手続の中でも認められ，その行使が制約を受けないことを確認したものであり，再生債務者に属しない財産は再生債務者の事業の再生の基礎とすべきではないことからこのような扱いとされたものである。破産法62条及び64条と同趣旨の規定である。

(2)　取戻権の基礎となる権利

取戻権の基礎となる権利の典型は，所有権に基づく引渡請求権であるが，占有権や占有を要素とする物権も取戻権の基礎となる。

再生債務者に対して物の引渡しを求める債権的請求権には，再生債権として扱われるものと，取戻権として扱われるものがある。目的となる財産が再生債務者の財産に属することを前提としてその給付を求める請求権は，再生

38)　ただし，倒産解除条項が再生手続との関係で効力を生じないとしても，被担保債権に期限の利益の喪失に係る条項が付されている場合にはこれは一般に有効と解されているので，これにより被担保債権の全額につき弁済期が到来すると，再生債務者としては，これを一括して弁済する資力がなければ債務不履行に陥って，再生手続開始後も担保権の実行（契約の解除）をされ得る状態となり，これを防ぐためには別除権協定の締結や担保権の実行手続の中止命令（民再31条），担保権消滅許可の制度（民再148条）の利用などを検討しなければならなくなる。前掲最判平20・12・16の田原裁判官の補足意見参照。

債権となる。これに対し，目的となる財産が再生債務者の財産に属しないことを前提としてその引渡しを求める請求権は，債権的請求権であっても取戻権として扱われる。転貸人が転借人である再生債務者に対して転貸借契約の終了を理由として目的物の返還を求める権利などがこれに当たる。[39)]

⑶　取戻権の行使

取戻権を有する者は，当該実体法上の権利に基づき，再生手続の制約を受けることなく，訴訟上又は訴訟外で，いつでも，目的物の引渡し等を求めることができる。共益債権のように強制執行の中止や取消しの命令（民再121条3項）を受けることもない。

再生債務者が取戻権を承認して目的物の返還等に応じる場合，これが裁判所の許可事項（民再41条1項8号）又は監督委員の同意事項（民再54条2項）として定められているときは，その許可又は同意を受けることが必要であるが，東京地方裁判所破産再生部の運用では，裁判所の許可事項ないし監督委員の同意事項としておらず，再生債務者の判断に委ねている。

⑷　取戻権と対抗要件

取戻権は実体法上の権利の行使を再生手続開始後も認めるものであるが，当該実体法上の権利が再生手続開始前に再生債務者から取得したものである場合には，その取得の事実を再生手続開始後に再生債務者に主張するために対抗要件を具備していることが必要かどうかが問題となる。いわゆる「再生債務者の第三者性」の問題の一場面であり，これを肯定する見解では，再生手続開始後の再生債務者は民法177条等の「第三者」に当たり，これに対して対抗要件なくして権利取得の事実を主張することができないとする。ただし，この見解によっても，手続開始を知らないで対抗要件を具備した場合は，対抗要件の効力を主張できる（民再45条1項ただし書）ことから，権利取得の事実を主張できることとなる（第2章Ⅰ5⑶・35頁参照）。

39）　伊藤・322頁，条解破産法・446頁。

２．特別の取戻権

破産手続上，特別の取戻権と扱われているものについては，以下のとおり，再生手続上も特別の取戻権と扱われている。

(1)　売主の取戻権

隔地者間の売買において，売主が目的物を発送した後，買主について再生手続が開始され，その時点で買主は売買代金の全額は弁済しておらず，かつ，到達地で目的物を受け取っていない場合には，売主はその目的物について取戻権を主張することができる（民再52条２項，破63条１項・２項）。目的物の所有権が売主に帰属しているかどうかにかかわらず，特別に取戻権として認めたものである。

(2)　問屋の取戻権

物品買入れの委託を受けた問屋が，その物品を委託者に発送した後に委託者について再生手続が開始され，その時点で委託者が報酬及び費用の全額は弁済しておらず，かつその物品を受け取っていない場合には，問屋はその物品について取戻権を主張することができる（民再52条２項，破63条３項）。問屋と委託者の間の法律関係には委任と代理の規定が準用される（商552条２項）ので，買い入れた物品の所有権は当然に委託者に帰属するが，問屋は占有の回復により留置権（商557条・31条）を得て，別除権者として取り扱われることになる。

３．代償的取戻権

(1)　反対給付が未履行の場合

再生手続開始前に再生債務者，保全管理人が取戻権の目的物を第三者に譲渡した場合又は開始後に再生債務者等が取戻権の目的物を第三者に譲渡した場合，取戻権者は反対給付の請求権を自己に移転することを請求することができる（民再52条２項，破64条１項）。

(2) 反対給付が既履行の場合

再生債務者等が目的物を譲渡した第三者から反対給付を受けたときは，取戻権者は，その反対給付たる財産を特定できる限り，その財産の給付を請求できる（民再52条２項，破64条２項）。反対給付を特定できないとき（反対給付が金銭の場合など）には，取戻権者は不当利得返還請求権を共益債権として行使できると解される（民再119条６号）。

なお，再生手続開始前に再生債務者が反対給付を受けたときには，その反対給付が再生債務者の一般財産を構成してしまうから，民事再生法52条２項，破産法64条２項は適用されず，取戻権者は不当利得返還請求権を再生債権として行使できるにすぎないと解される。

〔五十嵐　章裕〕

Ⅶ　再生債務者の事業の継続

再生手続は，再生債務者の事業の再生を目指すものであるので，再生手続開始決定後も，再生債務者の事業は継続される（第１章Ⅲ２(2)(a)・23頁参照）。再生債務者は，管理命令の発令がない限り，業務遂行権及び財産管理権を失わないので（民再38条１項），自ら主体となって事業を継続するが，裁判所が定めた一定の行為を行う際には，裁判所の許可や監督委員の同意が必要となる（民再54条２項・41条１項。前記Ⅲ１，第２章Ⅱ３(1)・42頁参照）。

管理命令が発令されている場合には，管財人が主体となって，再生債務者の事業を継続する（民再64条１項，第２章Ⅳ３・56頁参照）。この場合も，裁判所は，一定の行為を行う際に裁判所の許可を要する旨を定めることができる（民再41条１項，前記Ⅲ１参照）。

再生手続開始決定後は，再生債権に対する弁済等の行為や再生債権に基づく強制執行は禁止される（民再85条１項・39条１項。前記Ⅰ１，２参照）ので，再生債務者等は，再生債権者からの追及を受けることなく，事業を継続することができる。再生計画が成立すると，再生債務者等は，これにより変更された再生債権を弁済すれば足りることとなって，再生債務者の事業の再生が果たされる（民再179条１項・178条本文，第11章Ｖ２・351頁，第１章Ⅰ３・４頁参照）。

これに対し，再生手続開始決定後に再生債務者等が事業の継続のために行った行為により発生した債権は，共益債権となり（民再119条２号・５号，第８章Ⅱ１(2)(a)・240頁参照），再生債務者等は，その全額を随時弁済しなければならない（民再121条１項・２項，第８章Ⅱ２(1)・243頁参照）。このような扱いがされることで，相手方は取引に応じることが可能となり，再生債務者等は事業を継続することができることとなるが，そのための資金繰りが確保されていなければならない（第３章Ⅱ２・81頁参照）。他方，再生債務者は，事業の継続による収入を得ることができる。

再生債務者等は，再生手続係属中に，弁済の原資を確保し，再生計画を遂行する見通しを立てなければならない。そこで，単に事業を継続するだけでなく，事業を整理したり，合理化して収益力を増すといった作業が行われることが多く，双方未履行の双務契約の解除の規定（民再49条）は，そうした場面で活用される（前記Ｖ，第１章Ⅲ２(2)(b)・23頁参照）。

なお，再生手続係属中に，事業譲渡や会社分割により，再生債務者の事業が別の主体に移転することもある（前記Ⅲ２，第10章Ⅵ３(4)・322頁，(5)・325頁参照）。また，事業の継続が断念され，清算に向かうこともある（第10章Ⅵ４・327頁参照）。

〔内田　博久〕

第７章

再生債務者の財産の調査・確保等

再生手続が適正に進行し，再生債務者が経済的再生を果たして，債権者が多くの弁済を受けるようにするためには，再生債務者の財産の状態を正確に把握してこれを開示し，また，再生債務者の財産をできる限り増殖させることが必要である。本章では，再生債務者の財産の調査，確保等のための諸制度について説明する。

Ⅰ 財産評定

1．意　　義

再生債務者等は，再生手続開始後（管財人については，その就任の後），遅滞なく，再生債務者に属する一切の財産につき再生手続開始の時における価額を評定しなければならず（民再124条１項），評定を完了したときは，直ちに再生手続開始の時における財産目録及び貸借対照表を作成し，これらを裁判所に提出しなければならない（同条２項）。一般に，この評定を「財産評定」と呼ぶ。

経済的に破綻した再生債務者は，しばしば財務状況に対する認識が甘かったり，会計帳簿類に過誤があるなどの問題を抱えている。再生手続は，再生計画により債務の減免，猶予等を行うことを通じて再生債務者の事業や経済生活の再生を図るものである。そして，再生計画が多数の債権者の同意を得，かつ，裁判所の認可を受けるためには，その前提として，再生計画案の作成義務を負う再生債務者等はもとより，再生計画案に同意するか否かを判断する再生債権者，可決された再生計画案の認可・不認可の判断をする裁判所のそれぞれが，再生債務者の財産状況について正確な情報を共有していることが必要不可欠である。財産評定は，再生債務者等，再生債権者及び裁判所が再生債務者の財産状況を正確に把握し，共通認識とするための基礎作業といえる[1]。

このように，財産評定は，再生債務者等にとっては，事業又は経済生活の再生の方針や見込みを決めるための基礎とするとともに，再生計画案に対する再生債権者の同意及び裁判所の認可を得るための条件を明らかにするという意義がある。

再生債権者にとっても，再生計画案による弁済額，弁済方法が破産配当よりも有利か否か等を判断し，再生計画案に同意するか否かを決めるための重要な資料となるという意義がある。

裁判所にとっても，可決された再生計画案に不認可事由（民再174条２項各号）があるかどうか，特に再生債権者が清算配当率を超える弁済を再生計画によって受けられるかどうか（清算価値保障原則〔同項４号〕）の判断のための資料となるという意義がある。また，事業の譲渡に関する株主総会の決議による承認に代わる許可（民再43条１項），再生債務者が再生債務者の株式の取得等（民再154条３項）に関する条項や，募集株式を引き受ける者の募集（同条４項）に関する条項を定めた再生計画案を提出しようとする場合の許可（民再166条・166条の２）については，再生債務者が債務超過に陥っていることが要件となるところ，裁判所は，財産評定を通じて債務超過か否かの判断資料を得ることができ，さらに約定劣後再生債権の手続への参加が制限されるかどうか（民再42条２項かっこ書・87条３項・175条２項参照）も判断できるという意義もある。

1）　破産手続においても財産評定は行われる（破153条）が，これは今後の資産の換価の見込みについての情報を提供する機能を果たすにとどまるもので，再生手続における財産評定ほどの重要性は有しない。

2．財産評定の実施

(1) 財産評定の基準時及び対象

再生債務者は，再生手続開始後遅滞なく，管財人についてはその就任後遅滞なく，再生債務者に属する一切の財産について，再生手続開始の時における価額を評定する（民再124条１項）。これにより，再生債務者の財産状況を早期に知ることができ，清算価値保障原則の充足の基準も明らかとなる。[2] 評定の対象には，担保権の目的物も含まれる。

(2) 財産評定の方法

財産評定は，原則として，財産を処分するものとしてしなければならない（民再規56条１項本文）。[3] この処分価額とは，当該財産を早期に処分換価することを前提とした評価額である。なぜならば，財産評定の重要な目的は再生計画に基づく弁済額が清算価値保障原則を充足しているかどうかの判断資料を提供することにあるところ，破産手続においては，財産は破産管財人によりこのような早期処分がなされるからである。

もっとも，必要があると認めるときは，処分価額基準と併せて，全部又は

2） 清算価値保障原則について，再生手続開始時点とは異なる時点の財産の価額を基準とする説（第10章Ⅱ２(1)(a)・305頁参照）を採ると，再生計画案が同原則を満たしているかどうかを，財産評定の結果から直ちに判断できないこととなる。これについては，再生手続は進行が速く，手続開始時点と再生計画認可決定等の時点とで資産状態が大きく異ならないのが通常であることなどから，手続開始時点の財産の評定のみを要求したものと説明される（新注釈民事再生法㊤・691頁〔服部敬〕）。

3） 会社更生手続でも手続開始時を基準として財産評定が行われるが，これは更生会社の会計の基礎的資料を提供する等の目的で行われるもので，「時価」により行われることとされ（会更83条２項），必ずしも処分価額によるものとされていないなど，民事再生手続と異なる点も多い（伊藤・更生法・510頁）。そして，会社更生手続においては，清算価値保障原則は更生計画案作成に接着した時点における財産状態を基準として判断すべきものと解されている（第10章Ⅱ２(1)(a)・305頁参照）。そこで，東京地方裁判所では，更生計画が清算価値保障原則を満たしているかどうか等の判断の資料とするために，財産評定とは別に，会社更生規則51条１項に基づき，更生計画案作成時における清算価値及び継続企業価値による資産総額を明らかにする書面の提出を求めている（西岡ほか・４頁〔木村史郎〕・148～149頁〔市川惠理子〕）。

一部の財産について，再生債務者の事業を継続するものとして評定することができることとされており（民再規56条１項ただし書），例外的に，いわゆる継続企業価値基準によることを許容している[4]。例えば，再生債務者等が事業の全部又は一部の譲渡を計画している場合には，その譲渡価格の検討の参考とするため，継続企業価値基準も併せて用いることができる。ただ，条文の文言から明らかなとおり，あくまでも処分価額基準によるのが原則であり，継続企業価値基準はこれと併用することができるにとどまり，継続企業価値基準のみによることはできない。

財産評定は，公認会計士，税理士，不動産鑑定士等の専門的知識を有する者の補助を受けて行うのが通例である。具体的には，現・預金は実際の残高が基礎となり，株式等の市場価格が確立している資産はそれによるが，売掛金等の債権については，回収可能性等を勘案して評価減を行う。不動産については，早期処分を前提として通常の取引価格から減額する[5]。動産類については，売却可能性が低ければ大幅な評価減をしたり，反対に廃棄費用を見込む必要があることもある。

(3) 評価人の選任

裁判所は，必要があると認めるときは，利害関係人の申立てにより又は職権で，評価人を選任し，再生債務者の財産の評価を命ずることができる（民再124条３項）。

DIP 型を基本とする再生手続では，再生債務者自身の行う財産評定の信頼性が問題となることがあり得ることから，このような手当てが用意されてい

4）　継続企業価値の算定の主要な手法としては，いわゆるディスカウント・キャッシュ・フロー法（DCF 法）がある。これは，将来の予想収益を収益還元率で除することによって行うものであり，ごく単純化すると，例えば，年間の予想収益が500万円で，投資に対する期待収益率が５％の場合，継続企業価値は１億円（500万円÷0.05＝１億円）ということになる。

5）　不動産価額の具体的な評定については，日本不動産鑑定協会「民事再生法に係る不動産の鑑定評価上の留意事項について」臨増判タ1043号（2000）82頁，日本不動産鑑定協会「民事再生法に係る不動産の鑑定評価上の留意事項について（各論）」臨増判タ1043号（2000）96頁，長場信夫「民事再生法に係る不動産鑑定評価上の留意事項について（解説）」臨増判タ1043号（2000）104頁が詳しい。

る。もっとも，実務上は，監督委員の補助者の公認会計士によって財産評定の内容の妥当性について検証がなされ，必要に応じて修正がされるため，評価人の選任がなされることはまれである。評価人の費用，報酬の請求権は，民事再生法119条２号の共益債権に当たり，再生債務者の負担となる。

3．財産目録及び貸借対照表の作成

再生債務者等は，財産評定を完了したときは，直ちに財産目録及び貸借対照表を作成し，裁判所に正本及び副本を提出する（民再124条２項，民再規56条３項)。これらの書面及び添付書類を総称して「財産評定書」と呼ぶことがある。

ここでの財産目録及び貸借対照表は非常財産目録及び非常貸借対照表であり，後者はそれまでの通常貸借対照表とは連続性のないものである。実務的には，貸借対照表については，開始決定時の仮決算，相殺勘定の清算（預金と借入金等)，オフバランス取引の計上（保険解約返戻金やリース債務)，清算価値への評価替え，債務の分類（共益債権，一般優先債権，再生債権〔別除権の有無〕）などを順次行い，その勘定科目明細を財産目録とするなどしている。[6]

財産目録及び貸借対照表には，その作成に関して用いた財産の評価の方法その他の会計方針を注記する必要がある（民再規56条２項)。裁判所，再生債権者等が，書類の記載内容を正しく理解し，再生債務者の財産状況を正確に把握するためである。また，貸借対照表には，いわゆる清算配当率（破産配当率。再生債務者を破産手続により清算したと仮定した場合の一般再生債権に対する弁済率）及びその計算式を記載し，あるいはこれを記載した書面を添付するのが通例である。

貸借対照表の記載例は後掲の▩書式７－１のとおりである。

書類の提出期限については，財産状況報告集会を開く場合には特別の事情がある場合を除き再生手続開始決定から２月以内に招集するものとされ（民再規60条１項)，これが開かれない場合には再生債務者等は同じ期限までに民

6）　松嶋英機編『民事再生法入門〔改訂第３版〕』（商事法務，2009）96頁。

■書式7－1　清算貸借対照表

（開始決定日：平成○○年○○月○○日現在）

（単位：円）

科　目	資産の部		科　目	負債・純資産の部	
	帳簿残高	財産評定額		帳簿残高	財産評定額
流動資産			負　債		
現金預金	5,432,648	5,432,648	流動負債		
受取手形	1,504,183	1,486,183	短期借入金	94,500,000	94,500,000
売掛金	20,771,880	11,706,980	未払金	3,015,500	3,015,500
商品	107,533	10,753	未払費用	3,811,073	3,811,073
製品	21,434,788	1,488,531	預り金	314,347	314,347
半製品	67,736,354	6,099,728	未払法人税等	54,000	54,000
原材料	2,612,120	50,713	未払消費税等	781,139	587,091
貯蔵品	33,443,694	—	破産清算費用見積額	—	15,881,409
仮払金	4,084,350	9,350	流動負債合計	102,476,059	118,163,420
未収入金	1,461	1,461	固定負債		
前払費用	364,350	364,350	長期借入金	218,306,000	218,306,000
流動資産合計	157,493,361	26,650,697	リース債務	265,335	265,335
固定資産			退職給付引当金	—	4,983,295
有形固定資産			固定負債合計	218,571,335	223,554,630
建物	7,042,193	2,400,000	負債合計	321,047,394	341,718,050
建物附属設備	1,601,945	—			
構築物	5,039,580	—			
機械装置	41,895,577	—			
車両運搬具	204,299	45,000			
器具備品	4,367,643	—			
製造容器	1,578,630	—			
土地	452,600	1,538,380			
リース資産	265,335	76,000			

有形固定資産合計	125, 827, 541	4, 059, 380			
無形固定資産					
ソフトウェア	221, 209	—			
商標権	909, 980	—			
電話加入権	268, 203	—			
無形固定資産合計	1, 399, 392	—	**純資産**		
投資その他の資産			資本金	10, 000, 000	10, 000, 000
出資金	955, 406	955, 406	利益剰余金		
投資有価証券	6, 500, 000	50, 000	利益準備金	3, 910, 000	3, 910, 000
差入保証金	973, 000	973, 000	別途積立金	45, 500, 000	45, 500, 000
長期前払費用	3, 201, 250	—	繰越利益剰余金	△84, 075, 874	△368, 439, 567
リサイクル預託金	31, 570	—	利益剰余金合計	△34, 665, 874	△319, 029, 567
投資その他合計	11, 661, 226	1, 978, 406	株主資本合計	△24, 665, 874	△309, 029, 567
固定資産合計	138, 888, 159	6, 037, 786	純資産合計	△24, 665, 874	△309, 029, 567
資産合計	296, 381, 520	32, 688, 483	**負債・純資産合計**	296, 381, 520	32, 688, 483

注１：負債の部の財産評定額は，債権調査及び認否未了のため届出債権額を基にしている。

注２：清算配当率の試算

①財産評定による資産総額		32, 688, 483
②相殺（預金等）		1, 033, 553
③財団債権・一般優先債権		10, 042, 160
④別除権予定額		7, 092, 694
（内訳）　半製品	2, 105, 314	
不動産	3, 938, 380	
差入保証金	973, 000	
⑤破産清算費用		15, 881, 409
⑥予想弁済額（①-②-③-④-⑤）		△1, 361, 333
清算配当率		0. 00%

事再生法125条１項による報告書（後記Ⅱ１参照）を提出しなければならず（民再規57条１項），再生債務者等は，上記報告書には再生債務者の財産の現状を記載し（民再125条１項２号），財産状況報告集会でもその要旨を報告する（民再126条１項）ものとされていることから，上記期限内には財産目録及び貸借対照表も提出すべきものといえる。東京地方裁判所破産再生部の標準スケジュールでは，再生手続開始の申立てから２月以内に，財産目録，貸借対照表，民事再生法125条１項による報告書及び再生計画案草案を提出すべきものとしている（第１章Ⅲ３⑴・26頁参照）。この期限は，再生手続開始決定と同時に定めるのが通例である（第５章Ⅶ３⑵・128頁）。

４．財産目録及び貸借対照表の再生債権者への開示

財産目録及び貸借対照表は，再生債務者が民事再生法の規定に基づいて作成し，裁判所に提出するものであるから，記録の閲覧謄写の対象文書に当たり，再生債権者などの利害関係人は，裁判所書記官に対し，その閲覧，謄写を請求することができる（民再16条１項・２項）。もっとも，利害関係人の閲覧，謄写により裁判事務に支障を来すおそれもあるため，財産目録及び貸借対照表の提出に当たっては，正本のほか副本の提出を必要とし（民再規56条３項），裁判所は，これらの閲覧，謄写については，提出された副本によってさせることができる（民再規62条）。

また，再生債務者等は，再生手続開始決定の取消し，再生手続廃止又は再生計画認可もしくは不認可の決定が確定するまで，裁判所に提出した財産目録及び貸借対照表の情報の内容を表示したものを，再生債権者が再生債務者の主たる営業所又は事務所において閲覧することができる状態に置く措置をとらなければならず，再生債務者の主たる営業所又は事務所以外の営業所又は事務所において上記の措置をとることその他情報を周知させるための適当な措置をとることができる（民再規64条，第５章Ⅸ５・137頁参照）。

Ⅱ　再生債務者等の報告書

1．民事再生法125条１項に基づく報告書

(1) 意　　義

再生債務者等は，再生手続開始後（管財人については，その就任の後）遅滞なく，後記(2)(a)ないし(d)の各事項を記載した報告書の正本，副本を裁判所に提出しなければならない（民再125条１項，民再規57条２項・56条３項）。再生債務者が再生手続開始に至った事情，再生債務者の業務及び財産に関する経過や現状などの重要な情報は，裁判所が十分に把握するとともに，再生債権者等にも適切に開示される必要があるからである。

また，裁判所は，相当と認めるときは，この報告書に，再生手続開始の申立ての日前３年以内に終了した再生債務者の事業年度その他これに準ずる期間の終了した日における貸借対照表及び当該事業年度等の損益計算書並びに最終の当該事業年度等の終了した日の翌日から再生手続開始の日までの期間の損益計算書を添付させるものとし（民再規58条１項），その場合の貸借対照表及び損益計算書には，その作成に関して用いた財産の評価の方法その他の会計方針を注記するものとしている（同条２項・56条２項）。

再生債務者の財産状況を報告するために招集される財産状況報告集会（この財産状況報告集会を開催する場合の期日は，特別な事情がある場合を除き，再生手続開始の日から２か月以内とするとされている〔民再規60条１項〕。）が開催された場合には，再生債務者等は，後記(2)(a)ないし(d)の各事項の要旨を報告しなければならない（民再126条１項）が，実務上，財産状況報告集会が開かれることはほとんどないため，民事再生法125条１項による報告書の提出は，債権者に対する情報開示の観点からも大変重要になる。再生債務者等は，財産状況報告集会が招集されない場合には，再生手続開始の日から２か月以内にこの報告書を提出しなければならない（民再規57条１項）が，東京地方裁判所破産再生部の標準スケジュールでは，同報告書及び財産目録，貸借対照表，再生計画案草案の提出期限を再生手続開始申立ての日から２か月後と定めている。

この期限は，再生手続開始決定と同時に定めるのが通例である（第５章Ⅶ３(2)・128頁）。

(2)　報告書の記載事項

(a)　**再生手続開始に至った事情**（民再125条１項１号）　事業を再生するためには，倒産に至った原因を知ることが不可欠であることから，記載事項とされたものである。具体的には，業績が悪化した原因，これに対する対策，その対策が奏功しなかった理由，再生手続開始の申立てに至った直接の原因などについて記載される。

(b)　**再生債務者の業務及び財産に関する経過及び現状**（民再125条１項２号）

事業の再生の方策を検討するための基礎的な事情である。業務の経過及び現状については，業務内容の過去から現在に至るまでの変動，事業の人的物的な規模，売上高，損益及び利益率の変動，資金繰りの経過及び現状，取引先の状況，経営陣や社内組織の変遷と現状といった事項が主に記載される。

財産の経過及び現状については，過去から現在に至るまでの財務状況，主たる財産の利用又は処分の現状と将来的な財産状況の見通し等が主に記載される。このほか，財産に関する経過の一つとして，再生手続開始前の再生債務者による否認対象行為の存否等について記載される場合もある。

(c)　**民事再生法142条１項の規定による保全処分**（法人の役員の財産に対する保全処分）**又は同法143条１項の規定による損害賠償請求権の査定の裁判を必要とする事情の有無**（民再125条１項３号）　再生手続開始前に経営陣等の役員に違法行為，善管注意義務・忠実義務に違反する行為があり，役員が再生債務者に対して損害賠償責任を負うのか否かを，再生債務者自ら（管理命令が発令されている場合は管財人）が調査を行い，その結果を報告する。再生債務者が公平誠実義務を負う（民再38条２項）ことの表れである。これにより，裁判所は，再生手続を進める際にこれらの裁判の審理が必要となるのか否かについての見込みを把握することができ，再生債権者などの利害関係人も，その点について情報を得ることができることになる。

もっとも，再生債務者が自ら経営陣等の役員に損害賠償責任があるのか否かを調査することについては，ためらいがある場合もあり，調査が不十分なまま，役員に対する損害賠償請求の必要は認められない旨を報告書に記載して，後日，監督委員や再生債権者により調査が不十分であることの指摘がされる場合もある。しかし，調査，報告の懈怠の程度が大きければ，管理命令の発令（民再64条１項）の理由ともなり得るだろう。

(d) **その他再生手続に関し必要な事項**（民再125条１項４号）　具体的には，再生手続開始後の主要債権者及び主要取引先の動向や協力の程度，別除権者との別除権協定の締結交渉の現状や見通し，スポンサーがいる場合はその支援内容，スポンサーを探している場合はその経過と現状等といったものが記載されることがある。

民事再生法125条１項による報告書の記載例は▩書式７－２のとおりである。

▩書式７－２　報告書の記載例

平成○○年㈲第○○○号　再生手続開始申立事件
再生債務者　○○○○株式会社

民事再生法125条１項の報告書

平成○○年○○月○○日

○○地方裁判所民事○○部　御中
監督委員　弁護士　○○○○　殿

再生債務者代理人
弁護士　○　○　○　○
同　　　○　○　○　○

第１　再生手続開始に至った事情

１　再生債務者は，昭和○○年創業の酒造会社であり，本店は東京都○○区にあるが，酒造自体は東京都○○市で行っている。

再生債務者の酒造は，清酒を主体とするが，料理酒やみりん，他の酒類（焼酎）の製造販売も行っている。

２　再生債務者は，創業後，順調に規模を拡大し，平成○○年９月期には約５億円の売上高を記録し，更なる売上拡大を目指して積極的に設備投資や新製品の開発を行ったが，それらの資金は金融機関からの借入れで賄った。

ところが，昨今の日本酒離れの影響を受けて，再生債務者の売上げは年々減少の一途を辿り，直近の決算期である平成○○年９月期の売上高は約１億2000万円にまで減少した。

3　再生債務者の経営は，売上げの減少に伴って有利子負債の返済の負担が重くのしかかり，平成○○年○○月からは金融機関に対する元本の返済を停止し，利払のみを行うようになった。

再生債務者は，支援者を探すなどして再建方法を模索し，金融機関にも支援を要請したが，売上げの減少に歯止めがかからず，資金繰りが逼迫するようになった。

そこで，再生債務者は，ファイナンシャル・アドバイザー（FA）の協力を得て，スポンサーとの間で基本契約を締結したうえ，スポンサーの支援を得ながら法的手続によって再生を果たすべく，本件申立てに及んだ。

第２　再生債務者の業務及び財産に関する経過及び現状

1　業務状況

申立て以降，一部の取引先が取引中止を通知してきたものの，スポンサーによる信用補完もあって，ほとんどの取引先が従前と同様の条件で取引に応じており，申立てに伴う顕著な売上げ減少はない。

現在，昨年仕込んだ清酒の販売時期を迎えており，仕入れコストがあまり生じないため，資金繰り上の問題はない。

本年の酒造については，スポンサーの意向も踏まえながら準備を進めている。

2　財産状況

再生債務者の財産は，財産評定書記載のとおりであり，主要な資産は，酒造に必要な設備，製品，半製品，商品等である。設備，製品等については金融機関のため譲渡担保権が設定されている。

なお，再生手続開始時の清算配当率は０％である。

第３　法142条１項の規定による保全処分又は法143条１項の規定による査定の裁判を必要とする事情の有無

現在までの調査において，役員の責任追及が必要な事情は認められないと判断される。

第４　その他再生手続に関し必要な事項

今後，スポンサーとの間で交渉を行い，再生スキームを固める予定であるが，現時点では，いわゆる減増資（100％減資とスポンサーによる出資）及びスポンサーからの借入れ等により別除権者に対する支払及び再生債権の弁済原資を確保し，スポンサーの下で早期に再生を図ることを検討している。

(3) 報告書の再生債権者への開示

民事再生法125条１項による報告書についても，財産目録及び貸借対照表と同様，再生債権者などの利害関係人は，裁判所書記官に対し，その閲覧，謄写を請求することができる（民再16条１項・２項）。副本の提出が必要であること，副本による閲覧，謄写ができることについても，同様である（民再規57条２項・56条３項・62条）。

また，再生債務者等は，財産状況報告集会が招集されない場合には，報告書の要旨を知れている再生債権者に周知させるため，報告書の要旨を記載した書面の送付，債権者説明会の開催（民再規61条１項）その他の適当な措置を執らなければならない（民再規63条１項）。

２．その他の報告義務

再生債務者等は，民事再生法125条１項による報告書のほか，裁判所の定めるところにより，再生債務者の業務及び財産の管理状況その他裁判所の命ずる事項を裁判所に報告しなければならない（民再125条２項）。東京地方裁判所破産再生部では，監督命令発令の際に併せて，毎月の業務及び財産の管理状況についての報告書（いわゆる月次報告書。月間報告書ともいう。）を翌月10日までに裁判所及び監督委員に提出することを命じている（監督命令の決定例は，第２章Ⅱ２(1)▒書式２－１・40頁参照）。

この月次報告書も，民事再生法125条１項による報告書と同様，閲覧，謄写の対象文書に当たる。

〔島 岡　大 雄〕

Ⅲ　財産状況報告集会

１．意　　義

財産状況報告集会は，財産評定終了後，再生債務者の財産状況を報告するものとして，民事再生法が特に規定を設けている債権者集会である（民再126条，第２章Ⅳ１・52頁参照）。

もっとも，この債権者集会は開催しなくてもよいものとされており，開催しない場合の代替措置が定められている（後記３参照）。実務でも，財産状況報告集会を開催することは少なく，東京地方裁判所破産再生部でも，開催しない運用である。

２．手　　続

財産状況報告集会の期日は，特別の事情がある場合を除き，再生手続開始決定の日から２月以内の日が定められる（民再規60条）。

財産状況報告集会においては，再生債務者等は，民事再生法125条１項による報告書に記載された事項の要旨を報告しなければならない（民再126条１項）。また，裁判所は，再生債務者，管財人又は届出再生債権者から，管財人の選任並びに再生債務者の業務及び財産の管理に関する事項につき，意見を聴かなければならず（同条２項），労働組合等は，これらの事項について意見を述べることができる（同条３項）。

３．代替措置

財産状況報告集会が招集されない場合には，再生債務者等は，民事再生法125条１項による報告書を，再生手続開始決定の日から２月以内に提出し（民再規57条１項），その要旨を知れている再生債権者に周知させるため，これを記載した書面の送付，債権者説明会（民再規61条１項）の開催その他の適当な措置をとらなければならない（民再規63条１項）。この書面の送付をする場合には，労働組合等に対してもこれを送付し，上記の債権者説明会の開催をする場合には，労働組合等に対してもその日時，場所を通知しなければならない（同条２項）。

〔内田　博久〕

Ⅳ 否認制度

1．意　　義

民事再生法は，再生債務者がした財産隠匿行為等の総債権者を害する行為（詐害行為）や特定の再生債権者に対する弁済等の債権者間の平等を害する行為（偏頗行為）を事後的に是正するための手段として，否認の制度（民再127条以下）を設けている。

否認権に関する規律は，否認権の行使権者に関する規律を除き，要件・手続・効果の全般において，破産手続における否認権の規律と基本的に同様である。[7)]

2．否認の類型

再生手続上の否認の類型と要件（民再127条～131条・134条）は，破産手続上の否認の類型と要件（破160条～166条・170条）と同じである。

否認の類型は，大きく分けて詐害行為否認と偏頗行為否認に分かれ，詐害行為否認としては，①再生債務者が無資力で債権者を害することを知りながら，財産を廉価で売却するなどして責任財産を減少させる行為をした場合（旧破産法下の故意否認〔民再127条１項１号〕），②支払の停止又は再生手続等の開始の申立て後の財産減少行為の場合（同項２号），③再生債務者が支払の停止等があった後，又はその前６か月以内に対価を得ることなく財産を贈与し又は債務を負担する等の無償行為をした場合（同条３項），④相当な対価を得てした財産の処分行為の場合（民再127条の２第１項）がある。

また，偏頗行為否認としては，⑤再生債務者の支払不能又は再生手続等の開始の申立て後に既存の債務について担保の供与又は債務の消滅に関する行

7）　本節では，否認制度について，破産手続と相違する部分を中心に説明をしている。破産手続と共通する部分の規定や論点に関しては，破産手続に関する文献も参照されたい。

為がされた場合（民再127条の３第１項１号），⑥再生債務者が支払不能になる前30日以内に既存の債務について再生債務者の義務に属しない担保の供与又は債務消滅行為がされた場合（同項２号）がある。

このほかの否認の類型としては，⑦権利変動の対抗要件の否認（民再129条１項），⑧執行行為の否認（民再130条）がある。また，転得者に対しても否認権を行使することができる（民再134条）。

３．否認権の行使権者

再生手続において否認権を行使できるのは，裁判所が管理命令を発している場合は専ら管財人であり（民再135条１項），この場合の規律は，破産手続の場合と同じである。破産や会社更生の場合と大きく異なるのは，管財人がいない場合の規律で，この場合，否認権行使の権限を付与された監督委員が否認権を行使するものとされている（民再56条１項・135条１項）。

再生手続は，再生債務者が財産の管理処分権及び業務遂行権を有するDIP型が基本であり（民再38条１項），その反面として再生債務者に公平誠実義務が課せられている（同条２項）。この構造を貫けば再生債務者を否認権の行使権者とすることとなるが，立法過程では，当該否認対象行為をした再生債務者本人が，再生手続開始後に当該行為を事後的に否認して効力を覆滅させることに対する抵抗感や，公平で適切な否認権行使を期待しがたいという懸念が表明され，結論として，権限を付与された監督委員が否認権を行使することになったものである[8)]。

したがって，再生手続が開始されても，監督委員が選任されていない場合には，利害関係人の申立て又は職権により監督委員の選任（民再54条１項・２項）をする必要がある。

8）　松下・入門・61頁。

4．監督委員に対する否認権限の付与

否認権限の付与の決定は，再生債権者などの利害関係人の申立てにより又は職権で行われる（民再56条1項）。この否認権限の付与決定は，裁判所が指定する特定の行為について行われ，包括的な否認権限の付与はできない。監督委員は，この付与された権限の範囲内で，再生債務者に代わって，その財産の管理機構として否認権を行使する。

破産管財人や更生手続における管財人は，自らの判断で否認対象行為を選択することができるが，監督委員は，あくまで裁判所が指定する特定の行為についてのみ否認権限を有するにすぎない。そのため，監督委員がある特定の行為について否認権限の付与を受けたものの，更に攻撃防御の観点から別の特定の行為についても否認権限の付与を受ける必要が生じた場合（例えば，当初は，債権譲渡行為の対抗要件否認につき権限付与を受けたものの，その後，債権譲渡行為自体の偏頗行為否認につき権限付与を受ける必要が生じた場合など），利害関係人の申立て又は職権で，裁判所から追加で否認権限の付与を受けるか，あるいは既に受けている否認権限付与の決定の変更決定（民再56条4項）を受けることになる。

監督委員は，特定の行為につき否認権限の付与を受けた場合，その権限の行使に関し必要な範囲で，再生債務者のため金銭の収支その他の財産の管理及び処分をすることができる（民再56条2項）。否認権限の付与を受けた監督委員が否認権を行使した結果として，自己の名で財産の返還を請求し，否認の請求又は否認の訴え（民再135条1項）を提起し，相手方から財産の返還を受ける権限がなければ，否認権の行使が実効的なものにならないからである。

なお，監督委員による否認権の行使は通常の監督業務には含まれないため，東京地方裁判所破産再生部では，監督委員に対し，通常の監督業務に対する報酬とは別に，否認権の行使に関する報酬を支払うこととしている。そして，再生手続開始の申立て時に予納されていた予納金ではこれを賄うことができないので，再生債務者に予納金を追加で納めさせている（第4章Ⅵ4・101頁参照）。

5．否認権の行使方法

否認権限の付与を受けた監督委員は，否認の請求又は訴えによって否認権を行使する（民再135条１項）。この場合の監督委員の訴訟上の地位については，法定訴訟担当であると解されている。

なお，破産手続における破産管財人，更生手続における管財人の否認権の行使は，否認の請求，訴えのほか，抗弁によっても行使をすることができ（破173条１項，会更95条１項），再生手続でも管財人が選任されている場合には，否認の請求，訴え及び抗弁によって行使をすることができるが，監督委員は，抗弁によって否認権を行使することはできない（民再135条１項・３項）。監督委員は，再生債務者の財産について管理処分権を有しておらず，再生債務者の財産に関する訴訟についての被告適格を有しないため，そもそも当該訴訟において抗弁を主張することができないからである。もっとも，再生債務者が当事者となって先に訴訟が係属している場合，監督委員は，否認権限の付与を受けて，この訴訟に参加することができる（民再138条１項，後記８参照）。

6．否認権行使の効果

否認権の行使は，再生債務者財産を原状に復させる（民再132条１項）。破産手続の場合（破167条１項）と同様である。

また，否認の相手方の地位に関する定め（民再132条２項・132条の２・133条等）も，基本的に破産の場合（破167条２項・168条・169条）と同様である。

7．否認の請求，否認決定に対する異議の訴え

否認の請求手続（民再136条），否認の請求を認容する決定に対する異議の訴え（民再137条）については，基本的に破産手続の場合（破174条・175条）と同様である。ただし，訴訟の中断，終了については異なった定めがなされている（後記10，11参照）。

8．否認権限を有する監督委員の訴訟参加等

監督委員が訴えにより否認権を行使しようとする一方で，その相手方と再生債務者との間でも，同じ権利義務関係について，異なる点を争点として，訴訟により争おうとすることがあり得る。例えば，監督委員が売買契約を詐害行為に当たることを理由として否認し，その目的物である動産の返還を請求しようとする一方で，その相手方と再生債務者との間では売買契約の有効性が争われ，再生債務者が当該動産の返還を求め，あるいは相手方がその返還請求権の不存在の確認を求めようとする場合などである。こうした場合，両訴訟の基礎となる事実関係は同じであるから，両者を１つの手続で審理し，合一確定させることが適切である[9)]。そこで，監督委員，再生債務者，相手方のそれぞれに対して，他の訴訟が先行した場合にこれと同一の手続で自己の請求が審理されるように申立てをする手段が用意されている。

まず，否認権限を有する監督委員は，否認権行使の相手方と再生債務者との間で訴訟が先行して係属している場合には，否認権行使のため，当該訴訟の目的である権利又は義務に係る請求をする場合に限り[10)]，相手方を被告として，当事者として当該訴訟に参加することができる（民再138条１項）。

次に，再生債務者も，先行して係属している否認訴訟の目的である権利又は義務に係る請求をするため，否認訴訟の相手方を被告として，当事者として当該訴訟に参加することができる（民再138条２項）。

さらに，先行して監督委員が提起した否認訴訟が係属している場合に，否認訴訟の相手方も，当該訴訟の口頭弁論終結までの間，再生債務者を被告として，当該訴訟の目的である権利又は義務に係る訴えを併合して提起するこ

9）　特段の手当てをしなければ，先行訴訟が提起されれば，後の訴訟提起は重複起訴の禁止（民訴142条）に抵触し，さらに，先行訴訟で判決が確定すると，後の訴訟にその既判力の拘束力が及ぶおそれがあることから，本規定が設けられたとの説明もなされる。これに対し，両訴訟の訴訟物は異なると解するべきであり，審理の重複の防止が本規定の趣旨であるとする説もある。新注釈民事再生法㊤・799頁〔山本和彦〕。

10）　訴訟物が同一である場合がこれに当たるが，より拡張して考える説もある。新注釈民事再生法㊤・800頁〔山本和彦〕。

とができる（民再138条３項）。

以上のいずれの場合も，合一確定がなされるように，必要的共同訴訟に関する規律が準用されている（民再138条４項）。

９．詐害行為取消訴訟等の取扱い

再生債権者が提起した詐害行為取消訴訟が再生手続開始当時係属するときは，その訴訟手続は中断する（民再40条の２第１項）。再生手続に先行する破産手続における否認訴訟や否認請求の認容決定に対する異議訴訟についても同様である。この場合，否認権限を有する監督委員又は管財人は，中断した上記訴訟手続を受継することができ，相手方も受継の申立てをすることができる（民再140条１項）。そして，相手方が勝訴した場合の訴訟費用請求権は，共益債権とされる（同条２項）。

詐害行為取消訴訟は，債務者の責任財産を回復する目的をもつが，再生手続が開始された以上は，責任財産の回復は否認権限を有する監督委員又は管財人による否認権の行使によって実現されるのが適当であることから，こうした受継が認められている。受継した場合，従前の訴訟手続を前提とするため，監督委員又は管財人にとって不利な場合があるが，監督委員又は管財人は，否認権の行使等の独自の攻撃防御方法を提出することができる[11)]。

10．監督命令等が取り消された場合の否認に係る訴訟手続の帰すう

監督命令又は否認権限の付与決定（民再56条１項）が取り消されたときは，当該監督委員が当事者である以下の訴訟手続は中断する（民再141条１項１号）。

・否認の訴えに係る訴訟手続（民再135条１項）

・否認の請求を認容する決定に対する異議の訴えに係る訴訟手続（民再

11）さらに，否認権限を有する監督委員又は管財人が相手方からの受継の申立てを拒めるか否かについては見解が分かれており，独自の否認訴訟追行の余地を認めるために拒絶を肯定する説が有力である。肯定説として新注釈民事再生法(上)・808頁〔山本和彦〕，否定説として佐々木宗啓「会社更生手続の訴訟手続への影響」新・裁判実務大系(21)・206頁。

137条１項）

・民事再生法138条１項により参加をした訴訟手続

・再生債権者が提起した詐害行為取消訴訟又は再生手続に先行する破産手続における否認の訴訟もしくは否認請求の認容決定に対する異議訴訟を受継した訴訟手続（民再140条１項）

管理命令が取り消されたときも，当該管財人が当事者である以下の訴訟手続は中断する。

・否認の訴えに係る訴訟手続（民再135条１項）及び再生債務者の財産関係の訴訟手続で管財人が抗弁として否認権を主張しているもの（同条３項）（民再68条４項・２項）

・否認の請求を認容する決定に対する異議の訴えに係る訴訟手続（民再137条１項）（民再141条１項２号）

・再生債権者が提起した詐害行為取消訴訟又は再生手続に先行する破産手続における否認の訴訟もしくは否認請求の認容決定に対する異議訴訟を受継した訴訟手続（民再140条１項）（民再141条１項２号）

そして，その後に再び監督委員への否認権限付与決定がされたり管財人が選任されたときは，その監督委員又は管財人が中断した訴訟手続を受継し，相手方も受継の申立てをすることができる（民再141条２項）。

11．再生手続が終了した場合の否認に係る訴訟等の手続の帰すう

再生手続が終了したときは，否認の請求の手続は終了する（民再136条５項）。

否認の訴えに係る訴訟手続で管財人が当事者であるもの（民再135条１項）及び再生債務者の財産関係の訴訟手続で管財人が抗弁として否認権を主張しているもの（同条３項）については訴訟手続が中断し（民再68条２項），再生債務者が受継するが（同条３項），再生債務者は否認権を攻撃防御方法として主張することができない。

否認権限を有する監督委員が提起した否認の訴えに係る訴訟手続（民再135条１項）に関しては，民事再生法上，明文規定がなく，管財人が提起した否認の訴えの場合と同様に解する見解，否認請求認容決定に対する異議訴訟

の場合と同様に解する見解，当然に終了する見解に分かれる。[12)]

一方，否認の請求を認容する決定に対する異議の訴えに係る訴訟手続（民再137条１項）は，再生手続開始決定の取消決定の確定又は再生手続終結決定により再生手続が終了したときは終了する（管財人が当事者である場合につき民再137条７項，監督委員が当事者である場合につき同条６項前段）。この場合，否認の請求の認容決定の効力も失われる。これに対し，再生計画不認可，再生手続廃止又は再生計画の取消決定の確定により再生手続が終了したときには，訴訟手続は中断し（管財人が当事者である場合につき民再68条２項，監督委員が当事者である場合につき同法137条６項後段），さらに民事再生法252条１項各号又は３項による破産手続開始決定があった場合は，破産管財人はこれを受継することができ，受継の申立ては相手方もすることができる（民再254条１項）。しかし，受継前に破産手続が終了したとき（同条３項），及び再生債務者につきそれまで破産手続が開始されていない場合において中断の日から原則として１月以内に民事再生法252条１項各号に規定する破産手続開始決定がされなかった場合（同条４項）は，当該訴訟手続は終了する。

再生債権者が提起した詐害行為取消訴訟又は再生手続に先行する破産手続における否認の訴訟もしくは否認請求の認容決定に対する異議訴訟に係る訴訟手続（民再140条１項）については，これを監督委員又は管財人が受継した後に再生手続が終了したときは，当該訴訟手続は再び中断する（同条３項）。その後は，以前に当事者であった再生債権者又は破産管財人が受継しなければならず，相手方も受継の申立てをすることができる（同条４項）。監督委員又は管財人が受継した後に監督命令，否認権限の付与決定又は管理命令が取り消されて訴訟手続が中断し（民再141条１項），さらに再生手続が終了した場合も同じである（民再140条４項）。最初に監督委員又は管財人が受継する前に再生手続が終了したときは，従前当事者であった再生債権者又は管財人が当然に受継する（民再40条の２第７項）。

12）伊藤・726頁，新注釈民事再生法(下)・606頁〔笠井正俊〕。

12. 否認権行使の期間

否認権は，再生手続開始の日（再生手続開始の日より前に破産手続が開始されている場合にあっては，破産手続開始の日）から２年を経過したときは，行使をすることができない（民再139条前段）。否認しようとする行為の日から20年を経過したときも同様である（同条後段）。

この２年及び20年は除斥期間である。否認権行使の方法が訴えや否認の請求の場合には訴えの提起又は申立て時（民訴147条），抗弁による場合には準備書面の直送又は送付時（民訴規83条・47条４項）もしくは口頭弁論における陳述時が，期間経過の有無を決定する基準となる。

13. 否認権保全のための保全処分

裁判所は，再生手続開始の申立てがあった時から当該申立てについての決定があるまでの間において，否認権を保全するため必要があると認めるときは，利害関係人（保全管理人が選任されている場合にあっては，保全管理人）の申立てにより又は職権で，仮差押え，仮処分その他の必要な保全処分をすることができ（民再134条の２第１項），この保全処分については，担保を立てさせることも立てさせないこともできる（同条２項）。

その後の手続（民再134条の３）も含め，基本的な考え方は，破産手続の場合（破171条・172条）と同じである。

Ｖ　法人の役員の責任の追及

1. 意　　義

法人の経営が破綻する場合，当該法人の取締役等の役員に，経営責任のみならず，民事上の法的責任がある場合も少なくない。再生手続は，再生計画において再生債権者の有する再生債権の減免，猶予を求めることになるので，これとの均衡上，こうした役員に対して責任追及を行うことが公平に適い，それによって再生債権者に対する弁済原資を確保することも可能になる。しかし他方，このような責任追及を通常の訴訟手続で行うとなると，場合によっては確定までにかなりの時間と労力を要して，迅速性が要求される再生手続にはなじまないことになる。

そこで，民事再生法は，決定手続によって簡易迅速に役員に対する損害賠償請求権の査定を行う制度（民再142条以下）を設けている。

損害賠償請求権の査定手続に関する規律は，申立権者に関する規律を除き，破産手続における損害賠償請求権の査定手続に関する規律（破177条〜183条）と基本的に同様である。[13)]

なお，再生債務者がこの査定の申立てをせずに，最初から訴えを提起することは妨げられない。

2．対象となる役員の範囲，責任原因

相手方となる役員の範囲は，再生債務者の理事，取締役，執行役，監事，監査役，清算人又はこれらに準ずる者である（民再142条１項）。

「これらに準ずる者」の中に，一般社団法人及び一般財団法人法上の法人であれば，設立時理事，設立時監事，会計監査人，評議員が含まれ，会社法上の会社であれば，設立時取締役，設立時監査役，会計参与，執行役，会計監査人が含まれる。発起人が「これらに準ずる者」に含まれるかについては争いがある。また，退任後の役員については，損害賠償に係る行為時に役員であれば「役員」に含まれると解されるが，事実上の役員については否定的に解されている。[14)]

損害賠償責任の原因については，役員の再生債務者に対する損害賠償責任

13）本節では，法人の役員の責任の追及に係る制度について，その概要の説明をするにとどめている。破産手続と共通する部分の規定や論点に関しては，破産手続に関する文献も参照されたい。

14）新注釈民事再生法(上)・815頁〔阿多博文〕，破産・再生の実務〔第３版〕(下)・246頁。

の成立を根拠づけるものであれば，会社法や一般社団法人及び一般財団法人に関する法律などの規定によるほか，一般の不法行為（民709条），あるいは善管注意義務違反の債務不履行（民415条）と構成されるものであっても差し支えない。

3．手　　続

(1) 申立て等

裁判所は，法人である再生債務者について再生手続開始の決定があった場合において，必要があると認めるときは，再生債務者等の申立てにより又は職権で，役員の責任に基づく損害賠償請求権の査定の裁判をすることができる（民再143条1項）。管財人が選任されていない場合は，再生債権者も申立てをすることができる（同条2項）。再生債権者にも申立権を認めたのは，再生債務者は公平誠実義務を負っている（民再38条2項）ものの，役員に対する責任追及については消極的となることがあり得るからである。

なお，裁判所が職権で損害賠償請求権の査定手続を開始する場合には，その旨の決定をすることになる（民再143条4項）が，実務上は，監督委員の指摘を受けるなどして再生債務者が自ら損害賠償請求権の査定の申立てをするのが通例で，職権で手続を開始した例は見当たらない。

(2) 査定手続，査定決定に対する異議の訴え

損害賠償請求権の査定の手続（民再143条・144条），査定の裁判の効力（民再147条），査定の裁判に対する異議の訴えの手続や判決の効力等（民再145条・146条1項～5項）については，基本的に破産手続の場合（破178条～181条）と同様である。

ただし，訴訟の中断，受継については異なった定めがなされている。すなわち，査定の裁判に対する異議の訴えの係属中に再生手続が終了すると，再生債務者が当事者の場合には，訴訟はそのまま係属するが，さらに破産手続が開始された場合には，訴訟は中断し（破44条1項），破産管財人がこれを受継することができる（同条2項）。これに対し，管財人又は再生債権者が当事

者の場合には訴訟は中断し，再生債務者が受継する（管財人が当事者の場合は民再68条２項・３項，再生債権者が当事者の場合は同法146条６項・68条３項）。この場合も，さらに破産手続が開始された場合には，訴訟は中断し（破44条１項），破産管財人がこれを受継することができる（同条２項）が，再生債務者が受継する前に破産手続が開始されたときには，直接破産管財人が受継できると解される。[15)]

４．役員の財産に対する保全処分

裁判所は，必要があれば，損害賠償請求権の保全のために，役員の財産に対する保全処分をすることができる（民再142条１項）。これも破産手続の場合（破177条）と同様である。

〔島岡　大雄〕

15）条解再生法・788頁〔中島弘雅〕。

第８章

再生債務者に対する債権の取扱い等

倒産処理手続は，倒産状態にある債務者の債務が適正かつ平等に弁済されるようにすることを目的とするものである（**第１章Ⅰ２**・３頁参照）。再生手続においては，再生債務者に対する債権（財産上の請求権）は，再生債権，共益債権，一般優先債権，開始後債権の４種類に分けて取扱いが定められている。本章では，これらについて順次説明する。

Ⅰ　再生債権

１．再生債権の意義と再生債権者の地位

(1)　再生債権の意義

再生債権とは，再生債務者に対し再生手続開始前の原因に基づいて生じた財産上の請求権のうち，共益債権又は一般優先債権であるものを除いたものをいう（民再84条１項）。

また，再生手続開始前の原因に基づいて生じたものとはいえないが，再生手続開始後の利息や遅延損害金等の請求権及び再生手続参加の費用の請求権も再生債権とされる（民再84条２項）。

再生債権は，再生計画により変更を受け（民再179条１項），再生計画を通じてのみ弁済を受けられることとされている（民再85条１項）。この再生計画

による再生債権の変更によって，再生債務者の事業の再生が可能となるのである（第1章Ⅰ3・4頁参照）。

⑵　再生債権の要件

再生債権の一般的な要件は，①再生債務者に対する請求権であること，②財産上の請求権であること，③再生手続開始前の原因に基づいて生じた請求権であること，④強制執行が可能な請求権であることである。また，以上の要件を満たしていても，⑤共益債権又は一般優先債権であるものは，再生債権とはならない。

⒜　**再生債務者に対する請求権であること**　再生債権は，再生債務者に対する請求権であることを要し，人的な請求権であると解されている。再生債務者に対する物の引渡請求権は，再生債権ではなく取戻権として扱われることがある（民再52条1項，第6章Ⅵ1(2)・171頁参照）。

⒝　**財産上の請求権であること**　再生債権は，財産上の請求権であることが必要である。財産上の請求権とは，再生債務者の財産又は稼働能力の使用によりその目的を達することができる請求権のことをいい，金銭債権に限られず，契約上の作為請求権も再生債権に当たる。これに対し，契約上の不作為請求権は，再生債権には当たらない。

⒞　**再生手続開始前の原因に基づいて生じた請求権であること**　再生債権は，再生手続開始前の原因に基づいて生じた請求権であることが必要であり，再生手続開始後の原因に基づいて生じた請求権は，共益債権（民再119条以下）又は開始後債権（民再123条）となる。

請求権自体は再生手続開始時には成立していなくても，その基礎となる発生原因が生じていれば足りる。したがって，再生手続開始の時点で，意思表示等の債権発生の主要な原因となる事実が生じていればよく，履行期未到来の債権，停止条件付債権や将来の請求権等も再生債権として扱われる。

なお，再生手続開始後の利息の請求権（民再84条2項1号），再生手続開始後の不履行による損害賠償及び違約金の請求権（同項2号）並びに再生手続参加の費用の請求権（同項3号）は，いずれも再生手続開始後の原因に基づいて生じた請求権であるが，例外的に再生債権とされている。もっとも，議決権は認められていない（民再87条2項，後記6(2)(c)参照)。また，双方未履行の双務契約について再生債務者等が契約の解除を選択した場合の相手方の損害賠償請求権も再生債権とされる（民再49条5項，破54条1項)。

(d) **強制執行が可能な請求権であること**　再生債権は，強制執行が可能な請求権であることが必要である。再生手続は，破産手続と同様，裁判上の強制的な権利実現手続であるから，自然債務のような裁判上主張し得ない請求権や，強制執行により実現できない請求権は，再生債権には当たらない。

(e) **共益債権又は一般優先債権でないこと**　上記(a)から(d)の要件を満たしていても，共益債権（後記Ⅱ参照）又は一般優先債権（後記Ⅲ参照）であるものは，再生債権とはならない（民再84条1項かっこ書)。例えば，双方未履行の双務契約について再生債務者等が契約の履行を選択した場合の相手方の請求権は，共益債権と扱われるので（民再49条4項)，再生債権とはならない。

(3) 再生債権者の地位の概要

(a) **再生計画を通じて弁済を受けられる地位**　再生債権は，再生計画により変更を受け（民再179条1項)，再生債権者は，再生計画の定めに従って弁済を受ける。その反面として，再生債権者は，再生計画外で弁済等を受けることはできず（民再85条1項，後記2参照)，再生計画認可決定確定まで，再生債権に基づき強制執行等をすることもできない（民再39条1項，**第6章Ⅰ2**・140頁参照)。

再生債権者は，その再生債権をもって再生手続に参加することができる（民再86条1項）が，そのためには，再生債権の届出をしなければならない（民再94条，後記6参照)。

再生計画を通じて弁済を受けるためには，再生債権の届出をした後，債権調査手続を通じてこれが確定されることが必要である（民再179条2項，後記7，**第11章Ⅴ2**(1)・351頁参照)。再生計画が可決され，認可決定が確定すると，再生債権は再生計画に従って変更され（民再179条1項，**第11章Ⅴ2**(1)・351頁参照)，再生債権者は再生債権者表の記載に基づいて強制執行をすることができるようになる（民再180条，**第11章Ⅴ3**・353頁参照）が，他方，届出をしなかった再生債権は原則として失権する（民再178条，後記6(5)，**第11章Ⅴ2**(2)・

352頁参照）。

(b)　**議決権を行使できる地位**　再生債権を届け出た再生債権者は，再生計画案の決議において議決権を行使することができる（民再87条・94条・170条・171条，第11章Ⅱ３(5)(a)・340頁参照）。

(c)　**各種の申立て等をなし得る地位**　再生債権者は，再生手続に大きな利害関係を有することから，以下のような各種の申立て等を行う権利を有する（以下のうち，○が付されているものは，届出再生債権者のみにその権利が認められている。）。

・再生手続開始の申立て（民再21条２項）
・各種の保全処分等の申立て（民再26条・27条・30条・31条・134条の２）
・監督命令（民再54条１項），調査命令（民再62条１項），管理命令（民再64条１項），保全管理命令（民再79条１項），評価人選任（民再124条３項）の申立て及び監督委員，調査委員，管財人，保全管理人の解任の申立て（民再57条２項・63条・78条・83条１項）
・事業譲渡に対する意見の申述（民再42条２項）
・債権者集会の招集の申立て（民再114条前段・169条５項）
・債権者委員会の組織とその承認の申立て（民再117条１項）
・代理委員の選任（民再90条１項）
・監督委員への否認に関する権限付与の申立て（民再56条１項）
・法人役員の財産に対する保全処分の申立て（民再142条３項）及び法人役員の責任に基づく損害賠償請求権の査定の申立て（民再143条２項）
○債権調査における異議の申述（民再102条１項・103条４項）
○他の再生債権者の議決権への異議の申述（民再170条１項）
○再生計画案の提出（民再163条２項）
○再生計画の認可についての意見の申述（民再174条３項）
○再生計画の変更の申立て（民再187条１項）
・再生計画の取消しの申立て（民再189条１項・３項）
○再生手続廃止の申立て（民再192条１項）
○簡易再生（民再211条１項）及び同意再生（民再217条１項）への同意
○ハードシップ免責についての意見の申述（民再235条２項・244条）

・各種の即時抗告（民再９条）
・文書等の閲覧等（民再16条）

２．再生債権の弁済等の禁止

⑴ 趣 旨

再生債権は，再生手続開始後は，民事再生法に特別の定めがある場合を除き，再生計画の定めるところによらなければ，弁済をし，弁済を受け，その他これを消滅させる行為（免除を除く。）をすることができない（民再85条１項）。

再生手続は，再生債務者の資産を保全し，再生債務者の事業の再生や経済生活の再建を図りつつ，再生債権者に対して債権者平等の原則に従いながらできるだけ多くの弁済をすることを目指すものであり，そのために，再生計画によって再生債権の内容に一括して変更を加えることとしている。にもかかわらず，再生債権者に再生計画の定めるところによらない個別的な権利行使を許してしまうと，債権者平等の原則に反する結果となるうえ，再生債務者の資産が流出し，再生債務者の事業の再生等も図ることができなくなる。そこで，こうした弁済等が原則として禁止されたものであり，再生手続の倒産処理手続としての根幹をなす規律である（第１章Ｉ２・３頁参照）。

⑵ 禁止される行為

再生計画の定めによる弁済以外の方法による再生債権の満足が禁止される。弁済のほか，代物弁済，更改，相殺（ただし，民事再生法92条に基づく相殺は許される。），供託などが禁止行為に含まれる。これに対し，免除は，再生債務者の出捐を伴わないため許される（民再85条１項かっこ書）。再生債務者以外の保証人等による弁済も，再生債務者の経済的出捐がないことから，禁止されない。

なお，再生債権に基づく再生債務者の財産に対する強制執行等の申立ても禁止され，既になされている同手続は中止される（民再39条１項，第６章Ｉ２・140頁参照）。

(3) 違反した場合の効果

再生債務者がこれに違反して弁済等の再生債権を消滅させる行為をした場合，当該行為は無効であるから，当該行為によって得た利得は不当利得として返還しなければならない（民703条）。また，再生債務者が民事再生法85条１項に違反する弁済等をした場合，「財産の管理又は処分が失当であるとき」（民再64条１項）に該当し，管理命令が発令されることがある。

３．弁済禁止の例外

前記２の再生債権の弁済の禁止については，民事再生法に「特別の定め」がある場合には，例外が認められている（民再85条１項）。以下の規定は，この「特別の定め」に当たる。

(1) 中小企業者の有する再生債権の弁済

(a) **趣　　旨**　再生債務者を主要な取引先とする中小企業者が，その有する再生債権の弁済を受けなければ，事業の継続に著しい支障を来すおそれがあるときは，裁判所は，再生計画認可の決定が確定する前でも，再生債務者等の申立てにより又は職権で，その全部又は一部の弁済を許可することができる（民再85条２項）。

これは，再生手続開始決定がされると，再生債権の弁済が禁止されるため（民再85条１項），再生債務者を主要な取引先とする中小企業者，特に下請企業などが売掛金の支払を受けられなくなるなどによって深刻な打撃を受け，資金繰りに窮して連鎖倒産を引き起こすといった可能性があることから，こうした危機から中小企業を保護するために定められたものである。民事再生法85条５項による弁済が，再生手続の円滑な進行や再生債務者の事業の再生に資することを目的として認められているのに対し，この弁済は，専ら弁済を受ける側の中小企業者の利益や連鎖倒産の防止といった公益的な要請から認められている点で，趣旨が大きく異なっている。会社更生法47条２項も同趣旨の規定である。

(b) **要　　件**　再生債権者が弁済を受けるためには，当該債権者が再生債務者を主要な取引先とする中小企業者であること，その有する再生債権の弁済を受けなければ事業の継続に著しい支障を来すおそれがあることが必要である。

「中小企業者」の範囲について，民事再生法には定義規定が置かれていない。中小企業基本法２条１項には「中小企業者」の定義規定があるが，これに拘束されるものではなく，再生債務者の事業規模との比較等により相対的に「中小企業者」に当たるか否かを判断することになる。

また，「再生債務者を主要な取引先」としているか否かは，当該中小企業者の取引が再生債務者にどの程度依存しているのかによって判断することになる。

「事業の継続に著しい支障を来すおそれがある」とは，再生債権の弁済を受けないと当該中小企業者の事業の継続が困難となり，連鎖倒産のおそれがある場合をいい，支払不能や支払停止になるおそれがある場合のほか，弁済期にある自己の債務を弁済するために重要な営業資産を売却しなければならない場合も含まれる。

(c) 手　　続　中小企業者に対する再生債権の弁済の許可は，裁判所が再生債務者等の申立てにより又は職権で行う。許否の判断に当たっては，再生債務者と当該中小企業者との取引の状況，再生債務者の資産状態，利害関係人の利害その他一切の事情が考慮される（民再85条３項）。その他一切の事情としては，中小企業者の資金繰りのひっ迫状況や再生計画における予想弁済率（予想弁済率を上回る弁済率で中小企業者に弁済することは，他の債権者を害するおそれがある。）等を考慮するのが実務の運用である。

なお，中小企業者には申立権は認められていない。申立権を認め，申立てが頻発して，裁判所がこれに応答しなければならないとなると，手続の円滑な進行が害されるおそれがあるからである。しかしながら，再生債務者等が中小企業者の要求を握りつぶすことを防止し，裁判所が連鎖倒産の防止という公益的見地から職権で許可をする余地を残すため，再生債務者等は，再生債権者から民事再生法85条２項の申立てをすることを求められたときは，直ちにその旨を裁判所に報告しなければならず，その申立てをしないこととしたときは，遅滞なくその事情を裁判所に報告することとしている（同条４

項)。

(2) 手続の円滑な進行のための少額の再生債権の弁済

(a) **趣　　旨**　少額の再生債権を早期に弁済することにより再生手続を円滑に進行することができるときは，裁判所は，再生計画認可の決定が確定する前でも，再生債務者等の申立てにより弁済の許可をすることができる(民再85条5項前段)。会社更生法47条5項前段と同趣旨の規定である。

再生手続においては，個々の再生債権者に対して債権者集会期日の呼出しのための通知（民再115条1項本文）等をしなければならず，再生債権者の数が多いと，これらの手続や費用の負担が大きくなる。また，再生計画案の可決要件の一つとして，投票に参加した議決権者の過半数の同意が必要である(民再172条の3第1項1号）ところ，再生債権者の数が多いと，その同意を得るための説明，交渉等の負担も重くなる。このような場合，一部の再生債権者に対してその再生債権を弁済することにより債権者の数を減らすことができれば，こうした負担も減り，再生手続を円滑，迅速に進行させることができて，総債権者にとっても利益となるということがあり得る。そこで，再生債権の弁済禁止の例外として，このような場合に少額の再生債権の弁済を認めることにしたものである。

この許可がなされると，裁判所が定めた金額以下の再生債権を有する再生債権者のすべてに対して，その再生債権全額の弁済がなされる。これにより，当該再生債権者が手続から離脱し，再生手続に関与する再生債権者の数が減ることになるのである。なお，上記の額を超える金額の再生債権を有する再生債権者はまったく弁済を受けられないが，超過部分の再生債権を放棄すれば，こうした再生債権者も弁済を受けられるようになる。

(b) **要　　件**　いかなる金額が「少額」に当たるかは，再生債務者の事業規模，負債総額，債権者数，資金繰り等を総合的に考慮して，事案ごとに判断される。東京地方裁判所破産再生部では，10万円以下の再生債権の弁済を許可する例が多く，事案により数万円以下と定めることも，数十万円以下と定めることもあるが，事業規模が大きく，負債総額も債権者数も多いが，弁済資金も潤沢であるといった場合に，数百万円以下の弁済が許可された例もある。

(c) **手　　続**　弁済は，再生債務者等の申立てにより裁判所が許可を与えて行われる。

なお，この弁済がなされた場合に，再生計画で特段の手当てをしないと，手続全体を通してみた場合に，再生債権の額が少ない債権者よりもこれが多い債権者の方が受けられる弁済額が少額になるという逆転現象が生じる。例えば，10万円以下の少額債権につき弁済許可がなされた場合，10万円の再生債権を有する者は全額弁済を受けるが，その後に成立した再生計画における弁済率が10％だとすると，11万円の再生債権を有する者は，１万1000円の弁済しか受けられない。このような結果は，債権者平等原則に反する疑いが強いものと考えられる。

そこで，東京地方裁判所破産再生部では，このような場合，再生計画に累積段階方式（第10章Ⅱ２(1)(b)・306頁参照）の条項を定めるなどして，債権者平等原則に反しないようにすべきものとしている[1)]。これによると，上記の例では，再生計画の権利変更の一般的基準には「確定再生債権のうち，10万円までは全額，10万円を超える部分はその10％を弁済する。」といった条項を定めることとなり，11万円の再生債権を有する再生債権者は10万1000円の弁済を受けられる。

(3)　事業の継続への著しい支障を避けるための少額の再生債権の弁済

(a) **趣　　旨**　少額の再生債権を早期に弁済しなければ再生債務者の事業の継続に著しい支障を来すときは，裁判所は，再生計画認可の決定が確定する前でも，再生債務者等の申立てにより弁済の許可をすることができる（民再85条５項後段）。会社更生法47条５項後段と同趣旨の規定である。

再生債務者が再生手続開始後も再生債権者と取引を継続しようとする場合に，その取引先が既存の再生債権の弁済をしない限り今後の取引に応じないという態度をとり，これが事業の継続のために不可欠な取引先であるために，再生債務者の事業の継続に著しい支障を来すということがある。このような

1）　民事再生の手引・186頁〔片山健〕，278頁〔鹿子木康〕。

場合に，当該再生債権が少額であり，これを弁済することで事業の継続が可能となって，総再生債権者に対してもより多くの弁済ができるようになるのであれば，こうした弁済も正当化し得る。そこで，例外的に，そうした再生債権者に対して，裁判所の許可を得て弁済ができることとしたものである。

前記(2)による弁済は，一定額以下の再生債権を有するすべての再生債権者に対してなされるものであるのに対し，ここでの弁済は，個別の再生債権者について要件を満たす場合に行われるものであり，この弁済がなされた場合，同じ額の再生債権を有しながら弁済を受けられる再生債権者と受けられない再生債権者が生じることとなる。したがってこれは，再生債権の弁済禁止の例外であるとともに，債権者平等原則の例外を認めるものといえる。

(b)　**要　　件**　　事業の継続に著しい支障を来すか否かは，当該再生債権者との取引継続の必要性の程度，代替的な取引先確保の可能性の有無，当該再生債権者が少額の再生債権の弁済を求める合理性の有無等の諸般の事情を考慮して判断することになる。上記(a)のとおり，この要件は，弁済をしようとする再生債権者ごとに個別に判断されるものであるが，債権者平等原則の例外を生じさせるので，その判断は慎重になされるべきものといえる。[2)]

また，当該再生債権が「少額」か否かの判断も，前記(2)の場合とは異なる観点からなされる。この弁済が，要件を満たすと判断された特定の再生債権者に対してのみなされるものであること，「事業の継続に著しい支障を来すとき」に当たるかどうかについて慎重な判断がなされることの反面として，一般論としては，前記(2)の場合よりは高額の弁済も認められやすいと考えられる。

前記(2)の場合と異なり，再生債権者の数を減らすという趣旨はないので，事業の継続への支障を取り除くという目的が達せられるのであれば，再生債権の一部の弁済も許される。[3)]

(c)　**手　　続**　　弁済は，再生債務者等の申立てにより裁判所が許可を

2）　実務と理論・296頁〔内田博久〕，破産・再生の実務〔第３版〕(下)・204頁。

3）　民事再生の手引・193頁〔片山健〕，通常再生の実務・75頁〔錦織秀臣〕。新注釈民事再生法(上)・454頁〔森恵一〕は反対。

与えて行われる。ここでの弁済は，個別の再生債権者について要件を満たす場合に許可されるものである。ただし，一定の範囲の再生債権者に対する弁済は要件を満たすものと認めて，包括的に許可をすることもできる。[4)]

このように，この弁済は元来債権者平等原則の例外として許容されるものであることから，再生計画において前記(2)(c)におけるような手当てをする必要はない。

(4) 弁済の報告

再生債務者等が再生計画案を提出するときは，前記(1)～(3)の裁判所の許可を得て弁済した再生債権を記載した報告書を裁判所に提出しなければならない（民再規85条１項１号）。

4. 再生債権を自働債権とする相殺

(1) 意　　義

再生債権者が再生手続開始当時再生債務者に対して債務を負担する場合において，債権及び債務の双方が債権届出期間の満了前に相殺に適するようになったときには，再生債権者は，当該債権届出期間内に限り，再生計画の定めるところによらないで相殺をすることができる（民再92条１項前段）。

前記３のとおり，民事再生法上，再生計画の定めるところによらないで再生債権を消滅させる行為をすることは原則としてできないものとされているところ，再生債権者による相殺権の行使も再生債権を消滅させる行為にほかならない。しかし，相対立する債権がある場合には当事者はこれらを相殺勘

4）　会社更生手続では，会社更生法47条５項後段により商取引債権を全額弁済することの是非についての議論がある（例えば，多比羅誠＝須藤英章＝瀬戸英雄「『私的整理ガイドライン等から会社更生への移行』への提案」金法1842号〔2008〕78頁，難波孝一「『私的整理ガイドライン等から会社更生への移行』への提案に対する検討」金法1842号〔2008〕86頁，難波孝一＝渡部勇次＝鈴木謙也＝徳岡治「会社更生事件の最近の実情と今後の新たな展開」金法1853号〔2008〕34頁）。民事再生においても基本的な考え方は，会社更生におけるこれらの議論と大きく異なるものではないが，民事再生では，会社更生と比べて資金繰りに余裕のない事案がほとんどであるため，実際に商取引債権を全額弁済できることは稀と考えられる。

定により決済できると期待するのが通常であるうえ，一方の債権が支払を受けられない場合でも債権者はこの相殺権を行使することにより反対債権の負担を免れて損失を回避することができ（相殺の担保的機能），これを踏まえて様々な取引や与信が行われていることから，一方当事者が倒産状態に陥った場合であっても，この相殺の担保的機能に対する期待は合理的な範囲で保護する必要がある。そこで，民事再生法85条１項の「特別の定め」の一つとして，一定の要件を満たす場合に再生債権者による相殺権の行使を認めたものである。

(2)　破産手続との差異

相殺の担保的機能を保護するために相殺権の行使が認められるのは，破産手続においても同様である（破67条）。しかし，破産手続では破産債権が期限付き，解除条件付きであるとき，非金銭債権であったときでも，また，破産債権者の負担する債務が期限付き，条件付き，将来の請求権に関するものであったときでも相殺が可能とされており（同条２項），相殺権の行使の時期についても制限がない。これに対し，再生手続においては，法文上，再生債権者の負担する債務が期限付きである場合でも相殺が可能とされているにとどまるうえ，再生債権届出期間の満了時までに相殺適状が生じ，かつ，相殺権の行使がなされることを要するものとされている（民再92条１項）。

このように，破産手続と比較して再生手続の方が相殺権が行使できる範囲が狭いものとされている理由は，以下のように説明されている。すなわち，第１に，再建型の手続である再生手続においては，相殺権の行使の範囲を限定することで，再生債務者の資産の増殖の機会を広げ，事業の再生の可能性を高めたということである。第２に，再生計画案立案の基礎となる再生債権の額や再生債務者の財産の内容を早期に確定させて，早期に再生計画案を立案できるようにするために，相殺権の行使ができる期間を限定したということであり，これは，再生計画による弁済を受けるためには再生債権は原則として債権届出期間内に届け出なければならないものとされている（民再178条本文等）ことと同様の趣旨によるものである。

(3) 相殺の要件

(a) 再生債権者が再生手続開始当時に再生債務者に対して債務を負担していること　自働債権は再生債権である。民事再生法84条1項の要件を満たす財産上の請求権であればよく，再生手続開始時点で期限付債権，停止条件付債権や将来の請求権であっても差し支えない。しかし，同条2項の請求権は含まれないものと解される[5]。自働債権が解除条件付きである場合に相殺が許されるかどうかについては，破産法69条・201条3項に相当する規定がないことから問題となるが，これを肯定するとすれば，相殺後に解除条件が成就した場合に，破産手続に準じた清算をする必要がある[6]。

受働債権も，再生手続開始当時に再生債務者が再生債権者に対して有している債権である必要がある。受働債権が条件付きないし将来の請求権で，再生手続開始時点では条件が成就ないし請求権が現実化していない場合の扱いについては，下記(b)のとおり，説が分かれている。

(b) 債権届出期間の満了前に相殺適状が生じていること　相殺をするには，債権届出期間（民再94条1項）の満了前に相殺適状が生じている必要がある。したがって，自働債権である再生債権については，債権届出期間の満了前に，期限付債権であれば期限が到来していること，停止条件付債権であれば停止条件が成就していることが必要である。破産手続とは異なり，再生手続では，再生債権の現在化・金銭化の規定がないため，債権届出期間の満了前に再生債権が現実化し，かつ，弁済期が到来しなかった場合には，相殺適状が生じない。

これに関連して，再生手続開始の申立てないしその原因となるべき事実が生じたことにより再生債務者が期限の利益を喪失するものと定める契約条項の効力が問題となるが，一般にこのような条項も再生手続との関係で効力を有するものと解されている。したがって，これにより再生債権の弁済期が到来すれば，相殺ができることとなる[7]。

受働債権については，期限付きで弁済期が到来していなくても相殺するこ

5） 条解再生法・479頁〔山本克己〕。

6） 新注釈民事再生法(上)・503頁〔中西正〕。

とができる（民再92条１項後段）。再生債権者は期限の利益を放棄できること からの当然の規定と解される。

一方，受働債権が条件付き，あるいは将来の請求権である場合，停止条件が成就ないし請求権が現実化していない段階で相殺を行うことを民事再生法92条１項が認めているかどうかについては，説が分かれている。破産法67条２項がこのような場合に相殺ができることを明文で認めているのに対し，民事再生法92条１項後段はこれに触れていないことから，相殺は認められないとするのが多数説である。[8] これに対し，再生債権者は停止条件不成就，解除条件成就，将来の請求権が現実化しないことの利益をそれぞれ放棄できること，相殺の担保的機能はこのような場合にも保護すべきであり，これを破産手続と区別する理由はないことなどから，原則として相殺を認めるとする説も有力となっている。[9]

この点に関連しては，受働債権が停止条件付きないし将来の請求権であり，再生手続開始後に停止条件が成就ないし請求権が現実化した場合に，相殺が民事再生法93条１項１号により禁止されるか否かについても，説が分かれている（後記(c)参照）。

(c)　**相殺が禁止される場合に該当しないこと**　　民法その他の実体法には相殺禁止規定（民509条等）があるが，民事再生法は，それに加えて，債権者平等や公平の見地から，以下の場合に再生債権に基づく相殺を禁止する規定を設けている。これは，破産手続における相殺禁止規定（破71条・72条）と同趣旨のものである。

①　再生手続開始後に他人の再生債権を取得し，あるいは受働債権に係る債務を負担したとき（民再93条１項１号・93条の２第１項１号）

②　再生債務者の支払停止（支払不能でない場合を除く。）や再生手続開始の申立て等の後に，これらの事実を知って自働債権を取得し，あるいは受

7）　条解再生法・480頁〔山本克己〕，新注釈民事再生法(上)・501頁〔中西正〕。なお，最判平20・12・16民集62巻10号2561頁の田原睦夫裁判官の補足意見は，再生手続に関して「期限の利益喪失条項の効力は，一般に否定されてはいない。」と指摘している。

8）　条解再生法・479頁〔山本克己〕。伊藤・707頁。

9）　新注釈民事再生法(上)・503頁・504頁〔中西正〕。

働債権に係る債務を負担したとき（民再93条1項3号・4号・93条の2第1項3号・4号）

③　再生債務者が支払不能の状態にあることを知って，自働債権を取得し，あるいは，専ら相殺を行う目的で再生債務者の財産の処分を内容とする契約を再生債務者との間で締結し，又は再生債務者に対して債務を負担する者の債務を引き受けることを内容とする契約を締結することにより，受働債権に係る債務を負担したとき（民再93条1項2号・93条の2第1項2号）

ただし，上記②③に関しては，法定の原因，支払不能であったこと又は支払停止もしくは再生手続開始の申立て等があったことを再生債権者が知った時よりも前に生じた原因，再生手続開始の申立て等があったときより1年以上前に生じた原因に基づいて再生債権者が自働債権を取得し又は受働債権に係る債務を負担した場合，再生債務者との契約により自働債権を取得した場合には，相殺は禁止されない（民再93条2項・93条の2第2項）。

なお，受働債権が停止条件付きないし将来の請求権であり，再生手続開始後に停止条件が成就ないし請求権が現実化した場合が「再生手続開始後に再生債務者に対して債務を負担したとき」（民再93条1項1号）に当たり相殺が禁止されるか否かについては，説が分かれている[10)]。この点は，破産手続においても，破産法71条1項1号に関して同様に争われていたところ[11)]，最高裁判所は，特段の事情がない限り相殺は認められるものとした[12)]。もっとも，再生手続においても同様に考えられるかどうかは，なお検討を要するだろう[13)]。

さらに，停止条件が成就ないし請求権が現実化しない段階での相殺が認め

10）　条解再生法・479頁〔山本克己〕は相殺が禁止されるとし，伊藤・709頁，新注釈民事再生法(上)・525頁〔中西正〕は相殺は認められるとする。

11）　両説について詳しく説明しているものとして，新注釈民事再生法(上)・518頁以下〔中西正〕，三木素子〔判解〕・最判解民平成17年度(上)1頁（最判平17・1・17民集59巻1号1頁の判例解説）。

12）　最判平17・1・17民集59巻1号1頁。なお，最判昭47・7・13民集26巻6号1151頁は，会社に対する譲渡担保の清算金支払債務を「停止条件付債務」としたうえで，会社整理手続開始後に現実化したこの債務に係る債権を受働債権とする相殺は旧商法403条1項が準用する旧破産法104条1号により許されないとしていた。

られるかどうかについては，破産手続においてはこれが認められることが明らかであるが（破67条２項後段），再生手続においては争いがある（前記(b)参照）。

(d) **債権届出期間の満了前に相殺の意思表示をすること**　相殺をするには，債権届出期間（民再94条１項）の満了前に相殺の意思表示をする必要がある（民再92条１項前段）。

(4) 賃借人等による相殺

相殺の対象となる受働債権に係る債務が賃料債務である場合，再生債権者は，再生手続開始後にその弁済期が到来すべき賃料債務について，賃料等の６か月分に相当する額を限度として，債権届出期間内に相殺することができる（民再92条２項，詳細は第６章Ｖ２(2)(b)・158頁参照）。

これは，地代又は小作料の支払を目的とする債務についても同様である（民再92条４項）。

5．再生債権を受働債権とする相殺

再生債務者等は，再生債務者財産に属する債権をもって再生債権と相殺することが再生債権者の一般の利益に適合するときは，裁判所の許可を得て相殺することができる（民再85条の２）。

再生債権を受働債権とする相殺を認めることは，その再生債権者に対して再生手続外で弁済したのと同様の結果をもたらす。再生債権は一般に額面よりも価値が減少しているので，このような相殺は，通常は，再生債務者にとって不利益となり，債権者平等原則にも反することから，禁じられている（民再85条１項）。しかし，ときには，再生債務者が再生債権者に対して有する債権も同様に価値が減少していたり（例えば，相手方の再生債権者も倒産状態に陥っ

13）　民事再生法93条１項１号と破産法71条１項１号，旧破産法104条１号との条文の規定ぶりは同じである。しかし，最判平17・１・17民集59巻１号１頁は，旧破産法99条後段（現行破産法67条２項後段に相当）が破産債権者の債務が破産宣告の時において停止条件付きであっても相殺ができるものとし，相殺権行使の時期にも制限をつけていないことからその結論を導いているところ，民事再生法92条１項の規定ぶりはこれと明らかに異なっている。

ているような場合や，再生債務者の債権が消滅時効にかかっている場合など），再生債権者の有する再生債権の価値が減少していないことがあり（例えば，再生債権に再生債務者の財産を目的とした担保権がついている場合など），こうした場合には，再生債務者等から額面額で相殺しても，再生債務者の不利にはならず，債権者平等原則に反する結果ともならない。そこで，このような場合に，再生債務者等は，裁判所の許可を得て相殺することができることにしたものである。破産法102条，会社更生法47条の２と同趣旨の規定である。

なお，再生債務者等が再生計画案を提出したときは，民事再生法85条の２に基づいて相殺した再生債権を記載した報告書を裁判所に提出しなければならない（民再規85条１項２号）。

６．再生債権の届出

⑴ 意　　義

再生債権者は，その有する再生債権をもって再生手続に参加することができる（民再86条１項）が，そのためには，債権届出期間内に裁判所に対して再生債権の届出をしなければならない（民再94条１項）。債権届出期間内に再生債権の届出をしなかった再生債権者は，原則として再生手続に参加することができない（もっとも，届出の追完が認められる場合がある。後記⑷参照）。

裁判所は，再生手続開始決定と同時に再生債権の届出をすべき期間及び再生債権の調査をするための期間（一般調査期間）を定め（民再34条１項），これを公告する（民再35条１項）とともに，再生債務者及び知れている再生債権者に対し，これらの事項を通知しなければならない（同条３項１号）。再生債権者は，これらによって再生手続開始の事実及び債権届出期間等を知ることになる（第５章Ⅶ２・127頁，５・129頁参照）。

⑵ 届 出 事 項

再生債権者が裁判所に届け出なければならない事項は，次のとおりである（民再94条）。

ⓐ **債権の内容及びその原因**　他の債権と識別して届出債権の特定性を

明らかにするに足りるだけの記載をすることが必要である。

債権の内容としては，その法律上の性格のほか，金銭債権であれば，債権の額，弁済期，利率等を記載する必要があり，非金銭債権であれば，その目的，履行期，条件等を記載する必要がある。

また，債権の原因としては，債権の同一性を認識し得るに足りる範囲でその発生原因事実を記載すれば足りる。

(b)　**約定劣後再生債権であるときはその旨**　（約定劣後再生債権については後記12参照）。

(c)　**議決権の額**　届出再生債権者は，金銭債権の場合は原則として債権額に応じて議決権を行使することができる（民再87条1項4号）。ただし，期限未到来の確定期限付債権で無利息のもの（民再87条1項1号）や，金額及び存続期間が確定している定期金債権（同項2号）については，中間利息を控除する等の特別の計算方法が定められており，また，期限未到来の不確定期限付債権で無利息のもの，金額又は存続期間が不確定の定期金債権，非金銭債権，額不確定又は外国の通貨をもって定めた金銭債権，条件付債権，将来の請求権の議決権の額は，再生手続開始時における評価額とされている（同項3号）。

また，再生手続開始後の利息の請求権，再生手続開始後の不履行による損害賠償及び違約金の請求権，再生手続参加の費用の請求権（民再84条2項，後記11参照），再生手続開始前の罰金等の請求権（民再97条，後記10参照）及び再生手続開始時点の総財産によって優先する債権を完済することができない場合の約定劣後再生債権（後記12参照）については，議決権はないものとされている（民再87条2項・3項）。

(d)　**その他最高裁判所規則で定める事項**　民事再生規則31条において，再生債権の届出書の記載事項が定められている。

(e)　**別除権者の場合**　別除権（民再53条1項）を有する再生債権者は，民事再生法94条1項に規定された上記事項のほか，別除権の目的及び別除権の行使によって弁済を受けることができないと見込まれる債権の額（予定不足額）を届け出なければならない（民再94条2項）。

別除権者は，別除権の行使によって弁済を受けることができない債権額が確定しなければ原則として再生計画に従った弁済が受けられない（民再88条）が，これが確定していなくても，予定不足額の限度で議決権の行使が認められるので，その額を届け出なければならないものとされているのである（第９章Ⅲ２・282頁，３・282頁参照）。

(3) 届出の効果

再生債権者は，再生債権の届出をすることにより，再生手続に参加することができる（民再94条１項）。

具体的には，再生計画により弁済を受ける（民再177条），他の再生債権者の再生債権の内容や議決権について異議を述べる（民再102条１項・103条４項・170条１項本文），再生計画案を提出する（民再163条２項），再生計画案の決議において議決権を行使する（民再170条２項・171条１項）などの権利は，届出をした再生債権者にのみ認められている（前記１(3)参照）。

また，再生債権の届出により時効中断の効果が生じる（民152条）。

(4) 届出の追完・変更

再生債権者がその責めに帰することができない事由によって債権届出期間内に届出をすることができなかった場合には，その事由が消滅した後１か月以内に限り，その届出の追完をすることができる（民再95条１項）。この追完の期間は，伸長又は短縮することができない（同条２項）。

また，債権届出期間経過後に生じた再生債権については，権利の発生後１か月の不変期間内に届出をしなければならない（民再95条３項）。

そして，これらの規定は，届出事項について他の債権者の利益を害すべき変更を加える場合に準用されている（民再95条５項）。

なお，届出の追完・変更は，再生計画案を決議に付する決定をした後はすることができない（民再95条４項）。

民事再生法95条１項にいう「その責めに帰することができない事由」が認められる具体例としては，否認権行使の結果，否認対象行為によって消滅していた債権が復活して再生債権になった場合，双方未履行の双務契約が解除されて損害賠償請求権が発生した場合などが考えられる。これに対し，再生債権者が再生手続開始の通知（民再35条３項）を受けなかったために手続開始の事実を知らなかった場合をどう扱うかは難しい問題である。再生手続開始決定が公告されている（民再35条１項）ことから，届出の追完は認められないとする考えも成り立つが，[14] 東京地方裁判所破産再生部では，個別の事情によっては手続への参加を認める運用をとっている。[15]

届出の追完・変更がされた場合，裁判所はそれが適法なものかどうか，すなわち，届出をした再生債権者の帰責事由の有無について判断し，不適法と認めるときは追完・変更に係る届出を却下する扱いとすることが実務では多い。この却下は届出の追完等として認められないことを外部に明確にするためになされるものにすぎないので，これに対する不服申立てはできない。

(5)　自 認 債 権

以上のとおり，再生債権者は，再生手続に参加するには再生債権の届出をしなければならず，届出を怠った再生債権については，再生計画認可決定が確定すれば失権する（民再178条本文）のが原則である。しかし，再生債務者等がその存在を知っている再生債権まで，届出の欠落を理由として失権させることは，再生債務者を過度に保護する結果となり，公平の理念に反する。そこで，再生債務者等は，届出がされていない再生債権で約定劣後債権以外のものがあることを知っている場合には，当該再生債権について，自認する内容等を認否書に記載しなければならず（民再101条３項・４項，民再規38条２項，後記７(1)参照），この再生債権（一般に「自認債権」とよばれる。）は届出再生債権とともに債権調査の対象となり（民再102条１項・104条１項），これが確定すれば，再生債権者は，再生計画の定めによる弁済を受けることができる（民再179条）こととされている。[16]

---

14)　新注釈民事再生法(上)・554頁〔林圭介〕。

15)　破産・再生の実務〔第３版〕(下)・214頁，民事再生の手引・148頁〔西林崇之〕。

16)　大規模な株式会社による利用を想定する更生手続においては，自認債権による救済の制度は採用されなかった（会更146条参照）が，管財人は，知れている更生債権者等であって，いまだ更生債権等の届出をしておらず，届出期間内に届出をしないおそれがあると認められる者に対し，届出期間の末日を通知して注意喚起をするものとされた（会更規42条）。深山卓也編著『一問一答　新会社更生法』（商事法務，2003）170頁。

ただし，自認債権については，再生債権者が自ら届出をして再生手続上の権利を行使する態度を明らかにしたわけではないので，議決権の行使等，弁済を受ける権利以外の届出再生債権の再生債権者に認められた諸権利（前記(3)参照）は認められない。したがって，再生債権者がこれらの権利を行使しようとする場合には，別途，届出の追完（民再95条１項）をして，これが認められる必要がある。

なお，再生債務者が届出のない再生債権の存在を知りながらこれを認否書に記載しなかった場合も，当該債権は失権せずに再生計画の一般的基準に従って変更される（民再181条１項３号）が，届出をした再生債権者と均衡を図り，再生計画の履行を確実にするために，再生計画に基づく弁済が終了するまでは当該債権に対する弁済等を行えないこととされている（同条２項，**第11章Ⅴ２(2)**・352頁参照）。

(6)　再生債権者表の作成

裁判所書記官は，届出再生債権及び自認債権について再生債権者表を作成する（民再99条１項）。再生債権者表には，各再生債権の内容及び原因，議決権の額，別除権に係る予定不足額等が記載される（同条２項）。

7．再生債権の調査

届出再生債権及び自認債権は，確定した場合に再生計画を通じて弁済を受けられるようになる（民再179条２項）。債権の確定のために，これらの債権に対しては，調査が行われる。調査の手続の流れは，以下のとおりである。

(1)　認否書の作成

再生債務者等は，債権届出期間内に届出のあった再生債権について，その内容及び議決権についての認否を記載した認否書を作成する（民再101条１項）。届出期間経過後に届出や届出事項の変更（民再95条）がなされた再生債権に対する認否も，認否書に記載することができる（民再101条２項）。その際，届出がされていない再生債権があることを知っている場合には，当該再生債権について，自認する内容を認否書に記載しなければならない（自認債権，民再101条３項，民再規38条２項，前記６(5)参照）。

そして，再生債務者等は，一般調査期間が開始する前の裁判所の定める期限までに認否書を裁判所に提出する（民再101条５項）。再生債務者が裁判所の定める期限までに認否書を提出しない場合には，再生手続廃止事由となる（民再193条１項３号，第13章Ⅳ２(3)・374頁参照）。この期限は，再生手続開始決定と同時に定めるのが通例である（第５章Ⅶ３(1)・128頁参照）。

(2)　一般調査期間における調査

再生債権の調査は，再生債務者等が作成した認否書並びに届出再生債権者及び再生債務者（管財人が選任されている場合）の書面による異議に基づいて行われる（民再100条～102条）。

届出再生債権者は，一般調査期間内に，他に届出のあった再生債権の内容，議決権や再生債務者等の自認債権の内容について，書面で異議を述べることができる（民再102条１項，民再規39条）。

破産手続では，上記のような期間方式（破116条１項・117条～119条）のほか，債権調査期日における破産管財人の認否並びに届出破産債権者及び破産者の異議に基づいて債権調査を行う期日方式（破116条２項・121条・122条）によることも可能であるが，再生手続では期間方式のみが採用されている。

(3)　特別調査期間における調査

適法な届出の追完ないし届出事項の変更（民再95条）があり，再生債務者等がこれに対する認否を認否書に記載しなかった場合，特別調査期間における調査が実施される。この場合，裁判所は，当該届出に係る再生債権の調査のための期間（特別調査期間）を定めなければならない（民再103条１項）。特別調査期間に関する費用は当該再生債権者が負担する（同条２項・103条の２）。

特別調査期間における調査は，一般調査期間における調査の場合と同様，再生債務者が提出する認否書並びに届出再生債権者及び再生債務者（管財人が選任されている場合）の書面での異議に基づいて行われる（民再103条３項・４項）。

⑷ 再生債権の確定

再生債権の調査において，再生債務者等が認め，かつ，調査期間内に届出再生債権者の異議がなかったときは，その再生債権の内容及び議決権の額（自認債権の場合はその内容）は確定する（民再104条１項）。

債権届出期間内に届出のあった再生債権について，再生債務者の提出した認否書に再生債権の内容又は議決権についての認否の記載がないときは，再生債務者等において，これを認めたものとみなされる（民再101条６項前段）。管財人が選任されている場合に再生債務者が異議を述べても，これによって再生債権の確定は妨げられない（ただし，下記の効果がある。）。

再生債権が確定すると，再生計画を通じた弁済が受けられるようになる（民再179条２項）。裁判所書記官は，再生債権の調査の結果を再生債権者表に記載することを要し（民再104条２項），確定した再生債権についての再生債権者表の記載は，再生債権者全員に対して確定判決と同一の効力を有する（同条３項）。

さらに，その後再生計画不認可決定が確定した場合（民再185条，第11章Ⅵ・354頁参照），再生手続が廃止された場合（民再195条７項・185条，第13章Ⅵ２・377頁参照）及び再生計画が取り消された場合（民再189条８項・185条，第13章Ⅶ４⑴・382頁参照）は，管財人が選任されている場合で再生債務者が債権調査手続で異議を述べていた場合を除き，再生債権者表の記載は，再生債務者に対しても確定判決と同一の効力を有するようになる。

８．再生債権に異議等がある場合の手続

⑴ 手続の概要

再生債権の調査において，再生債務者等が認めなかった場合や，届出再生債権者が異議を述べた場合には，再生債権の内容又は議決権の額は，再生債権の調査の手続の中では確定しない。[17)]

この場合，再生債権の内容は，引き続いて行われる再生債権の査定の裁判（民再105条３項・４項）等の手続（下記⑵～⑸）によって確定される。破産手続におけるもの（破125条～133条）とほぼ同内容の手続である。

これに対し，議決権の額は，債権者集会が開催される場合には，届出再生債権者は届出の額で議決権を行使することができるが（民再170条２項２号），再生債務者又は他の出席債権者が異議を述べたときには，裁判所が議決権を額が定め（同項３号），債権者集会が開催されない場合には，裁判所が議決権の額を定める（民再171条１項２号）こととされている（第11章Ⅱ３(5)(a)・340頁参照）。

(2)　再生債権の査定の裁判

(a)　**意　　義**　異議等のある再生債権を有する再生債権者は，再生債権の内容の確定のため，再生債権の内容を認めなかった再生債務者等及び異議を述べた届出再生債権者等（異議者等）の全員を相手方として，裁判所に査定の申立てをすることができる（民再105条１項）。

本来，再生債権の存否等の内容について争いがある場合には，通常の民事訴訟手続で確定が図られるべきであるが，そうすると確定まで時間を要するから，簡易迅速な手続で再生債権の確定を図るべく，査定制度が設けられたものである。

ただし，異議等のある再生債権に関して，再生手続開始当時に訴訟が係属している場合には，査定の申立てではなく，当該再生債権を有する債権者が受継申立てをすべきであり（民再105条１項ただし書・107条，後記(4)参照），執行力ある債務名義又は終局判決がある場合には，異議等を述べた者が債権確定のための手続をすべきことになる（民再105条１項ただし書・109条，後記(5)参照）。

(b)　**申立ての方式**　査定の申立ては，申立書に民事再生規則45条１項・２項所定の事項を記載して行う。申立書には立証を要する事由につき証拠書類の写しを添付しなければならず（民再規45条３項），申立人である再生債権者は，申立書及び証拠書類を相手方当事者に直送しなければならない（同条

17)　議決権の額は，再生債権の内容とは別に届出を行い，条件付債権などでは評価によりその額が定まる（前記６(2)(c)）。そこで，再生債権の内容については異議等がなくて確定するが，議決権の額については異議等が出て確定しない，といったことも起こり得る（新注釈民事再生法(下)・78頁〔綾克己〕）。

4項)。

(c)　**申立ての対象**　査定の裁判の対象となる事項は，異議等のある「再生債権の内容」である。議決権については対象外であり，裁判所が議決権を行使させるかどうか及びいかなる額につき議決権を行使させるかを決定する手続が別途用意されている（民再170条2項・3項・171条1項2号)。

実務的には，金銭債権の存否及び額の査定を求めるものが多いが，例えば再生債務者がマンション販売業者の場合に，契約に基づく瑕疵修補請求権の存否及び内容について査定を求めたりする事例もある。

(d)　**申立ての期間**　査定の申立ては，異議等のある再生債権に係る調査期間の末日から1か月の不変期間にしなければならず（民再105条2項)，これを徒過してなされた申立ては不適法として却下される。

(e)　**主張の制限**　査定申立ての手続では，再生債権者は，異議等のある再生債権の内容及び原因について，再生債権者表に記載されている事項（前記6(6)参照）のみを主張することができる（民再108条)。

再生債権の調査は，再生債権者表への記載を前提に行われるところ，査定申立ての手続において，再生債権者表に記載されていない事項についても主張できるとすると，査定申立てに係る当事者以外の関係者に異議等を述べる機会を与えないことになり，再生債務者等及びすべての届出再生債権者の関与の下に再生債権を確定させようとする制度の趣旨に反することになる。そのため，このような主張制限が設けられている。

もっとも，実務的には，民事再生法108条を厳格に適用することが適切でない場合も多い。弁護士が代理人として再生債権の届出をする場合はともかく，再生債権者本人が再生債権の届出をする場合，届出の段階で自己の有する再生債権に関する事実主張及び法律構成を正しく行わせることは酷だからである。この点に関し，立法担当者は，債権の同一性を害しない限り，届出をした債権の発生原因事実に多少の付加変更があっても差し支えないとしており[18]，学説も，社会的経済的に同一の利益を目的とする債権と認められれば，再生債権者表に記載されたのと異なる法的原因に基づく別個の権利であって

---

18)　一問一答・142頁。

も主張してよいという見解が有力である[19]。実務も，これらの考え方に沿って判断しているといえよう。

(f)　**審尋及び裁判**　査定の申立てがあった場合には，裁判所は，申立てを不適法として却下する場合を除き，査定の裁判をしなければならず（民再105条3項），査定の裁判においては，異議者等を審尋したうえ，異議等のある再生債権について，その債権の存否及びその内容を定める（同条4項・5項）。実務的には，審尋は書面で行われる場合が多い[20]。

査定の裁判があった場合には，その裁判書を当事者に送達しなければならない（民再105条6項）。

(3)　再生債権の査定の裁判に対する異議の訴え

査定の裁判に不服がある者は，送達を受けた日から1か月の不変期間内に異議の訴えを提起することができる（民再106条1項）。

異議の訴えは，再生裁判所が管轄する（民再106条2項）が，この管轄が民事再生法5条8項（債権者数が500名以上の場合の特則）又は9項（債権者数が1000名以上の場合の特則）のみを根拠としている場合において，著しい損害又は遅滞を避けるため必要があると認めるときは，職権で同条1項に規定する地方裁判所に移送することができる（民再106条3項）。

また，異議の訴えは，提起者が異議等のある再生債権を有する再生債権者の場合には異議者等の全員を，異議者等であるときは当該再生債権者を被告とすることを要し（民再106条4項），第1回口頭弁論は，上記不変期間を経過した後でなければ開くことができず（同条5項），同一の債権につき異議の訴えが数個同時に係属するときは，弁論及び裁判の併合が強制され，必要的共同訴訟に関する民事訴訟法40条1項ないし3項が準用される（同条6項）。

異議の訴えについての判決は，訴えを不適法として却下する場合を除き，査定の裁判の認可又は変更をする[21]（民再106条7項）。

なお，異議の訴えにおいても，主張の制限に関する民事再生法108条の適

---

19)　条解再生法・569頁〔大村雅彦〕。
20)　破産・再生の実務〔第3版〕(下)・216頁，民事再生の手引・166頁〔西林崇之〕。

用がある（前記(2)(e)参照）。

(4) 異議等のある再生債権につき訴訟が係属している場合（第6章Ⅱ・141頁参照）

再生債権に関し再生手続開始当時訴訟が係属している場合には，当該訴訟は中断する（民再40条1項）が，当該再生債権につき，その後，債権届出をしたものの債権調査で異議が述べられた場合（ただし，後記(5)の場合を除く。）には，再生債権者は，当該再生債権に係る調査期間の末日から1か月の不変期間内に，異議者等の全員を相手方として訴訟手続の受継の申立てをしなければならない（民再107条）。

受継の手続自体は，民事訴訟法の一般規定によって行われる。

受継した訴訟は再生債権の確定のために追行されるもので，そこでは再生債権の存否と額が確定されれば十分である。そこで，係属していた訴訟が給付訴訟である場合には，受継後の訴訟では，異議のある再生債権が存在することの確認を求める内容に請求の趣旨を変更するのが通例である[22]。

(5) 異議等のある再生債権につき債務名義等がある場合

異議等のある再生債権のうち執行力ある債務名義又は終局判決のあるものについては，異議者等は，再生債務者がすることのできる訴訟手続によってのみ，異議を主張することができる（民再109条1項）。また，このような再生債権に関し再生手続開始当時訴訟が係属する場合においては，異議を主張す

21）査定の裁判の取消しについては規定がないので，例えば，再生債権者の届出債権額のとおりに査定した裁判に対する異議の訴えにおいて，再生債権が存在しないのでゼロであるとの心証に達した場合には，査定の裁判を取り消して査定の申立てを棄却するのではなく，

「1　原告と被告との間の○○地方裁判所平成○○年(モ)第○○○号再生債権査定申立事件について，同裁判所が平成○○年○○月○○日にした査定決定を次のとおり変更する。

2　被告の届出に係る再生債権（再生債権認否一覧表の債権者番号○○番）の額を0円と査定する。

3　訴訟費用及び本件査定申立てに係る費用は被告の負担とする。」

という変更の裁判をすることになろう。もっとも，査定の裁判を取り消して額を定め直す判決をすべきとの考えもある（酒井良介「債権確定訴訟」島岡大雄＝住友隆行＝岡伸浩＝小畑英一編『倒産と訴訟』（商事法務，2013）115頁）。

22）新注釈民事再生法(上)・607頁〔島崎邦彦〕。

るためには，異議者等は当該再生債権者を相手方として訴訟手続を受継しなければならない（同条２項，第６章Ⅱ２(1)(b)・143頁参照）。

具体的には，執行力ある債務名義のある再生債権（有名義債権）については，再審の訴えや請求異議の訴え等により，未確定の終局判決については上訴によることになる。[23]

期間の制限，主張の制限，口頭弁論の開始時期，弁論及び裁判の併合については，査定の裁判ないしこれに対する異議の訴えに関する規定が準用されている（民再109条３項）。

(6) 査定の裁判等による再生債権の確定

再生債権の確定に関する訴訟についてした判決は，再生債権者の全員に対してその効力を有する（民再111条１項）。再生手続では再生債権は画一的に確定することが要請されることから，判決の効力が及ぶ範囲を再生債権者全員に拡張したものである。「再生債権の確定に関する訴訟」としては，上記(3)ないし(5)の手続による訴訟が主なものであるが，それ以外に，再生債権に関する否認訴訟なども含まれると解されている。[24]

また，異議の訴えが法定の期間内に提起されなかったとき又は却下されたときは，査定の裁判（前記(2)）は，再生債権者の全員に対して確定判決と同一の効力を有する（民再111条２項）。

そして，裁判所書記官は，再生債務者等又は再生債権者の申立てにより，以上の裁判の結果を再生債権者表に記載する（民再110条）。ただし，この場合は，これらの裁判自体が上記の効力を有するのであり，民事再生法104条３項の場合と異なり，再生債権者表の記載により何らかの効力が発生するわけではない。

(7) 査定の裁判等を起こさなかった場合等

異議等のある再生債権を有する再生債権者が，法定の期間内（民再105条２

23） 条解再生法・571頁〔梅善夫＝金炳学〕。
24） 条解破産法・873頁。

項・107条２項）に再生債権査定の申立て（前記(2)）や係属中の訴訟につき受継の申立て（前記(4)）をしなかった場合には，再生債権の不存在が確定するのではなく，再生手続においてその再生債権の確定を求めることができなくなり，届出がされなかったのと同じ状態になるものと解される。[25] したがって，再生計画認可決定が確定すれば，当該債権は原則として失権することになる（民再178条本文，第６章Ⅱ２(1)(b)・143頁，(2)・144頁参照）。

これに対し，執行力ある債務名義ないし終局判決がある再生債権について法定の期間内に所定の手続に従って異議の主張や受継（前記(5)）をしなかった場合には，異議者等が再生債権者であるときは，債権調査手続において異議が述べられなかったものとみなされ，異議者等が再生債務者等であるときは，再生債務者等においてその再生債権を認めたものとみなされる（民再109条４項，第６章Ⅱ２(1)(b)・143頁参照）。

(8)　訴訟費用の償還

再生債務者財産が再生債権の確定に関する訴訟や再生債権査定の裁判により利益を受けたときは，異議を主張した再生債権者は，その利益の限度において，再生債務者財産から訴訟費用の償還を請求することができる（民再112条）。この債権は共益債権となる（民再119条４号）。

(9)　再生手続終了の場合における各手続の帰すう

(a)　**再生債権の査定の手続について**　　再生計画認可決定確定前に再生手続が終了した場合は，係属中の再生債権の査定の手続は終了する。

これに対し，再生計画認可決定確定後に再生手続が終了した場合は，再生債権の査定の手続は引き続き係属し（民再112条の２第１項），その後にされたこれについての裁判に対しては，異議の訴えを提起することができる（同条３項）。査定の手続が管財人を当事者としていた場合には，手続は再生手続の終了により中断し，再生債務者はこれを受継しなければならず，相手方も

25)　条解再生法・559頁〔笹浪恒弘〕，条解破産法・839頁・856頁，破産・再生の実務〔第３版〕(下)・215頁，民事再生の手引・165頁〔西林崇之〕。

受継の申立てをすることができる（同条３項・68条２項・３項）。再生債権者が再生計画に従った権利行使をするためには，再生債権を確定させる必要があるためである（民再179条２項）。

ただし，再生計画認可決定確定後に再生手続廃止等の決定がされても，これに伴って破産手続開始決定がされた場合（牽連破産）には，破産手続の中で破産債権確定の手続がとられるので，係属していた再生債権査定の手続は終了する（民再254条５項）。

(b) 再生債権の確定をめぐる訴訟について

(ｱ) 再生債権査定決定に対する異議訴訟（民再106条１項）

(i) 再生債務者等が当事者である場合　再生債権の査定の決定に対する異議訴訟のうち再生債務者が当事者であるものは，再生手続が終了しても引き続き係属する（民再112条の２第４項の反対解釈）。そのうち管財人が当事者であるものは中断し（民再68条２項），再生債務者はこれを受継しなければならず，相手方も受継の申立てをすることができる（同条３項）。

また，その後に破産手続が開始された場合には中断し（破44条１項），破産手続において破産管財人がその額等を認めなかった場合等には，破産債権の確定のために受継が必要となる（破127条１項）。

(ii) 再生債務者等が当事者でない場合　再生債権の査定の決定に対する異議訴訟のうち再生債務者等が当事者でないものは，再生計画認可決定の確定前に再生手続が終了した場合には中断する（民再112条の２第４項前段）。この場合，再生手続開始前に破産手続が開始しておらず，中断の日から１か月（保全管理命令等が発令されているときは当該期間を除く。）以内に牽連する破産手続が開始されなかった場合には，訴訟手続は終了する（民再254条６項・４項）。この場合は，訴訟当事者間で債権の確定をさせる必要性がもはや存在しないからである。他方，再生手続開始前に破産手続が開始していた場合，又は上記期間内に牽連する破産手続が開始された場合には，訴訟手続は終了せず，破産手続において破産管財人がその額等を認めなかった場合等には，破産債権の確定のために受継される（破127条１項）。その限りで，従前の訴訟の結果を破産手続の中で利用できる余地を残したものである。

他方，再生計画認可決定の確定後に再生手続が終了した場合は，訴訟手続は引き続き係属し（民再112条の2第4項後段），中断もしない。再生債権者が再生計画に従った権利行使をするためには，再生債権を確定させる必要があるためである（民再179条2項）。さらに破産手続に移行した場合については，上記(i)と同様である。

(イ) **再生手続中に受継された異議ある再生債権に関する訴訟**（民再107条1項・109条2項）

(i) 再生債務者等が当事者である場合　上記受継に係る訴訟で再生債務者等が当事者であるものは，再生手続が終了しても引き続き係属する（民再112条の2第5項の反対解釈）。管財人が当事者である場合の中断及び受継，破産手続に移行した場合については，上記(ア)(i)と同様である。

(ii) 再生債務者等が当事者でない場合　上記受継に係る訴訟で再生債務者等が当事者でないものは，再生計画認可決定の確定前に再生手続が終了した場合には中断する（民再112条の2第5項前段）。再生債務者はこれを受継しなければならず，相手方も受継の申立てをすることができる（民再112条の2第6項・68条3項）。

他方，再生計画認可決定の確定後に再生手続が終了した場合は，訴訟手続は引き続き係属し，中断もしない（民再112条の2第5項後段）。再生債権者が再生計画に従った権利行使をするためには，再生債権を確定する必要があるためである（民再179条2項）。

以上につき，さらに破産手続に移行した場合については，上記(ア)(i)と同様である。

(10) 認否の変更及び異議の撤回

再生債務者等が，再生債権について認める旨の認否書を提出した後に，認否を認めない旨に変更することは，相手方に不測の不利益を与えるものであって許されない。反対に，認否を認めない旨から認める旨に変更し，あるいは届出再生債権者が他の再生債権に対して異議を述べた後にこれを撤回することについては，一般に可能と解されており，これを前提に，民事再生規則41条はこうした場合に踏むべき手続を定めている。

再生債権の内容に対する以上のような認否の変更や異議の撤回は，債権の査定の裁判の確定後にはできないことには争いがない。しかし，債権調査期間の末日から１か月内に査定の申立てがないときに，その後に認否の変更や異議の撤回ができるかどうかについては，見解が分かれている。これを否定する見解は，この場合は当該再生債権を有する者は再生手続に関与することができないことが確定しており，認否の変更等を認めれば弁済を受ける再生債権の総額が増加して他の再生債権者に弁済額の減少という不測の不利益を与えるおそれがあることなどを理由とする[26)]。これに対し，この場合も再生債権の不存在が確定したわけではなく，認否の変更等を認めないと実体に合わない結果を招くこと等を理由として肯定する見解もある[27)]。

また，査定の裁判に対して異議の訴えが提起された場合，異議等のある再生債権に関して係属中の訴訟が受継された場合，有名義債権に対する異議の主張のための訴訟手続がとられた場合についても，これらによる判決が確定したときには再生債権が確定するので上記の認否の変更等ができなくなることは明らかであるが，それ以前のいつまでこれが可能かについては議論がある。異議の訴えの提起等の手続がとられた後は認否の変更等ができないとする説[28)]に対し，判決の確定までは可能とする説もある[29)]。

他方，議決権について，認否を認めない旨から認める旨に変更し，あるいは異議を撤回することは，裁判所が議決権に関する決定をするまで可能である（民再170条１項本文・２項３号・171条１項２号）。

９．債務者が複数いる場合の再生債権の取扱い

数人がそれぞれ全部の履行をする義務を負う債務者の全員又はそのうちの数人もしくは一人について再生手続が開始された場合の規律については，破

26）　破産・再生の実務〔第３版〕㈦・218頁。

27）　新注釈民事再生法㈤・574頁〔久末裕子〕。

28）　破産・再生の実務〔第３版〕㈦・218頁。この説によっても，訴訟手続の中で当事者が請求の認諾，放棄をすることなどにより，認否の変更等を認める場合と同様の結果を得ることは可能であろう。

29）　森倫洋「再生債権の調査・確定」高木新二郎＝伊藤眞編『講座　倒産の法システム　第３巻　再建型倒産処理手続』（日本評論社，2010）378頁以下。

産法104条から107条までの規定が準用されている（民再86条２項）。

すなわち，この場合は，再生債権者は再生手続開始時において有する再生債権の全額についてそれぞれの再生手続に参加することができ（破104条１項，手続開始時現存額主義），保証人について再生手続が開始された場合も同様である（破105条）。この再生債権者が再生手続開始後に他の債務者や物上保証人から弁済等を受けた場合であっても，その債権の全額が消滅した場合を除き，当初の額をもって再生手続への参加を続けることができる（破104条２項・５項）。再生債権者が再生手続に参加しない場合には，他の債務者又は物上保証人は事前求償権をもって再生手続に参加することができ（同条３項・５項），再生債権者が再生手続に参加した場合であっても，その再生債権の全額について弁済等をした他の債務者又は物上保証人は，求償権の範囲内で再生債権者が有していた再生債権をもって再生手続に参加することができる[30]（同条４項・５項）。

10．罰金等の債権の取扱い

再生手続開始前の罰金，科料，刑事訴訟費用，追徴金又は過料（共益債権又は一般優先債権であるものを除く。）は，再生債権であるが，その特質に応じて，特別の規律が設けられている。

すなわち，国又は地方公共団体は，上記の罰金等の債権につき，その額及び原因を，届出期間の定め（民再34条１項）にかかわりなく，「遅滞なく」届け出る（民再97条）。そして，この債権は債権調査の対象とはならず，これに対して異議を主張するための特別の規定が設けられている（民再113条・226条５項・227条10項）。再生計画においては，権利変更の定めをすることができず（民再155条４項），債権者も議決権を有しない（民再87条２項）。そして，再生計画認可決定が確定しても届出の有無にかかわらず失権することはないが（民再178条ただし書・215条１項・232条２項），再生計画で定められた弁済期間が満了するか，その前に弁済が完了し，あるいは再生計画が取り消されるまで

30） ここでは概略のみを述べた。詳しくは，破産手続に関する文献も参照されたい。

は，弁済等を受けることができず（民再181条３項・２項），時効も進行しない[31]（民再39条４項）。なお，再生債務者がこの債権につきその徴収の権限を有する者に対してした担保の供与又は債務の消滅に関する行為は，否認することができない（民再128条３項）。

この債権がある場合，再生計画に明示される（民再157条２項，第10章Ⅲ７・313頁参照）。

11．劣後的に扱われる再生債権

再生手続開始後の利息の請求権（民再84条２項１号），再生手続開始後の不履行による損害賠償及び違約金の請求権（同項２号）及び再生手続参加の費用の請求権（同項３号）は，再生債権として扱われる。

しかし，これらは再生手続開始前の原因に基づく請求権とはいえないもので，破産手続においてこれらが劣後的破産債権とされている（破99条１項・97条１号・２号・７号）のと同様の趣旨から，再生手続上は，議決権は認められず（民再87条２項），また，再生計画において劣後的に扱えることとされている（民再155条１項ただし書）。

12．約定劣後再生債権の取扱い

約定劣後再生債権（再生債権者と再生債務者との間において，再生手続開始前に，当該再生債務者について破産手続が開始されたとすれば当該破産手続におけるその配当の順位が劣後的破産債権（破99条１項）に後れる旨の合意がされた債権[32]）についても，その性質に鑑み，特別の規律が設けられている[33]。

すなわち，約定劣後再生債権については，再生債務者が再生手続開始の時点でその財産をもってこの債権に優先する債権に係る債務を完済することができない状態にあるときは，議決権を有しないこととされている（民再87条

31） この期間中は，延滞金等も発生しないものと解される（条解再生法・520頁〔岡正晶〕）。

32） 金融機関や保険会社などによる劣後ローンがこれに当たる。

33） 平成16年の法改正により，規定が設けられたものである。

3項)。また，再生計画において一般の再生債権との間に公正かつ衡平な差を設けなければならないものとされており（民再155条2項），通常は100％免除の定めがなされている[34]。

そして，議決権を有する約定劣後再生債権の届出がある場合，再生計画案の決議においては，一般の再生債権とは別の組で決議を行うこととされる（民再172条の3第2項〜6項)。この場合，それぞれの組ごとに可決要件（民再172条の3第1項）を満たさなければならないが，一般の再生債権の組と約定劣後再生債権の組のどちらかで可決され，どちらかで否決された場合にも，裁判所は，再生計画案を変更し，その同意が得られなかった組の債権者のために，破産手続が開始された場合に配当を受けることが見込まれる額を支払うことその他これに準じて公正かつ衡平にその債権者を保護する条項を定めたうえで，再生計画認可決定をすることができ（民再174条の2第1項)，さらに，このように決議の結果が分かれることが明らかであるときは，裁判所は，再生計画案の作成者の申立てにより，あらかじめ，その同意を得られないことが明らかな種類の債権を有する者のために上記の条項を定めて，再生計画案を作成することを許可することができることとされている。この場合においては，その同意を得られないことが明らかな種類の債権者は，決議において議決権を行使することができない[35]（同条2項)。

さらに，約定劣後再生債権については，届出がない場合は，自認の対象とはならず（民再101条4項)，再生計画認可決定が確定すると必ず失権することとされており（民再181条1項柱書・215条3項・1項・178条本文)，また，少額債権の弁済の許可がなされることもない（民再85条6項)。

その他，約定劣後再生債権については，各所に特則が設けられ，その性質に応じた扱いとされている（民再35条4項・37条・42条2項・89条2項・175条2項・172条の5第4項等)。

34）伊藤・779頁。

35）伊藤・779頁・805頁。会社更生法200条で規定されている手続を，約定劣後再生債権に関して導入したものである。

13. 代理委員

(1) 再生債権者による代理委員の選任

(a) 意　　義　再生債権者は，裁判所の許可を得て，共同して又は各別に１人又は数人の代理委員を選任することができる（民再90条１項）。

代理委員制度は，旧会社更生法下で導入された制度であり，利害を共通する複数の債権者が１人の代理人を選任して再生債務者との間で再生計画案の立案等につき意見交換を行うことは，手続の円滑かつ迅速な進行に資することから，民事再生法の制定の際にも取り入れられたものである[36)]。

もっとも，実務上は共同の利益を有する再生債権者が共通の弁護士を代理人に選任して再生債務者との間で各種交渉等を行うことが多く，代理委員が選任される事例はほとんどない[37)]。

(b) **代理委員の選任・解任**　代理委員を選任する再生債権者については，届出の有無は問わない。代理委員の資格には制限がなく，弁護士以外の者を選任することも可能である。しかし手続に悪影響を及ぼすおそれがある者を排除する必要もあることから，選任には裁判所の許可を得る必要があり（民再90条１項），代理委員の権限行使が著しく不公正であると認めるときは，裁判所は，選任許可を取り消すことができる（同条５項）。また，再生債権者は，いつでも選任した代理委員を解任することができる（同条６項）。

なお，裁判所は，再生手続の円滑な進行を図るために必要があると認めるときは，再生債権者に対し，相当な期間を定めて代理委員の選任を勧告することができる（民再90条２項）。

(c) **代理委員の権限・地位**　代理委員は，本人たる再生債権者のために再生手続に属する一切の行為をすることができ（民再90条３項），再生債権の届出（民再94条），再生債権査定の申立て（民再105条１項），査定の裁判に対する異議訴訟の提起（民再106条１項），再生計画案に対する議決権の行使などが

---

36) 伊藤・642頁。
37) 最新実務解説一問一答・443頁〔相澤光江〕

その代表である。代理委員が権限を行使するに当たっては，書面で権限を有することを証明する必要がある（民再規29条1項)。

代理委員が数人あるときは，共同して権限を行使するが（民再90条4項本文)，第三者の意思表示は，その1人に対して行えば足りる（同項ただし書)。

代理委員には，本人たる再生債権者のための代理人としての側面と再生手続における機関に準じる側面とがある。本人に対する善管注意義務（民644条)，費用支払等の請求権（民649条・650条）があることは代理人としての側面である。

なお，代理委員が再生手続に貢献したと認められる場合には，裁判所の決定により再生債務者財産から共益債権として費用の償還や報償金の支払がされる可能性がある（民再91条1項・119条4号)。

(2) 裁判所による代理委員の選任

裁判所は，共同の利益を有する再生債権者が著しく多数である場合に，これらの者のうちに裁判所から代理委員の選任勧告を受けたにもかかわらず所定の期間までに代理委員を選任しない者があり，かつ，代理委員の選任がなければ再生手続の進行に支障があると認めるときは，その者のために，相当と認める者を代理委員に選任することができる（民再90条の2第1項)。選任に当たっては，当該代理委員の同意を得る必要があり（同条2項)，こうして選任された代理委員は，本人たる再生債権者が選任したものとみなされる（同条3項)。このように裁判所から選任された代理委員は，再生手続上の機関に準じるものとしての側面をより強く有している。

裁判所から選任された代理委員は，正当な事由があるときは裁判所の許可を得て辞任することができ（民再90条の2第4項)，再生債権者からの解任も可能と解される[38]。代理委員の権限行使が著しく不公正と認められる場合，裁判所も選任決定を取り消すことが可能である（民再90条5項)。

裁判所より選任された代理委員と本人たる再生債権者との関係については，民法644条～647条，654条の規定が準用されている（民再90条の2第6項）が，

38) 伊藤・643頁，新注釈民事再生法(上)・490頁〔中井康之〕。

再生債務者財産から費用の前払又は支出額の償還，裁判所が相当と認める額の報酬の支払を受けることができることについては，特に民事再生法上に規定が設けられている（同条５項）。

Ⅱ　共益債権

1．共益債権の意義と範囲

(1)　共益債権の意義

共益債権とは，再生手続を追行するうえで要した費用，再生債務者の事業の維持・継続のために要した費用など，再生手続上の利害関係人の共同の利益のためにされた行為により生じたものとして民事再生法が定めた請求権の総称である。その多くは，再生手続開始後の原因に基づいて生じた請求権である。

共益債権は，再生債権に先立ち，再生手続によらないで随時弁済がされる（後記２(1)参照）。共益債権は利害関係人の共同の利益となる行為により発生したものであり，また，これを優先的に扱わなければ再生債務者との取引に応じる相手がいなくなって事業の再生が果たせないことから，このように取り扱われる。

(2)　共益債権の範囲

(a)　民事再生法119条所定の請求権

(ア)　再生債権者の共同の利益のためにする裁判上の費用の請求権（民再119条１号）　　再生手続開始の申立費用，保全処分，開始決定その他の裁判費用，各種裁判の公告及び送達費用，債権者集会期日の公告及び呼出しの費用，再生計画案の送達費用等がこれに当たる。

(イ)　再生手続開始後の再生債務者の業務，生活並びに財産の管理及び処分に関する費用の請求権（民再119条２号）　　業務に関する費用としては，原材料の購入費，従業員の給料，工場等の施設や機械器具の維持管理費用，電気・ガス・水道等の公共料金，租税，社会保険料等がこれに当たる。

また，再生債務者が個人で非事業者である場合の生活に関する費用や財産の管理及び処分に関する費用（居宅の維持管理処分費用等）もこれに当たる。

㈦ **再生計画の遂行に関する費用の請求権**（民再119条３号）　再生計画に定められた減増資や定款変更に関する手続費用，再生計画に基づく弁済をするための費用等がこれに当たる。監督委員や管財人が選任されている場合，再生計画認可決定が確定しても再生手続は終結せず（民再188条１項），再生計画の遂行又は再生計画認可決定の確定から３年間の監督期間の満了により終結して終了するため，再生手続終了までの間の再生計画の遂行に関する費用を共益債権としたものである。

㈣ **監督委員等の費用・報酬の請求権**（民再119条４号）　監督委員，調査委員，管財人（及び管財人代理），保全管理人（及び保全管理人代理），裁判所が選任した代理委員等に対して支払うべき費用（実費），報酬及び報償金（民再91条１項）がこれに当たる。監督委員等が補助者として公認会計士を使用した場合の費用もこれに含まれる。

㈭ **再生債務者財産に関し再生債務者等が再生手続開始後にした資金の借入れその他の行為によって生じた請求権**（民再119条５号）　民事再生法119条２号は，費用の支払の面から共益債権性を規定しているのに対し，同条５号は，相手方の請求権の面から共益債権性を規定しているものであるが，両方に該当する場合も多い。

㈮ **事務管理又は不当利得により再生手続開始後に再生債務者に生じた請求権**（民再119条６号）　事務管理による費用償還請求権，不当利得返還請求権で再生手続開始後に生じたものについては，再生債務者に利益や利得が生じていることから，衡平の見地から共益債権とされている。

㈯ **その他再生債務者のために支出すべきやむを得ない費用の請求権で再生手続開始後に生じたもの**（民再119条７号）　民事再生法119条２号に該当しないもので，支出することがやむを得ないもの，例えば，法人の組織法上の活動に関する費用で，その支出をすることがやむを得ないもの（取締役会，株主総会の開催費用，株主名簿の整備費用等）などがこれに当たる。[39)]

(b)　**再生手続開始の申立て後開始決定までの間の事業の継続により生じ**

た請求権

㋐　**開始前の借入金等**（民再120条）　再生債務者が，再生手続開始の申立て後，開始決定前に資金の借入れ，原材料の購入その他再生債務者の事業の継続に欠くことのできない行為をする場合には，裁判所は，その行為によって生ずべき相手方の請求権を共益債権とする旨の許可をすることができる（民再120条１項）。このような請求権は，再生手続開始前の原因に基づくものであるから，開始決定により再生債権となるものである（民再84条１項）が，それではこの期間に再生債務者との取引に応じる者がいなくなってしまうので，再生債務者の事業継続を容易ならしめるため，共益債権化を認めることにしたものである。

裁判所は，共益債権化の許可に代わる承認の権限を監督委員に付与することができ（民再120条２項），実務的には，監督命令においてこの承認権限の付与がされるのが通例である[40]（第２章Ⅱ２⑴・39頁，▩書式２－１の主文第３項・40頁，第２章Ⅱ３⑵・43頁参照）。

㋑　**継続的給付を目的とする双務契約に基づく請求権**（民再50条２項）

電気・ガス・水道の供給契約のように，再生債務者に対して継続的給付の義務を負う双務契約の相手方が再生手続開始の申立て後，再生手続開始前にした給付に係る請求権（一定期間ごとに債権額を算定すべき継続的給付については，申立ての日の属する期間内の給付に係る請求権を含む。）は，共益債権とされる（民再50条２項）。

破産法55条２項，会社更生法62条２項と同趣旨の規定である（第６章Ⅴ５⑷・168頁参照）。

この共益債権化の規律が再生債務者等が再生手続開始後に民事再生法49条１項に基づいて継続的契約を解除した場合にも適用があるかどうかについては，争いがある[41]。

39）　新注釈民事再生法㊤・651頁〔柴野高之〕。

40）　通常再生の実務・340～343頁。

41）　適用を肯定するのが多数説であるが，再生債務者が再生手続開始直後に継続的契約を解除した場合は除かれるとの解釈もあり得るとの指摘がある（新注釈民事再生法㊤・278頁〔中島弘雅〕）。破産・再生の実務〔第３版〕㊦・156頁は，否定説をとっている。

なお，下水道に係る請求権は，下水道法20条，地方自治法231条の３第３項，同法附則６条３号により公課に当たるから，民事再生法上はもとより一般優先債権（民再122条）に当たる。

(c) **その他の共益債権**　民事再生法は，前記(a)及び(b)で説明した共益債権に加え，次の請求権を共益債権とする旨規定している。

① 再生手続開始決定により中止した破産手続における財団債権及び失効した手続に係る費用の請求権等（民再39条３項）

② 双方未履行の双務契約に関する履行請求権，契約解除による反対給付又は価額の返還請求権（民再49条４項・５項）

③ 対抗要件を有する賃借権等を設定する契約に基づく請求権（民再51条，破56条）

④ 再生債務者の財産関係の訴え又は査定の裁判に対する異議の訴えを管財人が受継した場合の相手方の訴訟費用請求権（民再67条５項）

⑤ 再生債権確定訴訟において再生債務者財産が利益を受けた場合の異議を主張した再生債権者の訴訟費用償還請求権（民再112条）

⑥ 社債管理者等の費用及び報酬の請求権（民再120条の２第４項・６項）

⑦ 否認権行使の結果生じる相手方の反対給付の価額の償還請求権又は反対給付によって生じた利益の返還請求権（民再132条の２第１項・２項１号・３号）

⑧ 受継された詐害行為取消訴訟，否認訴訟等の相手方の訴訟費用請求権（民再40条の２第３項・140条２項）

⑨ 担保権消滅請求に関して価額決定のために評価人が選任されたが，再生債務者等が価額に相当する金銭を納付しなかったため担保権消滅許可決定が取り消された場合の再生債務者に対する価額決定の費用請求権（民再151条４項）

２．共益債権の取扱い

(1) 随 時 弁 済

共益債権は，再生手続によらないで随時弁済がされる（民再121条１項）。

そして，共益債権は再生債権に先立って弁済がされる（同条2項）。これは，時間的に先行して弁済されるという意味ではなく，再生債務者の一般財産の範囲内における権利の順位において，再生債権に優先するという意味である。[42)]

なお，裁判所は，再生手続開始後，必要があると認めるときは、共益債権の承認を裁判所の許可事項とする（民再41条1項8号）ことや，監督委員の同意事項とすることができる（民再54条2項）。

(2)　強制執行等

共益債権は再生手続によらないで随時弁済がされるので，共益債権者は強制執行や仮差押え等によって権利の強制的実現を図ることが可能である。

もっとも，共益債権に基づいて再生債務者財産に対し強制執行又は仮差押えがされている場合において，その強制執行又は仮差押えが再生に著しい支障を及ぼし，かつ，再生債務者が他に換価の容易な財産を十分に有しているときは，裁判所は，その強制執行又は仮差押えの中止又は取消しを命ずることができることとされている（民再121条3項）。

なお，共益債権を被担保債権とする担保権の実行手続の中止を命ずることはできない（民再31条1項ただし書）。

(3)　再生計画における共益債権の取扱い

再生計画には，共益債権の弁済に関する条項を定めなければならない（民再154条1項2号，第10章Ⅱ3・309頁参照）。

(4)　共益債権の存在又は額について争いがある場合

共益債権については，再生債権のような債権の届出，調査，確定の手続を経ることなく，弁済期に随時弁済がされる。そして，共益債権の存否又は額

---

42)　ただし，最判平25・11・21民集67巻8号1618頁は，共益債権につきその旨の付記もなく再生債権として届出がされただけで，この届出を前提として作成された再生計画案を決議に付する旨の決定がされた場合には，当該債権を再生手続によらずに行使することは許されないとする。当該債権は再生債権として行使されるのであって共益債権として行使されることはないという関係者の信頼を保護し，手続の安定を図る趣旨と解される。

について争いがある場合には，共益債権者が提起する給付訴訟，あるいは再生債務者等が提起する共益債権不存在確認訴訟等の手続により確定が図られることになる。

(5) 共益債権相互間の優劣，一般優先債権との間の優劣

共益債権相互間の優劣，共益債権と一般優先債権（民再122条以下）との間の優劣について，民事再生法は規定を設けていないので，実体法規に従って判断される。

なお，これらの優劣の問題は，再生債務者財産で共益債権，一般優先債権の全額を弁済することができない場合に生じるが，このような場合には，再生計画による再生債権の弁済も困難な状況であるといえるから，再生計画認可決定前であれば民事再生法191条１号又は２号により再生手続廃止となるか，同法174条２項２号により再生計画不認可となり，再生計画認可決定の確定後であれば同法194条により再生手続廃止となる場合が多い。

(6) 破産手続に移行した場合

再生手続において共益債権とされていたものは，再生手続の終了に伴い破産手続へ移行（牽連破産）した場合，財団債権として扱われる（民再252条６項，第15章Ⅲ４・409頁参照）。

3．共益債権について再生債務者のために弁済をした第三者がこれにより代位取得した債権を共益債権として再生手続によらずに行使することの可否

共益債権（以下「原債権」という。）について第三者が再生債務者のために弁済をし，当該第三者が再生債務者に対して求償権を取得するとともに，任意代位又は法定代位により原債権を取得することがある。このときの求償権が再生債権にとどまる場合，代位取得した原債権を共益債権として再生手続によらずに行使することができるかどうかが争われていた。

この点について，最判平23・11・24（民集65巻８号3213頁・判時2134号67

頁）は，民事再生法49条１項により請負契約が解除され，同条４項，破産法54条２項により共益債権とされる前渡金返還請求権を保証人が弁済により取得し，共益債権として権利行使をした事案において，「弁済による代位により民事再生法上の共益債権を取得した者は，同人が再生債務者に対して取得した求償権が再生債権にすぎない場合であっても，再生手続によらないで上記共益債権を行使することができる」と判示した。

また，同様の問題は，破産手続において財団債権について弁済をした場合にも生じるところ，上記判例に先立ち，最判平23・11・22（民集65巻８号3165頁・判時2134号62頁）は，破産法149条１項により財団債権とされる労働者の給料債権を第三者が破産者のために弁済して当該債権を取得し，財団債権として権利行使をした事案において，「弁済による代位の制度は，」「原債権を求償権を確保するための一種の担保として機能させることをその趣旨とするものである。この制度趣旨に鑑みれば，求償権を実体法上行使し得る限り，これを確保するために原債権を行使することができ，求償権の行使が倒産手続による制約を受けるとしても，当該手続における原債権の行使自体が制約されていない以上，原債権の行使が求償権と同様の制約を受けるものではないと解するのが相当である。そうであれば，弁済による代位により財団債権を取得した者は，同人が破産者に対して取得した求償権が破産債権にすぎない場合であっても，破産手続によらないで上記財団債権を行使することができる」と判示している。

なお，共益債権である租税債権を第三者が弁済した場合（第三者納付）については，そもそも当該租税債権は，その性質上，第三者に移転しないと解される。[43)]

43）　上記最判平23・11・22の田原睦夫裁判官の補足意見参照。なお，東京地判平17・３・９金法1747号84頁は租税債権の移転を否定し，その控訴審である東京高判平17・６・30金判1220号２頁・金法1752号54頁は，債権の移転は肯定したが，移転した債権は一般の破産債権として扱われるとしていた。

Ⅲ　一般優先債権

1．一般優先債権の意義と範囲

(1)　一般優先債権の意義

一般優先債権とは，一般の先取特権その他一般の優先権がある債権（共益債権であるものを除く。）をいう（民再122条1項）。

一般の先取特権その他一般の優先権がある債権は，倒産処理の中でも優先的に取り扱われるべきものであるところ，その多くは破産法上は優先的破産債権（破98条），会社更生法上は優先的更生債権（会更168条1項2号）とされ，これらの債権については，破産手続や更生手続では手続内で権利を行使しなければならないこととされている。しかし，再生手続では，手続を簡素化するため，一般優先債権については，手続内に取り込むのではなく手続外で行使することができることとしている（後記2(1)参照）。これにより，一般優先債権の再生手続における取扱いは，共益債権と差異がないものとなっている。

(2)　一般優先債権の範囲

(a)　**一般の先取特権のある債権**　一般の先取特権のある債権としては，民法に規定されている原因によって生じた債権，すなわち，①共益の費用（民306条1号・307条），②雇用関係（民306条2号・308条），③葬式の費用（民306条3号・309条），④日用品の供給（民306条4号・310条）に基づく債権がある。

優先権の範囲が一定の期間に限定されている場合（例えば民法310条）は，再生手続開始の時からさかのぼって計算される（民再122条3項）。

なお，雇用関係に基づく請求権については，再生債務者との契約関係が雇用関係と評価できるかどうかの判断が難しいことがある。外形的には請負契約や準委任の形を採っていても，実質的にみると雇用関係と評価できる場合があるからである。労働法の観点からいえば，「労働者」性の問題であり，再生手続に限らず，破産手続，更生手続でも問題となり得るところである。

この点に関しては，当該仕事に従事している人の数や対価の額，収入の安定性，場所的関係，指揮命令関係の有無，継続性，専属性等をメルクマールに，実態に即して個別的に判断することになる。

(b)　**その他一般の優先権のある債権**　その他一般の優先権がある債権としては，企業担保権により担保される債権（企業担保法２条），租税債権（税徴８条，地税14条・14条の２），国税徴収の例により徴収し得る請求権（健康保険法183条，国民健康保険法80条４項，厚生年金保険法89条，国民年金法95条，労働保険の保険料の徴収等に関する法律29条など）などがある。

２．一般優先債権の取扱い

(1)　随時弁済

一般優先債権は，共益債権と同様，再生手続によらないで随時弁済がされる（民再122条２項）。

なお，裁判所は，再生手続開始後，必要があると認めるときは一般優先債権の承認を裁判所の許可事項とする（民再41条１項８号）ことや，監督委員の同意事項とすることができる（民再54条２項）ことは，共益債権の場合と同様である。

(2)　強制執行等

一般優先債権は再生手続によらないで随時弁済がされるので，一般優先債権者は，一般優先債権に基づく強制執行や仮差押え，一般優先債権を被担保債権とする一般の先取特権の実行が可能である。

もっとも，これらの強制執行，仮差押え又は一般先取特権の実行が再生に著しい支障を及ぼし，かつ，再生債務者が他に換価の容易な財産を十分に有しているときは，裁判所は，その強制執行，仮差押え又は一般先取特権に基づく実行の中止又は取消しを命ずることができる（民再122条４項・121条３項）。

しかし，租税債権や国税徴収の例により徴収し得る請求権に基づく滞納処分に対しては，中止又は取消しを求めることはできない。また，一般優先債権を被担保債権とする担保権の実行手続の中止を命ずることはできない（民再31条１項ただし書)。

そこで，実務では，一般優先債権の全額を直ちに支払うことができず，強制執行等の中止等の裁判を得ることもできない場合は，再生債務者は，再生手続外で債権者と支払の延期や分割払等の交渉を行っている[44)]。その趣旨と要領は，別除権協定（第９章Ⅳ・287頁参照）と共通している。

⑶　再生計画における一般優先債権の取扱い

共益債権の場合と同様，再生計画には，一般優先債権の弁済に関する条項を定めなければならない（民再154条１項２号)。条項を定めるに当たっては，将来弁済すべきものを明示する必要がある（民再規83条，第10章Ⅱ３・309頁参照)。

⑷　一般優先債権の存在又は額について争いがある場合

一般優先債権についても，再生債権のような債権の届出，調査，確定の手続を経ることなく，随時弁済がされる。そして，一般優先債権の存否又は額について争いがある場合には，当該債権の性質に応じ，当事者間の民事訴訟，行政訴訟，行政手続上の各種の不服申立手段などにより確定が図られることになる。

⑸　一般優先債権相互間の優劣

一般優先債権相互間の優劣については，実体法上の優劣に従うことになる。したがって，おおむね公租，公課，私債権の順となり，私債権間の優劣は，民法等の規定に従うことになる。

なお，一般優先債権の全額を弁済することができないような場合には，再生手続の廃止（民再191条１号・２号・194条)，再生計画不認可となる場合があることは，共益債権の場合と同様である（前記Ⅱ２⑸参照)。

---

44)　その支払は，資金繰り表に織り込んでおく必要がある。木内道祥監修／軸丸欣哉＝野村剛司＝木村真也＝山形康郎＝中西敏彰編著『民事再生実践マニュアル』（青林書院，2010）39頁，高橋修平「開始決定後の各種業務その１」東京弁護士会弁護士研修センター運営委員会編『弁護士専門研修講座　倒産法の実務Ⅱ――民事再生申立て代理人の実務』（ぎょうせい，2011）63～64頁。

(6) 破産手続に移行した場合

再生手続の終了に伴う破産手続（牽連破産）において，再生手続で一般優先債権とされていた債権については，共益債権とされていた債権のような特段の取扱い（民再252条6項，第15章Ⅲ４・409頁参照）は定められていない。したがって，通常の破産手続におけるのと同様に，当該債権の性質等に従って，取扱いが決せられることになる（第15章Ⅲ５・410頁参照）。ただし，給料債権が財団債権とされる範囲（破149条1項）について，特則がある（民再252条5項）。

３．一般優先債権について再生債務者のために弁済をした第三者がこれにより代位取得した債権を一般優先債権として再生手続によらずに行使することの可否

一般優先債権（以下「原債権」という。）について第三者が再生債務者のために弁済をし，当該第三者が再生債務者に対して求償権を取得するとともに，任意代位又は法定代位により原債権を取得することがある。このときの求償権が再生債権にとどまる場合，代位取得した原債権を一般優先債権として再生手続によらずに行使することができるかどうかが問題となる。

この問題は，共益債権を弁済により代位取得した場合（前記Ⅱ３参照）と同様に考えることができ，一般優先債権を代位取得した場合も，これを再生手続によらずに行使することができると考えられる[45]。

45） 最判平23・11・22民集65巻8号3165頁・判時2134号62頁の田原睦夫裁判官の補足意見参照。

Ⅳ 開始後債権

1．開始後債権の意義と範囲

(1) 開始後債権の意義

開始後債権とは，再生手続開始後の原因に基づいて生じた財産上の請求権であって，共益債権，一般優先債権又は再生債権に該当しないものをいう（民再123条1項）。

再生手続開始後の原因に基づいて生じた財産上の請求権の多くは共益債権に該当する（民再119条）。また，再生手続開始後の利息の請求権等は再生債権とされ（民再84条2項），一般の先取特権その他一般の優先権のある債権は一般優先債権となる（民再122条1項）が，これらの3つの類型のいずれにも属しない請求権を開始後債権とするものである。

(2) 開始後債権の範囲

開始後債権の具体例としては，①再生債務者がその業務や生活に関係なく行った不法行為を原因とする債権，②管理命令が発せられて管財人が選任された場合において，法人である再生債務者の理事等が組織法上の行為を行うこと等によって生ずる請求権で共益債権に該当しないもの，③為替手形の振出人又は裏書人である再生債務者について，再生手続開始後に支払人又は予備支払人がその事実を知って引受け又は支払をしたときの支払人又は予備支払人の再生債務者に対する請求権（民再46条参照）などが挙げられる。

2. 開始後債権の取扱い

(1) 再生手続における取扱い

開始後債権は，再生手続上劣後的な扱いを受け，再生手続が開始された時から再生計画で定められた弁済期間が満了するまでの間，その弁済等を受けることができず，開始後債権に基づく強制執行等の申立てをすることもできない（民再123条2項・3項）。

もっとも，再生計画認可決定が確定する前に再生手続が終了した場合には再生手続の終了時から，再生計画で定められた弁済期間の満了前に再生計画に基づく弁済が完了した場合には弁済完了時から，再生計画が取り消された場合には再生計画の取消し時から，それぞれ開始後債権に基づく権利行使が可能である。

知れている開始後債権については，その内容を再生計画に記載し，情報開示をする（民再154条1項3号）。

(2) 破産手続に移行した場合

再生手続が終了し，その後に破産手続が開始した場合，開始後債権は，破産手続開始前の原因に基づいて生じた財産上の請求権に当たることになるから，破産債権として扱われる（破2条5項）。

〔島岡　大雄〕

V　株主と労働組合

株主と労働組合は，いずれも再生債務者に対する債権者ではない。しかし，再生手続に対して大きな利害関係を有する主体であるので，便宜上ここで，それぞれの再生手続における扱いについて触れることとする。

1．株　　主

出資とは元来，出資先がすべての債務を支払っても余剰がある場合に利益に与るものであり[46]，したがって，株式会社の倒産処理においても，債権者は株主よりも優先的に取り扱われるべきものである。

この点，破産手続においては，株主には配当等を受ける権利はまったく認められておらず，株主は，破産手続においてすべての債務が完済されてもなお残余財産がある場合に限り，破産手続の終結後にその分配を受けられるにとどまり（そのような事例は非常にまれである。），最終的に会社が消滅すれば，株主の地位も失われる。

一方，会社更生手続では，更生計画において株主の権利の変更に関する条項を定めなければならず（会更167条１項１号），この場合，株主の権利は債権者に劣後させなければならないものとされている（会更168条３項・１項）。このようにして，株主の権利が手続の中で変更を受ける（会更205条１項）ことから，株主は更生手続に参加して（会更165条１項），更生計画案について議決権を行使することとされている（会更166条１項・196条５項３号）。更生計画における株主の地位の劣後的取扱いは相対的なものでよいと解されているが，実際の更生計画では，100％減資を行い既存の株主は地位を失う旨を定めることが多い[47]。

以上に対し，民事再生手続では，株主を劣後的に扱うことは法的に義務づけられてはいない。すなわち，株主の権利の変更に関する条項は再生計画における必要的記載事項とはされておらず（民再154条），再生計画案に対して株主が議決権を行使することもなく，株主の権利に変更を与える会社組織法上の措置については，主に再生手続外の規律に委ねられている。これは，再生債務者には小規模の事業者がなることが多いところ，これに対して常に新

46）　株式会社の株主に対する配当は，資産等の額から負債等の額を控除して算出される剰余金の額（会社446条）の範囲で行い（会社461条１項８号），株主に対する残余財産の分配も，債務を弁済した後でなければ行うことができない（会社502条）。

47）　伊藤・更生法・555頁，西岡ほか・231頁〔真鍋美穂子〕。

たな資本の注入を義務づけることは現実的でないこと，株主は手続に関与しないこととすることにより再生計画案の議決等の手続を簡素化したこと，支配株主の地位が維持される可能性を残すことによって債務者に事業の再生への意欲を高めさせ，早期の再生手続開始の申立てを促そうとしたことなどの理由によるものである。[48)]

このように，再生手続は，破産手続と同様，株主の地位を手続外に置いているが，再生手続は再建型手続であることから，株主の地位が維持された状態で再生計画が成立し，再生債務者の債務が減縮されて事業の再生が成功すると，株式の価値は回復し，再生債権者の犠牲の下に株主が利益を受ける結果ともなり得る。

しかし他方，再生計画案が可決されるためには，それが再生債権者らの賛同を受けられる内容でなければならないところ，再生計画において再生債権者の権利を変更しながら株主の権利を温存することが再生債権者の賛同を得られない場合もあるし，新たな出資を受け入れるために既存株主の権利を変更する必要がある場合がある。そこで，再生計画においても，一定の要件を満たす場合には減資等の会社組織法上の条項を定めることができることとされている（民再154条３項・４項・161条・162条・166条・166条の２，第10章Ⅳ２，３参照）。こうした手続を経て，再生手続においても既存の株主の権利が変更を受けることがあり，実際にも，そのような再生計画が定められる例は少なくない。

民事再生手続は多様な企業を対象とし，多様なスキームによりその事業の再生を目指すものであることから（第10章Ⅵ・318頁参照），株主の地位をどのように扱うかについても，以上のように事案に応じて柔軟に対応できることとされており，必要に応じて適切な事項を再生計画案に定め，これが再生債権者の総意により可決されると，そのとおりの効力が生じることとなる。

48)　伊藤・647頁，詳解再生法・19頁〔山本克己〕。

２．労働組合等

再生債務者の従業員は，再生債務者の事業の再生の成否に対して大きな利害関係を有するうえ，再生手続が従業員からの支持を得ることは，事業の再生の成功のために非常に重要である。のみならず，事業の現場にいる従業員からは，事業の再生のために有益な情報や意見を得られることも期待できる。

そこで，再生手続においては，労働組合等（再生債務者の使用人その他の従業員の過半数で組織する労働組合があるときはその労働組合，そのような労働組合がないときは再生債務者の使用人その他の従業員の過半数を代表する者〔民再24条の２かっこ書〕）に対し，再生手続の開始（民再24条の２），事業譲渡の許可（民再42条３項），債権者集会（民再115条３項・126条３項・民再規63条２項），再生計画案（民再168条），再生計画の認可（民再174条３項），簡易再生の申立て（民再211条２項），簡易再生の決定（民再212条３項後段），同意再生の申立て及び決定（民再217条６項・174条３項・５項・211条２項）に関して，それぞれ意見聴取がされたり意見を述べる機会が与えられ，あるいは，通知等がなされることが規定されている。

〔内 田　博 久〕

第 9 章

再生手続における担保権の取扱い

再生債務者の財産に設定された担保権は，再生手続においては「別除権」とされて，特別の規律の下に置かれる。本章では，再生手続における担保権の取扱いについて説明する。

I　別除権に関する制度の概要

1．別除権の意義

再生手続開始の時において再生債務者財産について特別の先取特権，質権，抵当権又は商法もしくは会社法の規定による留置権を有する者は，その目的である財産について別除権を有することとされている（民再53条1項）。

したがって，担保権の目的である財産が，再生手続開始決定後に売却などによって再生債務者財産に属しないこととなった場合でも，当該担保権が存続する限り，担保権者はその財産に対して別除権を有することとなる（民再53条3項）。反対に，かつては再生債務者に属していても，再生手続開始時には第三者に属するものとなった財産に設定されていた担保権は，別除権とはならない。[1)]

1）　会社分割との関係で，東京地判平18・1・30判タ1225号312頁・金法1783号49頁。

2．制度の概観

再生手続の中での別除権の扱いに関しては，①再生手続係属中の別除権の行使，②別除権で担保された再生債権の再生手続中での行使，の２つの局面がある。

(1)　再生手続係属中の別除権の行使

別除権は，再生手続開始後であっても，手続の制約を受けずに行使することができる（民再53条２項，後記３参照）。また，再生計画は，別除権や，これによって担保された債権に影響を及ぼさない（民再177条２項，後記５参照）。

破産手続においても，特定の財産を目的物とする担保権は，別除権として，破産手続によらずにその権利を行使することができることとされている（破２条９項・65条１項）。担保権は債務者の支払能力が低下した場合でも優先弁済を受けられるようにすることを眼目とするものであるから，債務者の経済活動の基盤が解体される破産手続においては，こうした担保権の機能は当然保護されなければならない[2)]。これに対し，事業の再生を目的とする再建型手続においては，担保権者が優先弁済を受けることができる地位はやはり保護されなければならないが，他方，担保権の自由な行使を認めれば，必要な財産が失われて事業の継続ができなくなることがある。そこで，会社更生手続においては，こうした担保権を手続内に取り込み，その行使を制約する（会更50条１項）一方で，将来，更生計画が履行される際に，その被担保債権が更生担保権として優先的に支払を受けられるものとして（会更168条３項），担保権者の地位を実質的に保障するものとしている。しかし，このように手続中で担保権者の優先的地位を実現するために，担保目的財産の評価（会更２条10項参照）やそれを前提とした決議の際の組分けなどが必要とされているところ，こうした複雑で手間のかかる構造は，中小企業や個人の事業の迅

2）　破産手続においては，破産管財人に，別除権に対して一定の介入をする権限が認められている（破154条１項・184条・185条など）。

速な再生を目指す民事再生手続に導入するにはふさわしくないものと考えられた。そこで，民事再生手続においては，手続構造を簡素化するため，破産手続と同様，担保権には原則として手続の制約を及ぼさないこととしたのである。[3)][4)]

しかし，担保権の実行について一切の制約がないとすると，再生債務者の事業や経済活動のために必要不可欠な財産が失われて再生が困難となり，ひいては再生債権者の一般の利益にも反する結果となるおそれがある。実務上，こうした別除権の行使を防ぐために，再生債務者と別除権者との間で，再生債務者が一定の弁済を約するなどして別除権者が別除権の実行を控える旨の合意（別除権協定）を締結することがよく行われる（後記Ⅳ参照）。しかし，この合意をするかどうかは別除権者の自由であり，相手が応じてくれなければ再生債務者としてはこの方策をとることはできない。そこで，このような場合に担保権の自由な行使を一定期間制限する制度として，担保権の実行手続の中止命令（民再31条，第５章Ｖ・119頁参照）があり，さらに進んで，担保権そのものを消滅させるものとして，担保権消滅許可の制度（民再148条以下，後記Ｖ参照）がある。また，住宅資金貸付債権に関する特則（民再196条以下，第16章・415頁参照）も，個人の再生債務者が居宅に抵当権を設定している場合に，一定の要件の下で抵当権の実行を制限し，さらには被担保債権の変更を可能にするもので，担保権を制限する特別の制度ということができる。

(2)　別除権で担保された再生債権の再生手続中での行使（後記Ⅲ参照）

別除権の被担保債権が再生債権である場合，別除権者は，再生債権を届け出ることにより（民再94条），別除権の行使によって弁済を受けることができない債権の部分（不足額）について，再生債権者として手続に参加することができ（民再88条本文），この不足額が確定した場合に，再生計画に従った弁済を受けることができる（民再182条本文）。

3）　民事再生手続の前身である和議手続においても，手続は担保権の自由な行使を制約できないものとされていた。

4）　一般の優先権のある債権についても，手続の簡素化のために，手続外で行使できるものとした（民再122条２項）。

３．別除権の行使と受戻し

別除権は，再生手続の制約を受けずに行使することができる（民再53条２項)。これは，担保権本来の実行方法による行使を認めるという趣旨である。したがって，担保の目的財産が，不動産又は動産である場合には，民事執行法に定められた担保権実行としての競売などの方法により行使することができる（民執180条以下)。また，動産質の場合には簡易な弁済充当（民354条)，債権質の場合は直接取立て（民366条）など，民事執行法以外の法律により定められた実行方法によることもできる。別除権者は，これらの実行方法により，被担保債権の満足を受けることができる。

民事再生法53条２項は，同法85条１項の「特別の定め」に該当する。したがって，別除権の被担保債権が再生債権であり，別除権を行使したことにより再生債権が満足を受けても，再生債権の弁済の禁止の原則（民再85条１項）には反しない。

そこで，別除権を行使すれば優先弁済を受けられると見込まれる額の範囲内であれば，再生債務者が別除権者に対して再生債権を任意に弁済し，目的財産を受け戻すことも許されるものとされている（民再41条１項９号参照)[5]。他方，その額を超えて弁済をすることは，原則として民事再生法85条１項に違反し，許されない。そして，被担保債権全額を弁済しなければ，担保権は消滅しない（民296条・305条・350条・372条，担保権の不可分性)。そこで，担保の目的財産の時価が被担保債権の額以上であれば，再生債務者は被担保債権全額を弁済して目的財産を受け戻すことができるが，目的財産の時価が被担保債権の額を下回っている場合には，再生債務者は，まず別除権者との間で被担保債権の額を弁済が許される範囲に減額する旨の合意（後記Ⅲ４，Ⅳ２参照）を結んでからでないと，弁済ができないこととなる。これをせずに一部

5） 最新実務解説一問一答・517頁〔多比羅誠〕。受戻しに裁判所の許可（民再41条１項９号）ないし監督委員の同意（民再54条２項）を要するものとされている場合には，これらの許可ないし同意が必要となる。

の弁済をした後に担保権の実行がなされると，別除権の行使によって弁済を受けることができない債権の部分について再生計画を上回る満足を与える結果になりかねないからである（民再88条本文参照）。

４．対抗要件具備の必要性

再生債務者に対して別除権者としての地位を主張するために再生手続開始の時点で対抗要件を具備していなければならないか，という点が問題となっていたが，最高裁判所は，対抗要件必要説を採ることを明らかにした（第２章Ⅰ５(2)・34頁参照）。

５．再生計画の影響

再生計画が成立しても，別除権に影響を及ぼさない（民再177条２項）。これは，別除権の被担保債権が再生債権である場合，その被担保債権は再生計画による変更を受けないことを意味する。ただし，被担保債権の不足額が確定した場合は，被担保債権のうち別除権により担保される部分のみが再生計画の影響を受けず，不足額部分は再生計画による変更を受けることとなる（民再182条本文）。

Ⅱ　各種の担保権の再生手続中での扱い

１．別除権となる担保権

再生手続開始の時において再生債務者の財産の上に存する特別の先取特権，質権，抵当権又は商法もしくは会社法の規定による留置権は別除権となる（民再53条１項）。また，仮登記担保権を有する者も，その目的である財産について別除権を有する（仮登記担保19条３項）。これに対し，民事留置権は別除権とは扱われない（民再53条１項参照）。

さらに，譲渡担保権，所有権留保及びファイナンス・リースなどの非典型担保を別除権と扱うか否かについては，民事再生法53条１項はこれらを直ちに別除権の範囲から排除するものではなく，その扱いは解釈にゆだねられているものと理解されている。破産手続ではこれらは別除権として扱うのが通説的見解であり，再生手続においても同様といえる。ただし，これらの非典型担保も中止命令（民再31条）や担保権消滅許可の制度（民再148条以下）の対象となるかどうかはまた別の問題であり，担保権の性質や当該制度の趣旨等に照らして，個別に検討されるべきものである（第５章Ｖ３・120頁，後記Ｖ４参照）。

２．特別の先取特権

特別の先取特権は，民法311条以下に定める動産の先取特権，同法325条以下に定める不動産の先取特権，商法842条に定める船舶先取特権等がこれに当たる。これに対し，再生債務者の財産について一般の先取特権を有する再生債権者は，別除権者とは扱われないが，一般優先債権を有するものとして，再生手続によらないで随時弁済を受けることができる（民再122条１項・２項）。

特別の先取特権を有する者は別除権を有するものと扱われ，目的財産の所定の換価方法により担保権を実行できる。再生債務者が目的財産を売却した場合は，その売買代金債権に対して物上代位権を行使することができるが，そのためには代金が支払われる前に差押えをしなければならない（民304条１項）。この差押えは，債務者に再生手続開始決定がなされた後も行うことができるものと解される。[6]

３．質　　権

民法上の質権だけでなく，電話加入権質に関する臨時特例法等の特別法に

6）　債務者に破産手続開始決定がなされた場合に関して，最判昭59・２・２民集38巻３号431頁。

基づく質権も含まれる。質権者は別除権者として，留置的効力（民347条）を維持することができるとともに，目的財産の所定の換価方法により質権を実行できる。動産質の場合は簡易な弁済充当（民354条），債権質の場合は直接取立て（民366条）によることもできる。

4．抵　当　権

根抵当権及び工場抵当法，自動車抵当法等の特別法による抵当権も含む。抵当権者は別除権者として，目的財産の所定の換価方法により担保権を実行できる。

なお，企業担保法による企業担保権は「現に会社に属する総財産につき，他の債権者に先だつて，債権の弁済を受けることができる。」（企担２条１項）ものであるから，一般の先取特権と同様に，一般優先債権（民再122条１項）として扱われるものであり，別除権とはならない。

5．民法上の留置権（民事留置権）

(1)　通常時における民事留置権の効力

他人の物の占有者は，その物に関して生じた債権を有しており，その債権が弁済期にある場合は，その弁済を受けるまでその物を留置できる（民295条１項）。

留置権は，商事留置権も含めて，このように留置的効力を有するのであるが，その一方で優先弁済的効力がないので，弁済を受けるために担保権を実行するということができない。そこで，債務者の側が目的財産を取り戻すことを望み，自ら進んで被担保債権を支払うことによって初めてその満足を受けられるというのが，留置権の本来の権利の実現のあり方である。しかしまた，留置権者は，「換価のため」に目的財産について競売を申し立てることが認められている（民執195条）。これはいわゆる形式的競売であり，目的財産の保管の煩を避ける等のためにこれを金銭に替えるための手続であるので，直接に競売手続を通じて被担保債権が満足を受けるということはない。しかし，留置権者は，売却代金を債務者に返還する際に相殺により被担保債権の額を差し引くことができるので，結果として最先順位で被担保債権の優先弁済を受けられる結果となり，これもまた事実上，留置権における権利実現の方法となっている[7)]。

(2)　再生手続中の民事留置権とその被担保債権の扱い

民事再生法53条１項は，別除権となる担保権から民事留置権を明らかに除外しているので，民事留置権は再生手続においては別除権として扱われない。そこで，民事留置権の再生手続の中での扱いは，以下のとおりとなる。

まず，民事留置権に基づく競売の扱いであるが，民事留置権は別除権とはならないことから，民事留置権に基づく競売手続は，手続申立て後は中止命令の対象となり（民再26条１項２号），手続開始後は新たに申し立てることはできず，既に開始されていた競売手続は当然に中止されて（民再39条１項），再生計画認可決定の確定により失効するものとされている（民再184条本文）。

次に，民事留置権の被担保債権の扱いであるが，これが再生債権である場合には，その全額が直ちに弁済禁止の対象となる（民再85条１項）。また，これを手続内で行使するに当たっては通常の再生債権としての届出をすればよく，別除権に関する届出はしない（民再94条２項参照）。そのうえで，再生計画が成立した場合，届け出られた被担保債権は，その全額が再生計画により変更を受ける[8)]（民再177条１項）。

7）　執行実務では，換価で得られた金銭を，債権者の実体的な順位に応じて「配当」するところまで行われている。しかしこれは，留置権が実体的な優先弁済権を有することを承認したものではなく，主に執行手続上の技術的，実際的な要請によるものである（上田正俊「形式的競売手続における売却条件と配当」井上稔 ＝ 吉野孝義編『現代裁判法大系(15)民事執行』（新日本法規出版，1999）427～430頁，東京地方裁判所民事執行センター実務研究会編『民事執行の実務――不動産執行編(上)〔第２版〕』（金融財政事情研究会，2007）356～357頁）。こうして交付された金銭については，留置権者は留置権を喪失するので直ちにこれを目的物の元所有者に返還しなければならないという説と，交付を受けた金銭をさらに留置できるとする説があった（伊藤ほか・〈座談会〉商事留置手形・14～15頁，村田・取立委任手形の商事留置権・26～27頁）ところ，平成23年最判（後記６(2)）は後説を採ることを明らかにした。ただし，これを返還する際に被担保債権と相殺できるという結論は，どちらにしても変わらない。

8）　民事再生法177条２項は，民事留置権を除外している。

これに対し，民事留置権の留置的効力については，再生手続が開始しても留置的効力は残り，留置権者は目的財産を引き続き留置できると解されている。破産法66条３項が民事留置権は破産財団に対して効力を失う旨を規定しているのに対し，民事再生法にはこれに対応する規定がないことが理由とされる。実際上も，再生手続が廃止等により中途で終了する可能性もあるので，留置的効力が直ちに失われるとすることは不都合であろう。とはいえ，前記のとおり，競売を行うことはできないうえ，被担保債権が再生債権である場合は，再生計画外で支払を受けることができないまま，これが再生計画により変更されると，この変更された再生債権が留置権の被担保債権となる[9)]。さらに，再生計画において支払に期限が設けられた場合には，留置権は，その要件を欠くこととなる（民295条１項ただし書）。したがって，留置的効力が残るといっても，その担保としての機能には大きな限界があるものといえる。

⑶　再生債務者による目的財産の取戻し

上記のとおり，再生手続開始後も，民事留置権の留置的効力は残るが，民事留置権に基づく競売は原則としてできなくなるので，再生債務者は競売により目的財産の所有権を失うおそれは少ない[10)]。また，再生計画が成立した後は，被担保債権を弁済することにより，目的財産を取り戻すことができる。しかし，再生計画が成立するまでの間，事業の継続のために目的財産が直ちに必要な場合には，これをどのようにして取り戻すかが，なお問題となる。

まず，民事留置権は別除権ではないので，再生債権である被担保債権は弁済することができず（民再85条１項），受戻し（民再41条１項９号）という形で目的財産を取り戻すことはできない。また，新たな担保を提供することによる留置権の消滅請求（民301条）も，優先弁済を与えることがない既存の民事留置権に代えて，再生債権を満足させ得る新たな担保を提供するということであれば，やはり民事再生法85条１項に抵触することになるものと解される[11)]。もっとも，留置権の目的財産を差し替えるだけであれば，民事再生法

9）　東京地判平17・６・10判タ1212号127頁同旨。
10）　裁判所の続行命令（民再39条２項前段）により，競売手続が続行される可能性は残る。
11）　小林信明「倒産手続と担保⑼倒産手続における留置権」金法1760号（2006）22頁。

85条１項に反しないと解する余地もある。しかし，いずれにしても，この請求権は形成権ではなく，留置権者が承諾しない限り，その意思表示に代わる裁判を求めて訴訟を提起しなければならないとする説が有力であり，必ずしも目的財産を早期に取り戻せるとは限らない[12]。これに対し，和解（民再41条１項６号）により再生債務者が一定の和解金を支払って目的財産を取り戻すことは許されると解されている[13]。もっとも，「和解」という表現をとっても，一定の金銭を支払うことと引き換えに被担保債権を消滅させる行為は，民事再生法85条１項に抵触する可能性をはらむ。こうした和解が正当なものとされるためには，目的財産を早期に取り戻すべき強い必要性がなければならず，かつ，和解の内容は，被担保債権が将来再生計画により変更されることを踏まえたものでなければならないと解される。

６．商法又は会社法上の留置権（商事留置権）

(1) 通常時における商事留置権の効力

商法又は会社法上の留置権（商事留置権）には，代理商の留置権（商31条，会社20条），商人間の留置権（商521条），問屋の留置権（商557条・31条），運送取扱人の留置権（商562条），運送人の留置権（商589条・562条），船長の留置権（商753条２項）等がある。

商事留置権も，実体法上，民事留置権と同様に，留置的効力はあるが優先弁済的効力がない。したがって，債務者の側が目的財産を取り戻すために被担保債権を支払うことによって満足を受けるというのが，本来の権利の実現のあり方である。しかしまた，民事留置権と同様，形式的競売を申し立て（民執195条），交付を受けた売却代金を債務者に返還する際に相殺により被担保債権の額を差し引くことができるので，これにより事実上最先順位で被担保債権の優先弁済を受けられることとなっている（前記５(1)参照）。

12） 近江幸治『民法講義Ⅲ担保物権〔第２版補訂〕』（成文堂，2007）38頁，道垣内・40頁。
13） 条解再生法・291頁〔山本浩美〕，西・留置権及び非典型担保・62頁。

(2) 再生手続中の商事留置権の扱いに関する問題の所在

商事留置権は，再生手続では，破産手続におけるのと同様，別除権とされている。ただし，その扱いは破産手続とやや異なっている。すなわち，破産手続では，商事留置権は特別の先取特権とみなされたうえで別除権とされており（破66条１項・２条９項），このように規定された結果，商事留置権は，破産手続内では特別の先取特権と同様に優先弁済権を付与されることとなった。これに対し，民事再生法では，直接的に別除権とされるにとどまっているので（民再53条１項），優先弁済権を与えられていないこととなる。

両手続における商事留置権の扱いの違いは，以下のように説明される。すなわち，破産手続は清算型の手続であり，債務者の全資産が換価に向かうので，あえて優先弁済的効力を与えて担保権の実行を促進することに合理性があるが，こうした事情のない再生手続においては，商事留置権はそのままの形で存続するものとされたのである。[14)]

しかしながら，再生手続においては，他方で，再生計画によらない再生債権の弁済の禁止（民再85条１項）や相殺の制限（民再93条１項１号）など，再生債権者の権利に対する平常時には存在しない制約がある。上記のとおり，商事留置権は，優先弁済的効力をもたず，債務者が自ら被担保債権を支払うのを待つか，競売の後で相殺を行うことを通じて権利を実現するのであるが，これに対して上記の再生手続上の制約を適用すると，商事留置権の担保権としての機能が働かないという結果にもなる。そこで，この点をめぐり，再生手続においては商事留置権に優先弁済権が与えられていないという点を重視する考え方と，再生手続においても商事留置権の担保権としての機能を維持させようとする考え方に分かれている。[15)]

この点は特に，金融機関に約束手形の取立て委任をした者が再生手続の開始決定を受けた後，この手形につき商事留置権を有する金融機関が，手形を

14)　破産手続と民事再生手続の間の取扱いの差異についてのその余の根拠の指摘として，花村良一『民事再生法要説』（商事法務研究会，2000）161頁。

15)　このような問題が生じる背景として，留置権の取扱いをめぐってはかねてから様々な議論があったが，民事再生法の制定に当たり抜本的な対応がなされなかったという経緯があることが指摘されている（伊藤ほか・〈座談会〉商事留置手形・10頁・28頁・30頁〔山本和彦発言〕）。

取り立てたうえで銀行取引約定に基づいて取立金を再生債務者に対して有する再生債権に充当することは許されるか，という問題に関連して議論されてきた。商事留置権に優先弁済的効力がないことから充当を否定する見解と，商事留置権が実質的に優先弁済を担保している機能は再生手続の中でも保護されるべきであるなどとして，充当を肯定する見解が対立していたところ，最判平23・12・15（民集65巻９号3511頁・判時2138号37頁。以下，本章において「平成23年最判」という。）は，①留置権者は留置権による競売が行われた場合にはその換価金を留置することができ，約束手形が取立委任により取立金に変じた場合であっても同様である，②留置された取立金は再生債務者の弁済や事業の原資に当てることを予定し得ないものであるから，これを債務の弁済に充当できるとする銀行取引約定は，別除権の行使に付随する合意として民事再生法上も有効である，として，充当を認めた。[16)] しかし，こうした約定がない場合の商事留置権の扱いについては，なお明らかでない部分が残されているものといえる。

(3)　再生手続中の商事留置権とその被担保債権の扱い

上記のように，商事留置権を再生手続中でどのように扱うべきかについては，扱いが定まっていない部分もあるものの，その概要を示すと，以下のとおりとなる。

(a)　商事留置権の留置的効力について　　商事留置権は別除権として再生手続中も存続するので，商事留置権者は，目的財産の留置を継続することができる。そして，再生計画が成立しても，別除権の被担保債権は再生計画に

---

16)　東京高判平21・９・９金法1879号28頁・金判1325号28頁は充当を否定し，名古屋高金沢支判平22・12・15金法1914号34頁は肯定していた。関係する文献，評釈は，平成23年最判より前のものとして，村田・取立委任手形の商事留置権・20頁，岡正晶「商事留置手形の取立充当約定は再生手続開始後も有効と判断した高裁判決」金法1914号（2011）28頁，同最判より後のものとして，岡正晶「商事留置手形の取立充当約定に対する最高裁の新判断」金法1937号（2012）９頁，永石一郎「会社から取立委任を受けた約束手形につき商事留置権を有する銀行が，同会社の再生手続開始後の取立てに係る取立金を，法定の手続によらず同会社の債務の弁済に充当し得る旨を定める銀行取引約定に基づき，同会社の債務の弁済に充当することの可否」金判1396号（2012）８頁など，多数に上る。

より変更されない（民再177条２項）ので，被担保債権が再生債権である場合であっても，商事留置権は，被担保債権の変更を受けずに存続すると考えられる。[17)]

そこで，目的財産が事業の継続のために必要である場合に，再生債務者がこれを取り戻す方策が問題となる。法文上，商事留置権に対して担保権消滅許可の制度を利用することは可能とされている（民再148条１項）。さらに，再生債務者が被担保債権を支払って目的財産を受け戻す（民再41条１項９号）ことができるかどうかについては，商事留置権には優先弁済的効力がないので，再生計画外で被担保債権の弁済をすることはできない（民再85条１項）から，受戻しもできないという考えも成り立ち得るが，受戻しを認める見解が有力である。[18)] 担保権消滅許可の制度は目的財産の価額を支払って担保権を消滅させる制度であるので，被担保債権の額が目的財産の価額を下回る場合には，これを利用することは不適切である（後記Ⅴ１参照）。そこで，このような場合に受戻しが認められるならば，均衡がとれるとともに，再生債務者にとって好都合である。相当の担保を提供することにより留置権の消滅を請求すること（民301条）ができるかどうかについても，受戻しと同様に考えられるだろう（前掲５参照）。また，和解（民再41条１項６号）により目的財産の返還を受けることも可能と解されている。[19)] 和解によれば，交渉次第で，より低額で返還を受けられる可能性がある。

(b)　**商事留置権に基づく競売の実行について**　　商事留置権が別除権とされていることから，商事留置権に基づく競売手続は，民事留置権の場合と異なり，再生手続開始の申立て後も民事再生法26条１項の中止命令の対象と

---

17)　前掲注９）東京地判平17・６・10同旨。

18)　西・留置権及び非典型担保・62頁は，民事再生法41条１項９号が同法85条１項の「特別の定め」に該当するとして，受戻しを肯定する。三村藤明「商事留置権消滅請求」三宅省三＝池田靖編『実務解説一問一答民事再生法』（青林書院，2000）487～489頁，伊藤ほか・〈座談会〉商事留置手形・19頁〔伊藤発言〕も肯定。これに対し，同19頁・20頁・27頁〔山本発言〕は，商事留置権には優先弁済的効力がないことから，受戻しが認められるのは，目的財産が事業の再生に有用であって，受戻しが再生債権者一般の利益になる場合などに限られるとしている。

19)　西・留置権及び非典型担保・62頁参照。

はならず（民再26条１項２号参照），再生手続開始後も，新たに競売の申立てをすることができ，既に開始されていた競売手続は当然には中止されない（民再39条１項参照）。ただし，民事再生法31条１項の中止命令を受ける可能性はある。

しかし，商事留置権には優先弁済的効力がなく，この競売は換価のための形式的競売であるという前提によるならば，これにより直ちに被担保債権の満足を受けることはできない[20]。そこで，被担保債権が再生債権である場合，再生債権者は，再生債権と競売により受け取った金銭についての再生債務者の返還請求権とを相殺できるかどうかが問題となる。再生債権者が再生手続開始後に債務を負担した場合に該当するので相殺は禁止される（民再93条１項１号）と解する見解[21]が有力であるが，相殺を認める説もある[22]。肯定説の理論構成としては，目的財産を換価する前から換価代金返還請求権が停止条件付債権として成立していると解したうえで，民事再生法92条１項前段の「債務」には停止条件付債務や将来の債務も含むとの説に立ち，あるいは，再生手続開始後に停止条件付債権の条件が成就した場合にこれを受働債権として再生債権と相殺することは民事再生法93条１項１号に反しないとの説に立って（第８章Ｉ４(3)(b)・215頁，(c)・216頁参照），相殺を認める見解[23]や，換価代金は留置権の目的財産と同一視できるので，留置権者は目的財産の占有開始時から目的財産の換価代金返還債務を負担していたと見なせるとする見解[24]などがある[25]。

20）　売却後に交付される金銭について，留置権が消滅するという説と存続するという説があり（前掲注７），平成23年最判（前記(2)）は後説を採った。前説によれば，金銭は再生債務者に直ちに返還しなければならず，後説によれば，金銭を引き続き留置できるが，取得することはできないということになる。

21）　条解再生法・280頁〔山本浩美〕など。

22）　平成23年最判（前記(2)）は，こうした状況において，銀行取引約定に基づく取立金の再生債権への充当を認めたわけである。なお，同最判の金築誠志裁判官の補足意見は相殺についても言及しているが，相殺に関しての最高裁判所の立場が明らかにされたものではないと考えられる。

23）　山本克己〔判批〕・金法1876号（2009）58頁。

24）　瀬戸正義「商事留置権が成立した手形を破産宣告後に任意に取り立てて貸出金に充当できるか」金法1405号（1994）22頁。

(c)　**被担保債権が再生債権である場合の再生手続への参加について**　被担保債権が再生債権である場合の再生手続への参加については，別除権者が再生手続に参加できるのは不足額の限度であるところ，この不足額をどのように考えるかも問題となる。商事留置権では被担保債権が別除権の「行使によって弁済を受ける」（民再88条本文・94条２項・182条本文参照）ということがないので，不足額は被担保債権全額になると考えることもできなくはない。しかし，上記のとおり，担保権消滅許可の制度の適用を受けるほか，和解によっても被担保債権が満足を受ける可能性があり，さらに，相殺や受戻しを認める見解によれば，これらに関しても同様である。こうしたことからすると，被担保債権の額から目的財産の価額を差し引いた額が不足額となると考えるべきだろう[26)]。

7．仮登記担保

再生債務者の有する財産に仮登記担保権を有する者も，その目的である財産について別除権を有する（仮登記担保19条３項）。仮登記担保権者は別除権者として，所定の換価方法により担保権を実行できる。

8．譲渡担保

(1)　再生手続における扱い

債権を担保するために，ある財産権を債務者や第三者から債権者に移転し，もし債務者が債務を弁済すればその財産権の返還を受けられるが，弁済しない場合には返還を受けられなくなるという形式をとる担保方法を，譲渡担保という。

25)　こうした見解を採った場合，再生手続中では，再生債権届出期間内に相殺適状になったときに限り，その期間内に相殺をしなければならない（民再92条１項）との制限がある点が，次の問題となる。

26)　平成23年最判（前記(2)）は後説に立っているものと解される（金築誠志裁判官の補足意見参照）。

譲渡担保が別除権として取り扱われるか否かは，解釈にゆだねられている。譲渡担保権者は目的財産の所有者として取戻権を有すると解する説（所有権的構成）もあるが，通説は，目的財産は債務者の所有に属し，譲渡担保権者は担保権を有するにとどまる（担保的構成）ものと解している。そして，民事再生法53条1項もこのような非典型担保を別除権と扱うことを排除するものではないと解されることから，再生手続においてこれを別除権として取り扱う実務が定着している[27)]。

このような扱いによれば，譲渡担保権者は別除権者として再生手続によらずに担保権を行使することが許される。譲渡担保の実行方法は帰属清算型と処分清算型に分かれ，帰属清算型の場合は，譲渡担保権者から担保権実行の意思表示と清算金（目的財産の価額が被担保債権額を上回る場合のその差額）の通知，支払をすることにより，処分清算型の場合は，担保目的財産を任意に処分して清算することにより，権利が行使されるものとされている。この実行手続が終了すると，目的財産の所有権は確定的に譲渡担保権者又は処分先の第三者に帰属し，被担保債権を弁済することにより目的財産を受け戻すことはできなくなる。

(2) 集合動産譲渡担保

(a) 意　義　等　　集合動産譲渡担保とは，特定の店舗や倉庫にある在庫商品のように構成部分の変動する集合動産を，その種類，所在場所及び量的範囲を指定するなどなんらかの方法で目的物の範囲を特定し，一個の集合物として譲渡担保の目的とするものである[28)]。

集合動産譲渡担保の対抗要件は引渡しであり，占有改定（民183条）の方法によるものも認められている。また，法人が行う譲渡に関しては，登記により対抗要件を具備することができる（動産債権譲渡特3条1項）。集合動産の構成部分が変動しても，対抗要件具備の効力は新たにその構成部分となった動産にまで及ぶ[29)]。

---

27) 会社更生手続に関して最判昭41・4・28民集20巻4号900頁・判時453号31頁。

28) 最判昭54・2・15民集33巻1号51頁・判時922号45頁・判タ383号95頁。

集合動産譲渡担保を実行するためには，目的となる動産を固定することが必要である。これは担保権者が実行を通知することにより生じるが，固定化の事由を譲渡担保権設定契約により定めることもできる。固定化により，譲渡担保の効力が及ぶ目的財産は，その時点で約定の場所に所在して集合動産を構成していた動産に固定されることとなり，譲渡担保設定者はその時から集合動産を構成する動産を処分することができなくなるが，その一方で，後に搬入された動産には担保権の効力は及ばなくなる。その後の譲渡担保の実行方法は，特定動産の譲渡担保の実行と変わらない。

(b)　**再生手続に関連した問題**　　集合動産譲渡担保を設定した債務者に再生手続が開始されることによって，目的動産の固定化が生ずるかどうかについて議論がある。肯定説もあるが，固定化により再生債務者が担保の目的動産を自由に処分できなくなれば，事業の継続の支障となる可能性が高いので，適当ではない。実務でも直ちに固定化が生じるものとは扱われていない[30)]。

さらに，再生手続開始の申立てないしその原因となるべき事実が生じたことにより担保目的財産が固定化する旨の特約が締結されていた場合には，その効力が問題となる。こうした特約は，民事再生法の趣旨，目的に反するので無効と解するべきであろう（第６章Ｖ８・170頁参照）。

(3)　集合債権譲渡担保

(a)　**意　義　等**　　集合債権譲渡担保とは，現存し，また将来債務者が取得する指名債権を，その範囲を特定して，一体として譲渡担保の目的とするものである。これには，当初から譲渡担保権者が担保の目的の債権を回収して優先弁済を得る方式と，譲渡担保が実行されるまでは債権を回収してその金銭を使用する権限を債務者に留保する方式とがあり，取引実務上は後者の例が多い。このような将来の債権を目的とした譲渡担保の設定も一般に有効と解されている[31)]。そして，債務者に債権の回収権限を留保する場合でも，既

29)　最判昭61・11・10民集41巻８号1559頁。

30)　固定化を肯定する説として道垣内・340頁，高橋眞『担保物権法〔第２版〕』（成文堂，2010）310頁，否定する説として，伊藤・705頁。

31)　最判平11・1・29民集53巻１号151頁。

に生じ，又は将来生ずべき担保の目的とされた債権は確定的に譲渡されており，ただ，譲渡担保設定者に取立権限を付与し，取り立てた金銭の引渡しを要しないとの合意が付加されているものと解すべきであるので，担保の目的とされた債権が発生する前であっても，指名債権譲渡の対抗要件の方法により第三者に対する対抗要件を具備することができる[32)]。

集合債権譲渡担保の第三者に対する対抗要件は，民法467条２項の通知，承諾，又は，債務者が法人の場合においては，動産及び債権の譲渡の対抗要件に関する民法の特例等に関する法律による登記である。後者では，第三債務者を不特定とする将来債権の譲渡について登記し，対抗要件を備えることが可能である（動産債権譲渡特８条２項）。

債務者に債権の回収権限を留保する方式の場合，譲渡担保の実行は，譲渡担保権設定者から債権の回収権を剥奪することから始まる。これは担保権者が担保の実行を通知することにより行うが，回収権喪失の事由を譲渡担保権設定契約により定めることもできる。その後に担保目的債権を直接取り立て，被担保債権に充当する。

(b)　再生手続に関連した問題　　債務者に債権回収権限が保留された集合債権譲渡担保を設定した債務者に再生手続が開始されることによって，債務者の債権回収権限が喪失するかどうかについて議論がある。肯定説もあるが，そのようになれば事業の継続の支障となる可能性が高いので，否定すべきといえる[33)]。

また，譲渡担保権設定契約上，再生手続開始の申立てないしその原因となるべき事実が生じたことが，譲渡担保権設定者の債権回収権限の喪失事由，ないしは同権限を債務者に留保する特約についての解除権発生事由と定められていることが多いが，こうした特約は，民事再生法の趣旨，目的に反するので無効と解するべきであろう（第６章Ｖ８・170頁参照）。

さらに，債務者に債権の回収権限を留保する方式でも，譲渡担保が実行された後は，譲渡担保権者が担保目的債権の回収権限を取得するところ，この

---

32)　最判平13・11・22民集55巻６号1056頁・判時1772号44頁・判タ1081号315頁。

33)　固定化を否定する説として，伊藤・705頁。

場合，当事者間の約定において，その後に発生した債権にも譲渡担保の効力が及ぶものとされているのが通常である。そこで，こうした約定が有効か，一般に有効であるとしても，再生手続開始後には制限的に解されないかが問題となる。この点については，約定どおりの効力を認める説が有力であるが，担保権実行により目的債権が固定化し，その後に発生する債権には譲渡担保の効力は及ばないとする反対説もある。[34)]

集合動産譲渡担保では，目的動産の範囲は，存在する場所によって画されるうえ，実行後は固定化する（前記(2)(a)参照）。これに対し，集合債権譲渡担保は，目的財産の所在といった要素による限定がないうえに，上記のとおり，第三債務者を不特定とする将来債権の譲渡にまでも対抗要件を備えることが可能であることから，それに加えて担保権実行後の目的債権の固定化もないとなると，債務者の取得するあらゆる債権が将来にわたって担保の目的となるという，事業活動そのものを担保の対象にしたにも等しいような極めて強い効力をもたせることもできることとなり，事業の再生に対する影響は甚大である。[35)]

そこで，譲渡担保が実行されてもその後に発生した債権に担保の効力が及ぶと解されるのであれば，再生債務者としては，キャッシュフローを確保するために，譲渡担保権者と別除権協定（後記Ⅳ参照）を締結することが極めて重要となる。協定は，譲渡担保の実行を控える代わりに（その後に債権から回収された金員を再生債務者と譲渡担保権者が分け合うなどの方法により）被担保債権を分割弁済するという内容になるであろう。譲渡担保権者としても，直ちに譲渡担保を実行して再生債務者の事業が頓挫すれば，将来の債権が発生しなくなり，既に発生した債権の範囲内でしか被担保債権の回収ができなくなるので，協定に応じる合理性があることとなる。ただ，元来，別除権協定で支

34)　固定化を認める説として，伊藤・倒産処理手続と担保権・67頁，小林信明「非典型担保権の倒産手続における処遇——譲渡担保権を中心として」佐藤ほか・235頁。

35)　なお，事業譲渡がなされた場合の集合債権譲渡担保をめぐる法律関係については，様々な議論がなされている。通常再生の実務・181頁〔籠池信宏〕，伊藤・倒産処理手続と担保権・70頁参照。

払うことが許されるのは，別除権を行使することにより優先弁済を受けられると見込まれる額の範囲に限られる（前記Ｉ３，後記Ⅳ２参照）ので，担保権実行後も担保の目的となる債権が増加を続けるとなると，協定で支払うべきものと定める被担保債権の額をどのように算定するかは問題である。[36)]

９．所有権留保

所有権留保とは，売買契約において，目的物を代金の完済前に引き渡すものの，その所有権は代金完済まで売主に留保することとするものである。動産の割賦販売契約などで，しばしばこのような扱いがなされる。これは代金債権の支払を確保するためのものであるから，売主に留保された権利は，所有権ではなく担保権にとどまるものであり（担保的構成），再生手続においても別除権として扱われる。[37)]

売主は，別除権を行使する場合，目的財産の引渡しを求め，目的財産の時価と残債権の差額を清算する。

所有権留保付き売買の買主について再生手続が開始された場合に，双方未履行の双務契約の処理についての規定（民再49条）が適用されるかが問題となるが，売主の代金債権を担保するために所有権留保の形で担保権設定をしたもので，目的財産の登記，登録名義が売主に留保されているような場合を除けば，売主に履行すべき義務は残存していないと解されるから，その適用は否定されるべきである。ローン提携販売に係る所有権留保についても，売買代金自体は完済されたうえで，買主の金融機関に対するローン債務について保証した売主の求償権を担保するために所有権留保の形で担保権設定をしたものと解されるから，双方未履行の双務契約に関する規定は適用されない。[38)]

---

36)　会社更生手続における評価方法について，事業再生研究機構財産評定委員会編『新しい会社更生手続の「時価」マニュアル』（商事法務，2003）181～184頁，鹿子木康「東京地裁における会社更生事件の実情と課題」ＮＢＬ800号（2005）141～142頁，伊藤・倒産処理手続と担保権・68頁，小林・前掲注34）231～232頁。

37)　最判平22・６・４民集64巻４号1107頁・判タ1332号60頁。

38)　最判昭56・12・22裁判集民134号617頁・判時1032号59頁・判タ464号87頁。

所有権留保付き売買に際し，再生手続開始の申立てないしその原因となるべき事実が生じたことを契約の解除事由とする特約が結ばれることがあるが，こうした特約は，民事再生法の趣旨，目的に反するので無効と解するべきであろう（第６章Ⅴ８・170頁参照）。

10. ファイナンス・リース

(1) 意　　義

ファイナンス・リース契約とは，リース業者が，ユーザーが選択した特定の機械・設備等（リース物件）を，ユーザーに代わって自己の名で販売業者から購入し，ユーザーに賃貸する形で使用させ，ユーザーがリース期間に支払うリース料で，物件購入代金，金利，手数料等を回収する契約である。リース物件の所有権は終始リース業者にあるが，ユーザーは，リース期間中に中途解約をしても，リース料総額から支払済みの額を差し引いた残額分の支払義務を免れることはできず，リース業者は，リース物件に関する危険負担，瑕疵担保責任，修繕義務等を負わないものとされる。特に，リース期間満了時にリース物件に残存価値はないものとみて，リース業者がリース期間中に物件購入代金その他の投下資本の全額を回収できるようにリース料が設定されているものをフルペイアウト方式といい，一般にファイナンス・リースの問題として議論されるのは，このフルペイアウト方式のものである。

(2) 法的性質

ファイナンス・リース契約は，形式のうえでは賃貸借契約の形をとっており，リース物件の所有権はリース業者が保持している。しかし，リース物件は専らユーザーが使用し続けることが予定されており，これを自らの資金で購入できないユーザーに代わってリース業者が代金を一括で支払って購入し，その後にユーザーがリース業者に対して金利や手数料等を加えた額を分割して支払うというものであって，経済的に見ると，割賦販売と同様に，リース業者がユーザーに対して金融の便宜を与えるという実質を有している。こうした実質に対応して，リース料は，その時々のリース物件の使用の対価に応じた額として設定されてはおらず，ユーザー側から契約を解除することにより将来のリース料の支払を免れることもできない。そこで，リース期間中にユーザーについて再生手続が開始した場合にこれをどのように扱うかについて，考え方が分かれることになる。

一つの考え方は，契約の形式面を重視し，賃貸借ないしこれに類似する双務契約と捉える。これによると，リース期間中，リース会社にはユーザーにリース物件を使用させる義務があり，ユーザーには残リース料支払義務があるので，双方未履行の双務契約の処理に関する規定（民再49条）が適用され，再生債務者は，継続する必要のないリース契約は解除し，存続させるべきリース契約については履行の請求をして自らの債務を履行することになる。解除が選択された場合には，リース業者は再生債務者に対し，契約の終了に基づく返還請求権ないし所有権に基づく返還請求権（取戻権〔民再52条〕）の行使によりリース物件の返還を請求できるとともに，未払のリース料債権は一般再生債権として行使する（民再49条５項，破54条１項）。逆に，履行が選択された場合には，その後に支払われるリース料は共益債権となる（民再119条２号）。

別の考え方は，契約の経済的実質がリース物件の代金の融資で，リース料の支払はその返済であり，リース料の支払とリース物件の使用が対価関係に立っていないことを重視して，リース業者は担保権を有しているにとどまると構成するものである（担保的構成。なお，この担保の目的たる権利が何かについては，後記(3)参照）。倒産処理の実務は，通常はこちらの考え方に従っている。[39)]
これによれば，リース会社はユーザーに対してリース料の支払債務と牽連関係に立つ未履行債務を負担していないので，双方未履行の双務契約の処理に関する規定（民再49条）は適用されず，未払のリース料債権は，再生手続においては別除権付きの再生債権として取り扱われる。そして，ユーザーは，

---

39)　最判平７・４・14民集49巻４号1063頁・判時1533号116頁・判タ880号147頁は，会社更生の事案において担保的構成を採用し，フルペイアウト方式のファイナンス・リース契約に平成15年改正前会社更生法103条の適用はなく，未払のリース料債権は共益債権とならないとした。民事再生法49条は平成15年改正前会社更生法103条と同様の規定であるから，再生手続にもその趣旨は及ぶものといえる。そして，最判平20・12・16民集62巻10号2561頁・判時2040号16項・判タ1295号183頁は，ファイナンス・リース契約におけるリース物件を「担保としての意義を有するにとどまる」としている。

未払のリース料債権のうち別除権によって担保されていない部分を再生手続によらずに支払うことはできず（民再85条１項），これに対してリース業者は，契約を解除してリース物件を引き上げるという方法により担保権を実行でき，さらに，未払リース料債権からリース物件のその時点での評価額を控除した残額を一般再生債権として行使できることになる（民再88条）。

このように，担保的構成によると，再生債務者の側から「履行を選択」するなどして契約を継続させることができないので，担保権を自由に行使できる再生手続において，事業の継続のためにリース物件の使用を続ける必要がある場合には，必ずしも再生債務者に有利な結論とはならない。そこで，再生債務者は，別除権協定（後記Ⅳ参照）を結び，別除権により担保されている債権額を任意に支払うことにより，担保権が実行されるのを回避すべきこととなるが，リース物件の時価は低額であることが多く，その場合，別除権により担保されているものとして再生手続によらずに支払うことができる債権額（前記Ⅰ３参照，後記Ⅳ２参照）がわずかとなるため，協定を成立させることが困難となる。こうした場合，いったん契約の解除（担保の実行）をさせたうえで，改めて物件の利用契約を締結することもあるが，当然ながらその内容は，他の再生債権者との平等を害しない適正なものでなければならない。

なお，ファイナンス・リース契約において，ユーザーに再生手続開始の申立てないしその原因となるべき事実が生じたことを契約の解除事由とする特約が結ばれることがあるが，こうした特約は，再生手続の趣旨，目的に反するので無効である（第６章Ⅴ８・170頁参照）。

⑶　担保権の対象

ファイナンス・リース契約においては，リース物件の所有権は終始リース業者にあり，ユーザーがリース料を完済しても，リース物件の所有権がユーザーに移転することがない。そこで，ファイナンス・リース契約について担保的構成をとったとしても，担保の目的たる権利をどのように理解するか（担保の実行前にユーザーが有し，担保の実行によりリース業者に移転する権利は何か）が問題となる。

一つの考え方は，ユーザーにリース物件の実質的な所有権が帰属するとしたうえで，この実質的所有権が担保の目的となっているとする（所有権説)。しかし，リース期間が満了してもユーザーに所有権が移転することはないというファイナンス・リース契約の本質と相容れないきらいがある。そこで，ユーザーは利用権を，リース業者はこの利用権部分を除いた所有権を有しており，このユーザーの有するリース物件の利用権が担保の目的となっていると理解する見解（利用権説）が主張され，有力となっている。[40)]

⑷ 担保権の実行

リース業者が担保権を実行するには，約定に基づき契約を解除し，リース物件の引渡しを求める。利用権説に立つと，担保の実行により利用権がユーザーから剥奪され，リース業者が利用権も備えた完全な所有権を取得するものと理解される。

Ⅲ 別除権で担保された再生債権の行使

１．再生債権の届出と不足額責任主義

別除権の被担保債権が再生債権であるときは，別除権者は，別除権の行使とは別に，再生債権者としての権利も行使することができる。

別除権者も，再生債権者として権利を行使するためには，裁判所に再生債権の届出をすることが必要である（民再94条１項)。その際には，債権の内容，原因，議決権の額など通常届出が必要な事項（民再94条１項，民再規31条１項）に加えて，別除権の目的である財産と，別除権行使によって弁済を受けることができないと見込まれる債権の額（予定不足額）を届け出なければならな

40） 前掲注39）最判平７・４・14及び最判平20・12・16はいずれもこの点について明確ではないが，後者の原審である東京高判平19・３・14判タ1246号337頁・金法1869号47頁及び第１審である東京地判平16・6・10判タ1185号315頁・金法1869号55頁，大阪地決平13・７・19判時1762号148頁・金法1636号58頁，東京地判平15・12・22判タ1141号279頁・金法1705号50頁などが利用権説を採っている。

い（民再94条２項）。

別除権者は，別除権の行使によって弁済を受けることができない債権の部分（不足額）についてのみ，再生債権者としてその権利を行使することができる（民再88条本文）。１個の再生債権について，別除権の行使と再生手続の中での行使という重複した権利行使をして満足を得ることは，他の再生債権者との間で公平を欠くと考えられたためで，破産手続（破108条１項本文）におけるのと同様，いわゆる不足額責任主義を採用したものである。

担保権によって担保されていた債権の全部又は一部が再生手続開始後に担保されないこととなった場合は，その部分についても再生債権者としてその権利を行うことができる（民再88条ただし書）。

このように，別除権者は，不足額責任主義の規律の下に，再生債権者として手続に参加することができる。換言すれば，再生債権者は，再生債権が別除権により担保されている場合には，権利行使に特別の制限を受ける。しかしこれは，その担保権が別除権として扱われる場合に限られる。したがって，別除権とは扱われない民事留置権（民再53条１項）や再生手続開始前に第三者所有の不動産に設定された抵当権の被担保債権となっている再生債権の行使については，このような制限はない。これに対し，再生債務者が抵当権付きの自己所有不動産を再生手続開始後に第三者にそのまま売却しても，抵当権者は引き続き別除権者として扱われ，被担保債権である再生債権の行使には不足額責任主義が適用されて，債権者は上記の手続を踏むことが求められる（民再53条３項）。この場合，別除権を実行する際の相手方は，不動産を買い受けた現在の所有者である。

なお，別除権付きの再生債権を有する者が再生債権の届出をするかどうかは自由であり，届出をしなくても，もとより別除権の行使は可能である。別除権により被担保債権が十分に満足を受けられ，不足額が発生しないことが明らかである場合は，目的財産の毀損や価格の下落のリスクを別とすれば，再生債権の届出は特にする必要のない行為ということになる。また，再生債権を届け出る際に別除権についての届出をしなかった場合でも，これにより担保権を放棄したと認めるべき特段の事情がない限り，そのために担保権が消滅するということはなく，その後に担保権を実行することができる。[41)]

2. 再生債権の内容と議決権額の確定

別除権者は，債権の内容と議決権の額に加えて，予定不足額を届け出る。そして，不足額責任主義（民再88条）から，再生債務者は予定不足額について議決権を行使することができるので，届け出る議決権の額は，予定不足額と一致することになる。

その後の債権の内容と議決権額の確定の手続は，別除権付きの再生債権であっても，基本的に通常の再生債権と異なるところはない（第８章Ⅰ７・223頁，８・225頁参照）すなわち，債権調査の手続の中で，届け出られた債権の内容及び議決権額に対して，再生債務者等は認否書を提出し（民再101条１項），届出再生債権者は異議を述べることができる（民再102条１項）。そして，その結果，届出の内容が争われなければ，債権の内容と議決権の額は届出のとおりに確定し（民再104条１項），争われた場合には，債権の内容の実体的な確定は再生債権確定の手続にゆだねられる一方，議決権額については，議決権行使のための債権者集会が開かれない場合，及びこれが開かれてそこでさらに異議が述べられた場合は裁判所が議決権額を定め，債権者集会が開かれたがそこでは異議が述べられなかった場合は，届出額が議決権額となる（民再170条・171条）。

別除権者は，別除権の行使が未了で不足額が確定していなくても，以上により定まった議決権額について議決権を行使できる。しかし，これにより不足額が確定するわけではなく，不足額は後記４の事由により確定することとなる。

3. 再生計画における別除権付き再生債権の扱い

一方，別除権付き再生債権が再生計画に従った弁済を受けるためには，不足額が確定している必要がある（民再182条本文）。不足額の確定については

41）　東京高決平14・３・15金法1679号34頁。

後記４で説明するとおりであるが，確定にはある程度の時間を要することが少なくない。そのため，再生計画案が作成されるまでには不足額が確定していないということがあり得るが，このような不足額未確定の再生債権については，変更した後の権利の内容を個別に再生計画に定めることができない(民再157条１項参照)。さらには，再生計画に定められた弁済時期が過ぎた後に不足額が確定することもあるが，これに対しては，既に弁済期が経過してしまった部分についても適切に弁済がなされなければならない。

そこで，不足額が確定していない別除権付き再生債権を有する再生債権者がいる場合は，再生計画において，不足額が確定した場合の再生債権者としての権利行使に関する適確な措置を定めなければならないものとされている[42)]（民再160条１項，第10章Ⅲ６・312頁参照）。

「適確な措置」とは，他の再生債権と平等，衡平な取扱いがされており，かつ，不足額がどのように確定しても再生計画全体の履行が不安定にならないように定められた措置をいう。例えば，他の再生債権について分割弁済が開始された後に不足額が確定した場合，他の再生債権への既払い分に相当する部分をいつ，いかなる方法で弁済し，その弁済原資をどのように確保するのかを明確にする定めがこれに当たる。

なお，不足額が確定するまでに，上記の「適確な措置」によっても対応できないような状況が生じ，再生計画の遂行を確実にするために必要があると認められるときは，裁判所は，再生債務者等又は再生のために債務を負担し，もしくは担保を提供する者に対し，相当な担保を立てるべきことを命ずることができる（民再186条３項３号)。

４．不足額の確定

不足額は，①担保権が消滅した場合，②不足額について合意がされた場合に確定する。

---

42) 再生債権確定の手続にも時間を要することから，未確定の再生債権がある場合にも「適確な措置」を定めることとされている（民再159条)。同様の趣旨である。

①の担保権の消滅の事由には，具体的には，(i)担保権の実行の完了，(ii)目的財産の受戻し，(iii)担保権消滅許可制度の手続の完了，(iv)担保権の放棄，がある。

②の不足額についての合意とは，それまで別除権により担保されていた被担保債権全体のうち，一部のみを別除権により担保されるものとし，残部は担保されないものとする旨の合意であり，こうした別除権者と再生債務者との間の合意により，別除権が存続していても不足額が確定するというものである。再生債権者として弁済を受けるためには常に別除権を消滅させる必要があるとするのは別除権者に酷であり，また，別除権の行使が促進されて再生債務者の事業の再生の障害にもなることから，このような確定も認められている（民再88条ただし書）。

合意により不足額とされた債権の部分については，担保権により担保されないことが実体的に確定する。換言すれば，この点が不確定な合意によっては不足額は確定しない。確定された不足額を基礎として，その後に再生債権者が権利行使を積み重ねるからである。したがって，後に担保権が実行され，目的財産を処分したことにより得られた金銭の額が担保されるものと合意された額よりも多かったとしても，不足額とされた債権の部分については，そこから弁済を受けることはできない。

不足額の確定の合意は，実務上は別除権協定の中でなされることが多い。この場合，別除権協定は，(ア)被担保債権の範囲を限定する旨の合意（不足額確定の合意），(イ)目的財産の受戻しの合意及び(ウ)担保権不行使の合意が混合したものとなるところ，この協定に基づく支払が滞ると，別除権者は担保権を実行することになるが，その場合であっても，(イ)と(ウ)を解除できるのみで，(ア)の部分は解除できないものと解される。[43)]

一方，別除権により担保されるものと合意された債権部分のその後の扱いについては，実際になされた合意全体の趣旨を解釈して決めるべきことと考えられる。別除権協定の中で別除権で担保される部分の支払について合意が

---

43) 新注釈民事再生法(上)・473～474頁〔中井康之〕。もっとも，ここで紹介されているように，(ア)の部分も含めた協定全体の解除を認める説もある。

なされた場合には，別除権の行使を控える反面として，再生債務者が支払を約した部分は共益債権となるとの説が有力である（後掲Ⅳ５参照）。他方，これが通常の別除権付き再生債権と解される場合には，この部分について上記①の(i)ないし(iv)の事由が生じてなお不足額が発生し，あるいは②の不足額の合意を改めて結べば，さらに不足額が確定し，別除権者はその不足額について再生債権者として再生計画に従った弁済を受けられることとなると考えられる。

不足額の確定について，登記が必要かどうかが議論されている。①の(i)，(iii)については，手続の完了時に裁判所書記官が職権で担保権の消滅の登記をするが，それ以外では，不足額が確定してもそれに関する登記がなされない可能性があることから問題となる。理論的には，担保権には附従性があり，再生債務者等は被担保債権額が変更されたことを登記なくして主張できるはずである。しかし，手続を明確にする観点から，登記を要するという見解も主張される。担保権の放棄がなされた場合については，破産手続では抹消登記を求める扱いが一般的で，再生手続でも同様とされている。これに対し，合意により不足額が確定した場合については，変更登記を要しないとする見解が有力で，実務的にも変更登記をしない例が少なくない[44]。

５．再生債権の行使

別除権付き再生債権の債権者は，不足額が確定すると，確定した不足額につき，再生債権者として再生計画の定めに従った権利を行使できることになる[45]（民再182条本文）。これは，再生計画に定められた「適確な措置」（民再160条１項）に従ってなされる。もしもこの定めがなされていない場合には，一般的基準に従えば既に弁済期が到来した部分については，直ちに弁済がなされなければならないものと考えられる[46]。

44)　条解再生法・461頁〔山本浩美〕，新注釈民事再生法(上)・472～474頁〔中井康之〕等。なお，大阪高決平11・10・14金判1080号３頁・金法1569号108頁は，別除権の放棄はその登記をしなくても破産管財人に主張できるとした。

45)　もとより再生債権の内容が実体的に確定していることも必要である（民再179条２項）。

６．根抵当権についての特則

根抵当権の元本は，確定期日の到来，確定事由の発生，根抵当権者又は根抵当権設定者の確定請求により確定する（民398条の６・398条の19・398条の20）。再生手続が開始されても，再生債務者の所有する物件に設定された根抵当権の元本は当然には確定しない（民398条の20第１項４号，民再148条６項参照）。

元本が確定した根抵当権については，不足額部分が確定していない場合であっても，これを実行しても被担保債権のうち極度額を超える部分の弁済は受けられない蓋然性が高い。そこで，こうした根抵当権については，再生計画の中で，極度額を超える部分について権利変更の一般的基準（民再156条）に従った仮払いをする旨の定めをすることができる[47]（民再160条２項前段，**第10章Ⅳ４**・317頁参照）。根抵当権者は，これにより，不足額が確定していなくても，仮払いを受けることができる。この措置を定めた再生計画を提出する場合には，あらかじめ書面により根抵当権者の同意を得て，これを再生計画案とともに裁判所に提出しなければならない（民再165条２項，民再規87条）。

この場合においては，当該根抵当権の行使によって弁済を受けることができない債権の部分が確定した場合における精算に関する措置も定めなければならない（民再160条２項後段）。仮払いがなされた後で，根抵当権について不足額が確定した時は，この定めに従って清算を行う。例えば，根抵当権が実行されても回収額が極度額に満たなかった場合には，回収額と極度額との差額分の被担保債権について，再生計画の一般的基準に従った権利変更をしたうえで，追加の支払がなされる。

46）　条解再生法・961頁〔畑宏樹〕。

47）　破産法にも，根抵当権について，類似の規定がある（破196条３項・198条４項）。

Ⅳ 別除権協定

1．意　　義

別除権は再生手続外で随時行使することができる（民再53条２項）ので，事業に必要な資産に別除権が設定されているときは，再生債務者としては，これが実行されて事業が頓挫することのないようにしなければならない。そこで実務上，再生債務者が別除権者との間で別除権の実行を控えてもらうことを内容とする協定（別除権協定）を締結することが広く行われている。これに応じるかどうかは別除権者の自由であり，締結を強制することはできないが，締結には当事者双方に様々なメリットがあり（後記３参照），再生債務者にとって，別除権の実行を阻止するための方策の第一選択肢となっている。

2．別除権協定の内容

別除権協定は，別除権者が別除権の実行を控えることを内容とするが，その反面として，被担保債権が再生債権である場合，再生債務者がこれを分割等により弁済し，これが完了した場合には担保権は消滅する旨を約するのが通例である。この場合，別除権協定は目的財産の受戻し（民再41条１項９号）の合意としての意味をもつこととなる。すなわち，再生債権は原則として再生計画によらずに弁済することはできない（民再85条１項）が，別除権の実行により優先弁済がなされると見込まれる額の範囲内であれば，別除権者に対して任意に弁済をして目的財産を受け戻すことも許される（前記Ⅰ３参照）。その支払方法を協定により定めるわけである。

このように，別除権協定（受戻し）によっても，支払うことが許される再生債権は，あくまでも別除権の実行により優先弁済がなされると見込まれる額に限られる。これを上回る支払をする旨の協定を締結しても，再生計画によらずに再生債権を支払うものとして違法とせざるを得ない（民再85条１項）。これに対し，別除権で担保される額を実体よりも少ないものと合意することには問題がない。

そこで，別除権協定は，別除権の実行により被担保債権全額の優先弁済がなされると見込まれるかどうかにより，内容が異なることとなる。

まず，別除権の実行により被担保債権全額の優先弁済がなされると見込まれる場合については，再生債務者は元々被担保債権の全額を支払うことができるので，別除権協定では，それについての支払の期限や方法を定めることとなる。この場合，被担保債権全額を直ちに支払えば，協定を成立させるまでもなく，担保権を消滅させて目的財産を受け戻すことができるのであるが，協定を締結すれば，分割支払等のより緩やかな条件による支払をしながら，別除権が行使されることを防ぐことが可能となるわけである。

これに対し，別除権の実行をしたとしても被担保債権の一部しか弁済されないと見込まれる場合には，再生債務者は，そのままでは再生債権たる被担保債権を支払うことができない。そこで，別除権協定においては，まず被担保債権の額を弁済が許される範囲内に限定することを定め，そのうえで，これを支払って目的財産を受け戻す旨を合意することとなる。これにより，不足額も確定することになるので，この場合の別除権協定は，㈠被担保債権の範囲を限定する旨の合意（不足額確定の合意），㈡目的財産の受戻しの合意，㈢担保権不行使の合意が混合した内容となる[48]。実務における別除権協定の多くは，こうした内容のものである。この場合，別除権者は，不足額につき再生債権者として再生計画に従った弁済を受けることができるようになる（民再182条本文，前記Ⅲ４参照）。

このように，別除権協定を締結するに当たっては，目的財産の価額が重要な検討要素となる。そこで，これを評価する作業が必要となるが，優先弁済がなされる額は本来は別除権を実行して初めて明らかになるものであるところ，それをすることなしに評価するわけなので，実務ではある程度は評価の幅を許容する傾向にある。なお，財産評定（民再124条）により評定された価

48)　受戻しに裁判所の許可（民再41条１項９号）ないし監督委員の同意（民再54条２項）が必要とされている場合には，受戻しを含む内容の別除権協定を締結するにも，これらの許可ないし同意が必要となる。

額に拘束されることはない。

3. 別除権協定のメリット

別除権協定を締結するかどうかは別除権者の自由であるので，別除権者が応じなければ協定の締結はできない。その場合，再生債務者としては，別除権の実行により被担保債権全額の優先弁済がなされると見込まれる場合であれば，被担保債権全額を支払うことにより目的財産を受け戻すことができ，そうでない場合には，担保権消滅許可の制度（民再148条以下）を利用することが考えられる。しかし，いずれも金銭の支払は即時一括となることに加え，担保権消滅許可の制度については，要件が厳しく限定されていること，非典型担保に対して利用できるかどうかについて争いがあること（後記Ｖ４参照），当該債権者の不興を買えば再生計画案に対して反対の投票をされるおそれが高まることなどの問題もある。

これと比較すると，別除権協定によれば，非典型担保への対応においても問題がなく，より穏やかな支払条件で，別除権者と協力しながら事業の再生を目指すことができるので，再生債務者にとって，協定を成立させるメリットは大きい。一方，別除権者にとっても，当面は協定に基づく支払を受けることができ，それが滞ればその段階で別除権を実行できるし，協定により不足額が確定し，また，事業の再生が軌道に乗れば，不足額部分まで再生計画に従った弁済を受けられるので，協定により支払われる額に異存がなければ，協定を成立させることに合理性がある。

4. 別除権協定締結に当たっての留意点

別除権協定に応じるかどうかは別除権者の自由であるうえ，締結のためには担保の目的財産の価額の評価をしなければならないことなどから，協定の成立までに一定の時間を要することが少なくない。しかし，目的財産が事業の再生に必要なものであれば，協定の成否は再生計画の履行の可能性を左右することになるので，再生債務者は，遅くとも再生計画案の提出までには，協定が成立する見込みであることを裁判所，監督委員，再生債権者に説明できる状況にしておく必要があり，そのために，早期に担保権者と交渉を開始し，協定成立までの見通しを立てる必要がある。

また，協定成立までの間に別除権が実行されてしまう可能性もある。そこで，交渉等の時間を確保する必要がある場合（さらには，協定不成立の場合に担保権消滅許可の制度を利用するための時間を確保する必要がある場合）には，担保権実行手続の中止命令（民再31条1項）を申し立てることが考えられる。ただし，非典型担保について利用できるかどうかについては見解が分かれている（第5章Ｖ３・120頁参照）。

5．別除権協定に基づく支払

協定に基づく支払は再生計画とは別枠の支払であり，再生債務者は，そのための資金も調達しなければならない。これが支払われない場合，別除権者は別除権協定を解除し，別除権を実行することができる。ただし，その場合においても，不足額確定の合意の部分については解除できないものと解される（前記Ⅲ４参照）。

別除権協定により被担保債権である再生債権の支払が合意された場合，この債権は共益債権（民再119条5号）となるという見解が有力である[49]。これに対し，元々存在していた再生債権のうち別除権で担保される範囲とその支払方法を合意したにとどまるので，債権の性質に変更はないとの見解もあり得るであろう。支払が滞った場合には，別除権者は元々の担保権者としての地位に基づいて担保権を実行できるのであるが，前説によれば，それに加えて共益債権者として再生債務者の一般財産に強制執行をなし得る地位も新たに付与されることとなる（民再121条1項・2項）。別除権者は，元々別除権の行使によりいつでも被担保債権の回収をできる立場にあったものであるところ，再生債務者に協力をして別除権の行使を控えることにより，将来の目的財産の毀損や価格下落のリスクを負う一方で，担保の目的財産の価額が被担保債

49）　新注釈民事再生法(上)・472頁〔中井康之〕。

権額を下回っていた場合であっても，不足額確定の合意によって価格上昇の利益は享受できないという立場に立たされることになる（前記Ⅲ４参照）。こうした不利益を別除権者のみに負担させるのは酷であるし，別除権者がこれを嫌って協定の締結に応じなくなれば，事業の再生にも支障が生じることとなる。そうすると，最終的には協定の解釈の問題に帰することであるが，前説のように解することには理由があると考えられる[50)]。

V　担保権消滅許可の制度

1．意　　義

再生手続開始の時において再生債務者の財産につき特別の先取特権，質権，抵当権又は商事留置権が存する場合において，当該財産が再生債務者の事業の継続に欠くことのできないものであるときは，再生債務者等は，裁判所に対し，当該財産の価額に相当する金銭を裁判所に納付して当該財産について存するすべての担保権を消滅させることについての許可の申立てをすることができる（民再148条１項）。

別除権は手続外で随時行使が可能であるので（民再53条２項），事業に必要な資産に別除権が設定されているときには，これが実行されて事業が頓挫することのないようにしなければならない。そこで再生債務者としては，当該資産の価額が被担保債権の額以上であれば，被担保債権全額を支払うことにより目的財産を受け戻すことができる。これに対し，当該資産の価額が被担保債権の額を下回る場合，再生債務者はそのままでは被担保債権を支払うことができず，被担保債権を支払って目的財産を受け戻すためには，別除権者

50)　もっとも，この点については，特に，再生手続が廃止されて破産手続が開始された場合の別除権協定の効力をどのように考えるかを中心として，様々な議論がなされている。通常再生の実務・212頁〔青谷智晃〕，木内道祥監修／軸丸欣哉＝野村剛司＝木村真也＝山形康郎＝中西敏彰編『民事再生実践マニュアル』（青林書院，2010）203頁，高井章光「牽連破産に関する諸問題」実務と理論・258頁など。

と合意を結んで，被担保債権の額を目的財産の価額の範囲内に減額させなければならない（前記Ⅰ３，Ⅳ２参照）。しかし，合意をするかどうかは別除権者の自由であり，別除権者が応じなければ合意はできない。そのような場合に，強制的に担保権を消滅させるために，本制度が利用されることとなる。[51)] なお，本制度では目的財産の価額に相当する金銭を納付することになるので，これが被担保債権の額以上である場合には，端的に被担保債権を支払って受け戻す方法により担保権を消滅させるべきであって，本制度を利用することは適切ではない（後記５(1)参照）。

制度は，申立て（民再148条），目的財産の価額に異議のある担保権者による価額決定の請求（民再149条），裁判所による価額の決定（民再150条），価額に相当する金銭の納付等（民再152条），配当の実施（民再153条）の各手続からなる。すなわち，担保権者は，申立てに異議があっても，これに対抗して担保権を実行して手続の進行を阻止するといったことができず，裁判所の選任した評価人の「評価」のみに基づいて対象財産の価額が決定され，これが支払われることにより担保権が消滅する仕組みとなっている。これは，対象財産が売却されてしまうと，事業の再生の目的が達せられないからである。

なお，申立てから金銭の納付により担保権の消滅の効果が生じるまでにはある程度の時間を要するところ，その間に別除権が実行されてしまうおそれがある場合には，これを防ぐために，担保権実行手続の中止命令（民再31条１項）の申立てをすることが考えられる。この点については，別除権協定におけるところと同様である（前記Ⅳ４参照）。

２．類似の制度との比較

現行法制上，担保権を強制的に消滅させる制度は，本制度のほかにもある。本制度と同様の構造を有しているのは，会社更生法上の担保権消滅請求の

51)　さらに，別除権協定が締結できず，担保権消滅許可の制度も利用できない場合に，株式会社である再生債務者において担保権の行使を制限するには，会社更生手続の開始を申し立てるという方策が考えられる（第１章Ⅰ４(3)・７頁，第15章Ⅱ１・395頁参照）。

制度である（会更104条以下）。ただし，本制度の要件は「当該財産が再生債務者の事業の継続に欠くことのできないものであるとき」とされているところ（民再148条１項），会社更生法上の担保権消滅請求の制度では，「当該財産が」との限定がなく，また，その必要性についても，「必要であると認めるとき」とされており，本制度における「欠くことのできないものであるとき」よりは緩いものとされている（会更104条１項）。これは，更生手続の下では，元々担保権は行使が制限され（会更50条１項），更生計画の認可決定により消滅するものとされている（会更204条１項）からである。また，その一方で担保権は原則として更生手続内で満足が図られることから，担保権消滅請求の手続においても，裁判所に納付された金銭は直ちに担保権者に配当されず，その後の手続の進行との調整が図られている（会更109条・110条）。

一方，破産法にも担保権消滅の許可の制度がある（破186条以下）。しかしこれは，破産が清算型の手続であることに対応して，目的財産を実際に売却・換価する制度であり，担保権者もこれに対抗して担保権の実行をしたり（破187条），自らあるいは第三者が目的財産を買い受けることを申し出たりすることにより手続の進行に介入できる（破188条）点で，本制度と大きく異なっている。

また，民法上，抵当権の目的財産の第三取得者は抵当権消滅請求ができることも定められている（民379条以下）。しかしこれも，担保権者が対抗して担保権の実行をすることにより請求を阻止できる（民384条）点で，本制度と大きく異なっている。

３．対象となる財産

担保権消滅許可の制度の対象となる財産は，再生手続開始の時点において，再生債務者に属しており，かつ，担保権が設定されているものでなければならない（民再148条１項）。担保権者が対抗要件を具備していなかった場合には，そもそも再生債務者に対抗することができないので（前記Ⅰ４参照），あえて担保権消滅許可の制度を用いるまでもない。一方，当該財産につき再生債務者は対抗要件を具備している必要はないとする裁判例がある。[52)]

次に，「当該財産が再生債務者の事業の継続に欠くことのできないもの」であることが要件となっている（民再148条１項）。これは，典型的には，工場や機械設備など，当該財産自体を事業に用いていて欠くことができない場合が想定されている。もっとも，これは必ずしも「再生債務者」自身が事業を継続するのに不可欠であることをいうものではなく，当該「事業」の継続に不可欠であれば足り，事業譲渡とともに当該財産が譲渡される場合も含まれると解されている。

では，当該財産を売却することにより事業資金を得ようとする場合には，この要件を満たすであろうか。本制度は，担保権は再生手続の影響を受けないとの原則に対する例外であり，かつ，担保権者に不服がある場合でも目的財産を市場に出すことなく「評価」のみによりその価額を決定する仕組みとされている点で，担保権者の権利に大きな制約を課するものであることから，厳格な要件が定められたものである。にもかかわらず，再生債務者がその「評価」以上に高額に売却して差額分の利益を得ることを認めるのは制度の趣旨に添わないのではないかとの疑問があり，また，民事再生法148条１項の法文上も会社更生法104条１項にはない「当該財産が」との限定が設けられていることなどから，この点を否定的に解する見解が多い[53]。こうしたことからすれば，例えば遊休資産に設定された担保権を消滅させてこれを処分し，事業継続のための資金を得ようとする場合などは，この要件を満たさないものといえるだろう。しかし他方，一定の事実関係の下で，担保権の消滅を認めた事例もある[54]。

52）　福岡高決平18・３・28判タ1222号310頁。

53）　新注釈民事再生法(上)・851～852頁〔木内道祥〕など。

54）　東京高決平21・７・７判時2054号３頁・判タ1308号89頁（原決定は東京地方裁判所破産再生部がした担保権消滅の許可決定）は，土地付き戸建住宅の分譲を業とする再生債務者所有の販売用土地について担保権消滅許可の申立てがされた事案において，事業の仕組みとして分譲する住宅の敷地に担保権を設定し消滅させることが織り込まれており，担保権者もこれを了解していたもので，担保権の消滅を認めないと事業の仕組みそのものが機能しなくなるとして，「事業の継続に欠くことのできない」との要件を満たすものとした。そのほかに，名古屋高決平16・８・10判時1884号49頁。

4．対象となる担保権

特別の先取特権，質権，抵当権，商事留置権，仮登記担保権は，担保権消滅許可の制度の対象となる（民再53条１項，仮登記担保19条３項）。

これ以外に，譲渡担保，所有権留保，ファイナンス・リースなどの非典型担保が対象となるかどうかは問題であり，実務の扱いは定まっていない。

まず，譲渡担保及び所有権留保についてみると，これらは倒産手続上，担保権（別除権）として取り扱う実務が定着している。そうすると，担保権者は再生手続中もこれを自由に行使することができ（民再53条２項），これに対して担保権を消滅させる要請があることは典型担保の場合と異ならないので，一般論としては，可能な限り担保権の消滅を認めるべきであるといえる。しかし他方，非典型担保が複数設定されていたり典型担保と競合しているような場合は，担保権の存在や配当順位を確定するのが困難であり，また，目的財産につき担保権者に所有者としての登記・登録がなされている場合に，これを担保権として抹消できるかなどの問題が残されている。また，担保権者は通知等をするだけで容易かつ迅速に担保権の実行を完了させることができるので，これに対する中止命令（民再31条１項）が認められなければ，本制度も効果を上げることは期待できないが，非典型担保に対して上記の中止命令を発令することができるかどうかについては争いがあり，実務の扱いも定まっていない（第５章Ｖ３・120頁参照）。

次に，ファイナンス・リースについてみると，これも倒産手続上，担保権（別除権）として取り扱う実務が定着しており，これに対して担保権の消滅を認めるべき要請があることは同様である。しかし，これについても，中止命令（民再31条１項）が認められるかという上記の問題がある。また，ファイナンス・リース契約においては，ユーザーの有するリース物件の利用権が担保の目的となっていると理解する見解（利用権説）が有力となっている（前記Ⅱ10(3)参照）ところ，本制度を適用し，担保目的財産を処分するものとして評価する場合（民再規79条１項），これをどのように行うかが問題となる。さらに，担保権を消滅させても，リース業者はリース物件の所有者として関与し続けるので，その地位を不当に害することなく，再生債務者の利用権も確保して，安定した関係を形成させなければならない。

非典型担保が担保権消滅許可の制度の対象となるかどうかに関しては，これらの問題点に慎重に対処しながら，手続を進められるかどうかを判断して決していく必要があるといえる。[55)]

5．担保権消滅許可の申立てとその裁判

(1)　申　立　て

担保権消滅許可の申立書には，担保の目的である財産とその価額（民再148条2項1号・2号），消滅すべき担保権とその被担保債権額（同項3号・4号），目的財産が再生債務者の事業の継続に不可欠である事由（民再規70条1項2号）などを記載しなければならない。

また，申立ての際には，申立書に記載した目的財産の価額（申出額）の根拠を記載した書面も提出しなければならない（民再規71条1項1号）。再生債務者等が不相当な価額を記載することを防止するとともに，担保権者が価額決定の請求を行うか否かの判断資料とするためである。

そこで，申出額が客観的に相当であることが担保権の消滅を許可するための要件であるかどうかが問題となる。この点は，申出額が低額にすぎる場合と高額にすぎる場合に分けて考える必要がある。まず，申出額が不当に低いものであるかどうかは，これにより不利益を受ける立場にある担保権者が価額決定の請求をすることにより検証されるべき問題で，裁判所がこの点に積極的に介入する必要はないので，担保権の消滅を許可するか否かに関しては，要件とならないものと解されている。これに対し，申出額が不当に高すぎるものであるかどうかについては，問題がある。すなわち，仮にこのような申出額に従った担保権消滅許可決定がなされれば，担保権者は担保権の実行に

55)　前掲注40）大阪地決平13・7・19は，ファイナンス・リースに対して本制度を適用することを，一般論として否定していない。東京地方裁判所破産再生部では，動産譲渡担保について，担保消滅許可の決定をした事例がある（民事再生の手引・246頁〔中村悟〕）。

より得られる満足を超えた弁済を受けることになり，再生債権の再生計画外弁済の禁止（民再85条１項）の趣旨に反する結果となるが，これに対して担保権者から価額決定の請求がなされることは期待できない。そうすると，上記の点は担保権の消滅を許可するための要件となり，裁判所はこの点を審理し，申出額が不当に高すぎる場合には申立てを棄却できるものと解される。[56)]

また，申立書には消滅すべき担保権を記載し，記載されなかった担保権は消滅しないものとされている（民再152条２項・148条３項前段第２括弧書）。しかし，そもそも本制度は目的財産上のすべての担保権を消滅させることを目的としたものであり（民再148条１項），再生債務者等が所定の金銭を納付したにもかかわらず一部の担保権が消滅しないという結果になれば，再生債務者の一般財産が毀損されて一般再生債権者が害される結果となる。したがって，申立書には目的財産上のすべての担保権を記載することが義務づけられており，これに反して一部の担保権の記載が漏れていることが決定の前に判明した場合には，裁判所は申立てを棄却できるものと解される。[57)]

さらに，申立書には担保権の被担保債権額も記載すべきところ，その総額が目的財産の価額についての申出額よりも低額である場合には，被担保債権全額を支払って目的財産を受け戻せば足りるはずであるので，申立ては原則として必要性を欠くと判断されることになるであろう[58)]（前記１参照）。

⑵ 手　続　等

申立てがなされると，裁判所は，許否の決定をする。

決定に当たって審尋をすることは，法律上は要求されていないが，申立てがなされた場合には，早期に再生債務者等と担保権者の双方を呼び出し，審尋を行う運用をしている裁判所が多い。[59)] 許可決定をした場合には，その裁判書は，申立書とともに，担保権者に送達する（民再148条３項）。

なお，消滅すべき担保権が根抵当権である場合には，決定により根抵当権

56）　一問一答・192頁。
57）　一問一答・192頁。
58）　一問一答・192〜193頁。
59）　東京地方裁判所破産再生部の運用について，民事再生の手引・253頁〔中村悟〕。

の元本が確定するという特別の効果が生じる。すなわち，債務者に再生手続が開始されても，その所有する物件に設定された根抵当権の元本は当然には確定しない（民398条の20第１項４号，民再148条６項参照）。しかし，根抵当権を消滅許可の対象とするには，元本を確定させる必要があることから，許可決定書等の送達を受けた時から２週間を経過したときは，根抵当権の元本が確定することとされたものである（民再148条６項）。ただし，許可申立てが取り下げられ，又は許可決定が取り消された場合には，元本確定の効力は失われる（民再148条７項，民398条の20第２項）。

⑶　即 時 抗 告

担保権者は，担保権消滅の許可決定に対して不服がある場合には，即時抗告をすることができる（民再148条４項）。上記⑴のとおり，申立書に記載された財産の価額が低すぎないことは許可の要件ではないので，担保権者は価額が低すぎることを理由として即時抗告をすることはできないが，価額決定の請求をして争うことができる（民再149条１項）。

６．価額決定請求

⑴　意　　義

担保権者は，再生債務者等が提示した目的財産の価額が不相当であると判断する場合には，裁判所に対して価額決定の請求をすることができる（民再149条１項）。破産手続における担保権消滅許可の場合には，価額の相当性を争う担保権者は，担保権実行の申立てや買受けの申出によって対抗することができるが（破187条１項・188条１項），本制度は，事業継続のために再生債務者に目的財産を保持させることを目的としているので，担保権者にこのような対抗手段を与えることができない。そこで，価額決定の請求によって，担保権者が目的財産の適正な価額を争う機会を保障したものである。会社更生法上の担保権消滅請求の制度にも類似の規定が設けられている（会更105条）。

(2) 請求の手続

価額決定請求は，担保権消滅許可の申立書の送達を受けた日から１月以内にしなければならない。やむを得ない事由がある場合に限り，裁判所は，申立てにより期間を伸長することができる（民再149条１項・２項）。価額決定の請求をする担保権者が財産の評価をした場合において当該評価を記載した文書を保有するときは，裁判所に対してその文書を提出しなければならない（民再規75条４項）。価額決定の請求をする担保権者は，費用を予納しなければならず（民再149条４項），予納がなければ，裁判所は請求を却下する（同条５項）。

(3) 財産の評価

価額決定の請求があった場合，裁判所は，当該請求を却下する場合を除き，評価人を選任し，財産の評価を命じる（民再150条１項）。目的財産が不動産である場合，一般に，評価人には不動産鑑定士を選任する。評価人は，評価を行い，評価書を提出しなければならない（民再規79条３項・４項後段，民執規30条１項）。

評価は，財産を処分するものとして算定しなければならない（民再規79条１項）。目的財産が不動産である場合には，評価に際して，不動産が所在する場所の環境等に応じ，取引事例比較法，収益還元法，原価法その他の評価の方法を適切に用いなければならず[60)]（同条２項），目的財産が不動産でない場合も同様である（同条４項前段）。

(4) 価額決定の手続

評価人の評価がなされたら，裁判所は，この評価に基づき，目的財産の価額を定める決定をする（民再150条２項）。担保権者が数人ある場合には，価額は合一に確定する必要があるので，担保権者の全員について価額決定の請

---

60) 社団法人日本不動産鑑定協会「民事再生法に係る不動産の鑑定評価上の留意事項について」「同（各論）」判タ臨増1043号（2000）82頁以下，96頁以下は，実務において広く指針とされている。

求期間（民再149条１項・２項）が経過しなければ価額決定をなし得ないし，数個の価額決定の請求事件が同時に係属するときは，事件を併合して裁判しなければならない（民再150条３項）。

この決定は，価額決定の請求をしなかった担保権者に対しても効力を有し（民再150条４項），再生債務者等及びすべての担保権者は，この決定に対して即時抗告をすることができる（同条５項）。そこで，価額決定の請求についての決定や即時抗告についての裁判の裁判書は，再生債務者等及びすべての担保権者に対して送達しなければならず，送達代用公告の規定は適用されない（同条６項）。

⑸　手続費用の負担

価額決定の請求の手続費用は，請求をなす者が予納するが（民再149条４項），評価人による評価の費用が含まれるため，高額となる場合も少なくない。そこで，その最終的な負担については，当該担保権者が価額決定の請求をする必要性があったかどうかという観点から，以下のように決定される。すなわち，再生裁判所の決定によって定められた価額（民再150条２項）が，再生債務者等による申出額（民再148条２項２号）を超える場合には，費用は再生債務者の負担となり（民再151条１項本文前段），決定額が申出額を超えない場合には，費用は価額決定を請求した担保権者の負担となる（同後段）。ただし，前者の場合であっても，申出額を超える額が費用の額に満たないときは，当該費用のうち，その超える額に相当する部分に限って再生債務者の負担とし，その余の部分は価額決定の請求をした者の負担とされている（同項ただし書）。なお，即時抗告に係る手続費用については，非訟事件の原則（非訟26条１項参照）のとおり，その即時抗告をした者の負担とされている（民再151条２項）。

以上の結果として再生債務者の負担とされた費用は，担保権者の共同の利益のために支出された費用であるから，費用請求権を有する担保権者は，その費用に関し，再生債務者等が納付した金銭（民再152条１項）から，他の担保権者に先立ち弁済を受ける権利を有する（民再151条３項）。もっともこれは，上記の納付金から回収できるにとどまり，共益債権として再生債務者に直接支払を求められるとまでは解されないので[61]，結局，担保権者の共同の配当原資が減る（後順位担保権者の配当額が減る）だけで，再生債務者の実質的な負担とはならないものと解されている。ただし，再生債務者等が金銭の納付をしなかったために裁判所が担保権消滅許可決定を取り消したときは（民再152条４項），価額決定の請求及び即時抗告にかかる手続費用はすべて再生債務者の負担となり（民再151条４項前段），この場合の再生債務者に対する費用請求権は，共益債権となる（同項後段）。

7．価額に相当する金銭の納付

目的財産の価額が確定したときは，再生債務者等は，それに相当する金銭を，価額が確定した日から１月以内で裁判所の定める期限（民再規81条１項）までに裁判所に納付しなければならない。納付すべき金額は，請求期間内に価額決定の請求がなかったとき，又は価額決定の請求がすべて取り下げられ，もしくは却下されたときは，申出額（民再148条２項２号）であり，価額決定が確定したときは，その決定によって定められた額（民再150条２項）である（民再152条１項）。

担保権者の有する担保権は，金銭の納付があった時に消滅する（民再152条２項）。しかし，担保権消滅許可申立書に記載されていなかった担保権は消滅しない（民再148条３項前段第２括弧書）。裁判所書記官は，消滅した担保権に係る登記又は登録の抹消を嘱託しなければならない（民再152条３項）。

8．配　　当

担保権者が１人である場合，又は担保権者が２人以上であって納付金をもってすべての被担保債権及び再生債務者の負担すべき費用（民再151条１項）を弁済することができる場合には，裁判所は，当該金銭の交付計算書を作成して，担保権者に弁済金を交付し，剰余金を再生債務者等に交付する（民再153条２項）。それ以外の場合には，配当表に基づいて，担保権者に対する配当を

61）　東京地判平16・２・27判時1855号121頁・判タ1153号279頁。

実施しなければならない（民再153条１項）。弁済金の交付及び配当の実施のいずれについても，不動産執行に係る民事執行法及び民事執行規則の規定が準用されている（同条３項，民再規82条）。

９．再生手続が終了した場合

再生手続が終了すると，担保権消滅許可の申立て及び価額決定の請求は，申立適格が消滅したことにより却下される。ただし，既に納付すべき金銭の価額が確定し，裁判所がその納付期限を定めた後に再生手続が終了した場合には，その期限までに金銭を納付すれば当該担保権は消滅し，さらに配当等の手続も行われることになるものと解される。[62)]

〔内 田　博 久〕

62）　伊藤・851頁。

第 10 章

再生計画案の策定

再生手続がその目的を達するためには，適法で履行可能であり，かつ，再生債権者の賛成を得られる内容の再生計画案が策定されなければならない。本章では，再生計画の記載内容について説明する。

Ⅰ　再生計画の意義等

再生手続は，再生債権を集団的に変更し，この変更された債権について履行をさせることにより，再生債務者の財産関係の清算をすることなく倒産状態を処理し，再生債務者の再生を図る手続である（第１章Ⅰ３・４頁参照）。この再生債権の変更の内容や，その履行方法等を記載した計画が再生計画である（民再２条３号・154条１項）。

再生計画は，まず，再生債務者等や再生債権者が再生計画案を提出し（民再163条），再生債権者がこれについて決議し（民再169条以下），可決された再生計画を裁判所が認可して（民再174条１項），その決定が確定することにより成立する（民再176条）。

再生計画に記載される事項は，いくつかの方法で分類されるが，以下においては，①絶対的必要的記載事項，②相対的必要的記載事項，③任意的記載事項，及び④説明的記載事項に分類して説明する。

Ⅱ　絶対的必要的記載事項

1．意　　義

絶対的必要的記載事項とは，再生計画に必ず記載されなければならない事項である。①全部又は一部の再生債権者の権利の変更に関する条項（民再154条1項1号）と，②共益債権及び一般優先債権の弁済に関する条項（同項2号）が挙げられる。

2．全部又は一部の再生債権者の権利の変更に関する定め

再生手続においては，再生債権は，再生計画の記載に従って変更されて，履行に移される。この再生債権の変更の内容を記載した部分が，再生計画の中核である。

ここではまず，債務の免除，期限の猶予その他権利の変更の一般的基準を定めなければならない（民再156条）。そして次に，個々の再生債権者の権利にこの一般的基準を当てはめ，これによって得られた変更の結果を，個別に示さなければならない（民再157条1項）。

(1)　権利変更の一般的基準

債務の免除，期限の猶予その他権利の変更の一般的基準を定める（民再156条）。これは，権利の変更の基準を明らかにして，これが平等原則などに適合していることを示し，加えて，届出のない再生債権等，直ちに個別に権利変更の結果を示せない権利についても，この一般的基準に従って変更できるようにするためである（民再181条1項）。

この権利の変更については，実務では債権の減額と期限の付与を定めることがほとんどであるが，債権の株式への振り替え（デット・エクイティ・スワップ），第三者による債務引受や担保の提供などを定めることも可能である（債権の減額と期限の付与を定めた条項の例として，後記Ⅵ2参照）。

権利の変更の内容は，清算価値保障原則（民再174条２項４号）とともに，再生債権者間の平等を満たすものでなければならない（民再155条１項本文）。また，債務の弁済猶予の期間は，特別の事情がある場合を除き，再生計画の認可決定の確定から10年を超えない範囲で定めなければならない（民再155条３項）。以下，これらの点について説明する。

(a) **清算価値保障原則**　再生計画は，再生債権者の一般の利益に反するものであってはならない（民再174条２項４号）。これは，再生計画に基づく再生債権の弁済の内容が，再生債務者が破産をしたと仮定した場合になされるであろう配当を上回らなければならないこと（清算価値保障原則）を意味するものと解されている。再生計画が成立すると，これに反対した債権者の債権も含めてすべての再生債権が変更されるので，必ず破産配当を超える弁済は受けられるものとして，再生債権者の権利の最低限の保障をしたものである[1)]（第１章Ｉ３・４頁参照）。

清算価値保障原則に関しては，この原則を満たしているか否かを再生債務者のどの時点の財産状態を基準として判断すべきかが問題となる。これについては，再生計画案提出時又は再生計画認可時の財産状態を基準に判断すれば足りるとする見解と，再生手続開始時の財産状態を基準に判断されるべきとする見解がある。再生計画案提出時点において，再生手続開始時よりも再生債務者の財産が減少してしまっている場合に，再生計画案で定められた弁済額が，前説によれば清算価値保障原則を満たすが，後説によれば満たさない，という事態が生じ得る。

この点，会社更生手続の実務においては，通常，前説に立った運用がなされている[2)]。しかし，管理型で進行する会社更生手続と異なり，DIP 型で進行する民事再生手続では，前説によると，再生債務者が手続係属中に財産を減少させると再生計画により弁済しなければならない額も減少して有利になるという結果となり，再生債権者の利益が害されるおそれが大きくなる。また，

1）　再生計画案がこの清算価値保障原則を満たしていなければならないことは当然であるが，そのうえで，再生債務者は，再生債権者の権利の変更の内容を，再生債権者にとってできるだけ有利なものとする義務を負っているものと解されている（第２章Ｉ２注2)・31頁参照）。

2）　更生計画案作成に接着した時点を基準とするものとされている（最新実務会更・269頁）。

財産評定の基準時は再生手続開始時とされている（民再124条1項）ところ，前説によると，清算価値保障原則により弁済しなければならない額が財産評定の結果からは直ちに明らかにならず，この点に争いが生じた場合に手続が停滞するおそれもある。こうしたことから，民事再生手続の実務においては，通常，原則として後説に立った運用がなされている[3)]。

なお，破産手続によると配当がまったくできない場合（財団債権の額が破産財団を上回る場合など）であっても，再生計画においては一般再生債権者に対してわずかでも配当をするのでなければ，清算価値保障原則を満たさないものとされている（再生計画による弁済がゼロでは，破産配当ゼロを「上回る」とはいえない。）。したがって，一般の再生債権に先立って支払うべき一般優先債権（租税債権など）が多額に上る場合には，清算価値保障原則を満たす再生計画案を立案することが困難となることがあるので，注意が必要である[4)]。

(b) **債権者平等の原則**　再生計画による権利の変更の内容は，再生債権者の間では平等でなければならない（民再155条1項本文）。債務者が支払うべき債務のすべてを支払うことができないという倒産状態において，債権者に平等に満足を得させるのが倒産処理制度の眼目であるから，平等原則は，再生手続の本質的な要素である。

平等とは，金銭債権の減免であれば，債権額に従った比例的平等，すなわち，すべての再生債権者が基本的に同一の割合に従って減免を受けることを意味する。その結果，多額の再生債権を有するものは多額の弁済を受け，少額の再生債権を有する者は少額の弁済を受ける。したがって，例えば，「再生債権額の多寡にかかわらず一律に一定額を弁済し，その余の部分について免除を受ける」とする条項は，平等原則に反して許されない。

もっとも，平等原則には，次の例外が認められている。すなわち，①不利

3） 破産・再生の実務〔第3版〕(下)・253頁，民事再生の手引・275頁〔鹿子木康〕。

4） 事業の再生の実務において，しばしば大きな問題となるのが，債務免除益に対する課税である。すなわち，再生計画により債務の免除を受けた場合，これにより再生債務者は利益を受けたこととなり，これに対して課税がされる可能性が生じるが，こうして発生する租税債権（一般優先債権）を支払えなければ，再生債権にまで支払が回らなくなってしまう。そこで，こうした問題に対処するため，様々な工夫がなされることとなる。事業再生研究機構編『新版再生計画事例集』（商事法務，2006）23頁〔本間伸也〕参照。

益を受ける再生債権者の同意がある場合，少額の再生債権又は民事再生法84条２項の請求権（再生手続開始後の利息の請求権，再生手続開始後の不履行による損害賠償及び違約金の請求権並びに再生手続参加の費用の請求権。第８章Ⅰ11・236頁参照）について別段の定めをし，その他，再生債権の間に差を設けても衡平を害しない場合には，差異を設けることが許される（民再155条１項ただし書）。また，②約定劣後再生債権については，他の再生債権との間に公正かつ衡平な差を設けなければならない（同条２項，第８章Ⅰ12・236頁参照）。

少額債権についての別段の定めとして，債権額に応じて弁済率に差を設けることが，実務上，しばしば行われる。例えば，「再生債権のうち，10万円以下の部分は全額弁済し，10万円を超え100万円以下の部分は７割，100万円を超える部分は８割の免除を受ける。」といった免除条項である（累積段階方式）。この条項によると，例えば300万円の債権は77万円の弁済を受けられる（10万円×１＋（100万円－10万円）×0.3＋（300万円－100万円）×0.2）。これに対し，「10万円以下の再生債権は全額弁済し，10万円を超え100万円以下の再生債権は７割，100万円を超える再生債権は８割の免除を受ける。」といった免除条項（単純段階方式）は，再生債権の金額が高い債権者が低い債権者より弁済額が少額になるといった逆転現象が生ずるため（上記の例では，10万円の再生債権は10万円の弁済を受けるが，30万円の再生債権は９万円しか弁済を受けられない。），平等原則に反する疑いが強いというべきである。

なお，再生手続中に手続の円滑な進行のための少額の再生債権の弁済（民再85条５項前段）がなされていた場合，再生計画で特段の手当をしないと，手続全体を通してみた場合に，再生債権の額が少ない債権者よりもこれが多い債権者の方が弁済額が少額になるという逆転現象が生じる。これも債権者平等原則に反する疑いが強いと考えられるので，再生計画においては，既に弁済を行った少額債権の額の限度で他の再生債権に対しても全額の弁済をする内容の累積段階方式の定めを置くことが求められる（第８章Ⅰ３(2)(c)・211頁参照）。

(c)　**債務の期限**　債務の弁済猶予の期間は，特別の事情がある場合を除き，再生計画の認可の決定の確定から10年を超えない範囲で定めなければならない（民再155条３項）。会社更生手続においては15年以内が原則とされているが（会更168条5項2号），民事再生手続は迅速な処理を目指していることから，期間の上限もより短いものとされた。実務では，弁済期間が長期にわたると再生債権者からの賛同が得にくいので，分割弁済であっても，その期間は5年ないし7年程度とする再生計画が多い。

(2) 個々の権利とその変更の結果

再生計画には，届出再生債権及び自認債権（民再101条3項）のうち変更されるべき権利を個別に明示し，かつ，これを一般的基準に従って変更した後の権利の内容も記載しなければならない（民再157条1項本文）。実務では，再生計画の別表として，個々の債権者ごとに，債権額，免除率，弁済額，各期限において支払うべき額を，一覧表にまとめて記載することが多い。

もっともこれは，再生債権の内容が確定していることを前提とするものである。したがって，再生債権を実体的に確定させる手続が存在しない簡易再生，同意再生，個人再生には適用されない（民再216条1項・220条1項・238条・245条）。また，未確定の再生債権や，別除権付き再生債権の不足額（民再88条本文）の未確定部分に関しては，この個別の記載をすることができないので，これを補うため，特別の規定が置かれている（民再159条・160条，後記Ⅲ5，6参照）。

(3) 権利の変更をすることができない債権

再生手続開始前の罰金等については，再生債権としての届出は求められる（民再97条）が，再生計画において，減免その他権利に影響を及ぼす定めをすることができない（民再155条4項）。そして，再生計画認可決定が確定しても免責の対象とならない（民再178条ただし書）など，特別の取扱いがなされる（第8章Ⅰ10・235頁参照）。

この債権も，再生計画において明示される（民再157条2項）。これは，記載事項の性質としては，相対的必要的記載事項である（後記Ⅲ7参照）。

3．共益債権及び一般優先債権の弁済に関する定め

共益債権及び一般優先債権の弁済についての定めは，絶対的必要的記載事項であり（民再154条１項２号），再生計画には，これらの債権で将来弁済すべきものを明示しなければならない（民再規83条）。これらの債権は，再生計画による権利変更の対象とはならないが，再生債権に優先し，再生手続によらずに随時に弁済しなければならないため（民再121条１項・２項・122条２項），その存在，額等が再生計画の遂行可能性に影響を与え，裁判所や再生債権者等が再生計画の履行可能性を判断する際に考慮要素となることから，このように扱われたものである（第８章Ⅱ２(3)・244頁，Ⅲ２(3)・249頁参照）。

もっとも，実務では，以下のような簡略な定めがなされることが多い。

> 平成○○年○月○○日時点での未払共益債権は以下のとおりであり，その未払残高は，合計○○○○円である（債権者数○名）。これら未払共益債権及びその後に発生する共益債権は，随時支払う。
> ・（個々の債権の内容の表示）
> ・
> ・

Ⅲ　相対的必要的記載事項

1．意　　義

相対的必要的記載事項とは，その事項に関する条項を定めなくても再生計画が不適法となるわけではないが，その事項について効力を生じさせるためには，再生計画における定めが必要とされるものである。具体的には，①知れている開始後債権の内容（民再154条１項３号），②債権者委員会の費用の負

担に関する定め（同条2項），③債務の負担及び担保の提供に関する定め（民再158条），④未確定の再生債権に関する定め（民再159条），⑤別除権付き再生債権の未確定不足額に関する定め（民再160条），⑥再生計画により影響を受けない再生債権の明示（民再157条2項），などが挙げられる。[5)]

2．知れている開始後債権の内容に関する定め

知れている開始後債権があるときは，その内容に関する条項を定めなければならない（民再154条1項3号）。開始後債権は，再生計画による権利変更の対象とならないが，再生手続期間中はその権利行使が認められない（民再123条2項・3項）。その内容に関する条項を再生計画において定めるのは，破産手続への移行などに備えた再生債権者への情報開示のためである（第8章Ⅳ2(1)・252頁参照）。

3．債権者委員会の費用の負担に関する定め

債権者委員会が再生計画の履行の監督等をし，その費用の全部又は一部を再生債務者が負担するときは，その負担に関する条項を再生計画に定めなければならない（民再154条2項）。この定めをしないと，再生債務者が費用を負担することができない（第2章Ⅶ4(1)(d)・66頁参照）。

4．債務の負担及び担保の提供に関する定め

再生債務者以外の者が，再生計画により新たに債務を引き受け，又は保証人となる等，再生のために債務を負担するときは，再生計画において，その者を明示し，かつ，その債務の内容を定めなければならない（民再158条1項）。

5） 伊藤・781頁。一般にこのような分類が行われている。ただし，これも絶対的なものではなく，特に相対的必要的記載事項と任意的記載事項（後記Ⅳ参照）の定義付け及びその間の振り分けには，様々な考え方があり得ると思われる。

また，再生債務者又は再生債務者以外の者が再生のために担保を提供するときは，再生計画において，担保を提供する者を明示し，かつ，担保権の内容を定めなければならない（同条２項）。

このような内容の再生計画案を提出しようとする者は，あらかじめ，当該債務を負担し，又は当該担保を提供する者の同意を得なければならず（民再165条１項），また，これらの者は，債権者集会の期日の呼び出しを受ける（民再115条１項本文）。再生計画の効力はこれら債務を負担しあるいは担保を提供する者にも及び（民再177条），再生計画認可の決定が確定すると，上記の条項は再生債権者表に記載されて，その記載には確定判決と同一の効力が認められ，これに基づいて強制執行をすることも可能となる（民再180条）。

5．未確定の再生債権に関する定め

債権調査で異議が出され，査定又は訴訟の手続で争われて，未だ確定に至っていない再生債権があるときは，再生計画において，その権利確定の可能性を考慮し，これに対する適確な措置を定めなければならない（民再159条）。未確定の再生債権に対しては，権利変更後の権利の内容を個別具体的に定めることはできないが（民再157条１項ただし書），将来権利の存在が認められる場合を考慮して，再生計画にその定めを置くこととされたものである。

適確な措置とは，当該債権の存否や内容が確定した場合には，一般的基準に照らして，再生債権者間の平等・衡平を満たすように処理されるような定めを意味する。未確定の再生債権は，確定すればこの定めに従って弁済を受けることができることとなる。

実務では，以下のような条項が定められることが多い。

> 別表○記載の債権については，再生債権者○○から再生債権査定の申立てがあり，○○地方裁判所平成○○年(モ)第○○号事件として係属中である。
> 上記再生債権が確定したときは，前記の再生債権変更の一般的基準を適用する。ただし，確定した日において既に弁済期が到来している分割弁済金は，確定した日から２週間以内に支払う。

6．別除権付き再生債権の未確定不足額に関する定め

別除権の行使によって弁済を受けることができない債権の部分が確定していない再生債権を有する者があるときは，再生計画において，その部分が確定した場合における再生債権者としての権利の行使に関する適確な措置を定めなければならない（民再160条１項）。

別除権付き再生債権が再生計画に従った弁済を受けるためには，不足額が確定している必要がある（民再182条本文）が，それにはある程度の時間を要することが少なくない。そこで，未確定の再生債権に関する定め（民再159条，上記５）と同様の趣旨で，適確な措置を定めることとされたものである（第９章Ⅲ３・282頁参照）。不足額が未確定の別除権付き再生債権は，不足額が確定すればこの定めに従って弁済を受けることができることとなる。

実務では，以下のような条項が定められることが多い。

> 別除権の行使によって弁済を受けることができない債権の部分（以下「不足額」という。）が確定していない再生債権は，別表○のとおりである。
> 上記再生債権について不足額が確定したときは，前記の再生債権変更の一般的基準を適用する。ただし，不足額が確定した日において既に弁済期が到来している分割弁済金は，確定の日から２週間以内に支払う。

7．再生計画によって影響を受けない権利の明示

再生手続開始前の罰金等（民再155条４項，第８章Ⅰ10・235頁参照）など，再生計画により権利内容が変更されない権利があるときは，その権利を明示しなければならない（民再157条２項）。

Ⅳ　任意的記載事項

1．意　　義

任意的記載事項とは，再生計画に記載するかどうかは任意であり，その事項について効力を生じさせるために，再生計画に定めることが必須ではないが，記載すると法的な効力が生ずる事項である。具体的には，①株式の取得，株式の併合，資本金の額の減少，発行可能株式総数に係る定款の変更に関する定め（民再154条３項），②募集株式を引き受ける者の募集に関する定め（同条４項），③根抵当権の極度額を超える部分の仮払いに関する定め（民再160条２項），などが挙げられる。[6)]

2．資本金の額の減少等に関する定め

(1)　意　　義

株式会社である再生債務者は，その株式の取得，株式の併合，資本金の額の減少又は再生債務者が発行することができる株式の総数についての定款の変更に関する条項を，再生計画に定めることができる。この条項を含む再生計画案を提出しようとする者は，あらかじめ裁判所の許可を得なければならない（民再166条１項・154条３項）。裁判所は，再生債務者が債務超過である場

6）　伊藤・784頁。

合に限り，この許可をすることができる（民再166条2項）。

株式会社である再生債務者の事業の再生のためには，資本構成を変更し（多くの場合，100％減資），新たに株式を発行するなどして，新規資本の導入を図る必要があることが多い。このような措置は，会社法上の手続に従って行うことも，もとより可能であるが，早期に既存株主の同意を得ることが困難である場合も少なくない。そこで，民事再生法は，上記の事項を再生計画に定めることを認めた。再生計画が成立すれば，会社法上の手続を踏むことなく，再生計画の定めに従った効果が生じる（民再183条1項・2項・4項・6項）。ただし，株主の意思にかかわらずこのような措置をとることが正当化されるのは，債務者が債務超過に陥っていて株主の権利が実質的価値を失っている場合に限られることから，そのことが裁判所の事前許可の要件とされたのである。

裁判所の事前許可の決定があった場合には，その裁判書を許可の申立てをした者に，決定の要旨を記載した書面を株主に，それぞれ送達しなければならない（民再166条3項）。許可の決定に対しては，株主は即時抗告をすることができる（民再166条4項）。

⑵ 自己株式の取得に関する定め

ここでの株式の取得とは，自己株式の消却を行う前提として，株式を強制的に取得することを意味する。再生計画によってこれを行うためには，①再生債務者が取得する株式の数（再生債務者が種類株式発行会社である場合は取得する株式の種類及び種類ごとの数），及び②再生債務者が自己株式を取得する日を定めなければならない（民再161条1項1号・2号）。

再生計画認可決定が確定すると，再生債務者は，上記②の日に，再生計画の定めに従って株式を取得する（民再183条1項）。取得した株式の消却は，会社法上の手続（会社178条）に従う。

⑶ 株式の併合に関する定め

株式の併合は，新株発行等とともに行うことにより，旧株主の権利を希釈化することができることから，株式会社の資本構成を変更するための手段となる。再生計画によりこれを行う場合，併合の割合等の事項を定めなければならない（民再161条２項，会社180条２項）。

再生計画認可決定が確定すると，再生債務者は，再生計画の定めに従って株式を併合することが可能となる（民再183条２項前段）。併合に際して端数が生じる場合における競売に代わる売却の許可の手続（会社235条２項・234条２項）については，再生裁判所が管轄する（民再183条３項）。なお，この条項を定める再生債務者は債務超過である（民再166条２項）ことから，株主は株式の買取請求（会社116条・117条）をすることはできない（民再183条２項後段）。

⑷ 資本金の額の減少に関する定め

資本金の額の減少を内容とする再生計画では，①減少する資本金の額，②減少する資本金の額の全部又は一部を準備金とするときはその旨及び準備金とする額，③資本金の額の減少がその効力を生ずる日を定めなければならない（民再161条３項，会社447条１項）。

再生計画認可決定が確定すると，再生債務者は，再生計画の定めに従って資本金の額を減少することができる（民再183条４項前段）。この場合，再生債権者は議決権の行使によりその意思を再生計画に反映させており，また，条項の適法性については認可・不認可の決定に対する即時抗告（民再175条１項）で争うことができることから，債権者の異議の手続に関する規定（会社449条・740条）は適用されず（民再183条４項後段），資本金の額の減少について無効の訴えを提起することもできないこととされている（同条５項）。

⑸ 発行可能株式総数についての定款の変更に関する定め

募集株式の発行の前提として，発行可能株式総数についての定款の変更が必要となる場合があることから，認められたものである。これを行う場合，再生計画に変更の内容を定めなければならない（民再161条４項）。なお，会社法上の制限（会社113条）の適用は受ける。

再生計画認可決定が確定すると，再生債務者の定款は，再生計画の定めに従って変更される（民再183条６項）。

3. 募集株式を引き受ける者の募集に関する定め

株式会社である再生債務者は，譲渡制限株式である募集株式を引き受ける者の募集を行う旨の条項を，再生計画に定めることができる（民再154条4項）。ただし，株主に株式の割当てを受ける権利を与えるものとすることはできない（同項かっこ書）。この再生計画には，次の事項を定める（民再162条）。すなわち，①募集株式の数（種類株式発行会社の場合は募集株式の種類及び数〔会社199条1項1号〕），②募集株式の払込金額（募集株式1株と引換えに払い込む金銭又は給付する金銭以外の財産の額）又はその算定方法（会社199条1項2号），③金銭以外の財産を出資の目的とするときは，その旨並びに当該財産の内容及び価額（会社199条1項3号），④募集株式と引換えにする金銭の払込み又は現物出資の財産の給付の期日又はその期間（会社199条1項4号），⑤株式を発行するときは，増加する資本金及び資金準備金に関する条項（会社199条1項5号）である。

この条項を記載した再生計画案は，再生債務者のみが提出することができる（民再166条の2第1項）。これは，DIP型を基本とする再生手続においては，再生債権者が主導して再生債務者の資本構成を変更することまでは認めるべきでないとの考えによる。この再生計画案を提出しようとするときは，あらかじめ裁判所の許可を得なければならない（同条2項・154条4項）。裁判所は，再生債務者が債務超過の状態にあり，かつ，当該募集が再生債務者の事業の継続に欠くことができないものであると認める場合に限り，その許可をすることができる（民再166条の2第3項）。「事業の継続に欠くことができない」場合とは，弁済原資を確保するためにその引受けが不可欠である場合などが典型例である。

株式会社である再生債務者が，第三者から資本の提供を受けて事業の再生をするために，資本金の額の減少を行うとともに，新株の発行等（会社199条1項）を第三者割当ての方法により行う方法があるが，そこで譲渡制限株式を発行するためには，会社法では，原則として株主総会の特別決議を要するものとされている（会社199条2項・4項・309条2項5号・324条2項2号）。しかし，早期に既存株主の多数の同意を得ることが困難である場合も少なくないし，債務者が債務超過に陥っている場合には，株主の権利は実質的価値を失っているものといえる。そこで，民事再生法は，所定の要件を満たす場合に，上記の事項を再生計画に定めることを認めたものである。

裁判所の事前許可の決定があった場合には，その裁判書を許可の申立てをした者に，決定の要旨を記載した書面を株主に，それぞれ送達しなければならない（民再166条３項）。許可の決定に対しては，株主は即時抗告をすることができる（民再166条４項・166条の２第４項）。

このような内容の再生計画が認可されると，株主総会の決議によることなく，取締役の決定（取締役会設置会社である場合には，取締役会の決議）によって，募集事項を定めることができるようになり（民再183条の２第１項前段），種類株主総会の特別決議（会社199条４項）や，募集株式の割当てに関する株主総会特別決議（会社204条２項本文・309条２項５号）も不要となる（民再183条の２第１項後段）。そして，公開会社についての会社法上の手続（会社201条３項～５項）が準用される（民再183条の２第２項）。

４．根抵当権の極度額超過額の仮払いに関する定め

元本が確定したが不足額部分が確定していない根抵当権の被担保債権について，再生計画において，極度額を超える部分について権利変更の一般的基準（民再156条）に従った仮払いをする旨の定めをすることができる（民再160条２項前段，第９章Ⅲ６・286頁参照）。この場合においては，当該根抵当権の行使によって弁済を受けることができない債権の部分が確定した場合における精算に関する措置も定めなければならない（同項後段）。

このような再生計画案を提出する場合には，あらかじめ書面により根抵当権者の同意を得て，これを再生計画案とともに裁判所に提出しなければならない（民再165条２項，民再規87条）。

V 説明的記載事項

説明的記載事項とは，これを記載することによって法的効力は生じないものの，再生計画を理解しやすくするなどの目的から記載がなされる事項である。実務上，「再生計画の基本方針」「事業計画」「弁済資金の調達方法」「破産配当率との比較」「役員や会社組織の変更」「関連会社の処理」といった項目について，こうした記載がなされることが多い。このような記載は，それがなされないからといって再生計画が不適法となるわけではないが，再生債権者は通常こうした事項に大きな関心を有しているので，このような説明を記載することで，再生債権者の再生計画案に対する理解が進み，その賛同を得やすくなることが期待できる。そして，裁判所にとっても，再生計画の認可，不認可の決定をする際の参考となることから（民再174条2項参照），こうした記載が過不足なくなされることは，望ましいことといえる。

Ⅵ 再生計画の実際

1．弁済の原資と再生計画

再生計画案は，再生債権者や管財人が提出することもできるが，実務上は，ほとんどが再生債務者自身により提出される（民再163条1項・2項，第11章Ⅰ1・329頁参照）。再生債務者がどのような内容の再生計画案を提出できるか，特に，再生計画の中核である再生債権の内容の変更（減額や期間の猶予）に関する条項をどのようなものにするかは，主に再生債務者が弁済をどのような原資で行うかによって決まってくる。このように，再生債権の内容をどのように変更し，どのような原資により，どのように弁済をしていくかという再生計画の基本的な枠組みのことを，実務ではしばしば，再生計画の「スキーム」と呼ぶ。

再生計画案が裁判所により再生債権者の議決に付され（民再169条1項），

認可決定を受けるためには（民再174条１項），これが清算価値保障原則（前記Ⅱ２(1)(a)参照）などの法律上の要件を満たした適法なものでなければならない。そしてまた，再生計画は，再生債権者の法定多数の賛成を得なければ成立しないが，そのためには，少しでも再生債権者のために有利な内容（多額，早期の弁済）である必要がある。他方，当然のことながら，再生計画は，確実に履行できる内容でなければならず，そのためには，弁済をするための原資が，質的にも量的にも，確固としたものでなければならない。再生手続の申立てから再生計画案の提出までの限られた期間（通常３か月程度）で，以上のような条件を満たした再生計画案を立案するのは，実際上は必ずしも容易なことではない。

再生計画案の内容は，弁済の原資によって決まってくるので，再生計画案立案に向けた再生債務者の作業の中核は，弁済の原資を確保することとなる。スポンサーの支援を中心としたスキーム（後記３参照）によるのであれば，スポンサーを探して支援を取り付けなければならないし，将来の収益により再生債権を弁済するスキーム（後記２参照）によるのであれば，経営改善の手立てを尽くし，収益力を上げなければならない。このようにして，可能な限り多くの弁済を早期，確実にできるような状況を整えることが，多くの事案において，この期間の再生債務者の中心的な業務となる（第１章Ⅲ２(2)(b)・23頁参照）。

ところで，再生債務者は，再生計画の定めに従って，再生債権のほか，共益債権や一般優先債権を支払い（前記Ⅱ２，３参照），さらには，別除権の実行を防ぐために，別除権によって担保される再生債権も弁済しなければならないことがある。共益債権や一般優先債権は，再生債権に優先して随時弁済しなければならないが，再生債務者が債権者との間で支払の猶予や分割払等の合意を結ぶこともある（第８章Ⅲ２(2)・248頁参照）。また，別除権の実行を防ぐにも，直ちに目的財産を受け戻したり，別除権協定を締結したり（第９章Ⅳ・287頁参照），担保権消滅許可の制度（第９章Ⅴ・291頁参照）を利用するといった方策がある。再生債務者は，こうした支払のための原資の手当もしなければならないのであり，調達できた原資の中で，どの部分をどの支払に充てるかを全体としてレイアウトし，再生計画案をまとめなければならないのである。

実務上，弁済のための主要な原資としては，①再生債務者の将来の事業収益，②再生債務者以外の者が拠出する資金，③再生債務者の財産を換価，処分することにより得られる金銭，が挙げられる。以下，それぞれを原資とするスキームについて説明する。

2．再生債務者の将来の事業収益を弁済原資とするスキーム

再生手続においては，再生債務者は資産を処分，清算する必要がなく，これにより，事業を継続し，再生させることができる。そこで，事業の継続により将来得られる収益を弁済の原資とする再生計画を立てることができる(第１章Ｉ３・４頁参照)。この場合，一般に，弁済総額を少なくとも清算価値保障原則を満たす額としたうえで，これを将来の収益の予測に合わせて，分割して弁済していくという再生計画となる。こうしたスキームないし再生計画は，しばしば「収益弁済型」と呼ばれる。

このスキームは，事業の継続，再生をしながら再生債権の弁済をするという民事再生の趣旨から素直に導かれるものであるが，問題点もある。すなわち，通常，弁済期間が長期間にわたるので，早期の債権回収を望む再生債権者の意向には添わないうえに，元々再生債務者の事業が不振であったことなどから，多くの場合，弁済総額もあまり高額にすることができない。加えて，途中で事業が頓挫して弁済がなされなくなるというリスクもあり，そうなると，それから破産手続を開始しても，再生計画に基づく弁済総額はもとより，当初から破産手続を開始したならば得られたはずの配当額さえも下回る支払しか受けられない結果に終わる可能性すらある。こうしたことから，このような再生計画案は，再生債権者の賛同が得られにくいことがある。

そこで，こうしたスキームをとる場合，再生債務者としては，再生計画案の提出の前後を問わず，経費を削減し，不採算部門を整理して採算部門に物的・人的資源を集中し，あるいは他との事業提携により収益力の向上を図るなど，経営改善の努力を尽くして，少しでも早期，多額，確実な弁済をできるように努める必要がある。

このスキームにおいて定められる再生債権の変更の一般的基準に係る条項の一例をあげると，以下のとおりである。

> 再生手続開始決定日以降の利息・損害金の全額について，再生計画認可決定の確定時に免除を受け，元本及び再生手続開始決定日の前日までの利息・損害金の合計額の90％に相当する額については，上記の分割弁済を完了したときに免除を受ける。
>
> 再生債権の元本及び再生手続開始決定日の前日までの利息・損害金の合計額の10％に相当する額を，平成○○年から毎年○月○○日限りその５分の１ずつ５年間に渡り分割して支払う。

３．再生債務者以外の者が拠出する資金を弁済原資とするスキーム

(1) 概　　要

収益弁済型のスキームに上記のような問題があることから，再生債務者としては，外部からの資金が得られるように努めることが多い。このような外部の資金提供者は，「スポンサー」と呼ばれる。こうした資金が得られた場合，これを事業資金としても使うことができるが，その一部ないし全部を弁済に回せば，早期かつ確実に，しかも，得られた資金の額によっては，比較的多額の弁済をする内容の再生計画を作成することが可能となり，再生債権者の賛同が得やすくなる。このスキームでは，再生計画は，一般に，弁済総額の一部ないし全部を，再生計画成立後の比較的早い時期に，まとめて支払うという内容となる。

実務上，再生債務者が資金を獲得する形態としては，金銭の借入れ，出資，事業譲渡，会社分割などがある。以下，それぞれについて説明する。

(2) 金銭の借入れによる資金の獲得

再生債務者が，消費貸借契約を締結して金銭を借り入れ，これを弁済に回すというスキームである。再生債権の弁済は，借入れができ次第，まとめて

行えることとなる。もっとも，事業等による収益も併せて弁済に回す，ということも可能である（収益弁済型との併用）。実務上，自然人の再生債務者が縁故者から借入れをして弁済に回す，というような例が多い。

貸主としては，再生債務者に対する貸金返還請求権は，共益債権（民再119条5号，再生手続開始前については民再120条1項）として保護されるが，担保や保証人が得られれば，さらに回収が確実となる。そして，利息の取決めがあればその分が利益となる。

⑶　出資を通じた資金の獲得

再生債務者がスポンサーから出資を受け，これを弁済に回すというスキームである。再生債権の弁済は，資金の拠出を受け次第，まとめて行えることとなる。もっとも，事業等による収益も併せて弁済に回す，ということも可能である（収益弁済型との併用）。

再生債務者が株式会社であれば，出資したスポンサーは再生債務者の株主となり，事業の収益が上がれば，株主としての利益を享受できる。スポンサーに対して第三者割当ての方法により募集株式の発行等を行うには，会社法上の手続によるほか，譲渡制限株式の募集をする場合は，再生計画案に所定の条項を記載する方法もある（民再154条4項，前記Ⅳ3参照）。また，単に募集株式の発行等を行うと，既存の株主も利益を享受することになるので，それを避けるのであれば減資等を行う必要があるところ，そのためにも，会社法上の手続によるほか，再生計画案に所定の条項を記載する方法がある（民再154条3項，前記Ⅳ2参照）。

⑷　事業譲渡を通じた資金の獲得

⒜　スキームの概要　　再生債務者がスポンサーに対して事業を譲渡し，その対価を弁済に回すというスキームである。事業譲渡がなされた後は，事業は譲り受けたスポンサーの下で継続されて再生し，スポンサーはその費用を負担し，収益を得ることになる（第6章Ⅲ2⑴⒜・148頁参照）。一方，再生債務者は，事業の一部のみを譲渡した場合であれば，残りの事業を継続する（それにより得られる収益も再生債権の弁済に充てることができる。）が，全部を譲渡

した場合には，再生債務者の下には，譲渡の対価として得られた現金等が残るほか，譲渡の対象にならなかった資産があれば，それが残るのみであって，何ら継続すべき事業がない状態となる。そこで，この場合の再生計画は，再生債務者の全資産から残務整理のための費用を差し引いたすべてを債権者への弁済に充てて再生債権を早期にまとめて弁済し，再生債権はこれにより弁済を受けられる額まで減額する，という簡潔な内容となるのが通例である。また，再生債務者が法人である場合には，弁済終了後に再生債務者は清算されて消滅する予定である旨が，説明的に記載されることが多い。

(b) **計画外事業譲渡と計画内事業譲渡**　再生手続の中で事業譲渡を行う場合，一般に「計画外事業譲渡」と呼ばれる方法と，「計画内事業譲渡」と呼ばれる方法がある。前者は，再生計画案が決議される前に譲渡を完了させてしまうやり方であり，後者は，事業譲渡を通じて弁済原資を確保するという方針を再生計画案に記載して，これが決議で可決され，認可決定も確定して再生計画が成立した場合に事業譲渡を実行するというやり方である（第6章Ⅲ2(3)・151頁参照）。

計画外事業譲渡は，所定の手続（民再42条。必要に応じて会社467条1項・309条2項11号，又は民再43条1項）を踏んで行われる（第6章Ⅲ2(1)(b)・149頁，(2)・150頁参照）。そして，再生計画案が決議される時点では，譲渡は完了しているので，再生債務者のすべての事業が譲渡された場合，再生計画は上記(a)のとおり簡潔な内容となり，再生債権の弁済は，再生計画の認可決定の確定後，早期に行うこととされるのが通例である。

これに対し，計画内事業譲渡においては，再生計画案の決議の段階で事業譲渡は完了していない。そして，事業譲渡をする予定であることが再生計画案に記載され，これを了承するかどうかについて再生債権者が投票し，可決されて再生計画が成立した場合には事業譲渡が実行に移されるが，否決された場合には，譲渡が実施されないこととなる。他方，再生計画のうち，再生債権の変更に関する条項は，計画外事業譲渡の場合と同様に簡潔な内容となり，再生債権の弁済は，事業譲渡が完了した後，早期に行うこととされるのが通例である（なお，計画内事業譲渡の手続については第6章Ⅲ2(3)・151頁参照）。

(c) **計画外事業譲渡によるスキームの問題点**　実務においては，事業の劣化を避けるために早期の事業譲渡が必要であったり，スポンサー側が早期の譲受けを希望しているなどの理由から，事業譲渡は計画外においてなされることの方が多い。しかし，計画外事業譲渡によるスキームには，以下のような問題もある。

すなわち，計画外事業譲渡がなされた場合には，譲渡が完了した後に再生計画案の決議がなされるが，その時点では再生債務者は譲渡代金と譲渡に漏れた資産を有するのみで，再生計画案は，これらから諸経費を差し引いた残りのすべてを弁済に充てるという内容となっている。そうすると，仮に再生債権者がその弁済額に不満で再生計画案を否決しても，弁済額が増えるように再生計画案が変更されるということは期待できないし，職権で破産手続が開始されたとしても（民再191条3項・250条），再生計画案よりも有利な破産配当がなされることはあり得ない。したがって，再生債権者としては，実際上，再生計画案に賛成するほかはなく，その決議は実質的な意味が薄いものとなってしまっている。そこで，再生債権者としては，むしろ先行してなされる計画外事業譲渡の内容こそが重大な関心事となるところ，裁判所は，それに係る許可決定をする前に，再生債権者の意見を聴取することにはなっている（民再42条1項前段・2項本文）が，仮に再生債権者が反対の意見を述べても，裁判所は，それを踏まえたうえで，民事再生法に定める要件を満たすかどうかを判断し，許可の決定をすることができるのであり，再生債権者には決定権があるわけではないし，許可の決定に対して即時抗告をすることもできない。

こうしたことからすると，再生手続への再生債権者の意思の反映という見地からは，事業譲渡を計画外で行わなければならない強い事情がない場合には，これを計画内で行うことが望ましいものといえる。また，計画外事業譲渡による場合には，再生債務者は再生債権者に対して十分な情報開示を行わなければならず，裁判所がその許可の判断をする際には，再生債権者の意見を十分に尊重すべきものといえる。

(d)　**再生計画成立後の事業譲渡**　　収益弁済型などの再生計画が成立した後に，新たにスポンサーが現れて，これに対して事業譲渡が行われることがある。これにより，再生計画に定められたスキームによるよりも，早期，多額，確実な弁済が可能となる（その場合の手続につき第６章Ⅲ２(4)・152頁参照）。

(5) 会社分割を通じた資金の獲得

会社分割を通じて弁済の原資を獲得することもできる。再生債務者が分割会社となり，スポンサーが承継会社となって，吸収分割（会社２条29号・757条以下・782条以下）により再生債務者が事業をスポンサーに承継させて，その対価として金銭の支払を受けるというスキームがその典型である。その実質は事業譲渡と類似しており，事業の全部を承継させる場合，分割完了後に行う再生債権の弁済や，再生債務者が法人である場合の清算については，事業譲渡の完了後と同様であるので，再生計画の条項も，事業譲渡の場合と同様のものとなる。

会社分割も，再生計画案の決議の前に分割を完了してしまう「計画外」の会社分割と，会社分割を通じて弁済原資を確保する方針であることを再生計画案に記載し，再生計画が成立した場合に会社分割を実施する「計画内」の会社分割がある。しかし，会社分割には事業譲渡におけるような規制（民再42条）がないので，これが計画外で行われる場合，再生債権者の意向が反映されず，その利益が害される結果となるおそれがある。そこで，会社分割にも民事再生法42条が類推適用されるとする見解も有力であり[7)]，また，東京地方裁判所破産再生部では，会社分割を裁判所の許可を要する事項に指定する（民再41条１項10号）という運用を行っている（第６章Ⅲ１・147頁参照）。

(6) スポンサーの選定に関する問題

以上により明らかなとおり，どのようなスポンサーがつき，どのような支援をするかということは，再生計画や事業の再生の内容を大きく左右する。そして，スポンサーとその支援の内容は，様々な利害の拮抗の中で決まってくるものである。すなわち，一般的に，再生債権者は，スポンサーが多額の支援をし，再生債権の弁済率が高くなることを望む。これに対し，スポンサーは，リスクを限定し，投資効率を上げるためには，投下する資金を抑えるこ

7） 伊藤・757頁。

とを望むであろう。他方，再生債務者は，事業の再生の可能性が高く，従業員の雇用条件等もよりよいものとなるような支援を望むものである。

しかし，スポンサーによる支援関係は，再生債務者とスポンサーになるべき者との間の契約により成立し，そこに再生債権者は関与できない。そして，いったんスポンサーが決まると，その者の提示する支援の内容により再生計画案の内容がほとんど決まってしまい，特に計画外事業譲渡や計画外会社分割が先行した場合には，再生債権者が再生計画案を決議するといっても，その内容を追認するほかはないという状況が生じ得る（前記(4)(c)参照)。

そこで，再生債権者の利益を守るために，スポンサーの選定はどのように行われるべきかということが問題となる。一般に，なるべく広くスポンサーを募り，複数の候補者が得られた場合には，その間で条件を競わせて再生債権者にとって有利な条件を引き出すように努めるとともに，選定の過程を再生債権者に十分に開示することが望ましいといえるだろう。また，東京地方裁判所破産再生部では，再生債務者が第三者との間で支援に関する契約を結ぶことを，監督委員の同意を要する事項に指定する（民再54条２項）という運用を行っている（第２章Ⅱ３(1)(b)・42頁参照)。

また，今日，スポンサーとなる者を募り，選定する作業を行う業者（フィナンシャル・アドバイザー（FA)）が多数存在している。こうした業者に依頼することは，スポンサーの選定作業を円滑，迅速に行うことに資するものであるが，他方，業者の能力次第で再生手続の進行や結末が左右されるうえ，費用がかなりの高額になることが少なくない。そこで，東京地方裁判所破産再生部では，再生債務者がこうした業者に依頼することも，監督委員の同意を要する事項に指定している（民再54条２項，第２章Ⅱ３(1)(b)・42頁参照)。

なお，実務では，再生債務者が，再生手続開始の申立ての段階で既に，スポンサーとなる者を特定の者に決めて，支援に関する合意を取り付けている場合があるところ（「プレパッケージ型民事再生」などと呼ばれることがある。)，こうした手法がどのような条件の下で妥当とされ得るのかについても議論がなされている。現実には，スポンサーとなることを希望する者を得ることそのものが困難な事案も多いので，このような手法によれば，再生手続が廃止になる可能性が減り，事業価値の毀損の進行も早期に食い止めることができて，事業の再生の可能性が高まり，手続がより安定する一面があることは間違いない。しかし他方，スポンサーの選定過程が妥当であったことについての検証がしにくいこと，再生債務者と再生手続に対するスポンサーの影響力がより強くなる懸念があること（再生債務者代理人がそのスポンサーにより選任されるといった状況も生じ得る。）などの問題点もある。したがって，このような場合には，早期の支援が必要であることや，スポンサーの選定に当たって実質的に競争原理を働かせたか，少なくとも複数の候補者を得る努力をしたことについての十分な説明が必要であり，その次第によっては，改めてスポンサーを募らせるべき場合もあるものといえるだろう[8]。

4．再生債務者の財産を換価，処分して弁済原資を得るスキーム

再生債務者の財産を換価，処分することにより得られる金銭が弁済原資とされることもある。再生債務者が事業に必要のない一部の資産を処分して弁済原資を増加させることは，上記2，3のスキームにおいても，併用して行うことができる。

これに対し，再生債務者の事業を解体し，そのすべての財産を換価，処分することにより弁済原資を得るというスキームもある。この場合，再生債務者は事業の継続をすることができず，再生債務者が法人である場合には，弁済が終了した後には，再生債務者は清算，消滅することとされることが多い。再生債務者がすべての資産を処分して弁済原資とするという点では事業の全部譲渡のスキームと共通するが，事業が継続，再生されない点が異なる。このようなスキームや再生計画は，しばしば「清算型」と呼ばれる。

再生手続は，債務者の資産の処分を回避し，その事業を継続，再生させることを眼目とする倒産処理手続であるので，このようなスキームは制度の趣旨に反するようにも思えるが，資産の処分が禁じられているわけではないし，

8）「プレパッケージ型民事再生」については，様々な議論が重ねられてきている。その一例として，深山雅也「プレパッケージ型民事再生における支援企業の保護を巡る考察」実務と理論・181頁。

事業の継続が再生債務者の義務とまでは直ちにいえない。そこで，再生債務者が，再生手続開始の当初には事業の再生を目指していたが，再生計画案の立案の段階までにそれができないことが明らかになった場合に，事業の継続を断念して，こうした清算型の再生計画案を提出することが，実務では珍しくない。

これに対し，再生債務者が清算型の再生計画案を提出することを当初から予定している場合に，再生手続の開始をすることが許されるかどうかについては議論がある[9)]。しかし，現に一定期間，事業がまったく行われていないというような場合を除けば，再生債務者に事業継続の意思がまったくないことが客観的に明らかであることは通常はないので，この点が問題となることは実際上はあまりない。

清算型の再生計画は，再生債務者の全資産を換価，処分することにより確実に可能と見込まれる額の弁済を一定期限までに行い，さらに多くの原資が得られた場合には追加弁済をし，再生債権は以上により弁済を受ける額まで減額し，再生債務者が法人である場合については，弁済終了後には再生債務者は清算されて消滅する，という内容となることが多い。

このように，事業の継続はせず，再生債務者の全財産を換価，処分するとなると，その点では破産手続によるのと同じこととなる。しかし，破産手続において破産管財人が資産を売却する場合と比較すれば，再生手続の中で再生債務者自身が売却する方が高値で処分できることが多く，また，破産管財人の報酬等の費用も節約できるため，再生債権者に対してより多くの弁済が可能となることや，「破産」という言葉の悪いイメージを避けられること等のメリットがある。

〔内田　博久〕

9） 富永浩明「民事再生手続の発展的利用――清算的民事再生の利用とその限界」実務と理論・51頁。

第 11 章

再生計画の成立

再生計画は，裁判所が定めた期間内に提出された再生計画案が再生債権者の決議で可決され，これに対して裁判所が認可決定をし，これが確定することにより成立する。本章では，再生計画成立の手続と，成立した再生計画の効力について説明する。

Ⅰ 再生計画案の提出

1. 提出権者

再生債務者等（管財人が選任されていない場合は再生債務者，選任されている場合は管財人。民再２条２項）は，再生計画案を作成して裁判所に提出しなければならず（民再163条１項），また，再生債務者（管財人が選任されている場合に限る），届出再生債権者又は外国管財人は，再生計画案を作成して裁判所に提出することができる（民再163条２項・209条３項）ものとされている。すなわち DIP 型の手続として，原則として再生債務者による再生計画案の提出を義務的なものとしつつ，重大な利害関係を有する届出再生債権者についても再生計画案を作成，提出する権利を認めたものである。もっとも，再生債務者の経営状況に熟知しているのでなければ再生計画案を作成することは困難であることから，実務においては，届出債権者から再生計画案が提出されることは稀である（後記Ⅲ１参照）。

なお，再生債務者等は，再生計画案提出と同時に，少額債権の弁済その他，所定の事項について記載した報告書も，裁判所に提出しなければならない（民再規85条1項）。

2．提出時期

再生計画案を提出すべき時期は，債権届出期間終了後裁判所の定める期間内である（民再163条1項・2項）。この期間は通常，再生手続開始決定と同時に定められる（第5章Ⅷ3(3)・128頁参照）。この期間内に再生計画案がまったく提出されないときには，再生手続は廃止される（民再191条2号）。

東京地方裁判所破産再生部の標準スケジュールでは，再生手続開始申立てから3か月後を再生計画案の提出期限として定めることとしている（第1章Ⅲ3(1)・26頁参照）。

3．提出期間の伸長

裁判所は，申立て又は職権で，再生計画案の提出期間を伸長することができる（民再163条3項）。この提出期間の伸長は，特別の事情がある場合を除き，2回を超えてすることはできない（民再規84条3項）。

再生手続が再生債権者をはじめとする多数の利害関係人に影響を及ぼすものであることから迅速な手続進行を要請されるものであるため，提出期間の伸長が繰り返されることはできるだけ避けるべきであり，そうでなければ再生手続に対する信頼が失われることとなりかねない（第1章Ⅱ2(2)(b)・18頁参照）。

東京地方裁判所破産再生部では，再生計画案提出期間の伸長は，1回目については監督委員の意見を聴いたうえで必要性を判断して認める場合も少なからずみられるものの，2回目については，必要性を相当厳格に判断することとし，伸長期間も1か月程度とする運用となっている。

実際上，2回目の伸長を必要とするのは，事業譲渡や担保権消滅請求などを伴い，それに複雑な問題を抱えているような事案のようにごく限られたものであり，大多数の事件では，当初の提出期間又は１回の伸長期間内に再生計画案が提出されている。

４．再生計画案の事前提出

再生債務者等は，民事再生法163条１項の規定にかかわらず，再生手続開始の申立て後債権届出期間の満了前に，再生計画案を提出することができる（民再164条１項）。この規定は，迅速に再生手続を進行させるためのものである。この場合，再生債権が確定していない段階で再生計画案を提出することから，その内容は，権利変更の一般的基準を定めるだけのものとなり，届出再生債権者等の権利に関する定め（民再157条），未確定の再生債権に関する定め（民再159条）については債権届出期間の満了後裁判所の定める期間内に補充することになる（民再164条２項）。

なお，裁判所の定める提出期限の前に再生債務者等が再生計画案を提出したとしても，届出再生債権者らも提出期限までは，再生計画案を提出する権利を有している以上，提出期限前に債権者集会の招集をすることはできない。

５．再生計画案草案の提出

東京地方裁判所破産再生部では，再生債務者等に対し，再生計画案を提出する前に，再生計画案の草案を提出させ，これを利害関係人の閲覧等に供する扱いとしている。これは，法令上の根拠を有するものではないが，運用として行っているものである。提出時期は，標準スケジュールでは，再生手続開始の申立てから２月後とされており（第１章Ⅲ３(1)・26頁参照），これにより，裁判所や利害関係人は，再生計画案の提出期限より前に，再生計画案の概要や，その作成作業の進捗状況について，情報を得ることができる。ただし，これは「草案」であるから，再生計画案自体に求められるような完成度に達している必要はなく，提出時点において再生計画案の方向性自体も定まっていないような場合には，その時点で可能な限りの簡単な概要を記載する程度のものでも許容している。

6. 再生計画案に対する監督委員の意見書の提出

実務では，裁判所は，提出された再生計画案を付議することが相当か否か，また，これが可決された場合に認可することが相当か否かにつき，監督委員に調査を命じ，その調査結果とこれに基づく監督委員の意見を踏まえて，付議や認可に係る判断をすることが多い。さらに，東京地方裁判所破産再生部では，この調査結果と監督委員の意見がまとめられた意見書を，付議決定後に，再生計画案等とともに届出再生債権者に送付する扱いとしている（後記Ⅱ３(1)参照）。再生債権者らは，ここに記載された様々な情報を踏まえて再生計画案の決議における態度を決定することができることとなり，これにより手続の透明性は，大きく向上している（第２章Ⅱ３(3)(d)・46頁参照）。

東京地方裁判所破産再生部では，監督委員の調査，報告の項目は，以下のとおりとしている。[1)]

① 倒産に至った原因及びその改善のポイント

② 開始決定時の財産

③ 帳簿の正確性

④ 申立て前の違反行為の有無（否認行為，相殺禁止その他）

⑤ 役員の損害賠償責任の有無

⑥ 保全処分違反等の申立て後の違反行為の有無

⑦ 再生計画案の検討——法律違反の有無

　ⅰ 平等原則違反その他の法律違反

　ⅱ 破産配当との対比・債権者の一般の利益（清算価値保障原則）に反するか否か

　ⅲ 別除権者との協議の見込み及びその内容

1）　もっとも，①，②及び⑤については，民事再生法125条に基づく報告書の記載を前提とした簡潔な記載で足り，また，履行の可能性（⑦ⅳ）は，将来を厳密に予測することは困難であるから，再生債務者の現状を踏まえて「履行の可能性がないとはいえない」といえるか否かの意見で足り，株主の責任は，自己株式の取得の条項（民再161条１項）がない場合は触れなくともよいこととしている。

ⅳ　履行の可能性

ⅴ　株主の責任・自己株式の取得

7．再生債権者に対する再生計画案の説明

再生計画案を提出した者は，これについての決議が行われるまでの間に，任意の説明会を開催するなどして再生計画案について再生債権者に説明をし，その理解，賛同を求めることに尽力するのが通例である。再生債権者が再生計画案について十分な情報を得たうえで賛否の投票を行うことは，再生債務者及び再生債権者の双方にとって有益なことであり，手続の透明性と手続に対する社会の信頼を向上させるものであるから，こうした説明が行われるのは望ましいことといえる。

8．再生計画案の修正

(1)　意　　義

再生計画案の提出者は，裁判所の許可を得て，再生計画案を修正することができる。ただし，再生計画案を決議に付する旨の決定（民再169条１項）がされた後は，この限りではない（民再167条）。

再生計画案提出後に，これに不備が見つかって修正が必要となることがある。また，事情に変更が生じて，再生計画案の内容の変更が迫られたり，再生計画案の内容を再生債権者により有利なものとすることが可能な状況となることもある。そこで，このような事態に対応できるように，再生計画案の提出者において，裁判所の許可を得て，再生計画案を修正することができることとしたものである。

(2)　修正の限度

再生計画案を修正し得る限度については，特段の制限を加える規定は置かれていない。当初の案とはまったく異なる再建スキームによることとするような本質的に異なるものとすることは，「修正」を超えるものであり，新た

な再生計画案の提出とみなすべきものであることから，再生計画案提出期間経過後は許されないものと解されるが[2]，そうでない限り，特に制約はないと解される。したがって，単なる不備の補正ばかりでなく，弁済率の変更などの内容にわたる修正を行うこともでき，再生債権者に有利な変更だけでなく，不利なものでも可能である（付議決定後の債権者集会における再生計画案の変更が再生債権者に不利な影響を与えないとの制限がある〔民再172条の4〕のと異なる。後記Ⅱ3(4)参照）。

(3)　手　　続

再生計画案を修正することができるのは当該再生計画案を提出した者であり，裁判所の許可を得ることが必要であるから，裁判所に修正許可の申立てをすることとなる。

裁判所は，実務的には監督委員の意見を聴いたうえで許否を決定することとなるが，要件を満たす限り，提出者の意思を尊重する観点から，これを許可することとなる。

(4)　修正命令

裁判所は，再生計画案の提出者に対し，再生計画案を修正すべきことを命ずることができる（民再規89条）。すなわち，再生計画案に不認可事由がある場合には，監督委員や裁判所の勧告に基づいて提出者自らが裁判所の許可を得て再生計画案を修正するのが通常であるが，このような修正を行わない場合に，直ちに当該再生計画案を決議に付さないこととするのも再生債権者等の利益に反する場合があることから置かれた規定である。しかし，修正の勧告を受けてもあえて提出者が修正を行わないといった事態は通常はないし，また，修正命令自体によって再生計画案が修正されるという形成的効果はないと解され，実効性に乏しいことからも，現実に修正命令が発せられることはないといってよく，東京地方裁判所破産再生部において発令した例もない

2）　破産・再生の実務〔第3版〕(下)・272頁，民事再生の手引・347頁〔吉井篤〕，新注釈民事再生法(下)・63頁〔長島良成〕。

ようである。

Ⅱ　再生計画案の決議

1．再生計画案の付議

再生計画案の提出があったときは，裁判所は，以下の①～④の事由のいずれかに該当する場合を除き，当該再生計画案を決議に付する旨の決定をする（民再169条１項）。

なお，③の事由の有無の判断に当たっては，監督委員の意見書が重要な資料となる（前記Ⅰ６参照）。

①　一般調査期間が終了していないとき

一般調査期間が終了しなければ，決議に加えるべき再生債権者の範囲が確定できないためである。

②　財産状況報告集会における再生債務者等による報告又は民事再生法125条１項の報告書の提出がないとき

再生債権者が適切に議決権を行使するには再生債務者の財産状況に関する情報を与えられていることが前提となるため，その報告がされていることが必要とされる（第７章Ⅱ・185頁参照）。

③　裁判所が再生計画案について民事再生法174条２項各号（ただし，３号を除く。）の再生計画不認可事由のいずれかに該当すると認めるとき

再生計画案に不認可事由（後記Ⅳ１参照）があるときに債権者集会の決議に付することは，むだであるためである。３号（不正の方法による決議）は，決議があった時点で問題となる事項であるから，当然のこととして除外される。

なお，裁判所が再生計画案にこの事由があると認めるときに，当該計画案を排除する決定をする必要があるかどうかの問題があるが，民事再生法169条１項は付議決定ができない場合として規定されているにすぎないことから，排除決定を要しないものと解される。ただし，複数の再

生計画案が提出された場合，その一部につき不認可事由があると認められるときには，決議に付する計画案を明確にするため，付議しない計画案について排除決定を行うのが相当であろう。

④ 民事再生法191条2号の規定により再生手続を廃止するとき

再生計画案の提出期間内に再生計画案の提出がなかったとき，又はその期間内に提出されたすべての再生計画案が決議に付するに足りないものであるときには，再生手続が廃止されるため，当然のこととして付議決定をすることができない（第13章Ⅱ1(2)・371頁参照）。

2．議決権行使の方法

裁判所は，付議決定において，再生債権者の議決権行使の方法を定めなければならない。その方法としては，次の3つが規定されている（民再169条2項）。

① 債権者集会の期日において議決権を行使する方法
② 書面等投票（書面その他の最高裁判所規則で定める方法のうち裁判所の定めるものによる投票をいう。）により裁判所の定める期間内に議決権を行使する方法
③ 上記の二者のうち議決権者が選択するものにより議決権を行使する方法

いずれの方法によるかは，裁判所がその裁量により定めることとなる。①の集会期日の決議による方法では，遠方の再生債権者にとって参加が容易でないとの短所がある一方で，②の書面投票の方法では，再生計画案が可決されるに至らなかった場合，再度決議の機会をもつことができないこと（民再172条の5，後記3(7)参照），付議決定後の再生計画の変更が許されないこと（民再172条の4，後記3(4)参照）などの短所がある。

東京地方裁判所破産再生部では，以上の得失を考慮し，③の併用型によることを原則としている。

なお，再生債務者等，債権者委員会又は所定の要件を備えた再生債権者が債権者集会の招集の申立てをしたときは，②の書面等投票による方法を採用

することができず，①の集会期日の決議による方法か③の併用型を採用しなければならないこととされている（民再169条5項）。

3．決議のための債権者集会

(1) 債権者集会の招集

債権者集会の期日において議決権を行使する方法（上記2の①，③）を採用する場合，裁判所は，付議決定をするに際し，債権者集会の期日を決定し，併用型（上記2の③）の場合は，併せて書面等投票の期間を決定する。

再生債務者，管財人，届出再生債権者（議決権を行使することができない者は除く。），再生のために債務を負担し又は担保を提供する者に対しては，債権者集会の期日への呼出しをし（民再115条1項前段・2項），また，議決権の不統一行使をする場合の裁判所に対する通知の期限及び再生計画案の内容又はその要旨を通知する[3)]（民再169条3項）。債権者集会の期日及び目的（民再115条4項）並びに議決権の不統一行使の通知の期限（民再169条3項）については，公告もしなければならない。さらに，書面等投票との併用型による場合は，その旨を公告し，議決権者に対し，書面等投票は裁判所の定める期間内に限りすることができる旨を通知する（同条4項）。

なお，東京地方裁判所破産再生部では，議決権者に対し，これらの通知とともに，議決票（書面投票又は集会期日における投票に使用する。）及び監督委員の意見書を送付することとしている。再生債権者らは，この意見書によりもたらされる様々な情報を踏まえて，決議における態度を決定することとなる（前記Ⅰ6参照）。

(2) 書面等投票

書面等投票との併用型による場合，書面等投票については，付議決定で定

3） 再生債権者の数が多数にわたり，再生手続開始後に再生債権の譲渡が頻繁になされるような事案に対応するために，付議決定と同時に基準日を定め，これを基準として議決権者を確定する手続が設けられている（民再172条の2）。

められた期限内に行わなければならない。もっとも，東京地方裁判所破産再生部では，書面等投票の期間は標準スケジュールでは債権者集会期日の８日前までと定められているところ（第１章Ⅲ３(1)・26頁参照），期限に後れて提出された議決票についても，提出が債権者集会期日の前である限り，裁判所の裁量により，できるだけ有効として取り扱う運用をしている。議決権の行使は後の債権者集会の期日においても可能であったことや，議決権者の意思をできるだけ尊重する観点から，このように取り扱っているものである。[4)]

⑶　債権者集会期日の運営

債権者集会は，裁判所が指揮する（民再116条）。なお，債権者集会期日は裁判所が行う手続であるから，法廷等の秩序維持に関する法律の適用があり，同法による秩序維持のための命令，制裁が可能である。

裁判所は，必要があると認めるときは，債権者集会に監督委員を出席させることができ（民再規49条１項），調査委員についても同様である（同条２項）とされているが，東京地方裁判所破産再生部の運用では，全件について監督委員の出席を求め，また，その補助者である公認会計士も出席している実情にある。

東京地方裁判所破産再生部における集会の進行は，以下のとおりである。

まず，裁判長が出席者を紹介し，集会の趣旨や手続を簡潔に説明した後，申立人（又は申立代理人）からのあいさつ（通常は，簡潔なあいさつにとどめ，再生計画案には言及しない。），監督委員による意見（通常は，既に意見書を送付していることから「意見書のとおり」と述べるにとどまる。）が述べられたうえで，決議のための投票を行うことになる。

債権者集会の目的は，再生計画案の決議であり，再生計画案の議決権者に

4）　東京地方裁判所破産再生部では，債権者集会招集通知等の書類を裁判所の封筒に封入し発送する事務を再生債務者（代理人）に依頼しており，また，書面投票の議決票の受領も再生債務者に委託して，議決権者は議決票を再生債務者に提出するものとしている。これらの事務は本来裁判所において行うべきものであるが，公平誠実義務を負っている再生債務者に機械的業務を補助的に依頼することで手続の円滑な進行を図るものとして，関係者間の利害の対立が激しい等の特別の事情がある事件を除いては，すべてこの方法によっている。破産・再生の実務〔第３版〕㈦・278頁，民事再生の手引・338頁〔吉井篤〕。

対する説明は，事前に再生債務者から行われているべきことであるから，期日における質疑応答は予定されていないが，裁判所の裁量により，出席者の発言を許すこともある。

決議は，集会の場で議決票を回収して行うが，これが完了すると，書面投票分も含めて，集計を行い，投票者数，賛成者数，総議決権に占める賛成票の割合が発表される。

裁判官は，あらかじめ不認可事由の有無を検討して集会に臨んでおり，付議された場合は通常は不認可事由は認められないので，決議が可決されたときには，直ちに認可決定を集会期日において言い渡している（後記Ⅳ２⑵参照）。

⑷　再生計画案の変更

再生計画案は，付議決定後には修正できない（民再167条，前記Ⅱ１参照）が，議決権行使のために債権者集会が開催される場合（前記２の①又は③）には，再生債権者に不利な影響を与えない限りにおいて，再生計画案の提出者は，債権者集会において，裁判所の許可を得て，再生計画案を変更することができる（民再172条の４）。再生債権者に不利な影響を与えない場合であれば，付議決定後に変更を認めても再生債権者に与える混乱は小さいと考えられたためである。債権者集会が開催されない場合には，変更した再生計画案を再生債権者に提示する機会を持てないことから，こうした変更は認められず，この点が，債権者集会を開催して決議を行う方式を採る利点の一つとなっている（前記２参照）。

ここで，「再生債権者に不利な影響を与えないとき」とはどのような場合かが問題となるが，弁済額や弁済期間等に即して，実質的に再生債権者に不利とならない場合がこれに当たると解される[5)]。再生債権者に有利になる変更と不利になる変更が混在している場合（弁済額は増加させるが弁済期を遅らせる変更など）は，その実質を総合判断することとなるが，原則としては「不利な影響を与えない」とはいえないものと解される。

5）　新注釈民事再生法㈦・97頁〔富永浩明〕。

この再生計画案の変更は，債権者集会の続行期日（民再172条の5，後記(7)参照）においても認められる。したがって，再生計画案が否決されて集会が続行された後の期日で，再生計画案を再生債権者に有利に変更し，再度再生債権者の賛否を問うといったことが可能であり，実務上もそのような例は多い。

(5) 議決権の行使

(a) 議決権を行使できる額　届出再生債権者は，再生計画案の決議において議決権を行使することができる。再生計画を成立させるかどうかを，これにより権利の変更を受ける再生債権者自身の意思により決することとしているものである。

議決権を行使できる額は，民事再生法87条に定められており，再生債権者は，その額を届け出なければならない（民再94条1項，第8章Ⅰ6(2)(c)・220頁参照）。そして，債権調査手続により議決権の額が確定した届出再生債権者は，その額を基準とし，その他の届出再生債権者は，債権者集会の期日において再生債務者等や他の再生債権者から異議がなければ届出の額を，異議があれば裁判所が定めた額を基準として，議決権を行使する（民再170条2項）。裁判所は，ここで定めた額を，利害関係人の申立て又は職権により，いつでも変更できる（同条3項）。

裁判所が額を定めるのは，債権者集会期日において異議が述べられたときに議決権を行使できる額を決めるためであり，実体法上の債権の存否や額を確定するものではない（第8章Ⅰ8(1)・225頁参照）。

当該再生債権につき査定の裁判の手続や異議訴訟が係属している場合，どのように額を定めるかは，当該債権についての証拠資料等が提示されていない再生裁判所にとっては，難しい問題である。この場合，あらかじめ監督委員の意見を聴取し，当該債権の性質や異議の理由などを勘案し，査定の裁判や異議訴訟の手続で債権の存在が認められる可能性を考慮して，議決権を行使できる額を決定することとなる。

(b) 代理人による議決権の行使　議決権者は，代理人をもってその議決権を行使することができる（民再172条1項）。議決権を債権者集会において行使する場合，会社等の法人が再生債権者であるときには，代表者が出席することは稀であり，担当従業員が代理人として出席するのが通常であろう。この場合，代理人の権限は書面で証明しなければならない（民再規90条の４）が，その書面としては，実務上，委任状，印鑑証明書等の提出まで求めることはせず，東京地方裁判所破産再生部では，事前に再生債権者に送付された議決票に基づいて議決権を行使する場合には，当該議決票により代理権が証明されたものとみて，これを持参した者を代理人と認める運用をしている。なお，出席者が真正な代理人であることを担保するため，議決票には提出者の署名欄を設け，当該出席者に自署を求める取扱いである。

⒞　**議決権の不統一行使**　　議決権者は，議決権の不統一行使ができる（民再172条２項）。ただし，付議決定において裁判所が定める期限（民再169条２項）までに裁判所に書面で通知する必要がある（民再172条２項）。これは，サービサーなどは複数の委託者の意思を議決権に反映する必要があるため，これを考慮して認められたものである。不統一行使が行われた場合の再生計画案可決のための頭数要件（後記⑹①参照）については，賛否のいずれかと棄権とに分かれて行使した場合には，賛否のいずれかに１を，賛否に分かれて行使した場合には，それぞれに２分の１を加える（民再172条の３第７項）。

⑹　可決要件

再生計画案が可決される要件は，①議決権を行使した議決権者の過半数の同意（頭数要件）があり，かつ，②議決権者の議決権の総額の２分の１以上の議決権を有する者の同意（議決権行使額要件）があることである（民再172条の３第１項）。なお，議決票を賛否を記載しないで提出するいわゆる白票については，決議に加わりながら再生計画案に同意しないものであるから，反対票と同様に取り扱われることになる。

⑺　期日の続行

債権者集会の期日において議決権を行使する方法による場合には，再生計画案が可決されなかった場合でも，改めて投票を行うために，債権者集会の期日を続行することができる。

すなわち，債権者集会の期日において再生計画案が可決されるに至らなかった場合において，①民事再生法172条の３第１項各号のいずれかに掲げる同意（すなわち，頭数要件又は議決権行使額要件のいずれかを満たす場合），又は②債権者集会の期日における出席した議決権者の過半数であって出席した議決権者の議決権の総額の２分の１を超える議決権を有する者の期日の続行についての同意のいずれかがあるときは，裁判所は，再生計画案の提出者の申立てにより又は職権で，続行期日を定めて言い渡さなければならない（民再172条の５第１項）。債権者集会が開催されない場合には，このようにして再度の決議をする機会を与えることはできず，この点も債権者集会を開催して決議を行う方式を採る利点の一つとなっている（前記２参照）。

そして，続行期日においては再生計画案の変更（民再172条の４）をすることができ，実務上そのような例は多い（前記(4)参照）。

ただし，続行期日において当該再生計画案が可決される見込みがないことが明らかである場合は，期日の続行はできない（民再172条の５第１項）。これは，再生計画案が可決される見込みがある限りは，これを重視して再度決議の機会を与えるとの趣旨であるから，可決の見込み自体がないときには，続行の必要はないとしたものである。

続行の回数に制限はないが，再生計画案の可決は，最初の債権者集会の期日から２か月以内にされなければならない（民再172条の５第２項）とされている。これは，手続の遅延を防ぐためである。なお，この期間は，裁判所が必要と認めるときは，１か月を超えない範囲で伸長し得る（同条３項）。

集会における決議と書面投票との併用型では，続行期日を定める場合は，更に書面投票の期間（原則として付議決定の日から起算して２週間以上３月以下。民再規90条４項）も定める必要がある。

４．書面等投票のみによる場合

決議のための債権者集会を開催せず，書面等投票のみを行う場合，裁判所が再生債務者，管財人，届出再生債権者（議決権を行使することができない者は除く。），再生のために債務を負担し又は担保を提供する者に対して，議決権の不統一行使をする場合の裁判所に対する通知の期限及び再生計画案の内容又はその要旨を通知すること，議決権の不統一行使の通知の期限については公告もすることは，債権者集会が開催される場合と同様である（民再169条３項）。また，投票期間を定め（民再169条２項２号，民再規90条４項），書面等投票による旨を公告し，議決権者に対し書面等投票は裁判所の定める期間内に限りすることができる旨を通知することは，併用型の場合と同様である（民再169条４項）。

投票は，付議決定で定められた期限内にしなければならない。

議決権行使額に関して，まず，民事再生法104条１項により議決権の額が確定している届出再生債権者について，その額を基準とすることは，債権者集会が開催される場合と同様である。これに対し，議決権の額が確定していない届出再生債権者については，債権者集会が開催される場合と異なり，直ちに裁判所が議決権の額を定める（民再171条１項）。裁判所は利害関係人の申立て又は職権によりいつでもこの決定を変更することができる（同条２項）ことは，債権者集会が開催される場合と同様である。

債権者集会が開催される場合と異なり，再生計画案の変更（民再172条の４）や，再生計画案が可決されなかった場合の債権者集会期日の続行による再度の決議（民再172条の５）は認められない。

代理人による議決権の行使や議決権の不統一行使ができること，再生計画案可決の要件等は，債権者集会が開催される場合と変わりはない（前記３(5)(b)(c)，(6)参照）。

５．社債権者の取扱い

再生債務者が社債を発行している場合，原則として社債管理者を定めなければならない（会社702条本文）。社債管理者は，社債権者のために社債に係る権利について再生債権として届出する権限を有する（会社705条１項）が，これについて議決権を行使するためには，社債権者集会の特別決議が必要である（会社706条１項２号）。しかるところ，実際には社債権者が再生手続に関心が乏しいために，社債権者集会の特別決議が成立しないことも想定され，この場合，社債管理者が社債に係る権利について届出をしても権利行使をすることができないこととなるが，このような事案では，社債の総額が多額であると，議決権行使額要件（前記Ⅱ３⑹②）が満たされずに再生計画案が否決される可能性が高まってしまう。

そこで，民事再生法は，社債管理者が置かれている場合，社債権者自身が社債に係る権利について再生債権の届出をしたときや届出名義の変更を受けたとき，あるいは，社債管理者が再生債権の届出をした場合において社債権者が再生計画案の付議決定があるまでに裁判所に対して議決権を行使する意思がある旨の届出をしたときに限り，社債権者自身に議決権の行使を認め，これらの要件を満たさない場合には，議決権の行使ができない（議決権者にも含まれない）ものとしている（民再169条の２第１項）。このことは，再生手続開始の際に公告される（民再35条１項３号）。

以上は，社債権者集会の決議の不成立による弊害を回避するためのものであるから，社債権者集会の決議が成立した場合や，募集社債に関する事項の決定の際に社債管理者が社債権者集会の決議によらずに議決権の行使等をすることができる旨を定めていた場合には，社債管理者により議決権が行使されるので，社債権者の個別の議決権行使は認められない（民再169条の２第３項）。また，社債管理者が置かれていない場合には，社債権者集会の決議は問題とならないので，社債権者は他の再生債権者と同様に扱われる。

そして，民事再生法120条の２第６項各号に定める社会医療法人債や投資法人債等に係る議決権の行使も，社債の場合と同様の規律によることとされている（民再169条の２第１項）。

以上は，会社更生法190条と同趣旨である。

６．再生計画案が可決された場合の法人の継続

清算中もしくは特別清算中又は破産手続開始後の法人であっても，再生手続を開始することができる（第15章Ⅰ１・393頁参照）。そして，このような法人は，再生計画案が可決された場合は，定款その他の基本的約款の変更に関する規定（例えば，株式会社であれば，会社法466条，309条２項11号等に定める手続

よる。）に従い，法人を継続することができる（民再173条）。これにより，再生計画を遂行するために法人の継続が必要な場合においても対応でき，再生計画が遂行される見込みがないとの再生計画不認可事由（民再174条２項２号）にも該当しないこととなるわけである。

Ⅲ　再生債権者から再生計画案が提出された場合の諸問題

１．実務の現状

再生債務者等のほか，管財人が選任されている場合の再生債務者，届出再生債権者及び外国管財人も，裁判所の定める期間内に，再生計画案を作成して裁判所に提出することができる（民再163条２項・209条３項）。これは，和議法による和議手続では，債務者のみが和議条件を提供することができたのに対し，会社更生手続にならって（会更184条２項），提出権者を拡張したものである。再生債務者等以外からの再生計画案の提出として，届出再生債権者から提出される場合が想定されるが，東京地方裁判所破産再生部においても，届出再生債権者から再生計画案が提出される例は，極めて稀である。実際，届出再生債権者は通常，再生債務者の経営の実態に通じているわけではないから，遂行可能性のある再生計画案を作成することは極めて困難であろう。

２．再生債権者が再生計画案を提出する場合の法的制約

募集株式を引き受ける者の募集に関する条項を定めた再生計画案は，再生債務者のみが提出できる（民再166条の２第１項）とされているので，届出再生債権者がこれを提出することはできない（第10章Ⅳ３・316頁参照）。これは，資本減少と募集株式の引受けを組み合わせた再生計画案を再生債権者が提出し得るものとすると，債権者の主導で資本構成の変更が可能となり，DIP 型を基本とする再生手続の性格を変質させるおそれがあることなどによるものである。

3．複数の再生計画案の間の調整

再生債務者のほか，再生債権者からも再生計画案が提出されるなど，複数の再生計画案が提出された場合は，最終的に認可される再生計画は1個である以上，認可までの過程で何らかの方法で一本化されることとなる。

まず，複数の再生計画案が提出された場合には，関係者の話合いによりより公正かつ妥当な計画が作成されることが望ましく，両計画案の提出者は，付議決定までの間に再生計画案が一本化されるよう協議を行い，より関係者の同意を得やすい再生計画案の作成に努めるべきである。その過程では，監督委員による調整も期待されるし，場合によっては裁判所での打合せの活用も考慮される。制度上の裏づけとしては，再生計画案の修正規定（民再167条）も存在する。

次に，裁判所による付議決定の段階では，いずれかの再生計画案を排除することも考えられるが，これは，再生計画案に不認可事由があるときに限られる。もっとも，再生債務者の状態を十分把握することが困難な再生債権者が作成する案については，遂行の見込みがないと判断される場合もあり得るであろう。そして，複数の案が付議されたときには，最終的に債権者の決議によっていずれを選択するかを決定することになる。

複数の再生計画案の間の相異が，弁済率や弁済の期間といった点であればともかく，基本的な再生スキームにかかわるもの（一方が収益による弁済であるのに対し，他方は事業譲渡の対価による弁済であるなど）であれば，その間の調整には困難が予想され，複数の再生計画案を付議して，その選択を再生債権者に委ねざるを得ない場合もあろう。

4．再生債務者による再生債権者提出案の拒絶と遂行可能性

再生債権者が提出した再生計画案を付議するに際しては，同案が可決認可された場合には再生債務者にこれを遂行する意思があるかどうかを確認しておくべきである。再生債務者は，必ずしも再生債権者提出案に協力するとは

限らないからである。そこで，再生債務者が，再生債権者提出案が可決，認可されても，それに協力する意思がないことを明らかにした場合，同案は遂行の見込みがないものとして付議し得ないのではないかが問題となる。しかし，再生債務者は，元来，債権者に対して公平誠実義務を負うものである（民再38条２項）し，再生債権者案を遂行することを拒否する意向を示したからといって，実際にこれが可決，認可された場合にもその遂行を拒否して破産を選択することとなるとまでは一概にはいえないから，むしろ，そのような状況を踏まえて債権者に再生債務者提出案とのいずれを選択するかを委ねるのが相当であろう。したがって，この場合，他に不認可事由が認められない限り，付議するのが相当であり，東京地方裁判所破産再生部でも，再生債務者が遂行を拒絶している案であっても，監督委員の意見を踏まえて付議した事例がある。

再生債権者提出案を付議しない場合には，裁判所は排除決定をして決議の対象となる再生計画案を明確にするのが相当である（前記Ⅱ１③参照）。なお，この排除に不服のある利害関係人は，排除決定に対する不服申立てはできないが，当該計画を排除して付議，可決された再生計画の認可決定に対する即時抗告によってこの点を争うことができる。

５．決議の工夫

再生債務者提出の再生計画案のほか，再生債権者提出案も付議するときには，複数の再生計画案が決議に付されることとなるが，その場合，決議をどのように行うかが問題となる。まず，個々の再生計画案ごとに賛否を問うことが考えられるが，このような方法によると。複数の再生計画案が可決されるという不都合が生ずることもあり得ることとなるのに，そのような事態を前提とした規定もないことから，そのような解釈には疑問がある。

東京地方裁判所破産再生部において２つの案が付議された事例では，上記の各案について投票する方法ではなく，いずれの案に同意するか，あるいはいずれの案にも反対であるかを問う方法によっている。この場合において，議決票には，「再生債務者案に賛成」，「再生債権者案に賛成」，「両案に反対」

との投票項目を設けて一度の投票を行い，両案がともに可決されるという事態を回避している。もっとも，この方法によった場合には，再生債権者の大多数は破産は望まないものの，いずれの案によるかが２分された場合に，どちらの案も可決されないという事態を招く可能性があるという不都合もあり得るところであって，なお運用上の工夫も望まれるところである。

Ⅳ　再生計画の認可

1．不認可事由

再生計画案が可決された場合には，裁判所は，不認可事由が認められる場合を除き，再生計画認可の決定をする（民再174条１項）。これに対し，不認可事由が認められる場合には，再生計画不認可の決定をする（民再174条２項）こととなり，この点の裁量の余地はないものと解されている。このように，民事再生法は，不認可事由が認められない限り裁判所はこれを認可するという制度を採っている。民事再生法の定める不認可事由は，以下のとおりである。

(1)　再生手続又は再生計画が法律の規定に違反し，かつ，その不備を補正することができないものであるとき（民再174条２項１号本文）

ただし，再生手続が法律の規定に違反する場合において，当該違反の程度が軽微であるときは，認可決定をする（民再174条２項１号ただし書）。

再生手続が法律に違反する場合とは，再生手続の開始の前後を問わない。例えば，再生手続開始の申立てが必要な取締役会決議に基づいていない場合や，文書の閲覧等の手続が法律に従って行われていない場合，再生計画案の決議の時期が法律の定めに従っていない場合などが挙げられる。

再生計画が法律に違反する場合に当たる例としては，弁済条件が再生債権者間の平等を欠く場合などが挙げられる。

⑵ 再生計画が遂行される見込みがないとき（民再174条２項２号）

再生計画遂行の見込みがない例としては，再生計画に定められた再生債権の弁済の原資を調達する見込みがない場合や，事業遂行に不可欠な不動産に設定された担保の担保権者の協力が得られず，担保権消滅の許可（民再148条１項）を得た場合に納付すべき金銭の原資もない場合などが挙げられる。

⑶ 再生計画の決議が不正の方法によって成立するに至ったとき（民再174条２項３号）

「不正の方法」には，詐欺，強迫，不正な利益の供与等により再生計画案が可決された場合ばかりでなく，再生計画案が信義則に反する行為に基づいて可決された場合も含むものとされている[6]。

⑷ 再生計画の決議が再生債権者の一般の利益に反するとき（民再174条２項４号）

再生債権者の一般の利益とは，再生債権者全体としての利益をいい，再生計画に基づく弁済が破産手続によるよりも再生債権者にとって有利であること（清算価値保障原則）を充足することである（第10章Ⅱ２⑴(a)・305頁参照）。

２．決定の手続

⑴ 審　　理

再生計画案が可決されると，裁判所は不認可事由が存するか否かを審理することとなるが，そのために必要な調査は職権で行うことができる（民再８条２項）。

民事再生法115条１項本文に規定する者（再生債務者，管財人，届出再生債権者，再生のために債務を負担し又は担保を提供する者）及び労働組合等（民再24条の

6）最決平20・３・13民集62巻３号860頁。議決権者の頭数の過半数の同意が見込まれなかったため，再生債務者の取締役が回収可能性のない再生債務者に対する債権を譲り受けるとともに，他の取締役にその債権の一部譲渡を行って議決権者の頭数要件を満たし計画案が可決されたことが信義則に反するとされた。

2参照）は，再生計画を認可すべきか否かにつき意見を陳述することができる（民再174条3項）。これらの者は，再生手続の関係者として再生計画の認可，不認可に関して重大な利害関係を有するためである。もっとも，法文上意見聴取は必要的なものとされておらず，意見陳述を望む場合にこれを許せば足りると解されることから，東京地方裁判所破産再生部では，意見聴取期日を開催するなど積極的に意見陳述を促す措置は採っていない。

(2) 決　　定

再生計画の認可又は不認可の決定をすべき時期についての規定はなく，再生計画案の可決後速やかに決定するのが通例である。東京地方裁判所破産再生部では，認可決定をすべきか否かを債権者集会前に検討しておき，不認可事由がないときには，集会において，決議の結果を発表した後直ちに言い渡している（前記Ⅱ3(3)参照）。そして，不認可事由の多くは，付議決定の段階で審査されているから，集会で可決された場合に不認可となる例はほとんど見られない実情にある。

再生計画の認可又は不認可の決定があった場合には，民事再生法115条1項本文に規定する者に対し，その主文及び理由の要旨を記載した書面を送達しなければならない（民再174条4項）。この決定は，代用公告によることが可能であり（民再10条3項本文），東京地方裁判所破産再生部では，例外なく公告の方法によっている。

また，再生計画の認可又は不認可の決定があった旨を，労働組合等に通知しなければならない（民再174条5項）。

3．即時抗告

利害関係人は，再生計画の認可又は不認可の決定に対して，即時抗告をすることができる（民再9条・175条1項）。

議決権を有しなかった再生債権者が即時抗告をするには，再生債権者であることを疎明しなければならない（民再175条3項）。

Ｖ　再生計画の効力

1．再生計画の効力発生時期と効力の及ぶ範囲

(1)　再生計画の効力発生の時期

再生計画は，認可の決定の確定により，効力を生ずる（民再176条）。認可決定については，実務上，送達に代えて公告をしているので，この公告の日の翌日から起算して２週間の抗告期間（民再10条２項・９条後段）の経過か，抗告が提起された場合には，これを棄却する決定の確定により，効力を生ずることになる。

(2)　再生計画の効力の及ぶ範囲

再生計画は，再生債務者，すべての再生債権者及び再生のために債務を負担し，又は担保を提供する者のために，かつ，それらの者に対して効力を有する（民再177条１項）。これに対し，別除権者が有する民事再生法53条１項に規定する担保権，再生債権者が再生債務者の保証人その他再生債務者と共に債務を負担する者に対して有する権利及び再生債務者以外の者が再生債権者のために提供した担保には影響を及ぼさない（民再177条２項）。別除権は再生手続によらずに行使することができるものであるし（民再53条２項），また，保証人や物上保証人は，主債務者が支払能力を喪失した場合にこれを担保する責任を負うべきものだからである。

2．再生債権の変更と再生債務者の免責

(1)　再生債権の変更

再生計画認可の決定が確定したときは，届出再生債権者及び再生債務者が自認する再生債権（民再101条３項）を有する再生債権者の権利は，再生計画の定めに従って変更される（民再179条１項）。すなわち，再生債権者の権利は，再生計画の定めに従い，その一部免除，期限の猶予等の変更を受けるこ

となる。ここにいう変更とは，権利自体の実体的変更を意味する。

再生債権者は，債権が確定している場合に限り，再生計画の定めによって認められた権利を行使することができる（民再179条2項）。未確定の再生債権を有する再生債権者がいる場合には，これに不利益が生じないように，再生計画に適確な措置を定めることとされている（民再159条，第10章Ⅲ5・311頁参照）。

(2) 再生債務者の免責

再生計画認可の決定が確定したときは，再生計画の定め又は民事再生法の規定によって認められた権利以外のすべての再生債権につき，再生債務者は責任を免れる（民再178条本文）。これにより，再生債務者は，経済的再生を果たすことができることとなる（第1章Ⅰ3・4頁参照）。「その責任を免れる」の解釈については，破産法253条におけるのと同様に争いがあり，債務が消滅するという見解，自然債務となるにすぎないという見解などが対立しているが，自然債務となるとするのが多数説である。[7)]

免責の例外に関しては，以下のものが規定されている。

① 再生手続開始前の罰金，科料，刑事訴訟費用，追徴金又は過料（共益債権又は一般優先債権であるものを除く。）（民再178条・97条）

② 再生債権者がその責めに帰することができない事由により債権届出期間内に届出をすることができなかった再生債権で，その事由が再生計画案の付議決定前に消滅しなかったもの（民再181条1項1号・95条4項）

③ 再生計画案の付議決定後に生じた再生債権（民再181条1項2号・95条4項）

④ 再生債務者が届出がされていない再生債権があることを知りながら，認否書に記載しなかった債権（民再181条1項3号・101条3項）

このうち，①は，再生計画による変更は受けないが，②ないし④は，再生計画の一般的基準に従って変更を受ける（民再181条1項・156条）。そして，②，③は，再生計画の一般的基準に定められた時期に履行を受けるが，①，

7） 新注釈民事再生法(下)・123頁〔矢吹徹雄〕。

④については，再生計画で定められた弁済期間が満了するか，それ以前に再生計画に基づく弁済が完了した時又は再生計画が取り消された時までは，弁済をし，弁済を受け，その他，免除以外の債権を消滅させる行為をすることができず，上記の期間の経過後に履行がなされるという劣後的取扱いを受けることとなる（民再181条２項・３項，第８章Ⅰ６(5)・222頁，10・235頁参照）[8]。

なお，②ないし④の債権の存否や内容について，当該再生債権者と再生債務者との間で争いがある場合，もはや再生債権調査の手続を行うことはできないので，両当事者間の通常の民事訴訟などを通じて確定するほかはないものと解される[9]。

３．再生債権者表の記載の効力

再生計画認可の決定が確定したときは，裁判所書記官は，再生計画の条項を再生債権者表に記載しなければならない（民再180条１項）。再生債権者表の記載は，再生債務者，再生債権者及び再生のために債務を負担し又は担保を提供する者に対して，確定判決と同一の効力を有する（同条２項）。再生債権調査の手続により確定した再生債権についての再生債権者表の記載や，再生債権の確定に関する訴訟の判決ないし再生債権査定の申立てについての裁判は，再生債権者の全員に対して確定判決と同一の効力を有し（民再104条３項・111条），さらに，その後再生計画不認可決定が確定した場合（民再185条，後記Ⅵ参照），再生手続が廃止された場合（民再195条７項・185条，第13章Ⅵ２(1)・378頁参照）及び再生計画が取り消された場合（民再189条８項・185条，第13章Ⅶ４(1)・382頁参照）は，管財人が選任されている場合で再生債務者が債権調査手続で異議を述べたときを除いては，再生債権者表の記載は再生債務者に対しても確定判決と同一の効力を有するが，再生計画認可決定が確定した場

8）　再生計画に分割弁済の定めがあるときに，この再生債権を再生計画に定められた弁済期間の満了後等に弁済する場合の弁済方法については，一括で弁済すべきとする説と，再生計画に定められた弁済期間の満了時等を起点として再生計画に定められた方法により分割弁済すればよいとする説に分かれている（新注釈民事再生法(下)・138頁〔馬杉榮一〕）。

9）　新注釈民事再生法(下)・135頁〔馬杉榮一〕。

合には，再生計画により変更を受けた後の再生債権について，同様の効力を認めたものである。

再生債権者は，再生手続係属中であっても，再生債権者表の記載に基づき，強制執行をすることができる（民再180条３項）。管理型手続である会社更生手続では，更生債権者が更生債権者表に基づいて強制執行ができるのは更生手続終了後に限られている（会更240条）が，DIP 型を基本とする民事再生手続においては，再生債務者の履行を担保するために，手続中の強制執行を認めたものである。

４．相対的必要的記載事項及び任意的記載事項の効力

再生計画認可決定が確定すると，計画に記載された相対的必要的記載事項及び任意的記載事項の条項も，それぞれその性質に応じた効力を生ずる（第10章Ⅲ・309頁，Ⅳ・313頁参照）。

５．中止していた手続の失効

再生計画認可決定が確定すると，再生手続の開始により民事再生法39条１項に基づいて中止していた強制執行等の手続は，同法２項により続行されていたものを除き，その効力を失う（民再184条）。

Ⅵ　再生計画の不認可

再生計画不認可決定が確定した時には，再生手続は終了する（民再77条４項・249条１項前段・250条１項参照）。監督命令や管理命令は効力を失う。

また，再生債権の弁済等の禁止（民再85条１項）の拘束力も消滅し，確定した再生債権についての再生債権者表の記載は，管財人が選任されている場合の再生債務者が再生債権調査の手続で異議を述べていたときを除いて再生債務者に対して確定判決と同一の効力を有し（民再185条１項・102条２項・103

条4項)，再生債権者は，これに基づき強制執行をすることができる（民再185条2項)。

再生手続中の各種手続が係属している間に再生手続が終了した場合の当該手続の扱いについては，第12章Ⅲ３(2)(366頁)において説明しているとおりである。

再生計画不認可決定が確定した場合の破産手続への移行と，それについての東京地方裁判所破産再生部の運用は，破産手続廃止の場合と同様である(第13章Ⅵ３・378頁参照)。

〔佐 村　浩 之〕

第 12 章

再生計画成立後の手続

再生計画が成立すると，再生債務者等はこれを遂行する。本章では，再生計画成立後の手続について説明する。

Ⅰ　再生計画の遂行とその監督

1．再生計画の遂行

再生計画認可の決定が確定したときは，再生債務者（管財人が選任されている場合は管財人）は，速やかに再生計画を遂行しなければならない（民再186条1項）。ここにいう再生計画の遂行とは，再生債権に対する弁済ばかりでなく，再生計画に記載された事項全般に及び，共益債権や一般優先債権の弁済，未確定債権及び別除権付債権に関する適確条項の履行，資本金の額の減少や募集株式を引き受ける者の募集等が再生計画に含まれている場合はこれらの遂行も含むものである[1)]。

1）　監督委員が再生計画の「遂行」を監督する際の監督事項を一定の範囲に画する観点から，「遂行」の概念には再生計画の絶対的必要的記載事項と相対的必要的記載事項のみが含まれ，任意的記載事項は含まれないとする見解もある（手続と監督委員・237頁〔三森仁〕）。しかし，再生債務者は自ら定めた再生計画の全般について誠実にこれを遂行すべき義務を負うべきものであり，民事再生法186条1項は，かかる義務を念頭に「履行」ではなく「遂行」と

ところで，再生計画認可決定が確定するまでは，再生債権の弁済等は禁止されている（民再85条1項）。しかし，同決定が確定すると，再生債権者は，再生計画に従って弁済を受け，また，強制執行もできるようになり（民再180条3項），こうした点では，再生債権者と再生債務者との関係は，通常の債権者と債務者の関係と変わらないものとなる。そこで，再生計画認可決定が確定すると，監督委員も管財人も選任されていない場合には，再生手続自体が終結することとされており（民再188条1項，後記Ⅲ1(1)参照），再生計画の遂行は，その後に手続外で行われることとなる。

これに対し，監督委員が選任されている場合には，監督委員が再生計画の履行を監督するので，再生手続はなお係属を続けることとなる（民再186条2項）。実務では監督委員の活用は広く定着しており，東京地方裁判所破産再生部では，原則としてすべての事件で監督委員に再生計画の履行の監督を行わせている。

また，管財人が選任されている場合にも，管財人が再生計画を遂行するので，やはり再生手続は係属を続ける。

再生債務者等が再生計画の履行を怠った場合には，再生計画の取消事由となり（民再189条1項2号，**第13章Ⅶ2(2)**・380頁参照），また，再生手続係属中に再生計画が遂行される見込みがないことが明らかになったときには，再生手続の廃止決定（民再194条，**第13章Ⅴ**・375頁参照）がされることになる。

2．再生計画遂行の監督

再生計画認可の決定が確定した場合に監督委員が選任されているときは，監督委員は，再生債務者の再生計画の遂行を監督する（民再186条2項）。和議法では，和議認可決定後，債務者の和議条件の履行を監督する制度はなかったため，履行されない事例が多く，これが和議制度に対する信頼を低いものとしていた。そこで，民事再生法は，履行監督の制度を設けたものである。監督委員による監督の期間は，最長3年間とされている（民再188条2項，後

いう概念を用いたものと解されることからすると，「遂行」の意味は，再生計画に定められた事項全般に及ぶと解するのが相当である。新注釈民事再生法(下)・167頁〔伊藤尚〕。

記Ⅲ１(3)参照)。

監督委員は，再生債務者に対して業務及び財産の状況につき報告を求め，再生債務者の帳簿，書類その他の物件を検査することができ（民再59条１項），これらの方法によって再生計画が適切に遂行されるように監督することとなる。

ところで，再生計画認可決定が確定すると，再生債権者は強制執行を行うことも可能となり，監督委員も管財人も選任されていない場合には，再生手続自体が終結する（前記１参照)。そこで，監督委員が再生計画の遂行の監督をする場合であっても，実際に行う監督の方法や程度は，事案の性質や状況に応じて様々なものであってよく，この点は，各地の裁判所ごとに運用が工夫されている[2)]。

東京地方裁判所破産再生部では，再生計画に基づく弁済をする都度，再生債務者が裁判所及び監督委員に対して報告書を提出することとしている。その一方で，再生計画認可決定前には再生債務者が一定の行為を行うには監督委員の同意を要するものとしているが，認可決定以降は同意はすべて不要とするのが通例であり，また，通常の業務等に関する月次報告書についても，定型的に提出を要するものとしているのは再生計画認可決定までで（第２章Ⅱ２(1)▩書式２－１・40頁参照)，その後については，認可決定があった段階で，改めて事案に応じて定めることとしている[3)]。

そして，監督委員は，以上のような監督の過程で問題が生じていることを

2）通常再生の実務・340頁，新注釈民事再生法㊦・171頁〔伊藤尚〕。多くの裁判所において，再生計画認可決定後も，引き続き，再生債務者が一定の行為を行うには監督委員の同意を要することとし（第２章Ⅱ３(1)(c)・43頁参照)，また，再生債務者は従前どおりに月次報告書を提出することとしたうえ，さらに，再生計画に基づく弁済をした場合にも報告書を提出するように指示している。

3）再生計画がいわゆる収益弁済型（第10章Ⅵ１・318頁参照）である場合に，再生債務者は，再生計画認可決定後も当面の間，従前どおり月次報告書を提出することとし，再生計画がいわゆる清算型（第10章Ⅵ４・327頁参照）である場合も，すべての財産の換価には時間がかかることが多いことから，３か月から半年に１度程度，残余財産の換価状況を記載した財産目録及び収支計算書を提出することとしていることが多い。なお，再生債務者が一定の行為を行う際に監督委員の同意を要する旨の指定についても，事案によっては，認可決定後も継続させることがある（第２章Ⅱ３(1)(c)・43頁参照)。破産・再生の実務〔第３版〕㊦・187頁，民事再生の手引・61頁，62頁〔吉田真悟〕、272頁，273頁〔鹿子木康〕，380～384頁〔佐野友幸〕，再生論・159頁〔鹿子木康〕。

知ったときは，裁判所に報告するとともに，再生債務者（代理人）から事情を聴取し，状況に応じて再生計画の変更や再生手続の廃止を検討するなど，適切な対応ができるようにしている。[4)]

3．担保提供命令

裁判所は，再生計画の遂行を確実にするため必要があると認めるときは，再生債務者等又は再生のため債務を負担し，もしくは担保を提供する者に対し，担保を立てることを命ずることができる（民再186条３項）。この規定は，再生計画認可決定後の事情の変更によって履行が危ぶまれる事態となった場合に，再生計画の遂行を確実にするための裁判所の権限を定めたものであるが，このような段階に至ってなお担保提供の余力がある場合は稀であり，東京地方裁判所破産再生部においても実例を見ていない。

Ⅱ　再生計画の変更

1．意　　義

再生計画認可の決定があった後やむを得ない事由で再生計画に定める事項を変更する必要が生じたときは，裁判所は，再生手続終了前に限り，再生債務者，管財人，監督委員又は届出再生債権者の申立てにより，再生計画を変

4） 再生計画により変更された権利さえ満足されないとなれば，再生債権者の立場は著しく害され，再生手続に対する信頼が失われることになるので，再生債務者が誠実に再生計画を遂行するように監督することは，重要なことといえる。しかし他方、再生計画認可決定確定後は，再生債権者は，強制執行（民再180条３項）や再生計画の取消し（民再189条）などを通じて，ある程度自力で権利を守ることができるようになるし，主に中小企業の事業の再生を目指す再生手続は，多くの事件が裁判所に係属することもあるので，最長３年間に及ぶ履行監督に手間をかけ過ぎると，裁判所や監督委員の負担を増やすこととなる。再生計画の遂行の監督をどのようなものにするかは，こうした事情を総合して，裁判所ごと，事件ごとに，適切なものとなるように工夫されている。

更することができる（民再187条１項）。

再生計画は，再生債権者の決議を経て認可されることでその効力を生じたものであるから，これを変更することは安易に認められるべきではないが，認可決定後の事情の変化により計画の遂行が困難になった場合に，常に再生計画の取消し（民再189条１項）や再生手続の廃止（民再194条）をし，さらには破産手続に移行したり再度の再生手続を開始したりすることは，かえって再生債権者に不利益を及ぼすおそれがある。そこで，このような場合に一定の要件と手続の下で，再生計画を変更することが認められたのである。また，再生計画の変更は，通常弁済内容等を再生債権者の不利に変更する場合を想定しているが，弁済時期の繰上げなど当初の再生計画を再生債権者に有利に変更する場合をも含むと解される。

２．要　　件

再生計画の変更には，「やむを得ない事由」があることが必要である。すなわち，再生計画認可当時予測することができなかった経済情勢の変化，取引先の倒産，災害による被害などが生じ，そのために再生計画の遂行が困難となり，再生計画を変更する必要が生じた場合などがこれに当たる。

また，変更には民事再生法174条２項各号に該当する事由がないことも要件となる（第11章Ⅳ１・348頁参照）。変更の手続における清算価値の基準時は，再生手続開始時と解される。これは，同一の再生手続である以上当然であり，東京地方裁判所破産再生部でも，そのように運用されている。

再生計画の変更は，再生手続終了前に限って行うことができる。したがって，管財人も監督委員も選任されていない場合は，再生計画認可決定が確定すると再生手続終結決定をしなければならない（民再188条１項）から，変更申立ての余地はほとんどないことになる。

なお，いったん再生計画を変更した後，さらにやむを得ない事由が生じた場合に再度の再生計画の変更をすることが可能であるかどうかという問題があるが，再度の変更の要件判断が慎重にならざるを得なくなることは別として，これを不可とすべき理由はなく，東京地方裁判所破産再生部でも再度の計画変更を認めた例がある。

3．手　　続

再生計画案の変更は，再生債務者，管財人，監督委員又は届出再生債権者の申立てにより，裁判所が行う（民再187条1項）。変更計画案が再生債権者に不利な影響を及ぼすと認められる場合には，再生計画案の提出があった場合の手続に関する規定（第11章Ⅱ・335頁参照）が準用されるが，再生計画の変更によって，不利な影響を受けない再生債権者は手続に参加させることを要せず，変更計画案について議決権を行使しない者（変更計画案について決議をするための債権者集会に出席した者を除く。）であって従前の再生計画に同意したものは，変更計画案に同意したものとみなされる（民再187条2項）。

再生債権者に不利な影響を及ぼすものと認められるかどうかについては，再生計画案の変更（民再167条）が許される場合と，基本的に同様に解されよう（第11章Ⅱ3(4)・339頁参照）。

東京地方裁判所破産再生部における再生計画変更の決議の手続は，近時は再生計画案の決議のための債権者集会の場合と異なり，書面投票型を採用している。仮に変更計画案が否決されたとしても，再度の申立ても可能であるので，債権者集会を続行する実益がなく，また，未投票者の再生計画案決議時の賛否を集会の場で即時に確認するのが困難であること等がその理由である[5)]。議決権額については，再生計画案の決議のための債権者集会の決議時の議決権額を基準とするが，既に全額弁済を受けた再生債権者は除外される[6)]。

決議が可決されたときには，集会において直ちに変更決定を言い渡すのが通例であることは再生計画案の認可決定の場合と同様であるが，その主文は，「本件変更計画案のとおりに再生計画を変更する」としている。

5）民事再生の手引・397頁〔佐野友幸〕。
6）民事再生の手引・398頁〔佐野友幸〕。

4．即時抗告

再生計画の変更決定に対しては，利害関係人は即時抗告をすることができる（民再187条3項・175条）これに対し，変更を認めない決定に対する即時抗告はできないものと解される（民再9条）。

5．効　　力

再生計画の変更は，変更決定が確定した後に，将来に向かって効力が生じる。[7] この場合，明文上は民事再生法180条は準用されていないが，東京地方裁判所破産再生部では，変更後の再生計画の条項を再生債権者表に記載することとしている。[8]

Ⅲ　再生手続の終結

1．再生手続終結決定の時期

民事再生法は，再生手続の開始決定があった後，廃止等により手続が終了することなく，一応再生の目的を遂げた場合に，裁判所が再生手続の終結決定を行うこととし，これによって裁判所に係属する再生事件を終了させることとしている。この終結決定がされる場合に関しては，監督委員も管財人も選任されていない場合，管財人が選任されている場合及び監督委員が選任されている場合で取扱いが異なる。

7）　新注釈民事再生法(下)・178頁〔伊藤尚〕。
8）　民事再生の手引・405頁〔佐野友幸〕。

⑴　監督委員も管財人も選任されていない場合

再生計画認可決定が確定したときに，裁判所が職権で再生手続終結の決定をしなければならない（民再188条１項）。

⑵　管財人が選任されている場合

再生計画が遂行されたとき，又は再生計画が遂行されることが確実であると認めるに至ったときに，裁判所が，再生債務者もしくは管財人の申立て又は職権により，再生手続終結の決定をしなければならない（民再188条３項）。

⑶　監督委員が選任されている場合

再生計画が遂行されたとき，又は再生計画認可の決定が確定した後３年を経過したときに，裁判所が，再生債務者，監督委員の申立て又は職権により，再生手続終結の決定をする（民再188条２項）。

再生計画認可の決定が確定した後３年を経過したときに終結決定をしなければならないものとしたのは，３年間程度弁済が継続できた場合にはその後も順調に履行することが期待できると考えられることに加え，監督委員の負担となる長期の監督期間を設けることは相当でないと考えられることによる。裁判所は，今後の履行に不安があるなどの事情がある場合であっても，監督期間を延長することはできず，３年の経過により，必ず再生手続終結決定をしなければならない。

東京地方裁判所破産再生部では，原則として監督委員を選任しているので，終結決定がなされるのはこの場合が通常である。

再生計画が遂行されたときとは，再生債権の履行ばかりでなく，再生計画中に株式の併合，資本金の額の減少，定款変更に関する条項（民再154条３項），譲渡制限自己株式の処分に関する条項（同条４項）等の記載がある場合には，これらを行うことをも含む（前記Ⅰ１参照）。

共益債権又は一般優先債権の未履行があるが，再生計画に基づく再生債権の弁済は完了している場合については，再生計画中に共益債権又は一般優先債権について具体的に弁済期限が定められたときには，その内容は再生計画を構成するので，弁済期限が経過したのに弁済がなければ，再生計画が遂行されたとはいえない[9]。

管財人が選任されている場合と異なり，監督委員が選任されている場合には，再生計画が遂行されることが確実と認められても，直ちに裁判所が終結決定をできるものとは定められていない（上記(2)参照）。このような場合，実務では，監督委員が再生計画の遂行を監督する必要がなくなったとして監督命令を取り消し（民再54条5項），それと同時に，監督委員が存在しなくなったことにより民事再生法188条1項に基づいて再生手続終結決定をするようにしている[10]。

2．手　　続

再生手続終結の事由が生じたときは，裁判所は，再生手続終結決定をしなければならない（民再188条1項～3項）。この決定について，即時抗告は認められず，裁判所は，主文及び理由の要旨を公告しなければならない（民再188条5項）。法人である再生債務者については，裁判所書記官は，職権で，再生手続終結の登記を嘱託しなければならない（民再11条5項3号）。

3．再生手続終結決定の効力

(1) 再生手続の終了

再生手続終結決定がされると再生手続は終了する。

再生手続終結決定がなされると，監督命令や管理命令は効力を失う（民再188条4項）。しかし，再生計画の効力（**第11章Ⅴ**・351頁参照）は保たれ，再生計画に遂行されていない部分がある場合には，その遂行が続けられることになる。

9） もっとも，実際の再生計画の中には，事業や資金調達の目標や予定を掲げたにすぎないと解されるような記載事項もあり，これらについては，そのとおり実現されない限り再生計画が遂行されておらず再生手続を集結できないとすることは妥当ではない。新注釈民事再生法㈦・180頁〔小原一人〕。

10） 破産・再生の実務〔第3版〕㈦・308頁，民事再生の手引・413頁〔佐野友幸〕。

また，再生手続が終了すると，否認（民再135条1項，188条4項），法人の役員への損害賠償請求権の査定（民再143条6項），担保権消滅許可等[11]，再生手続の係属を前提とする制度を利用することはできなくなり，また，再生債務者等の行為の制限（民再41条1項・42条1項）は解除される。

(2)　係属中の各種手続の帰すう

再生手続中の各種手続が係属している間に再生手続が終了した場合の当該手続の扱いは，以下のとおりである。

(a)　**再生債権査定の手続及び再生債権の確定をめぐる訴訟**　　第8章Ⅰ8(9)(231頁)及び第6章Ⅱ２(3)(144頁)において説明したとおりである。

(b)　**否認の請求の手続及び否認に関する訴訟**　　第7章Ⅳ11(197頁)において説明したとおりである。

(c)　**債権者代位訴訟，詐害行為取消訴訟等**　　第6章Ⅱ５(3)(146頁)において説明したとおりである。

(d)　**法人の役員への損害賠償請求権の査定の手続及び異議訴訟**　　法人の役員への損害賠償請求権の査定の手続は，査定の裁判がある前に再生手続が終了したときは，終了する（民再143条6項）。

この査定の裁判に対する異議訴訟に帰すうについては，第7章Ⅴ３(2)(201頁)において説明したとおりである。

(e)　**その他の訴訟**　　以上に含まれない再生債務者の財産関係の訴訟は，管理命令が発令されていなければ再生債務者が当事者となって追行していたものであり，再生手続が終了しても中断せず，引き続き再生債務者が訴訟を追行する。管理命令が発令されていた場合は，管財人が当事者として訴訟を追行していたものである（民再67条1項）ところ，再生手続が終了すれば訴訟は中断し（民再68条2項），再生債務者はこれを受継しなければならない（同条3項）。このような訴訟が再生手続開始前から係属していた場合については，第6章Ⅱ３(145頁)において説明したとおりである。

再生債務者の財産関係に関係しない訴訟は，管理命令の発令の有無にかか

---

11)　伊藤・851頁。

わらず再生債務者が当事者となっており，再生手続が終了しても中断はしない（第６章Ⅱ１・141頁参照）。

(f) **担保権消滅許可の手続**　第９章Ｖ９(302頁)において説明したとおりである。

〔佐 村　浩 之〕

第 13 章

再生手続の廃止と再生計画の取消し

再生手続が，その目的を達することができなくなることや，手続を維持することが適切でなくなることがある。本章では，そうした場合の手続である再生手続の廃止及び再生計画の取消しについて説明する。

Ⅰ　再生手続廃止の意義

再生手続の廃止は，再生手続の終了形態の一つである。

再生手続の終了形態としては，再生手続開始の申立ての取下げ（民再32条），申立ての棄却（民再21条・25条各号・221条７項・239条４項・５項），再生手続の終結（民再188条・233条・244条），再生計画の不認可（民再174条２項各号・231条２項・241条２項），再生手続の廃止（民再191条～194条・237条・243条）再生手続終了前の再生計画取消し（民再189条），会社更生手続による更生計画認可決定（会更208条）などがあるが，このうち，再生手続の廃止とは，再生手続開始後に民事再生法に定める事由があるときに，裁判所の決定により再生手続がその目的を達成することなく将来に向かって終了することをいう。それ以上手続を進行させても再生の目的を達することができないことが明らかとなった場合や，手続を進行させる必要性がないことが明らかになった場合，手続の適正の確保のためにはそれ以上手続を進行させることが相当ではないと認められる場合に，手続を打ち切ることを認めたものである。

再生手続の廃止には，①再生計画成立前にその成立の可能性がなくなった場合の廃止（民再191条・237条1項・243条），②再生計画成立前に再生手続開始の原因がないことが明らかになった場合の廃止（民再192条），③再生債務者の義務違反による廃止（民再193条・237条2項），④再生計画成立後に再生計画遂行の見込みがないことが明らかになった場合の廃止（民再194条）がある。①②は再生計画認可決定確定前になされるものであり，④はその後になされるものであり，③はその前後を通じてなされるものである。

本章では，通常の再生手続における廃止事由について説明する（個人再生手続固有の廃止事由については第17章Ⅱ７・479頁，Ⅲ６・498頁参照）。

Ⅱ　再生計画成立前にその成立の可能性がなくなった場合の廃止（民再191条）

1．廃止の事由

(1)　決議に付するに足りる再生計画案の作成の見込みがないことが明らかになったとき（民再191条1号）

再生計画案の提出期間内に決議に付するに足りる再生計画案を作成する見込みがない場合には，再生手続の目的を達成する可能性がないため，再生手続は廃止される。再生計画案が決議に付するに足りるといえるためには，不認可事由が認められないことが必要であり（民再169条1項3号），さらにそれに加えて，当該再生計画案が法定多数の再生債権者の同意を得て可決される可能性がなくはないことも要するものと解されている。[1)]

実務的に多いのは，公租公課や労働債権といった一般優先債権（民再122条）の未払額が多額に上り，事業を継続しても再生債権の弁済原資を調達する可能性がない場合や，事業の継続に不可欠な資産（工場等）に担保権（別除権）を有する担保権者との間で別除権協定が締結される見込みがなく，担保権消

1）　新注釈民事再生法(下)・204頁〔佐長功〕。

滅許可の申立て（民再148条）によって目的物の価額に相当する金銭を納付するだけの資力もないため，履行可能性のある再生計画案を立案できず（民再174条２項２号参照），あるいは清算価値保障原則（同項４号）を満たす再生計画案を作成できない場合などである。このほか，総議決権額の２分の１以上の議決権を有する大口債権者が再生債務者に対して強固な不信感を表明していて翻意の可能性がなく，再生計画案を提出しても可決の見込みがない場合なども，この廃止事由に該当することがある。

⑵ 裁判所の定めた期間もしくはその伸長した期間内に再生計画案の提出がないとき，又はその期間内に提出されたすべての再生計画案が決議に付するに足りないものであるとき（民再191条２号）

再生計画案は，裁判所が定める期間内又は期間が伸長された場合には伸長後の期間内に作成し，裁判所に提出することが必要であり（民再163条），上記のような場合には再生手続を進めることは無意味であるから，廃止事由とされている。

なお，提出された再生計画案に不認可事由があっても，再生計画案の修正（民再167条）により対応できるのであれば，直ちに廃止決定はなされない。

⑶ 再生計画案が否決されたとき，又は債権者集会が続行された場合の続行集会で可決されないとき（民再191条３号）

再生計画案が否決された場合や，再生計画案が一度否決された後，所定の要件を満たしているとして続行された債権者集会（民再172条の５第１項本文・４項）においてもなお可決されない場合には，もはや再生手続の目的を達成できないことが明らかであるから，廃止事由とされている。

２．手　　続

民事再生法191条各号を理由とする再生手続の廃止は，裁判所が職権で行うべきものとされており，再生債務者はもとより，管財人，監督委員，届出債権者にも申立権は認められていない。また，廃止決定をするのに再生債務者等からの意見聴取も義務づけられていない。もっとも，同条２号，３号の場合には，当該事由の存在が裁判所で容易に認識，判断できるのに対し，同条１号の場合には，裁判所が当該事由の存在を認識，判断することは容易ではなく，通常は，再生債務者（代理人）又は監督委員からの上申及び情報提供によって判断している。

Ⅲ　再生計画成立前に再生手続開始の原因がないことが明らかになった場合の廃止（民再192条）

1．趣　　旨

債権届出期間の経過後，再生計画認可決定の確定前において，再生手続開始の原因となる事実（民再21条１項）のないことが明らかになったときは，裁判所は，再生債務者，管財人又は届出再生債権者の申立てにより，再生手続廃止決定をしなければならない（民再192条１項）。ここで再生手続開始原因がないことが明らかになったときとは，開始決定時には存在していた開始原因が事後的に解消した場合と，そもそも開始決定時に開始原因がなかったことが事後的に明らかになった場合の双方を含むものである。

このような事情が認められる場合には，そもそも再生手続を続ける必要性に欠けるのであり，にもかかわらず，再生債権者に個別の権利行使の制限（民再85条１項・39条）という不利益を甘受させてまで再生手続を進めるべきではないことから，手続廃止事由とされている。

2．手　　続

民事再生法192条による再生手続廃止の申立てができるのは，再生債務者，管財人及び届出再生債権者であって，監督委員に申立権はない。また，職権で再生手続廃止の決定をすることもできない。

民事再生法191条の場合と同様，再生債務者等の意見を聴取する必要はないが，届出再生債権者が申し立てた場合，実務的には，少なくとも再生債務者等の意見を聴取することになると思われる。

Ⅳ 再生債務者の義務違反による廃止（民再193条）

1．趣　　旨

再生手続は，いわゆるDIP型の手続として，再生債務者が財産の管理処分権及び業務遂行権を有したまま再生手続を追行する一方，公平誠実義務を負う手続である（民再38条）。にもかかわらず，再生債務者が民事再生法の定める重要な義務に違反した場合には，手続の社会的信頼を保つためにも，また，義務違反に対する制裁の意味においても，再生手続を廃止するのが相当なことがある。

そこで，民事再生法193条1項は，同項各号所定の義務違反が認められる場合には，裁判所は，監督委員もしくは管財人の申立てにより又は職権で，再生手続を廃止することができると定めている。

2．廃止の事由

(1) 再生債務者が民事再生法30条1項の規定による裁判所の命令に違反した場合（民再193条1項1号）

民事再生法30条1項所定の保全処分に違反した場合である。

弁済禁止の保全処分が発令されているにもかかわらず，再生債権の全部又は一部を弁済してしまう例などがこれに該当する。

(2) 再生債務者が民事再生法41条1項もしくは同法42条1項に規定する裁判所の許可を得ず，又は同法54条2項に規定する監督委員の同意を得ないで同項の行為をした場合（民再193条1項2号）

再生手続外で行う事業譲渡など，裁判所の許可を要する場合に許可を得なかった場合や，監督委員の同意事項とされているのに監督委員の同意を得なかった場合である。なお，これは再生計画取消しの事由ともなっている（民再189条１項３号，後記Ⅶ２(3)参照）。

(3)　再生債務者が裁判所の定めた期限までに認否書を提出しなかった場合（民再193条１項３号）

債権調査は再生債務者の提出する認否書に基づいて行う（民再100条）が，法定の期限までに認否書の提出がない場合には，債権の調査・確定が図られず，再生手続の進行が困難になることから，認否書の不提出を重大な義務違反と捉え，再生手続廃止事由としたものである。

なお，所定の期限までに認否書の提出がされたものの，一般調査期間の開始までの間に修正が行われた場合は，この再生手続廃止事由には当たらない。

3．手　　続

民事再生法193条１項３号の再生手続廃止の申立権者は，監督委員又は管財人であり，裁判所が職権で行うことも可能である。

裁判所が民事再生法193条１項を理由に再生手続廃止の決定をする場合には，再生債務者に弁明の機会を与えるため，再生債務者を審尋しなければならないものとされている（民再193条２項）。ただ，裁判所は，審尋の機会を与えれば足り，実際に再生債務者を審尋しなければならないものではない。

民事再生法193条により再生手続を廃止するか否かは裁判所の裁量に委ねられており，義務違反の程度や原状回復の有無，再生手続をそのまま追行することのメリット・デメリット等を総合して判断することになる。

Ⅴ　再生計画成立後にその遂行の見込みがないことが明らかになった場合の廃止（民再194条）

1．趣　　旨

前記のとおり，再生計画の遂行可能性のない再生計画案は付議されず，あるいは認可されない（民再169条１項３号・174条２項２号）が，再生計画の遂行可能性がないとはいえないとして認可された場合でも，認可決定確定後の事情の変更等により，再生計画で定めた弁済の見込みがなくなることがある。このような場合，再生計画の変更（民再187条）によって対応することも考えられるが，それもできないような場合には，再生手続を廃止して，再生債権者を含む利害関係人の損害の発生，拡大を防止する必要がある。そこで，民事再生法194条は，再生計画が遂行される見込みがないことが明らかになったときは，裁判所は，再生債務者等もしくは監督委員の申立てにより，又は職権で再生手続を廃止しなければならないと定めている。

2．再生計画の「遂行」の意味

民事再生法194条の再生計画の「遂行」の文言は，民事再生法186条１項・２項や同法188条２項・３項においても用いられている。これらは基本的に同義と解するのが素直であり，再生計画に定められたすべての事項，すなわち，再生債権の弁済のみならず，共益債権や一般優先債権の弁済，未確定債権や別除権付債権に関する適確条項の履行，資本金の額の変更や募集株式を引き受ける者の募集など（いわゆる減増資）の遂行をも含むと解される（第12章Ⅰ１・357頁，Ⅲ１(3)・364頁参照）。

もっとも，上記各条項はそれぞれ想定する場面を異にするものであるから，それに応じて「遂行」の概念も細部において異なるものとなる余地は否定されない。そして，民事再生法194条は，再生手続の廃止事由を定めるものであり，廃止決定が再生債務者及び債権者を含む利害関係人に対して与える影響を考慮すると，同条にいう再生計画の「遂行」については，基本的には再生計画に定められた事項全般に及ぶとの理解を前提としつつも，再生計画における当該記載の内容，再生計画における位置づけ，「遂行」概念の適用場面などに応じて個々に判断すべきものであり，民事再生法の目的である事業の再生（民再１条）の観点や，廃止決定の影響の大きさ，利害関係人の損害の発生・拡大を防ぐという民事再生法194条の趣旨等も踏まえて，慎重に判断をすべきであるとの見解も唱えられている[2)]。

３．手　　続

民事再生法194条による再生手続廃止の申立権者は，再生債務者（管財人が選任されている場合は管財人）又は監督委員であり，裁判所も職権で決定をすることができる。届出再生債権者に申立権はないが，監督委員に対して申立てを促したり，あるいは裁判所の職権発動を促すことはできる[3)]。

裁判所は，再生手続廃止の決定をすべきことが明らかな場合を除き，あらかじめ，再生債務者，監督委員，管財人及び再生債権に基づき再生計画の定めによって権利を行使することができる者（民再179条２項）のうち知れているものの意見を聴かなければならない（民再規98条）。認可後の再生手続廃止決定によって関係人に与える影響を考慮して，関係人の意見陳述の機会を保障したものであるが，再生手続廃止決定をすべきことが明らかな場合にまで意見聴取を義務づけても，時間や費用，労力を費やすだけでなく，かえって再生債務者の財産が費消され，散逸するおそれもあることから，かかる場合には意見聴取を不要としたものである[4)]。

2）　新注釈民事再生法(下)・216頁〔小原一人〕。

3）　さらに，再生債権者としては，所定の要件を満たす場合には，再生計画の取消しの申立て（民再189条）をするという方策がある。

4）　最高裁判所事務総局民事局監修『条解民事再生規則〔新版〕』（法曹会，2005）208頁。

Ⅵ　再生手続廃止の効力等

1．再生手続廃止決定の公告，即時抗告

再生手続廃止の決定がされると，裁判所は，直ちにその主文及び理由の要旨を官報に掲載して公告しなければならない（民再195条1項・10条1項)。この決定に対しては，同決定の公告があった日から起算して2週間以内に即時抗告することができる（民再195条5項・2項・9条)。官報の掲載は，入稿から概ね2週間でされるので，即時抗告がなされなければ，通常は決定から約4週間で確定する。

再生手続廃止決定は，確定しなければ効力は生じない。

決定確定後，再生債務者が法人の場合には，裁判所書記官は，職権で再生手続廃止決定が確定した旨の登記嘱託を行う（民再11条5項1号)。

2．再生手続廃止の効力

(1)　再生手続の終了

再生手続の廃止は，再生手続を将来に向かって終了させるものである。したがって，監督命令や管理命令は効力を失う（民再195条7項後段・188条4項）が，再生手続中で既に行われた各種行為や手続（事業の遂行，財産の管理，双方未履行契約の解除，担保権消滅の許可など）の効果は失われない。[5)]

再生計画認可決定確定前に再生手続廃止決定が確定した場合は，再生計画の効力は生じていないが，再生計画不認可決定が確定した場合と同様，確定した再生債権についての再生債権者表の記載は，管財人が選任されている場合に再生債務者が債権調査手続で異議を述べていたときを除き，再生債務者に対して確定判決と同一の効力を有し，再生債権者は，これに基づき強制執

5)　ただし，再生計画認可決定前に再生手続が廃止された場合の否認権行使の効果については，遡及的に消滅するという説も有力である。新注釈民事再生法(下)・220頁〔小原一人〕。

行をすることができる（民再195条7項前段・185条）。

これに対し，再生計画認可決定確定後に再生手続廃止決定がなされた場合は，再生手続終結決定がなされた場合と同様，成立した再生計画の効力（第11章V・351頁）は保たれると同時に，既になされた再生計画の遂行の効力も維持され（民再195条6項），再生債権者は，再生計画の履行されていない部分の履行を求めることができる[6)]。

(2)　係属中の各種手続の帰すう

再生手続中の各種手続が係属している間に再生手続が終了した場合の当該手続の扱いについては，第12章Ⅲ３(2)(366頁)において説明したとおりである。

３．破産手続への移行

再生手続廃止決定が確定した場合，破産手続への移行が問題となる（第15章Ⅲ１・396頁参照）。職権による裁量的な破産手続の開始（民再250条1項）については，東京地方裁判所破産再生部では，再生債務者が法人の場合には，破産手続開始の原因が認められる限り，原則として全件につき職権により破産手続を開始する運用である。これに対し，再生債務者が個人の場合には，当然には破産手続を開始しない扱いである（第15章Ⅲ１(6)・400頁参照）。

なお，破産手続に移行する場合でも，破産手続開始決定をすることができるのは，再生手続廃止決定が確定してからである。そこで，再生債務者が法人の場合には，廃止決定と同時に保全管理命令を発令するのが通例である（民再251条1項1号，破91条2項。第15章Ⅲ２(1)・400頁，(2)・401頁参照）。

6）　もっとも，その後に新たな再生手続の開始又は破産手続の開始決定がされた場合には，再生計画によって変更された再生債権は原状に復する（民再190条1項本文，第15章Ⅲ３(2)(b)・406頁参照）。

Ⅶ　再生計画の取消し

1．意　　義

再生計画認可の決定が確定した後でも，一定の場合においては，再生計画の効力を維持することが，衡平の観点から相当でないことがある。そこで，このような場合，裁判所は，再生債権者の申立てにより，再生計画取消しの決定をすることができることとされている（民再189条1項）。

再生手続係属中に再生計画が取り消された場合は，再生手続の目的が失われることから，再生手続は当然に終了する。再生計画認可決定後の再生手続廃止と比較した場合，後記２(2)(3)のとおり，再生計画取消しの事由は再生手続廃止の事由と重なる部分がある。しかし，再生手続が廃止されたにとどまる場合は，再生手続は終了するものの，成立した再生計画の効力は失われないが，再生計画の取消しは，それに加えて，さらに広い効果を生じさせることになる。

他方，再生手続終結や再生計画認可決定後の再生手続廃止により再生手続が終了した後でも，再生計画の効力は維持されているので，さらに再生計画を取り消すことができる。

しかし，いったん成立した再生計画の効力を失わせると，その影響は広く再生債権者等一般に及び，法的安定性を害する面もある。そこで，取消しの申立てができる場合は限定されており，裁判所が職権で再生計画取消決定をすることはできず，また，取消事由が存在していても，再生計画を取り消すかどうかは裁判所の裁量に委ねることとされている。

2．取消しの事由

再生計画を取り消すことができるのは，以下の３つのいずれかに該当する事由がある場合である。

(1)　再生計画が不正の方法により成立したこと（民再189条1項1号）

「不正の方法により成立した」とは，民事再生法174条2項3号の「不正の方法によって成立するに至った」と同趣旨に解されている（第11章Ⅳ1(3)・349頁参照）。また，この文言からして，不正行為と再生計画の可決，認可との間には因果関係があることを要する。

再生計画が不正に成立した場合，まずは不認可決定をすることで対処される（民再174条2項3号）が，その事実が発覚せずに認可決定が確定した場合には，再生計画取消しにより対処することとなる。しかし，いったん成立した再生計画の効力を失わせるのは，法的安定性を損なうことから，申立てをすることができる再生債権者の範囲等には，一定の制限が設けられている。すなわち，再生債権者が再生計画認可決定に対する即時抗告によりこの事由を主張したとき，もしくはこれを知りながら主張しなかったとき，これに該当する事由があることを知った時から1月を経過したとき，又は再生計画認可の決定が確定した時から2年を経過したときは，本号に基づく申立てはすることができない（民再189条2項）。

(2)　再生債務者等が再生計画の履行を怠ったこと（民再189条1項2号）

再生計画の履行とは，再生計画により変更された再生債権に対する弁済を意味する。再生債権者は，再生計画により変更された後の再生債権が弁済されることを前提として，再生計画に同意するものであり，この弁済がされなければ，再生債務者が再生債権の減免等の利益を享受することの前提が失われることから，このような場合を取消事由とした。

この取消事由に基づく申立てをすることができるのは，①再生計画の定めによって認められた権利の全部（履行された部分を除く）について裁判所が評価した額の10分の1以上に当たる権利を有する再生債権者であって，②その有する履行期限が到来した当該権利の全部又は一部について履行を受けていない者に限られる（民再189条3項）。これは，再生計画の履行を少しでも怠ると直ちに再生計画が取り消されるものとすると，かえって再生債権者の一般的利益を害することがあるからである。なお，②の要件を満たす複数の再生債権者の権利を合算すれば①の要件を満たす場合には，これらの債権者は共同で申し立てることが可能であると解される。

この取消事由に該当するためには，将来的に再生計画が履行される見込みがないことは必要ではないが，不履行が一時的なものだったのであれば，裁判所は裁量により申立てを棄却するのが通常であろう。その意味で，この取消事由により再生計画が取り消される場合は，民事再生法194条に基づき再生手続が廃止され得る場合（前記Ⅴ２参照）と，実質的にかなり重なるものといえる。

⑶　再生債務者が，民事再生法41条１項もしくは42条１項に規定する裁判所の許可を得ず，又は同法54条２項に規定する監督委員の同意を得ないで同項の行為をしたこと（民再189条１項３号）

民事再生法193条１項２号の再生手続廃止事由と同じである（前記Ⅳ２⑵参照）。

再生債務者が裁判所の許可や監督委員の同意を得なければならない場合にこれを得ないで独断的行為をすることは，再生手続に対する不誠実さの表れと見られるうえ，再生債権者一般の利害が害される危険性も高いことから，取消事由としたものである。

３．手　　続

民事再生法189条１項の文言からして，再生計画取消しの事由が認められる場合であっても，再生計画を取り消すかどうかは裁判所の裁量に委ねられているものと解され，裁判所は，諸般の事情を考慮し，取り消すことが相当でないと認める場合には，申立てを棄却することができる。

裁判所は，再生計画取消しの決定をしたときは，直ちに，申立人及び再生債務者等に裁判書を送達し，かつ，主文及び理由の要旨を公告しなければならない（民再189条４項）。

取消しの決定に対しては即時抗告をすることができ（同条５項），取消決定は，確定しなければ効力を生じない（同条６項）。

4. 再生計画の取消しの効力

(1) 再生債権の原状復帰等

再生計画取消しの決定が確定した場合には，再生計画によって変更された再生債権は原状に復する（民再189条7項本文)。これによって，再生債権は，再生計画により債権が減免される前の債権調査により確定した状態に復する。そして，確定した再生債権についての再生債権者表の記載は，管財人が選任されている場合で再生債務者が債権調査手続で異議を述べていたときを除いて再生債務者に対して確定判決と同一の効力を有し，再生債権者は，これに基づき強制執行をすることができるものとされる（同条8項前段・185条)。また，再生計画認可決定の確定によって失権した届出のない再生債権（民再178条）も復活することとなる。再生債権者としては，再生計画を取り消さなくても強制執行をすることはできるが（民再180条3項)，再生計画を取り消せば，再生計画による変更がなされる前の再生債権をもって強制執行をすることができるようになるわけである。

ただし，再生債権者が再生計画によって得た権利に影響を及ぼさない（民再189条7項ただし書)。したがって，再生計画に基づいてされた弁済は有効である。また，再生計画により提供された担保（民再158条）があるときには，これも影響を受けない。

再生手続終結前に再生計画が取り消された場合，再生手続は目的を失うことにより終了する。そこで，監督命令や管理命令は効力を失う（民再189条8項後段・188条4項)。

(2) 係属中の各種手続の帰すう

再生手続中の各種手続が係属している間に再生手続が終了した場合の当該手続の扱いについては，**第12章Ⅲ3(2)**（366頁）において説明したとおりである。

5．破産手続への移行

再生計画取消決定が確定した場合の破産手続への移行と，それについての東京地方裁判所破産再生部の運用は，再生手続廃止の場合と同様である（前記Ⅵ３参照）。

6．実務の現状

東京地方裁判所破産再生部では，再生計画取消しの申立て自体が稀であり，個人再生手続におけるものを別にすると，取消決定にまで至った例はごくわずかである。これは，前記２(2)(3)のとおり，再生計画取消しができる場合は相当程度再生手続廃止ができる場合と重なっているところ，同部では法人の再生債務者について再生手続が廃止された場合には積極的に職権で破産手続開始決定をする運用を採っている（前記Ⅵ３，第15章Ⅲ１(6)・400頁参照）ことがひとつの原因となっている。

すなわち，再生手続が廃止されて牽連破産が開始されれば，再生計画により変更された再生債権の原状への復帰等，再生計画の取消しと同じ効果が発生する（民再190条１項・２項）うえ，従前の再生債権は破産債権として破産手続を通じて弁済を受けることになる。そして，破産手続においては，破産管財人による徹底した調査が行われたうえで，債務者の事業は清算，解体されるので，手続の透明性や再生債務者への制裁といった要請も十分に満たされるのである。

〔島 岡　大 雄〕

第 14 章

簡易再生，同意再生

一定の要件を満たす場合に，特別に簡易，迅速に進行させることができる手続形態として，簡易再生及び同意再生の制度が設けられている。本章では，これらについて説明する。

Ⅰ　簡易再生

1．意　　義

簡易再生とは，再生債務者等の申立てにより裁判所が簡易再生の決定を行うことによって，通常の再生手続と異なり，再生債権の調査及び確定の手続を経ることなく再生計画案を債権者集会の決議に付することで，簡易かつ迅速に再生計画を成立させる手続である。

2．簡易再生の申立て

簡易再生の申立てをすることができるのは，再生債務者等（再生債務者，管財人が選任されているときは管財人。民再２条２項）であり，申立ての時期は，債権届出期間の経過後，一般調査期間の開始前であることを要する（民再211条１項)。申立てに当たっては，再生債務者等は，事前あるいは申立てと同時に再生計画案を提出したうえ，届出再生債権者の総債権額について裁判所が評価した額の５分の３以上に当たる債権を有する届出再生債権者が書面によりこの再生計画案について同意し，かつ，再生債権の調査及び確定の手続を経ないことについて同意している旨が記載された同意書を提出しなければならない（同条１項，民再規107条１項)。

再生債務者等は，再生債権者の同意を得ようとする場合には，届出再生債権者に対し，再生債務者の業務及び財産の状況その他同意をするかどうかを判断するために必要な事項を明らかにするものとすることとされている（民再規107条４項)。また，簡易再生の申立てをする場合には、再生債務者等は，労働組合等にその旨を通知しなければならない（民再211条２項)。

３．簡易再生の決定

再生債務者等から簡易再生の申立てがあったときは，裁判所は，再生債権の調査及び確定の手続を経ない旨の決定（簡易再生の決定）をする（民再211条１項前段)。ただし，裁判所は，再生債務者等が提出した再生計画案に再生計画不認可事由（民再174条２項各号）（ただし，決議に至らない段階であるので，３号は除外される。）があると認めるときには，申立てを却下しなければならない(民再211条３項)。

簡易再生では，書面投票や，書面投票と集会とを併用する方法を採ることは認められていない。これは，債権調査の手続が行われないのに，債権者集会も経ないこととなると，他の再生債権者が議決権の額に異議を述べる機会が失われてしまうからである（平成16年の民事再生法改正により併用型の投票方式が採用された際にも，簡易再生においてこれを行うことは認められなかった。)。そこで，簡易再生の決定と同時に，裁判所は，議決権行使の方法として債権者集会の期日において議決権を行使する方法によることと，議決権の不統一行使をする場合における裁判所に対する通知の期限を定め，再生計画案の付議決定をする（民再212条２項)。なお，債権者集会の期日は，特別の事情がある場合を除き，簡易再生の決定の日から２月以内の日としなければならない（民再規108条１項)。

簡易再生の申立てに対する決定については，即時抗告をすることができるが，この即時抗告は執行停止の効力を有しないものとされている（民再213条1項・2項）。

簡易再生の決定があった場合には，一般調査期間に関する決定は，その効力を失う（民再212条1項）。したがって，簡易再生の手続では，債権調査が行われないから，民事再生法第4章第3節の再生債権の調査及び確定に関する規定の適用が除外され（民再216条1項），再生債権者表の作成（民再99条1項）もされない。そこで，簡易再生の決定が確定すると，中断していた再生債権に関する訴訟等は，再生債務者等において受継しなければならない（民再213条5項・40条1項）。

4．債権者集会

簡易再生の決定で定められた債権者集会では，簡易再生の申立て時に再生債務者等が提出した再生計画案のみが決議に付される（民再214条1項），再生債権者がこの議決権を行使するについては，再生手続開始の申立てに至った経緯や財産の状況に関する情報の開示を得ることが必要であることから，財産状況報告集会における再生債務者等による報告又は民事再生法125条1項の報告書の提出がされた後でなければ，再生計画案を決議に付することができないものとされている（民再214条2項）。

債権者集会では，再生計画案に対する決議が行われるが，簡易再生の申立て時に再生計画案に同意していた再生債権者であっても，議決権の行使を制約されることはなく，反対することもできる。ただ，再生計画案に同意していた再生債権者が債権者集会に出席しなかった場合には，当該債権者は，債権者集会に出席して再生計画案について同意したものとみなすこととされている（民再214条3項本文）。なお，再生計画案に同意していた再生債権者も，債権者集会の開始前までに裁判所に書面を提出して同意を撤回することができ，この場合は上記同意の擬制の効果は生じない（同項ただし書）。

再生計画案の可決要件に関しては，簡易再生にあっても通常の再生手続と同様であり，議決権を行使することができる出席再生債権者の過半数であって，議決権者の議決権の総額の2分の1以上の議決権を有する者の同意がなければならない（民再172条の3第1項）。

5．再生計画の認可

再生計画案が可決された後の簡易再生の手続については，通常の再生手続と特に異なるところはない。すなわち，債権者集会において再生計画案が可決された場合，裁判所は，再生計画の認可又は不認可の決定をし（民再174条），この決定に対しては即時抗告をすることができ（民再175条1項），再生計画は，認可決定が確定して，その効力を生ずることとなる（民再176条）。

簡易再生では，再生債権が確定されないので，再生計画には権利の変更の一般的基準のみが定められ，個々の再生債権についての変更の定め等は置かれない（民事再生法216条1項による同法157条・159条の適用除外）。そこで，再生計画認可決定の確定により，届出のない約定劣後再生債権及び再生手続開始前の罰金等を除くすべての再生債権者の権利は，この一般的基準に従って変更されることとなる（民再215条1項）。未届債権についても失権はせず，再生計画によって弁済を受けることができる（民事再生法216条1項による同法178条・181条1項・2項の適用除外）。ただし，届出のない約定劣後再生債権は失権する（民再215条3項）。また，再生債権者表は作成されないので，再生債権者が強制執行をすることはできない（同じく民事再生法99条・180条の適用除外）。

なお，簡易再生では，再生計画の変更もできないこととされている（同じく民事再生法187条の適用除外）。再生債権の総額が確定していないため，再度の決議を適切に実施することが困難なためである。

6．簡易再生の運用

簡易再生は，再生債務者が早期に再生計画案を固め，大多数の債権者がこれに同意することにより進行する。短期間で再生計画が成立に至れば，再生債務者としては費用の節約にもなるし，早期に再建に着手できる利点があり，再生債権者としても，早期に弁済を受けられるという利点がある。

しかし他方，再生債権が確定されず，これに執行力も付与されないので，再生債権の存否や額に争いがある場合や，強制執行が必要となった場合には，個別に再生債務者等に対して訴訟の提起等をするほかはなく，また，届出のない再生債権も失権しないので，想定外の再生債権が存在した場合には，再生計画の遂行そのものが困難となることもある。したがって，この手続は，再生債権の存否，額に関して関係者間で争いが少なく，再生計画の履行に対する信頼度が高い事案でなければ，デメリットが大きい。私的整理を目指して大多数の債権者の同意は得られたものの，一部の債権者の同意が得られなかったことから再生手続を選択した場合などの利用が想定されているものといえる。

東京地方裁判所破産再生部では，実際に簡易再生の手続が採られることは極めて稀である。これは，同部においては，再生債務者が迅速な手続進行を希望する場合には，スケジュールを標準よりも短縮して定める柔軟な運用を行っていることが理由と考えられる（第１章Ⅲ３(2)・27頁参照)。これにより，手続期間の短縮という希望を満たしつつ，上記のような簡易再生のデメリットや，書面投票を利用できないなどの手続上の制約も避けることができるわけである。

Ⅱ　同意再生

1．意　　義

同意再生とは，再生債務者等がすべての届出再生債権者の同意を得て申立てをすることにより，裁判所が同意再生の決定を行い，再生債権の調査及び確定の手続並びに再生債務者等が提出した再生計画案の決議を経ないで，簡易再生より更に簡易かつ迅速に再生計画を成立させる手続である。

再生債権の調査及び確定の手続ばかりでなく，再生計画案の決議を経ることをも省略しているので，簡易再生よりも更に短期間で再生計画を成立させることができ，早期に再建に乗り出すという再生債務者にとってのメリットや，早期に弁済を受けられるという再生債権者にとってのメリットが，簡易再生の場合以上に大きいことになる。この手続は，私的整理が成立せず簡易再生の申立ての準備を進める過程で債権者全員の同意が得られたといった場合や，私的整理を成立させることもできるが，法的手続を経ることで手続の透明性を確保したいといった場合に利用されることが想定されている。

2．同意再生の申立て

同意再生の申立てをすることができるのは，再生債務者等であり，申立ての時期は，債権届出期間の経過後，一般調査期間の開始前であることを要すること（民再217条１項）は，簡易再生と同様である。申立てに当たっては，再生債務者等は，事前あるいは申立てと同時に再生計画案を提出したうえ，すべての届出再生債権者が，書面により，この再生計画案について同意し，かつ，再生債権の調査及び確定の手続を経ないことについて同意している旨が記載された同意書を提出しなければならない（民再217条１項，民再規110条１項・107条１項）。

再生債務者等は，再生債権者の同意を得ようとする場合には，届出再生債権者に対し，再生債務者の業務及び財産の状況その他同意をするかどうかを判断するために必要な事項を明らかにするものとされていること（民再規110条１項・107条４項），同意再生の申立てをする場合には，再生債務者等は，労働組合等にその旨を通知しなければならないこと（民再217条６項・211条２項）も，簡易再生の場合と同様である。

3．同意再生の決定

再生債務者等から同意再生の申立てがあったときは，裁判所は，再生債権の調査及び確定の手続並びに再生債務者等が提出した再生計画案の決議を経ない旨の決定（同意再生の決定）をする（民再217条１項）。この決定は，決議を経ることなく再生計画を成立させることとするものであって，再生計画認可決定に相当する性質があることから，再生債権者において民事再生の申立てに至った経緯や財産の状況に関する情報の開示を得ることが必要であり，そのため，財産状況報告集会における再生債務者等による報告又は民事再生法125条１項の報告書の提出がされた後でなければ，同意再生の決定をすることができないものとされている（民再217条２項）。

また，裁判所は，再生債務者等が提出した再生計画案に再生計画不認可事由（民再174条２項各号。決議は行われないので，３号は除外される。）が認められるときには，同意再生の申立てを却下しなければならない（民再217条３項）。

同意再生の申立てに対する決定については，即時抗告をすることができるが，この即時抗告は執行停止の効力を有しないものとされている（民再218条１項・２項）。

同意再生の決定が確定したときは，当該再生計画案について再生計画認可の決定が確定したものとみなされる（民再219条１項）。同意再生においても，簡易再生と同じく再生債権が確定されないので，同意再生の決定が確定した場合の効果は，簡易再生の再生計画認可決定が確定した場合と同様である。すなわち，再生計画には権利の変更の一般的基準のみが定められ（民事再生法220条１項による民再157条・159条の適用除外），届出のない約定劣後再生債権及び再生手続開始前の罰金等を除くすべての再生債権者の権利はこの一般的基準に従って変更され（民再219条２項・215条１項），未届債権についても失権しない（民事再生法220条１項による同法178条・181条１項・２項の適用除外）。ただし，届出のない約定劣後再生債権は失権する（民再219条２項・215条３項）。また，再生債権者表は作成されず，再生債権者は再生債権者表の記載により強制執行をすることはできない（同じく民事再生法99条・104条・180条・185条の適用除外）。そして，再生計画の変更もできないこととされている（同じく民事再生法187条の適用除外）。

なお，同意再生の決定が確定した場合には，通常の再生手続において再生計画案が可決された場合と同様に法人の継続をすることができ（民再219条２項・173条），また，簡易再生の決定が確定した場合と同様に，中断していた再生債権に関する訴訟等は，再生債務者等において受継しなければならない（民再219条２項・213条５項）。

4．同意再生の運用

東京地方裁判所破産再生部では，同意再生の手続を採ることは極めて稀であり，数例を見るにすぎない。これは，簡易再生におけるのと同様，迅速な手続進行を希望する事案では，短縮スケジュールにより，早期に再生計画の認可決定を得るとの要請をある程度満たすことができることによるのではないかと思われる（前記Ⅰ6参照）。

〔佐 村　浩 之〕

第 15 章

他の倒産手続と再生手続との関係

倒産に瀕した再生債務者について，再生手続とそれ以外の倒産処理手続の開始がそれぞれ申し立てられたり，再生手続と他の倒産処理手続との間で手続の移行がなされる場合がある。本章では，そうした場合の規律について説明する。

Ⅰ　清算型倒産処理手続から再生手続への移行

1．清算型倒産処理手続に対する再生手続の優先

再建型の倒産処理手続は，これによる事業の再生が成功すれば，再生債権者にとっては弁済率の向上という成果が得られるうえに，生産活動や取引が継続されて雇用も創出されるなど，社会的一般にも様々な利益をもたらす可能性がある（第１章Ⅱ１(1)・12頁参照）。したがって，債務者が経済的に破綻した場合でも，再建型手続による再建が可能と見込まれるのであれば，まずそれを試みることが適切である。

こうしたことから，再生手続と清算型倒産処理手続の関係においては，再生手続の申立てをなるべく広く認めたうえ，両手続の申立てが競合した場合には，まず再生手続が開始できるかどうかを判断し，それが不可能，不適切な場合に清算型倒産処理手続による清算を行うこととされている。

具体的には，破産手続又は特別清算手続開始の申立て後，あるいはこれら

の手続開始後においても，再生手続開始の申立てをすることができ[1]，その場合，裁判所は，破産手続ないし特別清算手続の中止を命ずることができる（民再26条1項1号）。そして，破産手続ないし特別清算手続によることが債権者の一般の利益に適合する場合には再生手続開始の申立ては棄却される（民再25条2号）が，そうでない限り，他の要件を満たせば再生手続が開始される。その場合，当然に破産手続は中止され，特別清算手続は失効し，新たな破産手続及び特別清算手続の開始の申立てはできなくなり（民再39条1項），再生計画認可決定が確定すると，中止していた破産手続は失効する（民再184条本文）。

そして，他の法律の規定により法人の理事等が破産手続又は特別清算手続の開始の申立てをしなければならない場合においても，再生手続開始の申立てをすることができ（民再22条），また，破産管財人も，裁判所の許可を得て，破産者について再生手続開始の申立てをすることができることとされている（民再246条1項[2]）。

2．清算型倒産処理手続の係属中に再生手続が開始された場合の規律

清算型倒産処理手続係属中に再生手続が開始された場合，両手続は同一の倒産状態を処理するものであることから，両者が一体として扱われる場面がある。

具体的には，まず，裁判所は，破産手続において破産債権を届け出た債権者は再生手続においてこの債権を再生債権として届け出ることを要しない旨の決定をすることができる（民再247条）。

1）　実務的には，債権者から破産手続開始の申立てをされたのに対抗して，債務者が再生手続開始の申立てをする場合が多い。しかし，こうした事案では，再生債務者が事業の再生を果たす見通しを必ずしも十分に持たないままに申立てをし，結果として再生手続開始決定にまで至らないということも少なくないのが実情である。こうした場合の調査命令（民再62条）の活用につき第5章Ｉ２・104頁参照。

2）　破産手続開始前の保全管理人（破91条2項）の申立権については，明文規定はない。しかし，破産手続開始前の段階での申立てが可能であれば，事業価値の劣化の防止という観点からも好ましいので，民事再生法246条を類推適用して，申立権を認める余地もあるだろう。

また，破産手続における財団債権や，失効した特別清算手続のために再生債務者に対して生じた債権及び同手続に関する再生債務者に対する費用請求権は，再生手続において共益債権として扱われる（民再39条3項1号・2号）。

さらに，相殺禁止や否認に関する規律の適用において，破産手続ないし特別清算手続の開始の申立て時や破産手続開始決定時が基準時となることがある（民再93条1項4号・93条の2第1項4号・127条1項2号・127条の3第1項1号・139条）。

Ⅱ　再生手続から更生手続への移行

1．再生手続に対する更生手続の優先

会社更生手続は，株主や担保権者も取り込んだ精緻で厳格な手続であり，民事再生手続と比較して，より時間や費用がかかることが多い反面，関係者間の利害をより強力に調整することが可能である。したがって，更生手続のこのような特質を活用する必要がある事案では，更生手続による処理がなされることが適切である。

そこで，更生手続と再生手続の関係においても，再生手続と清算型倒産処理手続の間におけるのと同様に，更生手続が優先されることとされている。

すなわち，再生手続開始の申立て後，あるいは同手続開始後においても，更生手続開始の申立てをすることができ[3)]，その場合，裁判所は，再生手続の中止を命ずることができる（会更24条1項1号）。そして，再生手続によることが債権者の一般の利益に適合する場合には更生手続開始の申立ては棄却される（会更41条1項2号[4)]）が，そうでない限り，他の要件を満たせば更生手続

3）　再生債権者が再生債務者を信頼せず，管理型で手続を進行させせることを望む場合，再生手続上の管理命令（民再64条1項）発令の申立てをする方法もあるが，要件が限定されていることから，別途更生手続開始の申立てをする場合もある。東京地方裁判所における実例としては，ゴルフ場運営会社の再建で，債務者の主導により再生手続が開始されたのに対してゴルフ場の会員である債権者らが反対し，更生手続の開始を申し立てたという事案がある。

が開始される。その場合，再生手続は当然に中止され，新たな再生手続開始の申立てはできなくなり（会更50条1項），更生計画認可決定があると，中止していた再生手続は失効する（会更208条本文）。

そして，再生手続上の管財人も，裁判所の許可を得て，再生債務者について更生手続開始の申立てをすることができる（会更248条1項）。

2．再生手続係属中に更生手続が開始された場合の規律

破産手続係属中に再生手続が開始された場合と同様，再生手続係属中に更生手続が開始された場合も，両手続が一体として扱われる場面がある。

すなわち，まず，裁判所は，再生手続において再生債権を届け出た債権者は更生手続においてこの債権を更生債権として届け出ることを要しない旨の決定をすることができる（会更249条）。

また，再生手続における共益債権は，更生手続においても共益債権として扱われる（会更50条9項1号）。

さらに，相殺禁止や否認に関する規律の適用において，再生手続開始の申立て時や開始決定時が基準時となることがある（会更49条1項4号・49条の2第1項4号・86条1項2号・86条の3第1項1号・98条）。

Ⅲ　再生手続から破産手続への移行

1．再生手続から破産手続へ移行する場合

(1) 趣　　旨

再生手続は，成功すれば，債権者等にとっても債務者にとっても，清算型

4） この点について判断した近時の裁判例として，大阪高決平18・4・26金法1789号24頁，東京地決平20・5・15判時2007号96頁・判タ1272号301頁，東京地決平20・6・10判時2007号96頁・判タ1272号301頁がある。

倒産処理手続では得られない利益を生み出すことが期待できることから，清算型倒産処理手続よりも優先するものとされ，再生手続係属中は，係属していた破産手続は中止されて，新たな破産手続開始の申立てはできないものとされている（民再39条，前記Ⅰ１参照）。しかし反面，再生手続は，その目的を達しないこともあるところ，そうした場合には，必要に応じて破産手続により迅速に財産関係を清算し，再生債権者に平等かつできる限り多くの満足を与えることが重要である。このように，再生手続がその目的を達せず，破産手続により債務者の財産を清算する必要がある場合に，再生手続が係属していた裁判所が適時に開始する破産手続を，牽連破産という[5)]。牽連破産は，実務的にも件数は少なくなく，倒産事件を適切に処理するための最終的な手続上の担保として，重要な機能を果たしている。

ところで，再生手続が目的を達しなかった場合としては，以下の各決定が確定した場合がある[6)]。

①　再生手続開始の申立ての棄却（民再25条・221条７項ただし書・239条４項ただし書・５項ただし書）

②　再生手続開始決定の取消し（民再36条１項）

③　再生手続の廃止（民再191条～194条・237条・243条）

④　再生計画の不認可（民再174条２項・231条２項・241条２項）

⑤　再生計画の取消し（民再189条・236条・242条）

また，こうした決定が確定した時点における再生手続の状態は，以下のように分類できる。

Ａ　それまでに破産手続が開始されたことがない状態

5）　伊藤・921頁。

6）　再生手続係属中は破産手続開始の申立てをすることができない（民再39条１項）が，再生計画履行完了前であっても，再生手続が終結された場合（**第12章Ⅲ１**・363頁参照）には，再生計画取消決定から牽連破産に至るのとは別に，再生計画の取消しを経ることなく，直ちに破産手続を開始させることもできる。この破産手続開始の申立ては，債務者自身も，再生手続における再生債権者も，それ以外の債権者もすることができる。このような場合は必ずしも「牽連破産」の概念に含められていないが，民事再生法190条１項は，このような場合も含めて規律している（後記３⑵⒝参照）。民事再生法253条１項・７項も同様である（後記３⑴参照）。

B　破産手続が開始され，これが再生手続開始（民再39条1項）又は再生手続開始申立て後の中止命令（民再26条1項1号）により中止している状態

C　破産手続が開始されたが，これが再生手続開始により中止（民再39条1項）した後，再生計画認可決定の確定により失効（民再184条本文）した状態

そして，破産手続への移行の形については，中止されていた破産手続が続行する場合，申立てに基づいて破産手続が開始される場合，裁判所が職権で破産手続を開始する場合がある。

以上のような場合分けを踏まえて，再生手続から破産手続への移行について，順次説明をする。

⑵　中止されていた破産手続の続行

上記⑴Bの状態において，①～④の決定が確定したときには，中止していた破産手続が再び進行し，これにより債務者の財産関係の清算が進められる（民再252条6項後段参照）。この場合，改めて破産手続が開始される余地はない。

⑶　申立てに基づく破産手続の開始

⒜　**新たな破産手続開始の申立てに基づく場合**　前記⑴A又はCの場合に，②～⑤の決定がなされたとき（⑤の決定が再生手続終了後の申立てに基づきなされた場合を除く。）は，破産手続開始の申立権を有する者（破18条・19条）は，決定の確定前においても，再生裁判所に対して，破産手続開始の申立て[7)]をすることができる（Aの場合につき民再249条1項前段，Cの場合につき同項後段）。迅速な破産手続への移行のために，民事再生法39条1項の制限を暫定的に解除して，早期の申立てを認めたものである。[8)]

この申立てがなされても，破産手続開始自体は，上記決定が確定した後で

7）　①の場合は，そもそも民事再生法39条1項の適用がないことから除外されている。

8）　②～⑤の決定の確定後に破産手続開始の申立てが可能なのは当然である。

なければすることができない（民再249条２項）。

⒝　**従前なされていた破産手続開始の申立てに基づく場合**　前記⑴Ａの場合において破産手続開始の申立てがなされたが開始決定がなされていない状態で，①の決定が確定した場合（民再252条１項２号参照），あるいは，再生手続が開始されて破産手続が中止した後に②～④の決定が確定して従前の破産手続が続行された場合（同項３号参照）には，裁判所は，従前なされていた申立てに基づいて破産手続を開始することもできる。

⑷　再生裁判所への破産事件の移送

以上の再生手続から破産手続への移行は円滑になされる必要があるので，破産手続が係属している裁判所は，相当と認めるときは，職権で，破産事件を再生裁判所に移送することができる（民再248条）。破産手続開始の前後を問わず，また，再生手続終了の前後を問わない。

⑸　職権による破産手続の開始

⒜　**裁量による破産手続の開始**　前記⑴Ａの場合において，①～⑤の決定が確定し，再生債務者について破産手続開始の原因となる事実があると認められるときには，前記⑶の申立てがなされていなくても，裁判所は職権で破産手続を開始することができる（民再250条１項）[9]。前記⑶の申立てがなされている場合には，裁判所は，この申立てに基づいて破産手続開始決定をすることも，職権で破産手続開始決定をすることもできる。

⒝　**義務的な破産手続の開始**　前記⑴Ｃの場合において，③，⑤の決定が確定したときは，裁判所は職権で破産手続を開始しなければならない（民再250条２項本文）。再生債務者について一度破産手続が開始されているという事実を重視したものである。ただし，前記⑶⒜の申立てに基づいて破産手続開始決定をする場合には，職権による破産手続の開始はなされない（同項ただし書）。

9）　②の場合については，条文に明記されていないが，①の場合に含まれるものと解されている（条解再生法・1270頁〔八田卓也〕）。

⑹ 実務の運用

以上の中で，実務において圧倒的に多いのは，前記⑸(a)の職権による破産手続の開始である。この開始をするかどうかは裁判所の裁量に委ねられているが，東京地方裁判所破産再生部では，再生債務者が法人の場合には，破産手続開始の原因が認められる限り，原則として全件につき破産手続を開始する運用である。これは，そのような法人について清算を行うことが社会的に利益となることに加え，再生手続開始により再生債権者には権利行使を禁じる一方で再生債務者は自由に財産の管理，処分を行えることとしながら，さらに手続が目的を達せずに終了してもなお再生債務者は従前と変わらず事業を継続できるものとすると，安易な，あるいは濫用的な手続開始の申立てを助長し，再生債権者を害することとなるおそれがあるためである（第１章Ⅱ２⑵(c)・18頁参照）。

これに対し，再生債務者が個人の場合には，法人の場合と同様に当然に破産手続を開始することとすると再生手続の利用を萎縮させるおそれがあることなどから，当然には破産手続は開始しない扱いである（第13章Ⅵ３・378頁参照。個人再生の場合も同様である。[10]）。

２．保全管理命令，包括的禁止命令，その他の保全処分

⑴ 意　義　等

前記１⑴のＡ又はＣの場合に①～⑤の決定がなされても，これらの決定が確定するまでは，破産手続を開始することができない。しかし，その間も再生債務者は財産の管理処分権及び業務遂行権を有する（民再38条１項）ので，後に破産手続の開始が予定されている場合には，直ちに再生債務者の財産の散逸を防止する必要がある。特に，再生手続の廃止，再生計画の取消しの各決定は，確定するまで約４週間を要するので，この場合における財産の

10） 東京地方裁判所破産再生部の運用について，破産・再生の実務〔第３版〕(下)・325頁，民事再生の手引・426頁〔島岡大雄〕。大阪地方裁判所の運用について，木下竜哉ほか「大阪地方裁判所における個人再生手続の現状と運用の改善について」判タ1346号（2011）80頁。

保全の必要性は高い。[11]そこで，破産手続開始決定までの間，裁判所は職権で，破産法上の保全処分，すなわち，中止命令（破24条1項），包括的禁止命令（破25条2項），財産処分禁止等の保全処分（破28条1項），保全管理命令（破91条2項），否認権のための保全処分（破171条1項）をすることができることとされている（Aの場合につき民再251条1項1号，Cの場合につき同項2号）。[12]

以上の趣旨から，これらの処分，命令は，前提となる①〜⑤の決定が取り消された場合には当然に効力を失い（民再251条3項），また，Aの場合につき裁判所が職権による破産手続開始決定をしないこととしたときは，遅滞なく取り消さなければならないこととされている（同条2項）。

東京地方裁判所破産再生部では，通常の破産手続開始の申立てに対しては，非常に迅速に破産手続開始決定をする運用を採っていることから，保全のための命令，処分を発令することはまれであるが，牽連破産の場合には，破産手続開始決定をすることができない期間が必然的に相当程度継続してしまうことから，このような命令等を積極的に活用している。[13]

⑵ 保全管理命令

⒜ **実務の運用**　破産手続に移行する場合，実務的には，再生債務者が法人の場合，ほぼ例外なく保全管理命令（破91条2項）が発令され（ただし，管理命令〔民再64条〕が発令されている事例では，管財人が再生債務者の財産の管理処分権及び業務遂行権を有する〔民再66条〕ので，管理命令を取り消してまで保全管理命令を発令することは通常ないであろう。），監督委員である弁護士がそのまま保全管理人に選任されるのが通例である。[14]これに対し，再生債務者が個人の場合，再生債務者の財産の管理処分が失当であったとしても，保全管理命令を発令す

11）　**第13章Ⅵ1**・377頁参照。再生計画不認可決定についても，東京地方裁判所破産再生部では代用公告（民再10条3項）によっているので，同様の期間を要する破産・再生の実務〔第3版〕㊦・292頁。これに対し，再生手続開始の申立ての棄却の場合は，確定までに要する期間は概ね1週間となる（民再36条1項・9条前段・18条，民訴332条）。

12）　前記1⑶⒜，⒝の破産手続開始の申立てがなされている場合には，裁判所はこれに付随しても，申立て又は職権により保全のための命令，処分の発令をすることができるとされる（条解再生法・1268頁・1272頁〔八田卓也〕）。以上に対し，前記1⑵の場合については，保全のための命令，処分を利用することができないという問題がある。

13）　破産・再生の実務〔第3版〕㊦・99頁・327頁，民事再生の手引・426頁〔島岡大雄〕。

ることはできない（保全管理命令は再生債務者が「法人」の場合に限られている〔破91条1項〕。）ため，財産処分禁止等の保全処分（破28条1項）で対応せざるを得ない。[15)]

(b)　**保全管理中の事業譲渡**　　実務的には，再生手続廃止後の保全管理中に，保全管理人が裁判所の許可（破93条3項・78条2項3号）を得て再生債務者の事業の全部又は一部を第三者に譲渡することが行われることが少なくない。これは，再生手続が廃止等になっても，事業を第三者に譲渡することができれば，事業の再生，雇用の確保等が図られるだけでなく，後に開始される破産手続において，事業を解体して資産を個別に売却するよりも，はるかに多くの代金を得ることが見込まれるからである。この場合，破産手続開始後に破産管財人が裁判所の許可を得て事業を継続しながら事業譲渡をする（破36条・78条2項3号）方法もあるが，少しでも早期に譲渡した方が事業の劣化が防止でき，より高額の代金を得ることができることから，保全管理中の事業譲渡が目指されることとなる。

破産手続開始決定後，債務者の財産関係が清算に向かう中で，破産管財人が裁判所の許可（破78条2項3号）を得て事業譲渡を行うについては，債務者が株式会社の場合でも，株主総会の特別決議による承認（会社467条1項1号・2号・309条2項11号）を経る必要はないが，[16)]これに対し，破産法上の保全管理中に事業譲渡を行う場合には，一般に，この承認を経る必要があると解されている。[17)]しかしながら，再生手続中であれば，再生債務者が債務超過の場合には，裁判所が株主総会の決議による承認に代わる許可をすることができ（民再43条1項），再生手続廃止後に破産手続に移行する場合には，再生債務

---

14)　なお，破産手続開始前の保全管理人は，債務者の財産の管理処分権を有する（破93条1項本文）ものの，再生手続開始前，更生手続開始前に選任される保全管理人のような業務遂行権を有しないが（民再81条1項本文，会更32条1項参照），事案によっては保全管理命令発令時点で債務者が事業を継続しており，徐々に事業を縮小してソフトランディングを図るのが適切な場合があり，この場合の事業継続は，財産の管理処分の一環として保全管理人の権限に属すると解される（条解破産法・663頁）。

15)　破産・再生の実務〔第3版〕(下)・326頁，民事再生の手引・427頁〔島岡大雄〕。

16)　条解破産法・584頁。

17)　一問一答破産法・142頁。

者が債務超過である場合がほとんどである（財産評定〔民再124条１項〕が行われている場合には債務超過であることが容易に認定できる。）ことからすると，破産手続に移行するまでの保全管理中の事業譲渡についても，手続外で株主総会の特別決議を経る必要性は乏しいといわざるを得ない。したがって，保全管理人は，破産法93条３項・78条２項３号による裁判所の許可があれば，事業譲渡を行うことができると解するのが相当であろう。[18)]

⑶　包括的禁止命令

再生債務者が公租公課を滞納している例は少なくないところ，再生手続中であっても滞納処分は制限されない（民再39条１項参照）が，実務上，再生債務者が弁済計画を示して交渉をすることなどによって，滞納処分を受けることをある程度は防止できる。しかし，破産手続が開始されると，新たに滞納処分を行うことはできなくなる一方で，既に行われている滞納処分は続行を妨げられない（破43条１項・２項）ことから，再生手続廃止等の決定がなされると，これが確定して破産手続開始決定がなされるまでの間は，滞納処分がなされる可能性が非常に高まる。そこで，実務では，このような滞納処分のおそれがある場合には，再生債務者が法人であるか個人であるかを問わず，利害関係人（債務者，保全管理人等）の申立て又は職権で包括的禁止命令を発令し（民再251条１項，破25条２項），滞納処分がされるのを防止している。[19)]

なお，破産法上の包括的禁止命令は，債務者の主要な財産に対する保全処分又は保全管理命令が発令されている場合に限り発令されるものである（破25条１項ただし書）。しかし，民事再生法251条１項により包括的禁止命令を

18)　髙井章光「牽連破産に関する諸問題」実務と理論・244頁。島岡大雄「東京地裁破産再生部（民事第20部）における牽連破産事件の処理の実情等について(上)」判タ1362号（2012）18頁。なお，株主総会の特別決議を欠いた事業譲渡契約は，手続上の瑕疵があり無効と解されているが（最判昭61・9・11裁判集民148号445頁・判時1215号125頁・判タ624号127頁），上記のとおり，破産手続開始後は破産管財人は株主総会の特別決議による承認を経ることなく事業譲渡を行うことができるものと解されているので，破産手続開始後に破産管財人が保全管理人のした事業譲渡契約を追認する場合には，いずれにせよかかる手続上の瑕疵は治癒されると解される。

19)　破産・再生の実務〔第３版〕(下)・327頁，民事再生の手引・428頁〔島岡大雄〕。

発令する場合には，破産法25条1項ただし書の制限は及ばない。

この包括的禁止命令は，債務者に送達されたときに効力が生じる（破26条2項）が，保全管理人が選任されている場合には保全管理人に送達されたときに効力が生じる（同条1項）。

3．再生債権の破産手続における取扱い

(1) みなし届出

再生手続が終了して破産手続が開始された場合，両者は別個の手続であるから，破産手続においては改めて破産債権の届出が必要である。しかし，従前の再生手続における再生債権は，通常は後の破産手続において破産債権として扱われるので，後の破産手続において先の再生手続における再生債権の届出をそのまま利用できれば，破産債権者はもとより，破産管財人の負担も軽減される。そこで，前記1の(3)又は(5)の場合において，再生手続で届出があった再生債権の内容及び原因並びに議決権の額，異議等のある再生債権の数，再生計画による権利の変更の有無及び内容その他の事情を考慮して相当と認めるときは，破産手続の開始と同時に，破産債権者は当該破産債権の届出をすることを要しない旨の決定（いわゆる「みなし届出決定」）をすることができる（民再253条1項）。再生手続終結後であっても，再生計画履行完了前に破産手続が開始された場合には同様である（同条7項）。

みなし届出決定があった場合，再生手続における届出再生債権は，当該届出再生債権者が破産法所定の債権届出期間の初日に破産債権の届出をしたものとみなされる（民再253条3項）。そして，みなし届出決定がされた場合，再生手続開始後の利息，遅延損害金（民再84条2項1号・2号）の届出は，破産手続において劣後的破産債権の届出と扱われる（民再253条4項3号，破111条1項3号）。

もっとも，届出再生債権者が破産法所定の債権届出期間内に改めて破産債権の届出をした場合にはみなし届出の効果は生じず，上記のように一定の債権について劣後的破産債権の届出との扱いを受けることはなくなる（民再253条6項）。そのため，再生手続の開始から破産手続の開始までに相当の期

間が経過している場合にみなし届出を採用すると，劣後的破産債権との届出の扱いを受ける部分とそうでない部分との間の不公平が大きくなり，妥当ではない。また，再生手続開始後に多数の代位弁済や債権譲渡がされた場合は，新たな届出がないと債権者の確定に手間取ることになるので，やはりみなし届出を採用することは妥当ではない[20]。

これに対し，みなし届出の採用に適しているのは，配当の可能性があること，再生手続開始から破産手続開始までの期間が比較的短期で，その間に利息や損害金等の発生が問題になりにくいこと，代位弁済や債権譲渡による権利変動が少ないか，債務者側で権利変動を正確に把握していること等の事情が存在し，かつ，個人債権者の数が多数で，破産手続で新たな債権届出を求めることが債権者や破産管財人にとって煩雑であるといった事案であろう。多数の会員を有するゴルフ場やスポーツクラブの運営会社などが再生債務者である場合が，これに当たり得る[21]。

⑵　確定した再生債権の取扱い

(a)　再生計画認可決定確定前に再生手続が終了した場合　　再生手続において確定した再生債権は，再生債権者表に記載され，「再生債権者の全員に対して」確定判決と同一の効力を有する（民再104条・110条・111条）。

そして，再生計画不認可決定（前記１⑴の④）が確定したときや，再生手続廃止決定（同③）が再生計画認可決定確定前に確定したときは，再生債権者表の記載は，原則として，「再生債務者に対し」ても，確定判決と同一の効力を有する（民再185条１項本文・195条７項，第８章Ⅰ７⑷・225頁参照）。

以上によって確定した再生債権は，その後に係属した破産手続においては，少なくとも破産法129条１項にいう破産債権のうち「終局判決のあるもの」に準じた扱いを受けると解される[22]。したがって，調査の過程で異議が述べられた場合の破産債権の確定は，破産者がすることのできる訴訟手続によって

20）　破産・再生の実務〔第３版〕㊦・329頁，破産管財の手引・393頁〔島岡大雄〕。
21）　破産・再生の実務〔第３版〕㊦・329頁。
22）　条解破産法・863頁。

のみすることができる。[23)]

(b) **再生計画認可決定確定後に再生手続が終了した場合**　再生計画認可決定が確定すると，届出再生債権及び自認債権は，再生計画の定めに従って変更され（民再179条1項），再生債務者は，再生計画の定め又は民事再生法の規定によって認められた権利以外のすべての再生債権について免責される（民再178条本文）。そして，この再生計画の条項が新たに再生債権者表に記載され，再生債務者，再生債権者等に対して，確定判決と同一の効力を有することとなる（民再180条1項・2項，**第11章Ⅴ2**・351頁，3・353頁参照）。その後に再生手続廃止決定（前記1(1)の③）がなされただけでは，この効力は消滅しない（**第13章Ⅵ2(1)**・377頁参照）。

しかし，再生計画取消決定（前記1(1)の⑤）が確定した場合（民再189条7項本文），あるいは，再生計画が取り消されなくても，再生計画の履行完了前（すなわち，すべての再生債権について再生計画の定めに従った弁済が完了する前）に再生債務者について破産手続開始決定又は新たな再生手続開始決定がされた場合（民再190条1項本文）[24)]には，再生計画によって変更された再生債権は原状に復する。したがって，失権した再生債権は失権しなかったものと扱われ，再生計画認可決定確定前の再生債権者表の効力も復活し，そのうえで，再生債権者表の記載は，原則として，再生債務者に対しても，確定判決と同一の効力を有することとされる（民再189条8項前段・190条2項・185条1項）。これにより，上記(a)の場合と同様，調査の過程で異議が述べられた場合の破産債権の確定は，破産者がすることのできる訴訟手続によってのみすることができることとなる（破129条1項）。

---

23)　この点については，再生手続における債権調査がルーズに行われることがある等の実情を指摘し，少なくとも再生計画認可ないし不認可決定前に破産手続に移行した場合には，確定判決と同一の効力が再生債務者には及んでいないとして，破産法129条1項によるのではなく，同法125条1項により破産債権者が破産債権査定の申立てをしなければならないとする見解もある（島岡大雄「東京地裁破産再生部（民事第20部）における牽連破産事件の処理の実情等について(下)」判タ1363号（2012）39頁）。

24)　再生手続廃止決定（前記1(1)の③）確定に引き続いて破産手続又は再生手続が開始された場合と，再生手続終結後，再生計画履行完了前に再生計画取消決定を経ずに破産手続又は再生手続が開始された場合の両方を含む（前掲注6）参照）。

ただし，これは再生債権者が再生計画によって得た権利には影響を及ぼさないこととされている（民再189条７項ただし書・190条１項ただし書）。したがって，再生計画に基づいて受けた弁済は有効であり，再生計画により提供された担保（民再158条）も影響を受けない。そして，破産債権の額は，従前の再生債権の額から再生計画により弁済を受けた額を控除した額とされる（民再190条３項。ただし，実際の配当においては，下記(c)のような調整方法が採られる。）。

なお，ここで「原状に復する」とは，再生計画の効力を遡及的に消滅させる趣旨である[25)]。したがって，再生計画において再生手続開始日以降の利息，遅延損害金は全額免除する旨の条項が定められていた場合，再生手続が廃止されて破産手続が開始されると，この免除条項は遡及的に効力を失い，再生計画認可決定前の状態，すなわち，再生計画による権利変更がされる前の状態に戻ることになるので，破産債権者は，再生手続開始日以降，破産手続開始日の前日までの利息，遅延損害金の請求権を一般破産債権として権利行使することができる。

(c)　**配当調整**　　上記(b)の破産手続においては，そこで述べたとおり，破産債権の額は，従前の再生債権の額から再生計画により弁済を受けた額を控除した額とされている（民再190条３項）。しかし，配当額を定める作業の中では，従前の再生債権の額をもって配当の手続に参加することのできる債権の額とみなしたうえで，他の同順位の破産債権者が自己の受けた弁済と同一の割合で配当を受けるまでは配当を受けることができないものとして計算される（民再190条４項）。これは，再生手続において弁済を受けた債権者とそうでない債権者との間の公平を図るためである（いわゆる配当調整）。

もっとも，実際の配当調整に当たっては，計算方法が複雑である。

以下に，配当調整の計算方法の一例を紹介する。

25)　東京地判平20・10・21判タ1296号302頁・金法1859号53頁，東京地判平20・10・30判時2045号127頁・金法1859号53頁。

【事例】

AないしGの債権者のうち，D及びEに対しては再生計画による弁済がされなかった（再生計画の弁済率は25％である。）。

	債権額（※）	再生計画を通じた弁済額
A	100万円	25万円(25％)
B	50万円	10万円(20％)
C	300万円	35万円(11.666％)
D	350万円	
E	3000万円	
F	2000万円	120万円(6％)
G	100万円	10万円(10％)
合計	5900万円	200万円

【計算方法】

仮に破産手続における配当原資が300万円の場合，本来の配当率は8.475％である。

(200万円＋300万円)÷5900万円×100＝8.475％

したがって，D及びEには，少なくともFに対する6％配当までは優先して配当されるが，その余の部分はFとの間で按分することが見込まれる。正確には，次のように計算して確認する必要がある。

（第1段階）

Fと同じ配当率6％まではD及びEに優先的に配当する。この場合に必要な配当原資は201万円である。

D：350万円×6％＝21万円

E：3000万円×6％＝180万円

（第2段階）

DないしFに10％配当できるだけの配当原資は415万円であるが，破産手続における配当原資は足りない。

D： 350万円×10％＝35万円

E：3000万円×10％＝300万円

F：2000万円×10％＝200万円

200万円－120万円（再生手続中の弁済額）＝80万円

合計：35万円＋300万円＋80万円＝415万円

（第3段階）

D及びEに優先的に配当した後の配当原資の残額は99万円である。

300万円－(21万円＋180万円)＝99万円

この99万円を10％配当額に満つるまでD～Fで按分することになる。

D～Fの債権総額は5350万円であるから，これをもって99万円を按分する。

D：99万円×(350万円÷5350万円)＝6万4766円
E：99万円×(3000万円÷5350万円)＝55万5140円
F：99万円×(2000万円÷5350万円)＝37万0094円
(結論)
300万円の配当原資は，以下のとおり配当される。
D：21万円(第1段階)＋6万4766円(第3段階)＝27万4766円
E：180万円(第1段階)＋55万5140円(第3段階)＝235万5140円
F：37万0094円（第3段階)

＊　民事再生法190条1項本文により原状に復した後の再生債権額及び牽連破産における届出破産債権額である。

4．共益債権の破産手続における取扱い

前記1の(2)(3)(5)の各場合において開始又は続行された破産手続（ただし，再生手続終了後になされた申立てに基づく再生計画取消しの決定が確定して開始された場合は除く。）においては，再生手続上の共益債権（民再119条以下）は，財団債権として扱われる（民再252条6項)。

共益債権は，原材料の購入費や商品の仕入代金等，再生手続開始後にした再生債務者の業務に関する費用の請求権も含まれる（民再119条2号）ため，多数の取引がある場合などでは，牽連破産後，財団債権の存否及び額について，破産管財人と財団債権者との間で多くの紛争が生じるおそれがある。破産法上，破産債権については簡易迅速な債権確定手続が用意されているが，財団債権についてはそのような手続は用意されていないため，最終的には民事訴訟によって解決を図らざるを得ず，立法的な手当てが必要であるとの指摘がされている[26)]。

26)　多数の財団債権が存在する場合に迅速に管財業務を進行させるためには，財団債権者に早期にその申出をしてもらい，額についてもできる限り円滑に当事者間で合意を形成することが望ましい。そのために，実務においては，財団債権を有すると思われる者に対して，破産管財人が財団債権届出のための用紙を送付し，さらには，破産管財人の側からその用紙に妥当と認める財団債権の額を記入して送るなどの工夫がなされている（破産管財の手引・395頁〔島岡大雄〕，高井章光「牽連破産に関する諸問題」実務と理論・247頁)。

5．一般優先債権の破産手続における取扱い

再生手続上の一般優先債権を牽連破産の手続が開始された場合にどのように扱うかについては，一般的な定めはないので，それぞれの債権の性質に応じ，破産法の規定に従った扱いがなされることとなる（ただし，後記(2)のとおり，労働債権については特則がある。）。なお，再生手続では，一般優先債権については届出等の手続を経る必要はないが，その後の破産手続では，これが破産債権に分類される場合には，届出が必要になる（破111条）。

再生手続上の一般優先債権（民再122条）の主なものとしては，租税等の請求権（公租公課。国税徴収法８条・地方税法14条）と労働債権（民306条２号・308条）があるので，以下，これらの破産手続における扱いについて説明する。

(1) 公租公課

公租公課については，破産手続開始日及び納期限を基準に，財団債権（破148条１項３号），優先的破産債権（破98条）及び劣後的破産債権（破97条３号～５号・99条１項１号）に分かれる。労働債権のような再生手続開始日を破産手続開始日に読み替える規定（民再252条５項参照）はなく，あくまで破産手続開始日及び納期限を基準に振り分けが行われることになる。

(2) 労働債権

(a) **給料の請求権**　破産者の使用人の給料の請求権は，通常の破産手続においては，「破産手続開始前３月間」の範囲で財団債権とされる（破149条１項）。しかし，前記１の(3)又は(5)により開始された破産手続（ただし，再生手続終了後になされた申立てに基づく再生計画取消しの決定が確定して開始された場合は除かれる。）においては，これが「再生手続開始前３月間」の範囲で財団債権とされる（民再252条５項）。その余の再生手続開始前の給料の請求権は，優先的破産債権として扱われる（破98条）。

再生手続中の給料の請求権は，民事再生法119条２号により共益債権として扱われるため，牽連破産では財団債権となる（民再252条６項，前記４参照）。

再生手続廃止後の保全管理中の給料の請求権は，財団債権として扱われる（破148条4項）。

破産手続開始後の給料の請求権は，財団債権となる（破148条1項2号・4号）。[27]

⒝　**退職金請求権**

㋐　**再生手続開始前の退職**　退職前3か月間の給料の総額に相当する額を限度に財団債権として扱われ（民再252条5項，破149条2項），その余は優先的破産債権として扱われる。

㋑　**再生手続中の退職**　前提として，再生手続中に生じた退職金請求権は，民事再生法119条2号により全額が共益債権となるとする見解（①）と，退職金請求権が賃金の後払的性格を有することを根拠に，再生手続開始後の労働の対価に相当する部分を同号により共益債権として扱い，再生手続開始前の労働の対価に相当する部分は民事再生法122条の一般優先債権として扱うとする見解（②）がある。

そのうえで破産手続が開始されると，再生手続中の共益債権は財団債権となり（民再252条6項），それと同時に，退職前3月間の給料の総額（それよりも破産手続開始前3月間の給料の総額の方が多い場合にはその額）に相当する額も財団債権と扱われる（破149条2項）。そこで，上記①の説に立つと，いずれにしても退職金請求権全額が財団債権となるが，上記②の説に立った場合は，再生手続開始後の労働の対価に相当する部分の額と退職前ないし破産手続開始前3月間の給料の総額に相当する額の多い方（通常は後者）の額の範囲で財団債権となり，その余の部分は優先的破産債権と扱われることとなる。

㋒　**保全管理中の退職**　保全管理中に生じた退職金請求権についても，上記㋑におけるのと同様に，破産法148条4項により全額が財団債権となるという見解（③）と，保全管理中の労働の対価に相当する部分のみが同項により財団債権となるという見解（④）があり得るだろう。④の説に立った場合は，その額と退職前ないし破産手続開始前3月間の給料の総額に相当する額（破149条2項）の多い方（通常は後者）の額の範囲で財団債権となり，その

27）　破産・再生の実務〔第3版〕㊦・330頁。

余の部分は優先的破産債権と扱われることとなる。

㈓ **破産手続開始後の退職**　退職金請求権は，退職前３月間の給料の総額（それよりも破産手続開始前３月間の給料の総額の方が多い場合にはその額）に相当する額が財団債権と扱われ（破149条２項），その余の部分は優先的破産債権と扱われる[28]。

(c) **解雇予告手当請求権**　前提として，解雇予告手当請求権が破産法上の財団債権に当たるか否かについては争いがあるが，東京地方裁判所破産再生部では，破産手続開始前３月以内に生じた解雇予告手当請求権について，破産管財人から破産法149条１項の財団債権として承認することの許可申立てがあれば，これを適法なものとして扱う運用である[29]。また，破産手続中に破産管財人が従業員を即時解雇した場合の解雇予告手当請求権は，破産法148条１項４号の財団債権に当たると解される[30]。

そこで，上記運用，解釈を牽連破産の場合に当てはめてみると，再生手続開始前３か月間に発生した解雇予告手当請求権は，再生手続中は一般優先債権として扱われるものの，破産手続に移行すると，破産管財人において財団債権として扱うことが可能である（民再252条５項，破149条１項）。

他方，再生手続開始後に発生した解雇予告手当請求権は，民事再生法119条２号の共益債権に当たると解されるので，牽連破産において財団債権として扱われることになる（民再252条６項）。

再生手続廃止後，保全管理中に発生した解雇予告手当請求権は，破産法148条４項により財団債権として扱われることになる。

28）この場合も保全管理中の労働の対価に相当する部分は破産法148条４項により財団債権となると考えることもできるが，この額が同法149条２項により財団債権となる額を超えることは通常はないので，実務上はあまり問題とならない。

29）破産管財の手引・198頁〔島岡大雄〕。これに対し，大阪地裁は，解雇予告手当は破産法149条１項の「給料」には当たらず，財団債権とはならないとの立場である（大阪地方裁判所・大阪弁護士会破産管財運用検討プロジェクトチーム編『新版破産管財手続の運用と書式』（新日本法規出版，2009）213頁。

30）破産管財の手引・397頁〔島岡大雄〕。

6．否認権，相殺に関する調整

破産法上，否認及び相殺禁止について，「破産手続開始の申立て」の時点を基準とする規定が数多くある（破160条1項2号・71条1項4号等）。しかし，再生手続の廃止等による牽連破産で，職権で破産手続が開始される場合には，破産手続開始の申立てなるものが存在しない。また，同じ法的倒産処理手続である再生手続が先行しているにもかかわらず，後になされた破産手続を基準に否認及び相殺禁止の成否を決した場合，利害関係人間の公平を害する結果になりかねない。

そこで，前記1の(3)又は(5)により開始された破産手続に関しては，先行していた倒産処理手続を一体のものとみて，上記の基準日が修正されている。具体的には，前記1(1)のAの状態において開始された破産手続では，再生手続開始の申立てに先行して破産手続開始の申立てがなされていた場合を除き，原則として再生手続開始の申立てをもって「破産手続開始の申立て」とみなすこととし[31]（民再252条1項），Cの状態において開始された破産手続では，原則として再生計画認可決定確定により失効した破産手続の開始の申立てをもって「破産手続開始の申立て」とみなすこととしている[32]（民再252条3項1号）。

これによれば，例えば，再生手続開始の申立て後，再生手続開始前に再生債務者がした詐害行為について，破産管財人は，民事再生法252条1項柱書，破産法160条1項2号に基づいて否認権を行使することができる（もとより，再生手続においても，監督委員が否認権限の付与を受けて否認権を行使することは可能であった〔民再127条1項2号・56条・135条1項〕。）。

31）場合により，特別清算開始の申立てや破産法265条の罪に該当する再生債務者等の行為をもって「破産手続開始の申立て」とみなす場合もある。また，再生手続終了後になされた申立てに基づく再生計画取消しの決定が確定して破産手続が開始した場合には，この申立てが「破産手続開始の申立て」とみなされる。

32）再生手続終了後になされた申立てに基づく再生計画取消しの決定が確定して破産手続が開始した場合には，この申立てが「破産手続開始の申立て」とみなされる（民再252条3項2号）。

なお，破産法上，否認権の消滅時効は「破産手続開始の日」から２年とされている（破176条前段）が，前記１(1)のＡの状態で③〜⑤の決定が確定して開始された破産手続においては，再生手続開始決定の日をもって「破産手続開始の日」とみなし（民再252条２項），Ｃの状態で③又は⑤の決定が確定して開始された破産手続においては，再生計画認可決定確定により失効した破産手続の開始の日をもって「破産手続開始の日」とみなすこととされている（ただし，再生手続終了後になされた申立てに基づく⑤の決定が確定して破産手続が開始された場合は除かれる[33]。同条４項）。

７．係属中の各種手続の帰すう

再生手続中の各種手続が係属している間に再生手続が終了して破産手続が開始した場合の当該手続の扱いは，以下のとおりである。

(1) 再生債権査定の手続及び再生債権の確定をめぐる訴訟

第８章Ｉ８(9)・231頁において説明したとおりである。

(2) 否認に関する訴訟

第７章Ⅳ11・197頁において説明したとおりである。

(3) 法人の役員への損害賠償請求権の査定決定についての異議訴訟

第７章Ｖ３(2)・201頁において説明したとおりである。

〔島 岡　大 雄〕

33) 民事再生法252条２項の文言上は，この場合が除外されていない。しかし，同条４項との均衡，及び同条１項においてもこの場合がそれ以外の場合とは別に扱われていることとの均衡などから，同条２項についてもこの場合の適用はないものと解される。条解再生法・1281頁〔八田卓也〕参照。

第 16 章

住宅資金貸付債権に関する特則

自然人の再生債務者が居宅を所有している場合に，そこに設定された抵当権の実行を防ぐために，住宅ローン債権について特別の取扱いが認められている。本章では，この制度について説明する。

Ⅰ　特則の意義，概要

1．特則の意義

個人（自然人）が住宅ローンを組んで自宅を手に入れたが，債務の弁済ができなくなり再生手続開始の申立てをした場合，自宅に設定された抵当権は再生手続では別除権（民再53条１項）として扱われる。別除権は再生手続によらずに行使することが可能であるから（同条２項），別除権者である金融機関等は，再生債務者に債務不履行があれば，再生手続が開始され，また再生計画が認可されても，抵当権の実行として不動産競売の申立てをし（民執180条），その売却代金から住宅ローン債権の回収を図ることができる。しかしながら，そうなると，住宅ローンを抱えて経済的な破綻に瀕している債務者は，再生手続を利用して経済生活の再生を図ろうとしても，住宅ローン債権者から個別の同意を得て別除権協定（第９章Ⅳ・287頁参照）を成立させない限り，自宅に対して抵当権が実行されるのを回避することができず，生活の基盤を失うこととなり，経済的再生が著しく困難になってしまう。

そこで，個人の再生債務者に対する住宅ローン債権については，一定の要件の下，原則としてその元利金の全額について繰延べ弁済をすることを前提として，別除権の行使を制約するという，他の再生債権とは異なる扱いを認める制度が設けられている（住宅資金貸付債権に関する特則〔民再198条以下〕）。

2．特則の概要

住宅資金貸付債権に関する特則は，住宅ローン債権を再生計画において一般の再生債権とは別枠で扱い，概要以下のような特別の扱いをするものである。

① 再生計画案において，住宅ローン債権については，原則としてその元利金の全額を法定の期間内で繰延べ弁済することを内容とする特別の条項（住宅資金特別条項）を定めることができることとする。

② 住宅資金特別条項を定めた再生計画案の決議では，住宅ローン債権者は議決権を有しないこととする。

③ 住宅資金特別条項を定めた再生計画が成立した場合，その効力は住宅に設定されている抵当権等にも及ぶこととする。

なお，住宅資金貸付債権に関する特則は，個人再生手続（第17章参照）のみならず，個人の再生債務者を対象とする通常の再生手続にも適用があるが，個人の再生債務者のほとんどが個人再生手続を利用することもあり，住宅資金特別条項（民再196条４号）は，個人再生手続において利用されることがほとんどである。[1)]

1） 最高裁判所民事局によれば，平成21年に終局した再生事件のうち再生計画に住宅資金特別条項が定められていた事件の件数は，通常再生事件では３件，個人再生事件では9756件であった。

Ⅱ　特則が利用できる場面

1．一般的要件

住宅資金特別条項の対象となる「住宅資金貸付債権」とは，住宅の建設，購入（敷地の取得を含む。）又は改良（増改築，リフォームを含む。）に必要な資金の貸付けに係る分割払いの定めのある再生債権であり，いわゆる住宅ローン債権のことを指す[2)]（民再196条3号)。事業用資金の貸付債権は，住宅の建設・購入又は改良に必要な資金ではないから，住宅資金特別条項の対象とはならない。

ここでいう「住宅」とは，再生債務者が所有し，自己の居住の用に供する建物であって，その床面積の2分の1以上に相当する部分が専ら自己の居住の用に供されるものをいう（民再196条1号本文)。所有には共有も含み，夫婦や親子で共有する住宅も住宅資金特別条項の対象となる。これに該当する建物が複数ある場合には，再生債務者が主として居住の用に供するもの1つに限られる（同号ただし書)。「住宅」は自己の居住の用に供することが必要であるから，広い意味で住宅ローンと呼ばれるものであっても，投資用マンションなど自己の居住の用に供しない不動産を購入するために貸付けを受けた債権は，住宅資金特別条項の対象にはならない。

「住宅資金貸付債権」に該当するためには，当該貸付債権（又は保証会社の求償権）を担保するための抵当権（根抵当権を含む。）が，住宅に設定されていることが必要である（民再196条3号)。抵当権を設定しない場合や，敷地だけに抵当権が設定される場合には住宅資金貸付債権には当たらず，住宅資金

2）実務上，住宅の売主が売買代金債権（住宅ローンを組んで足りなかった一部であることが多い。）を被担保債権として抵当権を設定している場合がある。形式的に見れば，売主の売買代金債権は住宅資金貸付債権ということはできないが，抵当権の実行を回避する必要性はこれと変わるところはない。抵当権者である売主の意思などにもよるが，事例によっては住宅資金特別条項を定める余地もあると解される（破産・再生の実務〔第3版〕(下)・460頁，個人再生の手引・353頁〔安齊浩男〕)。

特別条項を定めることはできない。[3]

なお，複数の住宅資金貸付債権がある場合には，住宅資金貸付債権を有する者全員との間で住宅資金特別条項を定めなければならない（民再198条3項)。一部の住宅ローンについて住宅資金特別条項を定めたとしても，住宅資金特別条項を定めていない他の住宅ローンについて抵当権が実行されれば，再生債務者は住宅を保持することができなくなるからである。

2．住宅資金特別条項が定められない場合

住宅資金貸付債権には，再生計画において住宅資金特別条項を定めることができるのが原則である（民再198条1項本文）が，以下の場合には，住宅資金特別条項を定めることができない。

(1) 住宅の上に住宅資金貸付債権を被担保債権とする抵当権以外の担保権が存在するとき（民再198条1項ただし書前段）

住宅資金貸付債権の後順位に，事業用資金の貸付債権を被担保債権とする抵当権が設定されているような場合が典型的な例である（■図表16－1参照)。

■図表16－1　民再198条1項ただし書前段の例

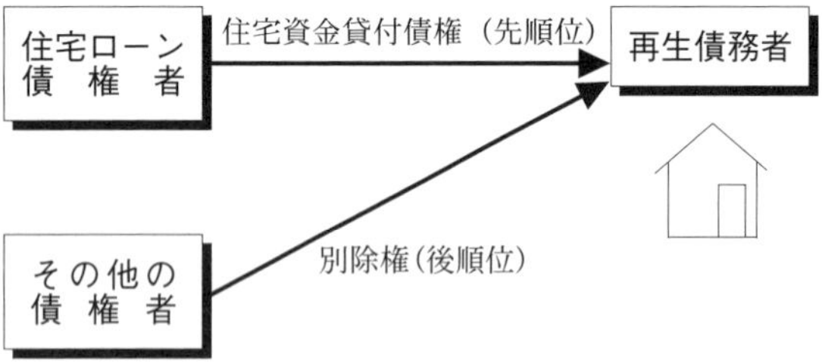

3） 住宅ローンの実務において，住宅ローン債権を担保するための抵当権が住宅の敷地のみに設定されることは通常ないとされるが（一問一答個人再生・63頁)，何らかの事情により住宅の敷地のみに抵当権が設定されている住宅ローン債権が存する場合で，これを住宅資金貸付債権に該当しないとすると住宅資金貸付債権に関する特則を設けた趣旨が達成することができない場合には，当該債権を住宅資金貸付債権として扱うことも検討され得る。

事業用資金の貸付債権を被担保債権とする当該抵当権は，原則どおり，再生手続によらずに実行をすることが可能である（民再53条２項)。そうすると，この場合には住宅資金特別条項を定めたとしても，事業資金の貸付債権を被担保債権とする上記抵当権の抵当権者が担保権実行としての不動産競売を申し立てれば，再生債務者は結局住宅を確保することができなくなってしまう。したがって，このような場合には住宅資金特別条項を定めることはできないとされている。[4)]

この点に関し，住宅資金貸付債権とそれ以外の債権が１つの根抵当権の被担保債権として混在している場合も，原則として住宅資金特別条項を定めることはできないものと解される。したがって，担保権が根抵当権である場合に住宅資金特別条項を利用しようとするときは，注意が必要である。[5)]

⑵ 住宅資金貸付債権のために，住宅以外の不動産にも抵当権が設定されている場合において，住宅以外の不動産に後順位抵当権が存在するとき（民再198条１項ただし書後段)

▩図表16－２のように，共同抵当となっている住宅以外の他の不動産に後順位抵当権者がいるケースである。

この場合には，住宅資金特別条項を定めたとしても，住宅ローン債権者は，住宅以外の不動産について抵当権の実行として競売申立てをすることができる。そして，競売の結果不動産が売却されると，当該不動産の後順位抵当権者が代位（民392条２項）により再生債務者の住宅について抵当権を実行することが可能となる。

4） このような場合，東京地方裁判所破産再生部では，当該担保権を消滅させるか，再生計画認可決定までに消滅させることが相当の確度をもって見込まれ，個人再生委員が開始相当の意見を提出した場合には手続を開始するという扱いがなされている（破産・再生の実務〔第３版〕㈦・464頁，個人再生の手引・359頁〔下田敦史〕)。

5） もっとも，被担保債権のうち住宅ローン部分が大部分を占め，それ以外の部分がごくわずかである場合などでは，住宅資金特別条項を定め得る場合もあろう（破産・再生の実務〔第３版〕㈦・460頁，個人再生の手引・352頁〔安齊浩男〕)。

■図表16－2　民再198条1項ただし書後段の例

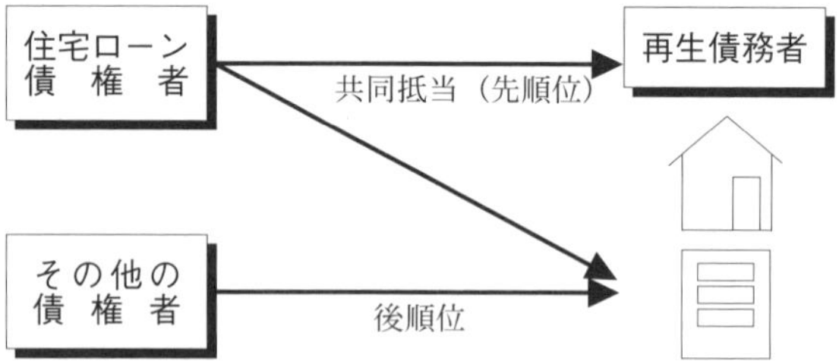

そうすると，再生債務者は結局住宅を失う結果となるから，この場合も住宅資金特別条項を定めることはできないとされている。

(3)　住宅資金貸付債権が代位弁済され，弁済者に代位取得されているとき（民再198条1項本文括弧書）

住宅資金貸付債権について，保証人等の第三者が代位弁済をした場合，当該代位弁済をした者は住宅ローン債権者に法定代位（民500条）して再生債務者に対する債権（再生債権）を取得する。このように代位弁済がされている場合にまで住宅資金特別条項を定めることを認め，代位弁済をした保証人等に対しても別除権の行使を認めないことができるとすると，本来であれば直ちに弁済を求めることができるはずの保証人等に不当な不利益を課すことになる。そこで，住宅資金貸付債権が保証人等に代位弁済されている場合には，住宅資金特別条項を定めることはできないとされている。

もっとも，住宅ローンの保証会社が代位弁済をした場合については住宅資金特別条項を定めることが認められる場合がある（いわゆる巻戻し〔民再198条2項〕，後記Ⅵ参照）。

3．住宅資金特別条項の適用が問題となる例

(1)　いわゆるペアローンの場合

夫婦で住宅を購入する場合などで，夫と妻それぞれが住宅ローンの貸付けを受けたうえ，住宅を夫婦共有とし，夫と妻の住宅ローンそれぞれを被担保

債権として抵当権を設定する例が実務上みられる。いわゆるペアローンと呼ばれるケースであるが，この場合，夫が個人再生の申立てをして住宅資金特別条項を利用しようとすると，住宅に妻を債務者とする抵当権がついているため，これが民事再生法198条１項ただし書前段にいう「〔民事再生法〕第53条第１項に規定する担保権」に該当してしまい，住宅資金特別条項を定めることはできないようにも思われる。しかしながら，民事再生法が住宅ローンを被担保債権とする抵当権以外の担保権が設定されている場合に住宅資金特別条項を定められないとしているのは，仮に住宅資金特別条項を定めたとしても，その担保権が実行されると再生債務者は住宅を失ってしまい，住宅の確保という目的が達成されないからであるところ（前記２(1)参照），上記のようなケースでは，担保権が実行されるおそれがない場合も多い。特に，妻も個人再生の申立てをして，住宅資金特別条項の利用を求める場合には，実質的に見れば一つの申立てであり，夫と妻の再生計画が同時に認可されることによって，両方の住宅資金特別条項の効力により担保権の実行が阻止されることになる。したがって，このような夫婦共同での申立てがなされる場合には，住宅資金特別条項を定めることを認めてもよいであろう[6)]。

(2) 夫婦の片方が連帯保証をしている場合

夫を主債務者，妻を連帯保証人として住宅ローンを借り入れたうえ，住宅は夫婦共有名義とし，抵当権は夫の主債務のみを被担保債権として住宅に設定されている場合において，夫婦ともに個人再生の申立てがなされた際，妻の連帯保証債務をどのように扱うかという問題が，実務上しばしば生じる。

妻の連帯保証債務は，形式的には住宅資金貸付債権には該当しないから，再生計画の認可により一般の再生債権と同様に権利変更を受けるのが原則である。一方，夫の主債務について夫の個人再生手続で住宅資金特別条項を定

6） このような考え方を進めると，担保権の実行の可能性がないといえるような場合には，必ずしも妻の申立てがなくとも，夫の個人再生手続で住宅資金特別条項の利用を認めてもよいと考えることも不可能ではない。実務上も，諸般の事情を考慮のうえ，事例によっては住宅資金特別条項の利用を認めることもある（東京地方裁判所破産再生部の扱いについて，個人再生の手引・347頁〔古谷慎吾〕参照）。

めた場合，その効力は連帯保証人にも及ぶため（民再203条1項）（後記Ⅴ4(2)参照），両者の効力が矛盾することとなる。

妻についても個人再生手続を行っている以上，当人の手続における効力が優先すると解するのが一応相当ではあるが，このような場合，妻としても夫が住宅資金特別条項に基づいて返済を継続する以上，自身の連帯保証債務についてもこれと同様の扱いを望むであろうし，また，住宅ローン債権者としても，通常は妻の連帯保証債務だけが権利変更を受けることを望まないと考えられる。他方で，妻の連帯保証債務を住宅資金特別条項の対象として扱っても，妻の他の債権者を不当に害するとまではいえない。したがって，このような場合でも，事案によっては妻の連帯保証債務について住宅資金特別条項の適用を認めることもあり得ると解される。[7)]

(3)　再生債権が住宅資金貸付債権のみである場合

住宅ローン債権以外に再生債権がない場合にも住宅資金特別条項を定めることができるかは法文上明らかではないが，これを認めないと住宅ローン以外に債務のない者は住宅資金特別条項を定めるために他の債務を負担しなければならないこととなり不当であることなどから，実務では，このような場合にも住宅資金特別条項を定めることができると解している。[8)]

この場合には議決権を有する再生債権者は存在せず（民再201条1項参照），再生計画案の決議をする余地はない。したがって，住宅資金特別条項を定めた再生計画案が提出されたときは，裁判所は，住宅資金貸付債権者の意見聴取をしたうえで（民再201条2項），不認可事由がなければ直ちに再生計画認可の決定を行うことになる。

7）　破産・再生の実務〔第3版〕(下)・462頁，個人の再生の手引・348頁〔古谷慎吾〕。このように考えると，住宅ローンではなく保証会社の求償債権を被担保債権として抵当権が設定され，妻が求償債権について連帯保証している事案についても，同様に考える余地があろう。

8）　一問一答個人再生・92頁。破産・再生の実務〔第3版〕(下)・465頁参照。

Ⅲ　住宅資金特別条項の類型

1．概　　説

住宅資金特別条項は，本来であれば別除権である抵当権を行使することにより再生手続によらず自己の債権の満足を図ることが可能であった住宅ローン債権者に対し，再生計画において特別に取り扱う条項を定める代わりに抵当権の実行を禁止するものであり，かつ，原則として当該住宅ローン債権者の同意がなくても定めることができるものである。したがって，その内容が当該住宅ローン債権者の利益を不当に害することのないようにする必要がある。

そのため，住宅資金特別条項の内容は法定されており，①期限の利益回復型（民再199条1項），②リスケジュール型（同条2項），③元本猶予期間併用型（同条3項），④同意型（同条4項）の4類型が認められている。住宅資金特別条項の4類型は選択的なものではなく，①から③になるに従って債権者の不利益が大きくなるため，①期限の利益回復型を原則とし，これによっては再生計画が定められない場合にはじめて②リスケジュール型によることが認められ，更に②リスケジュール型によっても再生計画が定められない場合に③元本猶予期間並存型が認められるという構造になっている。

2．各類型の内容

(1)　期限の利益回復型（民再199条1項）

住宅資金特別条項の第一の類型は，再生手続開始前に期限の利益を喪失していた住宅資金貸付債権について，期限の利益を回復させ，再生計画認可後は従前の契約内容どおりに弁済をしていくというものであり，期限の利益回復型と呼ばれている。住宅資金特別条項の原則的な形態となっている。

具体的には，債務不履行となっている部分，すなわち，再生計画認可決定の確定時までに弁済期が到来する元本，利息及び損害金の全額について，再

▒図表16－３　期限の利益回復型の弁済イメージ

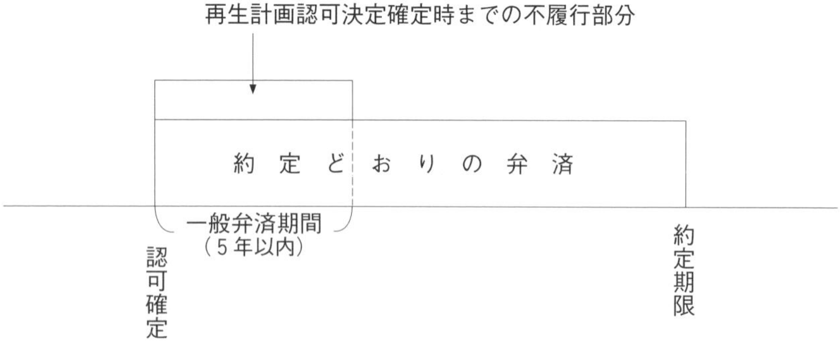

生計画認可計画確定後，一般弁済期間内（一般の再生債権について再生計画で定める弁済期間内。ただし５年を超えることはできない。）に，当初の住宅資金貸付契約に定められた支払額に加えて弁済をすることとなる（弁済のイメージは▒図表16－３参照）。

なお，住宅資金貸付債権について遅滞がなく，期限の利益を喪失していない場合には，一部弁済許可（民再197条３項）（後記Ⅶ２参照）を得たうえで弁済を継続し，住宅資金貸付債権については従来どおりの弁済をすることを内容とする条項を定めることになる（「そのまま型」などと呼ばれている。）。このような内容の住宅資金特別条項も，民事再生法199条１項の住宅資金特別条項と解される。

▒図表16－４　リスケジュール型の弁済イメージ

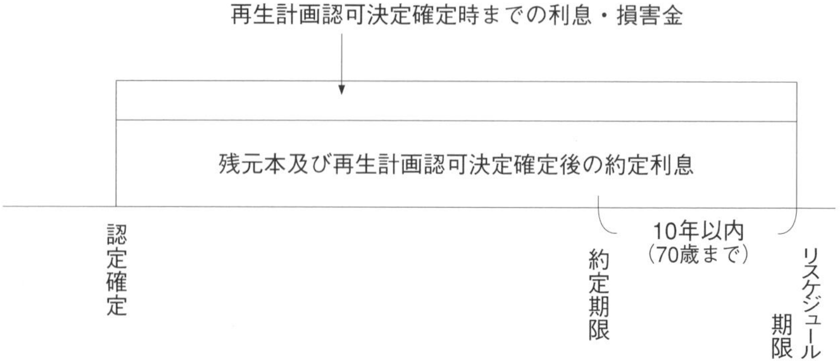

⑵ リスケジュール型（民再199条２項）

住宅資金特別条項の第２の類型は，原則型である期限の利益回復型では履行が困難な場合（「再生計画の認可の見込みがない場合」）に，期限の利益の回復に加え，当初の約定の弁済期間の延長をして，延長された期間内に住宅ローン全額の弁済をすることを内容とするもので，リスケジュール型と呼ばれている。これにより，原則型である期限の利益回復型と比べ，各回の弁済額の負担を軽減することができる。

具体的には，延長された弁済期間内に，再生計画認可の確定時までに生じる利息及び損害金と，残元本及び再生計画認可後の約定利息の全額を支払う必要があり，後者の弁済については，当初の住宅資金貸付契約に準じた内容でなければならない（弁済のイメージは▩図表16－４参照）。

また，延長の期間は，当初の住宅資金貸付契約で定められた弁済期から10年を超えることはできず，かつ，延長後の最終の弁済期における再生債務者の年齢が70歳を超えることができない。

⑶ 元本猶予期間併用型（民再199条３項）

住宅資金特別条項の第３の類型は，リスケジュール型の条項によっても履行が困難な場合に，これに加えて，一般弁済期間内で定める一定の期間（元本猶予期間）中は，元本の一部（全部を猶予することはできない。元本の全部を猶予

▩図表16－５　元本猶予期間併用型の弁済イメージ

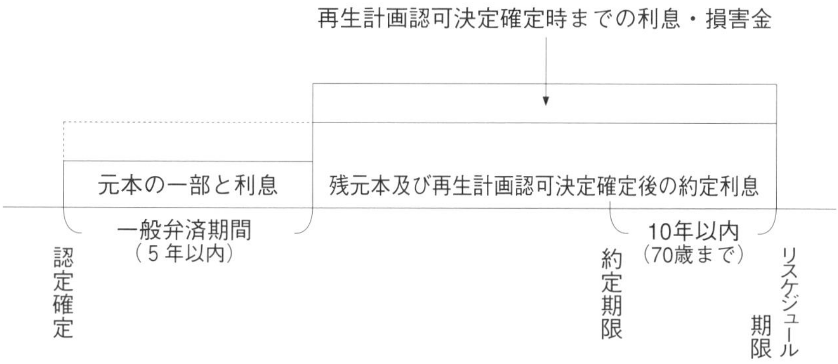

する場合には後記(4)の同意型の住宅資金特別条項によることになる。）の支払を猶予することを内容とするもので，元本猶予期間併用型と呼ばれている（期限の利益回復＋弁済期間の延長＋元本の返済猶予期間の設定）。

弁済期間の延長（リスケジュール）の限度や，延長された期間内に弁済しなければならない債務の内容はリスケジュール型と同様であるが，一般再生債権に対する弁済も行う必要のある一般弁済期間に元本猶予期間を定め，この期間中は，住宅ローンについては元本の一部及び利息のみを支払うにとどめることができる。なお，元本猶予期間経過後の元本及び利息の弁済については，当初の住宅資金貸付契約に準じた内容でなければならない（弁済のイメージは■図表16－5参照）。

(4) 同意型（民再199条４項）

住宅資金特別条項によって権利の変更を受ける者の同意があれば，上記３類型以外の内容の特別条項を定めることができる。これが住宅資金特別条項の第４の類型であり，同意型と呼ばれている。

具体的には，法定の期間（10年）を超える弁済期間の延長，利息の減免，元本の一部返済免除などを内容とする条項を定めることが考えられる。

Ⅳ 住宅資金貸付債権の調査・確定

住宅資金貸付債権も再生債権であるから，本来であれば債権の調査・確定の手続が必要である。しかし，住宅資金特別条項が定められる場合には，原則としてその全額が本来の約定に準ずる形で弁済されることになるから，住宅資金貸付債権について債権調査や確定を行う必要性は乏しい。

特に個人再生手続においては，再生債務者以外は再生計画案を提出することができないため（民事再生法238条及び245条による同法163条２項の適用除外），再生債務者が住宅資金特別条項を利用する意向である場合には，再生計画案には必ず住宅資金特別条項の定めが置かれることとなる（再生債務者が債権者一覧表に住宅資金特別条項を定めた再生計画案を提出する意思がある旨記載した場合において，住宅資金特別条項が定められないときには，このことが不認可事由となる〔民再231条２項５号・241条２項５号〕。後記Ｖ３(3)参照)。

そこで，個人再生手続の開始の申立ての際に再生債務者が住宅資金特別条項を定めた再生計画案を提出する意思がある旨の記載をした債権者一覧表を提出した場合には（民再221条３項４号・244条），住宅資金貸付債権は異議及び評価の対象とはならず（民再226条５項・227条10項・224条），債権調査・確定は省略される。また，他の再生債権者が住宅資金貸付債権について異議の申述ができないこととの均衡から，住宅資金貸付債権者及びその保証会社は，他の再生債権について異議を述べることができないこととされている（民再226条６項・244条。**第17章Ⅱ２**(2)(b)(ウ)・458頁，(c)・459頁参照)。

これに対して通常再生手続では，再生債権者も再生計画案の提出権があり（民再163条２項），再生債権者から住宅資金特別条項を定めない再生計画案が提出される可能性がある。この再生計画案との関係では，住宅資金貸付債権についても債権の調査・確定が必要であることから，特別の調整規定が設けられている[9]（民再200条２項～５項)。

Ｖ　住宅資金特別条項を定めた再生計画

１．再生計画案の提出

住宅資金特別条項を定めた再生計画案は，再生債務者のみ提出することができる（民再200条１項)。住宅資金特別条項は，住宅の保持という債務者の利益を確保するためのものだからである。

もっとも，個人再生手続において再生計画案を提出することができるのは，そもそも再生債務者のみである（民事再生法238条及び245条による同法163条２項の適用除外）ので，民事再生法200条１項は再生債権者にも再生計画案の提出権がある通常再生手続を念頭に置いた規定といえる。

9）　伊藤・838頁参照。

なお，再生債務者が住宅資金特別条項を定めた再生計画案を提出する場合は，あらかじめ住宅資金貸付債権者と協議を行うものとされている（民再規101条）。一般に住宅ローンに関する契約の内容はかなり複雑であり，債権者の助言，協力がないと適切な再生計画案を作成することが困難だからである。

2. 再生計画案の決議

住宅資金特別条項が定められる場合，住宅ローン債権者は原則としてその全額の弁済を受けることができるなど，住宅ローン債権者の利益確保のための措置が講じられている。一方で，一般に住宅ローンは個人債務者の負債の中ではその額が著しく大きいため，住宅ローン債権者にも一般の再生債権者と同様の議決権を与えることとすると，再生計画の認可・不認可が事実上住宅ローン債権者の意向によって決されることとなり，住宅資金貸付債権についての特則を認める意義を没却するおそれがある。そこで，住宅資金特別条項を定めた再生計画案について，当該住宅ローン債権者とその保証人は議決権を有しないこととされている（民再201条1項）。

ただし，住宅資金特別条項を定めた再生計画案については，住宅資金特別条項の内容が要件を満たしているか，再生計画の遂行可能性があるかについて情報を収集するため，裁判所は住宅資金貸付債権者の意見を聴かなければならないとされている[10)]（民再201条2項）。

3. 再生計画の認可

再生計画案が可決された場合，裁判所は不認可事由がある場合を除き，認可決定を行うが，住宅資金特別条項を定めた再生計画については，不認可事

10) 東京地方裁判所破産再生部では，住宅ローン債権者に対する意見聴取は，再生計画案を記載した書面と，意見がある場合には一定期間に書面で回答するように求める書面を送付する方法によって行っている（破産・再生の実務〔第3版〕(下)・459頁）。もっとも，住宅ローン債権者と事前協議のうえで計画案が提出されるため（民再規101条，前記1参照），住宅ローン債権者から意見が提出される例は多くない。

由についても以下の特則が設けられている。

(1)　再生計画が遂行可能であると認めることができないとき（民再202条２項２号）

通常の再生計画案については，「再生計画が遂行される見込みがないとき」が不認可事由とされている（民再174条２項２号）が，住宅資金特別条項を定めた場合には，「再生計画が遂行可能であると認めることができないとき」が不認可事由とされており，より積極的に遂行可能性が認められることが必要とされている（民再202条２項２号）。住宅ローン債権者の抵当権実行に対して制約を課すには，住宅ローン債権者に対する弁済の遂行可能性が高いことが前提となるからである。

(2)　再生債務者が住宅や住宅の敷地の利用権限を失うことが見込まれる場合（民再202条２項３号）

具体的な例としては，敷地の使用権が定期借地権であって契約期間の満了が近い場合や，住宅に対して滞納処分が開始されている場合[11]などが挙げられる。この場合には，債務者の経済的更生の基礎となる住宅の確保を図るという特則の目的が達成できず，住宅資金特別条項を定める意味が失われてしまうからである。もっとも，債務者が滞納している租税債権を近い将来に弁済することが確実に見込まれるような場合には，再生計画を認可して差し支えないであろう[12]。

(3)　個人再生手続において，再生債務者が住宅資金特別条項を定めた再生計画案を提出する意思がある旨を記載した債権者一覧表を提出したにもかかわらず，再生計画に住宅資金特別条項の定めがない場合（民再231条２項５号・241条２項５号）。

11)　租税債権は一般の優先権があるため（税徴８条），一般優先債権（民再122条１項）となり，再生手続上の制約を受けずに権利行使をすることができる（同条２項）。

12)　一問一答個人再生・114頁参照。

上記の場合には住宅資金貸付債権の調査，確定は省略されるが（前記Ⅳ参照），その後に提出された再生計画案に住宅資金特別条項の定めがない場合，当該債権は通常の別除権付再生債権として扱うほかはないことになる。しかし，そうなると，当該債権について調査，確定の手続が欠けることとなり，重大な手続違反があることとなるためである（第17章Ⅱ５⑴(e)・475頁参照）。

４．再生計画の効力

⑴　権利の変更等

住宅資金特別条項を定めた再生計画の認可決定が確定すると，住宅資金貸付債権は同条項の内容に従って権利変更される。

住宅資金特別条項によって権利変更された後の権利（認可後の住宅ローン）については，原則として，期限の利益の喪失についての定めその他の住宅資金貸付契約における定めと同一の定めがされたものとみなされる（民再203条２項本文）。認可後の住宅ローン債権に従前の住宅ローン契約における約定と同様の効力をもたせることは，住宅資金特別条項にその内容を記載することで可能であるが，このような処理は実務上煩瑣である。そこで，住宅ローンに関する期限の利益の喪失や遅延損害金などについては，住宅資金特別条項の中で規定しなくても，当初の契約どおりの内容の定めがなされているものとみなすこととしたものである。

⑵　抵当権，保証人等に対する効力

再生計画の効力は，物的，人的担保には及ばないのが原則である（民再177条２項）。しかしながら，住宅資金特別条項を定めた再生計画の効力もこれと同様とすると，住宅ローン債権者が住宅について抵当権を実行することが可能となってしまうほか，保証債務を履行した保証人等が代位により住宅に対して抵当権の実行をすることが可能となり，住宅資金特別条項を定めた意味がなくなってしまう。

そこで，住宅資金特別条項を定めた再生計画の効力は，住宅及びその敷地に設定されている抵当権や，住宅資金貸付債権者が保証人や連帯債務者等に

対して有する権利にも及ぶこととされている（民再203条１項前段）。したがって，住宅ローン債権者は，住宅及びその敷地について，住宅資金特別条項により権利変更された後の権利を前提としてしか，抵当権の実行や，保証人等に対する履行請求ができないこととなる。[13)]

また，連帯債務者の一人に対してなされた期限の猶予は他の連帯債務者に効力を生じず（民440条），本来であれば再生計画の効力も及ばないはずであるが，他の連帯債務者が抵当権の共同債務者となっている場合には抵当権の実行を回避するために他の連帯債務者にも効果を及ぼす必要があるほか，保証人の場合と同様に代位を避ける必要があることから，民法の特則として，住宅資金特別条項による期限の猶予は，他の連帯債務者に対しても効力を有することとされている（民再203条１項後段）。

Ⅵ　保証会社の代位弁済がある場合の処理（いわゆる巻戻し〔民再198条２項〕）

１．趣　　旨

実務上，住宅ローンには，銀行等の住宅ローン債権者と関連のある保証会社が債務者の委託に基づき保証をしており，債務者の住宅ローンへの弁済が遅滞した場合には，保証会社が住宅ローン債権者に弁済をし，その求償権に基づいて住宅に対して抵当権を実行するということがしばしばある。

住宅資金貸付債権を代位弁済した債権者が有する債権については，住宅資金特別条項を定めることができないが（民再198条１項本文括弧書），上記のような住宅ローンに関する実務を前提とすると，住宅資金特別条項を定めるこ

13）住宅資金特別条項を定めた再生計画の効力が物上保証人に対しても及ぶかについては議論がある。物上保証人は再生債務者とともに債務を負担する者ではないため，民事再生法203条１項を直接適用することはできないが，保証人や連帯債務者等と同様に求償の問題が生じることから，物上保証人にも同条の類推適用を認める見解も有力である（条解再生法・1069頁〔山本和彦〕など）。

とにより再生債務者の住宅を確保することができる場合が少なくなってしまう。他方，そのような事態を回避するために保証会社に移転した住宅資金貸付債権についても住宅資金特別条項を定めることを無限定に認めるとすると，保証会社が再生計画認可後長期間にわたって当該債権の管理をしなければならなくなるが，銀行等と異なり一般に保証会社にはそのような債権管理の体制がなく，保証会社の業務運営に支障を及ぼすことになる。

そこで，債務者の住宅の確保という目的を達成しつつ，上記のような不都合を回避するため，民事再生法は，保証会社が住宅資金貸付債権に係る保証債務を履行した場合については，その履行が終了した日から6か月以内に再生手続開始の申立てがなされた場合には，保証会社による保証債務の履行はなかったものとみなし，住宅資金貸付債権を銀行等の当初の住宅資金貸付債権者に復活させたうえで，住宅資金特別条項を定めることを認めている（いわゆる巻戻し）。

2．巻戻しが認められる場合

巻戻しによって住宅資金特別条項を定めるには，保証会社が保証債務の全部の履行を終了した日から6か月以内に再生手続開始の申立てをしなければならない（民再198条2項）。当初の住宅資金貸付債権者（通常は金融機関）が保証債務の履行を受けてから，長期間経過してしまってから巻戻しを認めると，その業務に支障を来すため，その期限を保証債務の履行が終了した後6か月とすることにより，住宅資金貸付債権者の利益を保護している。

3．巻戻しの効果

住宅資金特別条項を定めた再生計画の認可決定が確定した場合には，保証会社がした保証債務の履行はなかったものとみなされる（民再204条1項本文）。具体的には，保証債務の履行により保証会社が弁済による代位として行使していた住宅資金貸付債権は，抵当権とともに当初の住宅資金貸付債権者（金融機関等）に復帰する。保証会社の保証債務も復活し，金融機関等が代位弁済金として保証会社から受領していた金銭等は不当利得となり，金融機関等は保証会社に対して返還をしなければならない（▩図表16－6参照）。

ただし，法律関係が複雑となることを避けるため，保証会社が保証債務を履行したことにより取得した権利に基づき再生債権者としてした行為は巻戻しの影響を受けないこととされている（民再204条1項ただし書）。

▩図表16－6　巻戻しの効果

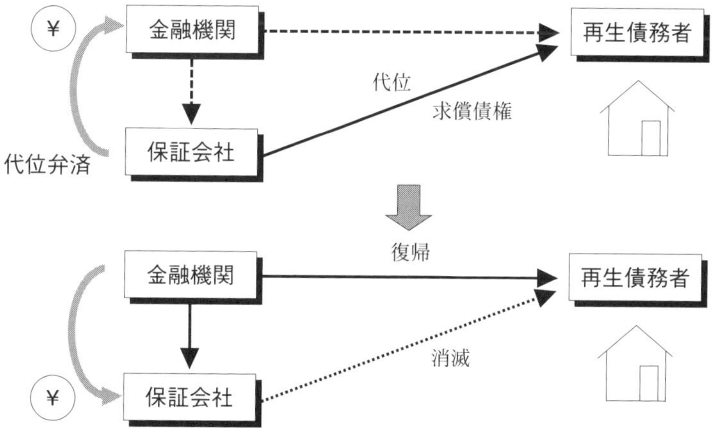

▩図表16－7　巻戻しの際の清算の取扱い

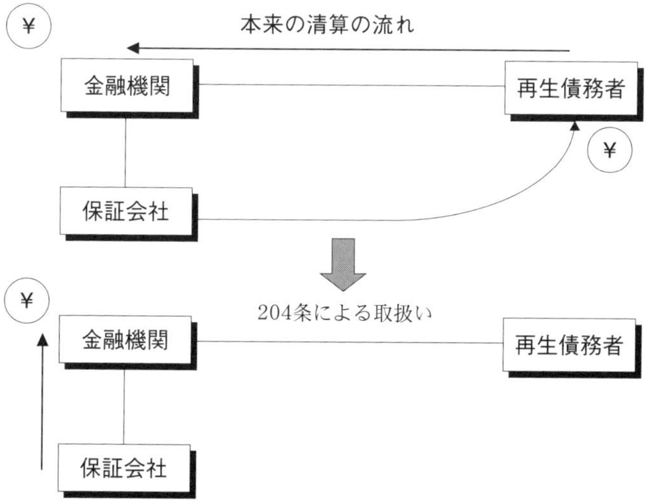

再生計画認可決定の確定前に再生債務者が保証会社の取得した求償権に対して弁済をしていた場合，巻戻しの効果としては，再生債務者が保証会社から弁済額の返還を受け，住宅資金貸付債権の復帰した金融機関等にあらためて同額の弁済すべきこととなるが，このような処理は迂遠である。そこで，このような場合には，処理を簡明にするため，保証会社に当該弁済額を住宅資金貸付債権の復帰した金融機関等に対して交付させ（民再204条２項後段），その額について，再生債務者は住宅資金貸付債権者に対して弁済をする必要がないこととしている（民再204条２項前段）（■図表16－７参照）。

Ⅶ　抵当権の実行手続の中止命令等

１．抵当権の実行手続の中止命令

これまで述べてきたとおり，住宅資金特別条項を定めた再生計画の認可決定が確定した場合には，住宅に対する抵当権の実行が回避され，債務者が経済的再生を図る基礎となる住宅が確保されることになる。

しかし，そのような効果が生じるのは当該再生計画の認可決定が確定した場合であり，それより前に住宅資金貸付債権者が抵当権を実行してしまうと，住宅を確保するという目的を達成することができなくなる。

このような不都合を回避するためには，抵当権の実行を中止させる必要があるが，一般に再生手続において裁判所が抵当権の実行手続の中止を命じることができる場合の要件は，「再生債権者の一般の利益に適合し，かつ，競売申立人に不当な損害を及ぼすおそれがない」と認められるときとされており（民再31条１項本文。第５章Ｖ２・120頁参照），これによっては住宅資金貸付債権に基づく抵当権の実行を中止させるのが困難な場合も少なくない。

そこで，民事再生法は，住宅又は住宅の敷地に設定されている住宅資金貸付債権を担保する抵当権の実行手続の中止については，その要件を緩和し，「住宅資金特別条項を定めた再生計画案の認可の見込みがある」と認めるときは，抵当権の実行中止を命ずることができるとしている（民再197条１項）。

住宅ローン債権者は，抵当権の実行について通常の担保権者より強い制約を受けることになるといえるが，住宅ローン債権者に不当な損害を及ぼすことのないように配慮し，前記のとおり住宅資金特別条項はその内容が法定されているのである。

2．住宅資金貸付債権の一部弁済許可

ところで，抵当権の実行手続の中止命令が出されるのは再生債務者が住宅ローン債権について弁済を怠っていることが前提であるが，再生債務者が住宅ローン債権の弁済を継続できるのであればその必要はないこととなる。しかし，住宅ローン債権も再生債権であることから，再生手続開始決定後にその弁済を継続することは，弁済禁止（民再85条１項）との関係で問題がある(第９章Ⅰ３・260頁参照)。

そこで，再生債務者は，住宅資金貸付債権の一部を弁済しなければ期限の利益を喪失することとなる場合において，住宅資金特別条項を定めた再生計画の認可の見込みがあるとして裁判所の許可を得たときには，再生計画認可決定が確定する前であっても，再生手続開始決定後に住宅資金貸付債権の一部の弁済をすることができることとしている[14)]（民再197条３項)。

〔石 井　芳 明〕

14)　一部弁済許可の制度が設けられた経緯について，条解再生法・1035頁〔山本和彦〕参照。

第 17 章

個人再生手続

個人再生手続とは，個人（自然人）の再生債務者が利用しやすいように簡素化された再生手続である。本章では，この制度について説明する。

Ⅰ　個人再生手続の概要

1．個人再生手続の意義

再生手続は，もとより個人の債務者も利用することができる（第４章Ⅰ１・85頁参照）。経済的に破綻に瀕した個人の債務者が再生手続を利用した場合，破産手続を利用した場合と比較して，再生債権者はより多くの弁済を受けられることとなるが，再生債務者にとっても，以下のようなメリットがある。

・完全に支払不能に陥る前から，手続を利用することができる（民再21条１項）。

・債務者の財産関係を清算する必要がないので，破産手続における自由財産（破34条３項）に含まれない財産も維持できるし，事業を営んでいる債務者は，それを継続することができる。特に，住宅資金特別条項を利用することにより，所有している自宅を維持することができる（第16章・415頁参照）。

・免責不許可事由（破252条１項）があって破産免責を受けられない債務者でも，債務を減縮することができる。

・破産手続開始に伴う様々な資格喪失を回避することができる。

しかし，再生手続は，中小企業程度の規模の事業者のための手続として制度設計がなされているため，個人の債務者にとっては手続が重すぎて利用しにくい面がある。そこで，継続的な収入の見込みはあるものの，負債を抱えて経済的破綻に瀕した個人債務者のための再建型倒産処理手続として，いわゆる個人再生手続が設けられたものである。

個人再生手続と呼ばれる手続には，小規模個人再生（民再第13章第１節）と給与所得者等再生（同章第２節）がある。いずれも，継続的な収入の見込みのある個人債務者を対象とし，個人の債務者でも利用がしやすいよう，手続が簡素化，合理化された再生手続である。

小規模個人再生は，無担保再生債権の総額が5000万円を超えない者を対象とする手続で，通常の再生手続の特則として位置づけられる。

給与所得者等再生は，小規模個人再生の対象者のうち，サラリーマンなど将来の収入を確実かつ容易に把握できる者を対象とする手続で，小規模個人再生の更なる特則として位置づけられる。

2．通常の再生手続と小規模個人再生の相違点

小規模個人再生は，手続の基本的な骨格は通常の再生手続と変わりがないが，個人の債務者にも利用しやすいよう，通常の再生手続と異なる規律が設けられている部分がある。主な相違点は，以下のとおりである。

(1) 利用適格の限定

通常の再生手続は個人及び法人一般の利用が可能であり，負債額についても制限はないが，小規模個人再生を利用することができるのは，将来において継続的に又は反復して収入を得る見込みがある個人債務者に限定され，負債額についても，無担保再生債権の総額が5000万円を超えないことが要件とされている（民再221条１項，後記Ⅱ１(1)・448頁参照）。

また，再生手続は一般に債権者も手続開始の申立てをすることができる（民再21条２項）が，小規模個人再生として手続が開始されるためには，再生債務者自身が小規模個人再生を行うことを求める旨の申述をしなければならない（民再221条２項，後記Ⅱ１(2)(a)・451頁参照）。

(2)　再生手続の機関

手続の簡素化された小規模個人再生では，監督委員（民再54条以下）や調査委員（民再62条以下）の制度は利用できず，これに代わって，職務の範囲が限定された個人再生委員の制度が設けられている（民再223条，後記６(1)・445頁参照）。

(3)　再生債権の届出

通常の再生手続では，手続に参加しようとする債権者は，裁判所に債権を届け出る必要がある（民再94条１項）。小規模個人再生では，同様に債権者が債権届出をすることもできるが，再生債務者に債権者一覧表の提出義務（民再221条３項）を課すとともに，提出された債権者一覧表に記載されている再生債権については債権届出をしたものとみなすこととして（民再225条），債権者の債権届出の負担軽減が図られている（後記Ⅱ２(1)・456頁参照）。

(4)　債権調査等

通常の再生手続では，再生債権の調査，確定の手続（民再105条以下）を通して再生債権が実体的にも確定するが，小規模個人再生においては，裁判所の評価等によって手続内でのみ確定させる簡易な調査手続とされている（民再227条，後記Ⅱ２(2)(a)・457頁参照）。

(5)　債務者財産の調査・確保

小規模個人再生では，財産目録の提出が求められているのみで，貸借対照表の提出は求められていない（民再228条，後記Ⅱ３(1)・461頁参照）。

また，否認の制度（民再127条以下）は，小規模個人再生では利用できない（民事再生法238条による同法第６章第２節の適用除外，後記Ⅱ３(2)・462頁参照）。

(6)　再生計画案の決議

通常の再生手続では，再生計画案の決議については，債権者集会を利用することができ，また，可決には再生債権者の多数の積極的な同意を得ることが要件とされている（民再169条以下）が，小規模個人再生では，決議は常に書面等投票によることとされ，また，再生計画案に同意しない旨を記載した書面を裁判所に提出した再生債権者が多数を占めなければ可決されたものとみなすという，消極的同意をもって足りるものとされている（民再230条，後記Ⅱ４(4)(a)・468頁参照）。

(7)　再生計画についての規律と再生計画の効力

通常の再生手続では，衡平の見地から再生債権者間に差異を設けることが許されており（民再155条１項），また，弁済期間は原則として10年以内とされる（同条３項）が，小規模個人再生では，原則として形式的平等を求められる（民再229条１項）一方で，非免責債権が定められており（同条３項），また，弁済期間は原則３年（最長５年）で，３か月に１回以上弁済をしなければならないこととされている（同条２項）。さらに，小規模個人再生では，清算価値保障原則（民再174条２項４号）に加えて，最低弁済額基準が設けられている（民再231条２項３号・４号，後記Ⅱ４(2)・463頁参照）。

再生計画認可決定が確定したときは，通常の再生手続と異なり，小規模個人再生では，原則としてすべての再生債権が金銭化，現在化され（民再232条１項），再生計画の一般的基準に従って変更されて（同条２項），未届けの再生債権も失権しないが，再生債権について確定判決と同一の効力が与えられることはない（民事再生法238条による同法180条の適用除外，後記Ⅱ５(2)・476頁参照）。

(8)　履行監督の有無

通常の再生手続では，監督委員に再生計画の遂行の監督をさせることができるが（民再186条２項），小規模個人再生では，履行監督は行われず，再生計画認可の決定の確定により，手続は必ず終結する（民再233条，後記Ⅱ６・478頁参照）。

(9) 履行ができなくなった場合の措置等

小規模個人再生では，やむを得ない事由で再生計画を遂行することが著しく困難となったときには，手続終結後であっても再生計画の変更をすることができる（民再234条，後記Ⅱ８(1)・481頁参照）。

また，小規模個人再生では，再生計画に基づく弁済が相当程度なされた後に，再生債務者の責めに帰することができない事由で再生計画を完遂することができなくなった場合に，残債務を免除する免責制度（いわゆるハードシップ免責）が設けられている（民再235条，後記Ⅱ８(3)・484頁参照）。

３．給与所得者等再生と小規模個人再生の相違点

給与所得者等再生は，小規模個人再生の規定のほとんどを準用しており，手続の大部分は小規模個人再生と変わりがないが，特にサラリーマン等の利用に合わせ，一部，固有の規律が設けられて，一層の手続の簡素化が図られている。主な相違点は，以下のとおりである。

(1) 利用適格の限定

給与所得者等再生を利用することができるのは，小規模個人再生の利用適格を有することに加え，給与又はこれに類する定期的な収入を得る見込みがあり，かつ，その額の変動の幅が小さいと見込まれる個人債務者に限定されている（民再239条１項，後記Ⅲ１(1)(a)・488頁参照）。

(2) 再生計画案の決議

給与所得者等再生では，再生計画案の決議自体を省略し，裁判所が再生債権者に意見聴取をしたうえで，不認可事由が認められなければ認可決定をする制度が採用されている（民再240条，後記Ⅲ３・492頁，４・495頁参照）。

(3) 再生計画についての規律

給与所得者等再生の再生計画については，小規模個人再生において必要とされる要件に加え，弁済総額が再生債務者の可処分所得の２年分より多い額

であることが必要とされている（民再241条2項7号，後記Ⅲ4(1)(c)・496頁参照）。

4．手続の選択と実務の現状

(1) 手続の選択

個人の債務者が再生手続を利用する場合，通常の再生手続，小規模個人再生及び給与所得者等再生のいずれかを選択することとなる。その選択に当たっては，以下の要素が総合考慮される。

すなわち，個人再生手続は，通常の再生手続と比較すると，手続がかなり簡素化，合理化されており，個人の債務者にとって，はるかに利用しやすいものとなっている。ことに，小規模個人再生においては再生計画案は消極的同意をもって可決するものとされ，給与所得者等再生では議決そのものが不要とされていて，再生債務者にとって，再生計画を成立させるための労力が大きく軽減されており，手続終結後においても，ハードシップ免責という救済制度がある。そして，予納金についても，実務では一般に，通常の再生手続よりも低額に定められている。

しかし他方，利用適格が債務総額などによって限定されていて，これを満たさない債務者は利用することができない。また，弁済総額に関しては，清算価値保障原則に加え，小規模個人再生においては最低弁済額基準が設けられ，給与所得者等再生においては更に可処分所得額基準を満たすことも要求されているうえ，いずれについても非免責債権が定められているので，弁済額がより高額になる可能性が高い。さらに，個人再生手続には，否認制度など，利用できない手続もある。

給与所得者等再生を小規模個人再生と比較すると，再生計画案の決議自体が不要とされていて，不認可事由がない限り，再生債権者の意向にかかわらず再生計画を成立させられることが，再生債務者にとって最も有利な点である。しかし他方，利用適格が小規模個人再生よりも更に限定されているうえに，上記のとおり可処分所得額基準が要求されていることから，より高額の弁済をしなければならない可能性があり，また，その算定が必ずしも容易ではないので，申立てに当たっては，この点に注意する必要がある。

(2) 実務の現状

通常の再生手続と個人再生手続の間の選択については，実務では，個人の債務者は，個人再生手続の利用適格を満たす限りは，ほとんど個人再生手続を利用しており，通常の再生手続を利用するのは，個人再生手続の利用適格を満たさない者か，法人の再生手続を進めるのと並行して法人の役員についても通常の再生手続を進めるというような特別の事情がある場合にほぼ限られているのが実情である。上記(1)で述べた個人再生手続のメリットが評価されていることによるものと考えられる。

他方，小規模個人再生と給与所得者等再生の間の選択についてみると，立法時は，小規模な個人事業主は小規模個人再生を，一般のサラリーマンは給与所得者等再生を利用することが想定されていたが，平成21年から同24年までの全国の個人再生事件の申立ての状況をみると，▩図表17－1のようになっており，圧倒的に小規模個人再生を選択する者が多いというのが実情である。これは，給与所得者等再生の可処分所得額基準のハードルが高く，弁済計画が立てにくい面があるうえ，提出資料も増えてやや煩雑となることがあること，小規模個人再生においても再生計画案が否決される事案は極めて少ないのが実情であること（東京地裁においては，平成21年が1,986件の終局件数に対し否決件数が44件〔約2.22％〕，平成22年が2,173件の終局件数に対し否決件数が38件〔約1.75％〕と，いずれも極めて低い割合である。）が影響しているものと思われる。

▩図表17－1　平成21年から同23年までの全国の個人再生事件の申立件数

	平成21年	平成22年	平成23年	平成24年
小規模個人再生	18,961件 (約91.5％)	17,665件 (約92.4％)	13,108件 (約91.9％)	9,096件 (約90.8％)
給与所得者等再生	1,770件 (約8.5％)	1,448件 (約7.6％)	1,154件 (約8.1％)	925件 (約9.2％)

注：司法統計による。

5．手続の流れと標準スケジュール

(1) 手続の流れ

個人再生手続の基本的な手続の流れは，通常の再生手続と同様である。■図表17－2は，これを簡単に図示したものである。

■図表17－2　個人再生手続の流れ

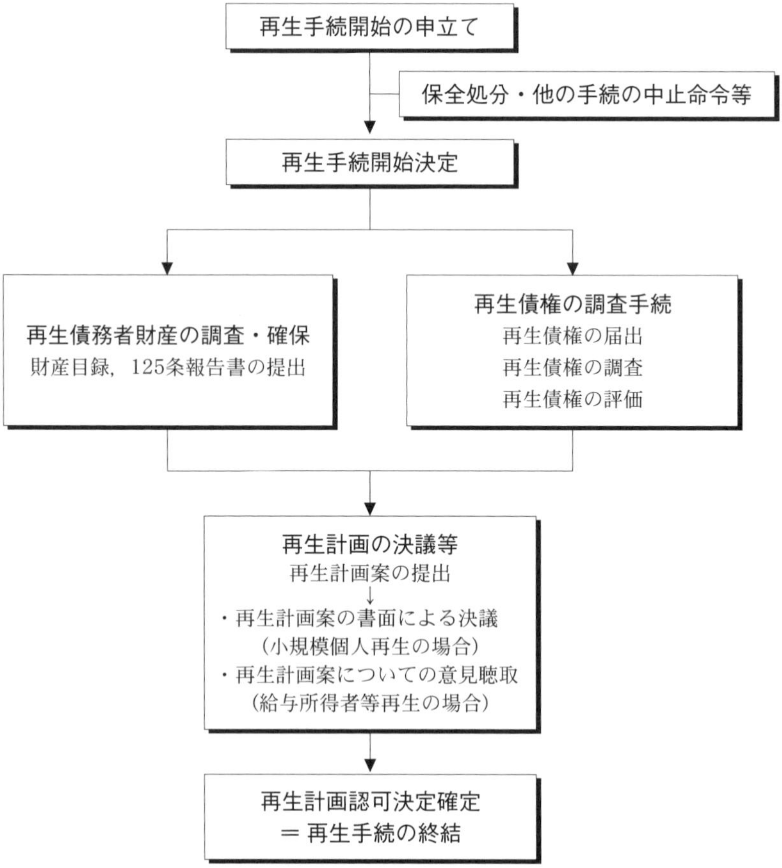

(2) 標準スケジュール

多くの裁判所において，通常の再生手続と同様に，個人再生手続についても，標準スケジュールを設定している。東京地方裁判所破産再生部における個人再生手続の標準スケジュールは，▩図表17－3のとおりである（通常の再生手続の標準スケジュールについては第1章Ⅲ3(1)・26頁参照）。

▩図表17－3　東京地方裁判所破産再生部における個人再生手続の標準スケジュール

手　続	申立日からの日数
申立て	0日
個人再生委員選任	0日
手続開始に関する個人再生委員の意見書提出	3週間　※
開始決定	4週間（1月）※
債権届出期限	8週間
再生債務者の債権認否一覧表，報告書（民再124条2項・125条1項）の提出期限	10週間
一般異議申述期間の始期	10週間
一般異議申述期間の終期	13週間
評価申立期限	16週間
再生計画案提出期限	18週間
書面決議又は意見聴取に関する個人再生委員の意見書提出	20週間（5月）
書面による決議に付する旨又は意見を聴く旨の決定	20週間
回答書提出期限	22週間
認可の可否に関する個人再生委員の意見書提出	24週間（6月）
再生計画の認可・不認可決定	25週間

※　給与差押えのおそれ等がある場合には，個人再生委員の意見を聴いたうえ，同委員の意見書の提出期限及び開始決定の時期を早めるものとする。

6．個人再生委員

(1) 位置づけと職務

個人再生手続では，監督委員や調査委員の制度は利用できないこととされている（民事再生法238条による同法第3章第1節及び第2節の適用除外）が，それに代わって裁判所を補助する機関として，個人再生委員の制度が設けられている（前記２(2)・439頁参照）。

裁判所は，必要があると認めるときは，利害関係人の申立てにより又は職権で，個人再生委員を選任することができる（民再223条１項本文）。ただし，再生債権評価の申立てがあった場合には，これを不適法として却下する場合を除き，個人再生委員が必要的に選任される（同項ただし書）。

個人再生委員の職務は，監督委員や調査委員と比較して限定されている。すなわち，①再生債務者の財産及び収入の状況を調査すること（民再223条２項１号），②再生債権の評価に関し裁判所を補助すること（同項２号），③再生債務者が適切な再生計画案を作成するために必要な勧告をすること（同項３号）が，その職務とされている。裁判所は，個人再生委員を選任するに当たって，上記の事項の１又は２以上を個人再生委員の職務として指定する（民再223条２項柱書）。上記の①又は②の事項を指定する場合には，裁判所に対して調査の結果の報告をすべき期間も定められる（同条３項・227条５項）。

選任された個人再生委員は，上記の①の事項が職務として指定されている場合には，再生債務者から提出される書面を点検し，再生債務者と直接面談して事情を聴取し，必要に応じて追加資料を提出させるなどして，再生債務者の財産や収入の調査を行い（民再223条８項），再生手続開始の要件や廃止事由の有無等について，裁判所に報告を行う。上記の③の事項が職務として指定されている場合には，再生債務者に対して，清算価値保障原則，最低弁済額基準，可処分所得額基準等の必要な要件を満たして履行が可能な再生計画案が立案されるよう，必要な勧告を行う。上記の②の事項については，個人再生委員は，再生債務者のみならず，再生債権者に対しても，債権の存否等に関する資料の提出を求め（民再227条６項），提出された資料等に基づいて検討を行い，再生債権の評価についての意見を裁判所に提出する（同条８項，後記Ⅱ２(2)(c)・459頁参照）。

個人再生委員の資格について特別の定めはないが，上記のように，個人再生委員の職務には倒産手続に関する専門的な知見や経験が必要とされることから，ほとんどの場合，弁護士が選任されている。[1] 個人再生委員には，裁判所が定める報酬が支払われる[2]（民再223条９項）。

(2) 東京地方裁判所破産再生部における運用

個人再生委員は必置の機関ではなく，その選任は原則として裁量的であるため，選任については，裁判所ごとに，申立件数や事務処理体制などの実情に応じた運用が行われている。[3)]

東京地方裁判所破産再生部では，全件について，概ね申立て当日に，倒産手続に精通し経験も豊富な弁護士を個人再生委員に選任する運用がなされている。[4)] このような運用が行われているのは，裁判所が直接的に手続の進行を司ると，審査が厳格，形式的，画一的になり，手続の進行が遅くなる傾向があるのに対し，知識経験が豊富な個人再生委員を選任して個別に事件に対応させ，その意見を踏まえて手続の進行を行うことにより，個々の事件における具体的な事情を考慮した処理が可能になるとともに，資料の提出も適時に必要な範囲に限ってさせることが可能となるなど，手続の簡素化，迅速化が図れるとの考えによるものである。

東京地方裁判所破産再生部においては，個人再生委員の選任に当たり，その職務として法定されている前記(1)の①から③の事項すべてを指定しており，個人再生委員は，再生手続の開始，再生計画案の付議又は再生計画案についての意見聴取，再生計画の認可という手続の各段階において，それぞれ要件の充足に関する意見書を提出している。

なお，東京地方裁判所破産再生部においては，再生計画認可決定後に再生計画を履行できるかどうかのテストとして，再生計画において毎月の弁済額として予定する額を，再生手続申立ての時から，毎月，個人再生委員宛に入金して積み立てるという運用を行っている。東京地方裁判所破産再生部における標準スケジュールでは，申立てから再生計画認可決定までは約6か月と

1） 新注釈民事再生法㈦・430頁〔大迫惠美子〕。

2） 個人再生委員の報酬は，一般に，手続開始の申立てをした者が予納する予納金（民再24条1項）から支払われる。

3） 全件について個人再生委員を選任している裁判所，負債額等の一定の基準を設けて選任している裁判所，事件の実情に応じて個別に判断している裁判所などがある（日本弁護士連合会倒産法制等検討委員会編『個人の破産・再生手続』（きんざい，2011）165頁〔山下英樹〕，新注釈民事再生法㈦・426頁〔大迫惠美子〕）。

4） 破産・再生の実務〔第3版〕㈦・390頁。

されているから（前記5(2)・445頁），分割予納の期間も6か月となる。この期間，滞ることなく弁済予定額の積み立てができた場合には，その後も弁済を継続できる可能性が高いと考えられるので，再生計画の履行可能性についての判断を客観的にできることとなる。

そして，この積立金の一部は，手続開始の申立てに当たっての予納金としての趣旨を持ち，個人再生委員の報酬に充てるものとされている。そこで，裁判所が再生計画認可決定又は不認可決定をするのと同時に個人再生委員の報酬を定める決定（民再223条9項）をすると，個人再生委員は報酬として決定された額を積立金から差し引き，残額を再生債務者に返還することとされている。[5)]

〔内田 博久＝石井 芳明〕

Ⅱ 小規模個人再生

1．再生手続の開始

(1) 小規模個人再生に特有の手続開始要件

小規模個人再生は，通常の再生手続の特則であるから，手続開始要件として，通常の再生手続と共通の要件，すなわち①債務者に破産手続開始の原因となる事実の生ずるおそれがあるか（民再21条1項前段），又は債務者が事業の継続に著しい支障を来すことなく弁済期にある債務を弁済することができないこと（同項後段），②手続開始申立棄却事由（民再25条）が存在しないことが必要である[6)]（第4章Ⅲ・88頁参照）。

5） すなわち，この運用の下では，「予納」金が手続開始後も分割して支払われることとなる。個人再生委員の報酬の原資は予納金であり，個人再生委員を選任する場合には選任しない場合と比較して予納金を高額とせざるを得ないが，このような運用により，再生債務者の負担感の緩和を図っている。なお，東京地方裁判所破産再生部における個人再生委員の報酬の額は，弁護士が再生債務者の代理人として選任されている事件では原則として15万円，選任されていない事件では原則として25万円である（破産・再生の実務〔第3版〕(下)・392頁）。

これらの要件に加え，小規模個人再生に特有の手続開始要件として，③債務者が個人であること（民再221条１項），④債務者が継続的に又は反復して収入を得る見込みがある者であること（同項），⑤「再生債権の総額」が5000万円を超えていないこと（同項），⑥債務者が小規模個人再生を行うことを求める旨の申述をしたこと（民再221条１項・２項），⑦債務者が債権者一覧表を提出していること（同条３項）が必要である。以下，③ないし⑦の点について詳述する。

(a) **債務者が個人であること**　小規模個人再生は，負債総額が多額でない個人債務者の経済生活の再生を図ることを目的とする手続であり，手続を利用できる者は個人に限られる。

(b) **債務者が継続的に又は反復して収入を得る見込みがある者であること**

小規模個人再生は，再生債務者がその収入を弁済原資として，再生債権を，原則３年で，３か月に１回以上の割合で分割弁済するという再生計画を作成し，これを遂行することによって残債務の免除を受けるという手続である（民再229条）。したがって，申立権者は，類型的にこのような再生計画の遂行の見通しが立つ者である必要がある。そこで，小規模個人再生においては，債務者が継続的に又は反復して収入を得る見込みがある者であることが開始要件となる（民再221条１項）。

このような趣旨に照らすならば，弁済原資となる収入が少なくとも３年以上にわたり，３か月に１回以上の割合で得られる見込みのある者は，再生計画の遂行の見通しが立つので，「継続的に収入を得る見込み」があるといえる。また，収入と収入の間隔が３か月を超える場合や収入が不定期である場合であっても，１回の収入から弁済原資を確保し，次に収入を得るまでの間に３か月に１回以上の割合で弁済することが可能な者であれば，再生計画の遂行の見通しが立つので，「反復して収入を得る見込み」があるといえる。これに対し，例えば３年間に1，2回しか収入がない者については，３か月

6）　名古屋高決平16・8・16判時1871号79頁は，再生債務者が，再生手続開始申立てに際し，共済組合に対する債務を申告しなかったのは軽率ではあるものの，再生手続を利用して債務を免れる目的があるとは認められないとして，手続開始申立棄却事由を認めなかった。

に1回以上の割合による弁済の履行可能性は定型的に低いと考えられるので，「継続的に又は反復して収入を得る見込み」がないと考えられる。[7)]

具体的には，サラリーマン等の給与所得者は当然にこの要件に該当するし，アルバイトやパートタイマーも，同一の勤務先で継続して勤務しているのであれば該当する。期間工や派遣社員，年金受給者や家賃収入で生計を立てている者も該当する。また，個人商店主は，日々収入が入るのが通常であるから，「継続的に収入を得る見込み」がある者に該当するといえる。農家についても，少なくとも1年に1回以上農業収入が入る見込みがあり，これを確保することによって次に収入を得るまでの間に3か月に1回以上の割合による弁済をすることが可能であれば，「反復して収入を得る見込み」がある者に該当するといえる。生活保護受給者については，文言上は問題なさそうであるが，最低限度の生活の維持を図るための給付という生活保護制度の趣旨から消極に解する見解が有力である[8)]一方，他に収入がある場合には積極に解する見解もある。専業主婦については，収入がない以上，この要件は満たさないと考えるほかない。

(c)　**「再生債権の総額」が5000万円を超えていないこと**　小規模個人再生は，通常の再生手続に比べ，手続を大幅に簡素化しているが，個人債務者であっても負債額が大きい場合には，再生計画認可による債権の免除額が高額となり，債権者に与える不利益が大きくなる。そこで，小規模個人再生という簡素化した手続の利用を認めるには，それにふさわしい負債額に限定する必要があるということで，5000万円[9)]という金額の上限が設けられている。

もっとも，「住宅資金貸付債権の額」は，住宅資金特別条項（民再196条4号）を定めれば一般の再生債権と別に全額の長期分割弁済が行われることになる（民再199条）ので，他の再生債権者は住宅資金貸付債権の額について格

7）　一問一答個人再生・153頁。

8）　木村達也＝宇都宮健児＝小松陽一郎編『個人債務者再生手続実務解説Q＆A〔新版〕』（青林書院，2007）57頁〔田中弘史〕。

9）　立法当初は「再生債権の総額」の上限が3000万円と定められていたが，平成16年の新破産法制定に伴う法改正の際，個人債務者の破産事件が急増している状況にかんがみ，個人債務者が破産に至らずに経済生活の再生を果たすことができる手段を拡大するため，負債総額の上限が5000万円に引き上げられた（一問一答破産法・397頁）。

別の利害関係を有しない。また，抵当権者等の別除権者は，手続外でその担保権を実行して，その換価代金を自己の債権の弁済に充当することができる（民再53条・177条２項）から，「別除権の行使によって弁済を受けることができると見込まれる再生債権の額」については，再生債務者の弁済原資を他の債権者と分け合う関係にはない。さらに，「再生手続開始前の罰金等」（民再97条）は，再生計画による権利変更を受けない（民再232条２項）一方，再生計画で定められた弁済期間においては弁済を受けられないという，一般の再生債権よりも劣後的な取扱いがされる（民再181条３項）から，同様に，再生債務者の弁済原資を他の債権者と分け合う関係にはない。そこで，これらの額については，5000万円の上限の対象となる「再生債権の総額」からは除外されている[10]（民再221条１項。▩図表17－４）。

▩図表17－４　「再生債権の総額」（民再221条１項）

「再生債権の総額」（民再221条1項）	＝	すべての再生債権の額	－	住宅資金貸付債権の額＊	－	別除権の行使によって弁済を受けることができると見込まれる再生債権の額	－	再生手続開始前の罰金等

＊　住宅資金特別条項を利用するか否かにかかわらないことに注意。

⑵　小規模個人再生開始の申立て

⒜　**小規模個人再生を行うことを求める旨の申述**　再生債務者は，小規模個人再生を行うことを求める場合には，その旨の申述をしなければならない（民再221条２項）。債務者自身が再生手続開始の申立てをする場合には，この申述は，再生手続開始の申立書に記載して行わなければならない（民再規112条１項）。また，債権者が再生手続の開始を申し立てた場合は，再生債務者は，この申述を再生手続開始の決定があるまでにしなければならない

10）　一問一答個人再生・156頁。

(民再221条２項括弧書)。[11] 小規模個人再生は，再生手続開始の決定をする際に，一般調査期間ではなく一般異議申述期間を定めることとされている（民再222条１項）など，通常の再生手続とは手続開始の当初から異なることからすると，再生手続開始後に通常の再生手続から小規模個人再生への移行を認めることは相当でないからである。[12]

ところで，小規模個人再生が開始されるには，通常の再生手続の開始要件に加えて更に特別な要件を満たすことが必要とされているところ，小規模個人再生の開始を求めて申立てをする者の中には，この手続が利用できないのであれば通常の再生手続の利用を望む者が多いであろうが，他方，簡素・合理化された小規模個人再生が利用できないのであれば，通常の再生手続の利用は望まない者もいると考えられる。そこで，債権者が再生手続開始の申立てをした場合を除き，再生債務者は，小規模個人再生を行うことを求める申述をする際，その申立てが小規模個人再生の要件を具備しない場合に通常の再生手続の開始を求める意思があるか否かを，再生手続開始の申立書に記載して明らかにしなければならないこととされている（民再221条６項，民再規112条２項１号）。

(b)　**債権者一覧表の提出**　　再生債務者は，上記(a)の申述をするには，所定の事項を記載した債権者一覧表を提出しなければならない（民再221条３項～５項，民再規114条１項）。[13] 住宅資金特別条項を定めた再生計画案を提出する意思があるときは，ここにその旨を記載しなければならない（民再221条３項４号）。

通常の再生手続では，債権者一覧表の提出を要求する規定（民再規14条１項３号）は訓示規定であると解されており，提出がなくとも不適法とされるこ

---

11)　なお，再生債権者が個人である債務者に対して再生手続開始の申立てをした場合においては，裁判所書記官は，その旨及び再生手続開始の決定があるまでに小規模個人再生を行うことを求めることができる旨を再生債務者に通知することとされている（民再規113条１項）。

　この通知を受け，再生債務者が小規模個人再生を行うことを求める旨の申述をする場合は，その申述は書面でしなければならない（民再規113条２項）。

12)　一問一答個人再生・158頁。

13)　条件付債権，非金銭債権等は，すべて金銭化，現在化して記載しなければならない（民再221条５項，その趣旨について後記２(1)・456頁参照）。

とはないが（第４章Ⅳ３③・96頁参照），小規模個人再生においては，その提出がなければ，小規模個人再生として手続を開始することはできないこととされている（民再221条３項・５項・６項）。小規模個人再生においては，「再生債権の総額」が5000万円以下であることが手続開始要件の一つとなっており（前記(1)(c)・450頁参照），この要件を判断するために，再生債権の総額，住宅資金貸付債権の額，別除権の行使によって弁済を受けることができないと見込まれる再生債権の額（担保不足見込額）などが記載された債権者一覧表の提出がなければ，迅速に手続を開始することができないからである。[14)]

なお，このように，債権者一覧表の記載内容は，小規模個人再生の開始要件の存否の判断の前提となるものであるから，再生手続開始後の債権者一覧表の記載の訂正，再生債権者又は再生債権の追加，削除などは，認められる余地はないと考えられている。[15)]

(c)　**申立書の記載事項**　　再生債務者が小規模個人再生の開始を求める場合には，再生手続開始の申立書には，通常の再生手続開始の申立書の記載事項（民再規12条１項。第４章Ⅳ１・94頁，２・94頁参照）に加え，前記(a)の申述等を記載し，さらに，再生債務者の職業，収入その他の生活の状況と，民事再生法221条１項に規定する再生債権の総額を記載しなければならない（民再規112条２項２号・３号）。

(d)　**添 付 書 類**　　申立書には，通常の再生手続の申立書の添付書面（民再規14条１項，第４章Ⅳ３・95頁参照）のほか，①確定申告書の写し，源泉徴収票の写しその他の再生債務者の収入の額を明らかにする書面，②財産目録に記載された財産の価額を明らかにする書面，③住宅資金特別条項を定めた再生計画案を提出する意思がある場合は，住宅資金貸付契約の内容を記載した証書の写し等民事再生規則102条１項に掲げる書面を添付しなければならない[16)]（民再規112条３項・115条１項）。

---

14)　一問一答個人再生・159頁。

15)　破産・再生の実務〔第３版〕(下)・378頁，個人再生の手引・105頁〔乾俊彦〕。ただし，小規模個人再生においては，もとより再生債権が実体的に確定されることはない（後記２(2)(d)・460頁参照）。

(3) 保全処分，他の手続の中止命令等

他の手続の中止命令（民再26条），包括的禁止命令（民再27条），仮差押えその他の保全処分（民再30条），担保権の実行手続の中止命令（民再31条）の各規定は，小規模個人再生でも適用が除外されておらず，利用することが可能である。また，再生計画において住宅資金特別条項を定める場合は，抵当権の実行手続の中止命令（民再197条1項・2項）の制度も利用が可能である。

もっとも，小規模事件を対象とし，かつ手続が簡易化された小規模個人再生においては，その利用の必要度は通常の再生手続とは大きく異なる。すなわち，小規模個人再生の申立人が給料の差押えを受けているケースは比較的多いうえ，給料が申立人にとって唯一の収入源であることが多いため，給料差押えの中止命令が申し立てられ，発令される事例は多い。また，小規模個人再生では，再生計画において住宅資金特別条項を定める事案が多いため，抵当権の実行手続の中止命令が申し立てられ，発令される事例も多い。他方，手形の不渡りに対する配慮の必要が少ないため，弁済禁止等の保全処分が必要な場面は少なく，また，個別に差押えの中止命令を発することで足りるのが一般であるため，包括的禁止命令が必要な場面も少ない。

(4) 小規模個人再生の開始

(a) **開始決定の手続**　小規模個人再生開始の申立てが，通常の再生手続と共通の手続開始要件（前記(1)冒頭文中の①及び②）は満たしているが小規模個人再生に特有の手続開始要件（前記(1)冒頭文中の③ないし⑦）を満たしていないという場合，裁判所は，当該事件を通常の再生事件として手続開始決定をする。ただし，債権者申立事件の場合を除き，債務者が通常の再生手続の開始を求める意思がない旨を明らかにしていたときは，申立てを棄却する（民再221条6項・7項，前記(2)(a)・451頁参照）。通常の再生手続と共通の手続開始要件すら満たさない場合は，申立てを棄却する（民再25条）。

16) もっとも，東京地方裁判所破産再生部では，申立書の記載事項と添付書類について大幅な簡易化を図っており，申立ての際は，申立書，収入一覧及び主要財産一覧，債権者一覧表，委任状，住民票及び所定の手続費用等を提出すれば足りることとしている（破産・再生の実務〔第3版〕(下)・375頁，個人再生の手引・78頁〔増井俊満〕）。

手続開始要件をすべて満たした場合，裁判所は，小規模個人再生の開始の決定をする。

裁判所は，小規模個人再生の開始の決定と同時に，債権届出期間及び届出があった再生債権に対して異議を述べることができる期間（「一般異議申述期間」という。）を定める（民再222条１項）。債権届出期間は特別の事情がある場合を除き，再生手続開始の決定の日から２週間以上１か月以下を原則とし，一般異議申述期間は債権届出期間の末日から２週間以上の期間を置いて，１週間以上３週間以下の範囲内で定める（民再規116条２項）。東京地方裁判所破産再生部における標準スケジュールでは，債権届出期間は開始決定から４週間，一般異議申述期間は債権届出期間の末日から２週間を置いて３週間としている（前記Ⅰ５(2)・445頁参照）。

裁判所は，小規模個人再生の開始の決定をしたときは，直ちに，再生手続開始の決定の主文，債権届出期間及び一般異議申述期間を公告したうえ，再生債務者及び知れている再生債権者に通知する（民再222条２項・３項）。また，知れている再生債権者には，債権者一覧表に記載された事項も通知する（同条４項）。

(b)　**開始決定の効果**　　再生手続開始の効果は，基本的には通常の再生手続と同様である（**第６章**・139頁参照）。すなわち，再生債務者は，再生手続開始後も業務遂行権と財産の管理処分権を有しつつ（民再38条１項），債権者に対して公平かつ誠実にこれらの権利を行使し，かつ再生手続を追行する義務を負う（同条２項）。

また，再生債権については，再生債権者の個別的権利行使は禁止され（民再39条１項），原則として弁済その他の債務消滅行為をすることはできない（民再85条１項，**第８章**Ⅰ２・207頁参照）。ただし，住宅資金貸付債権については，一定の要件の下で，裁判所の許可を得て，再生手続開始決定後もその一部を弁済することができる（民再197条３項，**第16章**Ⅶ２・435頁参照）。

通常の再生手続との大きな相違点は，係属中の訴訟手続の帰すうの点である。通常の再生手続では，再生手続開始決定があったときは，再生債務者の財産関係の訴訟手続のうち再生債権に関するものは中断する（民再40条１項，**第６章**Ⅱ１・141頁参照）。しかし，小規模個人再生では，再生債権を実体的に確定する手続はないため，訴訟を継続する必要がある。したがって，再生債権に関する再生債務者の財産関係の訴訟手続も中断しない（民事再生法238条による同法40条の適用除外）。

2. 再生債権の調査

(1) 再生債権の届出

通常の再生手続と同様，小規模個人再生においても，債権届出期間が定められ（民再222条１項），再生債権者はこの期間に届出をすることが可能である。

その際，当該再生債権が条件付債権や非金銭債権であるときも，民事再生法87条１項の基準に従って金銭的に評価した額を再生債権の額として届け出ることが必要である（民再224条２項・221条５項）。通常の再生手続では，条件付債権や非金銭債権は，議決権算定のためにのみ現在化・金銭化されるにすぎない（民再87条１項）が，小規模個人再生では，認可要件である負債限度額（民再231条２項２号，後記５(1)(c)・471頁参照）や最低弁済額（民再231条２項３号・４号，後記５(1)(d)・472頁参照）を判断する前提として，すべての再生債権について金銭的評価をする必要があるし，再生計画においてすべての再生債権が金銭化，現在化されて支払われる（民再232条１項，後記５(2)(a)・476頁参照）ので，債権調査手続においてその額を確定させる必要があるからである。[17]

その結果，小規模個人再生においては，再生債権の額と議決権の額とは，常に一致することになる。そこで，小規模個人再生においては，再生債権者は，議決権の額の届出を要しないとされている（民再224条１項）。

また，債権者一覧表に記載されている再生債権については，届出がなくても，債権届出期間の初日に債権者一覧表の記載内容と同一の内容で届出があったものとみなされる（みなし届出〔民再225条〕）。小規模個人再生を行うことを求める旨の申述をする際，再生債務者は債権者一覧表を提出しなければなら

17）　一問一答個人再生・160頁。

ない（民再221条3項，前記1(2)(b)・452頁参照）ところ，この債権者一覧表を活用することによって，再生債権者の債権届出という手続上の負担を軽減したものである。[18)]

(2) 再生債権の調査

(a) 小規模個人再生における再生債権の調査の特色――手続内確定　通常の再生手続では，債権調査手続で関係者間に争いのなかった再生債権については，その内容は実体的に確定し（民再104条1項），関係者間に争いがあるものについても，再生債権の査定の裁判（民再105条）や再生債権査定決定に対する異議の訴え（民再106条）などの手続によって再生債権の内容が実体的に確定されることになる。しかし，個々の再生債権が比較的少額な事件を対象とする小規模個人再生において，通常の再生手続のように，債権の内容を実体的に確定する重厚な債権調査・債権確定手続を設けることは，時間も費用もかかり，再生債権者と再生債務者の双方にとって，手続経済的に引き合わない。

そこで，小規模個人再生においては，以下で説明するように，独自の規定を設け，再生債権の評価の裁判（民再227条，後記(c)・459頁参照）を通じるなどして，議決権の額（民再230条8項）や最低弁済額（民再231条2項3号・4号）の算定の基礎などとなる再生債権の額及び担保不足見込額を，手続内でのみ確定することとしている（後記(d)・460頁参照）。

そして，これに対応して，通常の再生手続における再生債権の調査，確定に関する規定の多くが，小規模個人再生においては適用されないこととされている（民事再生法238条による同法40条・第4章第3節〔113条2項から4項までを除く。〕・185条〔民事再生法189条8項，190条2項及び195条7項において準用する場合を含む。〕・200条2項・4項の適用除外）。

(b) 再生債権に対する異議

(ア) 一般異議申述期間　通常の再生手続では，再生債務者は，届出再生債権の内容及び議決権についての認否書を作成して提出しなければならず

---

18) 一問一答個人再生・180頁。

（民再101条１項・５項），その提出後，届出再生債権者のみが，届出再生債権と再生債務者が自認した再生債権について異議を述べることができるとされている（民再102条１項，第８章Ｉ７(2)・224頁参照）。これに対し，小規模個人再生では，債権調査は債権者一覧表をもとにすることとし，認否書の制度は設けず（民事再生法238条による同法101条の適用除外）[19]，みなし届出債権を含む届出再生債権の額又は担保不足見込額について，再生債権者のみならず再生債務者も，一般異議申述期間内に異議申述書を提出して異議を述べることができるとしている（民再226条１項本文）。ただし，再生債務者が債権者一覧表に記載した再生債権について異議を述べるためには，あらかじめ債権者一覧表に異議を留保する旨を記載しておかなければならない（同項ただし書）。異議が述べられたときは，裁判所書記官は，当該再生債権を有する再生債権者に対し，その旨を通知する（民再規125条）。

(イ) **特別異議申述期間**　再生債権者がその責めに帰することができない事由によって債権届出期間内に届出をすることができなかった場合又は届出事項の変更ができなかった場合で，その事由が消滅した後１か月以内に届出又は届出事項の変更があった場合は，裁判所は，その再生債権に対して異議を述べることができる期間（特別異議申述期間）を定める（民再226条２項・95条）。特別異議申述期間が定められた場合，再生債務者及び届出再生債権者は，その期間内に，当該再生債権について，書面で異議を述べることができる（民再226条３項）。

(ウ) **住宅資金貸付債権等の扱い**　再生手続開始前の罰金等（民再97条）及び債権者一覧表に住宅資金特別条項を定めた再生計画案を提出する意思がある旨の記載がされた場合における住宅資金貸付債権（民再221条３項３号・４号，前記１(2)(b)・452頁参照）は，債権調査の対象にはならない（民再226条５項・６項）。再生手続開始前の罰金等は議決権が与えられていない（民再87条２項）うえ，再生計画の弁済期間内には弁済を受けられず（民再181条３項），

19）　もっとも，認否書がないと，債権者一覧表の作成提出後の事情の変動（再生債権の届出や債権の承継など）や再生債務者の異議の有無が一覧できず，再生債権者や裁判所にとって不便な点も多い。そこで，東京地方裁判所破産再生部を含め，多くの裁判所では，再生債務者に対し，債権認否一覧表（民再規120条）の提出を求めている。

債務者の弁済原資を一般の再生債権者と分け合う関係にないため基準債権額にも含まれていない（民再231条２項３号・４号）以上，このような債権を債権調査の対象とする必要はないと考えられたことによる。また，住宅資金貸付債権も，議決権が与えられていない（民再201条１項）うえ，一般の再生債権に対する弁済とは別に長期間の分割弁済が行われるものであるため基準債権額にも含まれていない（民再231条２項３号・４号）以上，このような債権については，住宅資金特別条項を定めるかどうかを一般の再生債権者の決議に係らせることで足り，債権調査の対象とする必要はないと考えられたことによる。

また，債権者一覧表に住宅資金特別条項を定めた再生計画案を提出する意思がある旨の記載がされた場合，住宅資金貸付債権の債権者及び当該債権を保証する保証会社は，他の再生債権に対し異議を述べることはできない（民再226条６項）。上記のとおり，他の再生債権者は住宅資金貸付債権について異議を述べられないこととしたため，その均衡を図ったものである。

(c)　**再生債権の評価**　　異議申述期間内に再生債務者又は届出再生債権者から異議が述べられた場合には，異議を述べられた再生債権を有する再生債権者は，裁判所に対し，異議申述期間の末日から３週間の不変期間内に，再生債権の評価の申立てをすることができる（民再227条１項本文）。ただし，異議を述べられた再生債権が執行力ある債務名義又は終局判決のあるものである場合には，異議を述べた者が評価の申立てをしなければならず（同項ただし書），不変期間内に再生債権の評価の申立てがなかったとき，又は申立てが却下されたときは，異議がなかったものとみなされる（民再227条２項）。申立ての方式は，通常の再生手続の場合の再生債権の査定の申立ての方式に準じる（民再規126条・45条）。

なお，再生手続開始前の罰金等（民再97条）及び債権者一覧表に住宅資金特別条項を定めた再生計画案を提出する意思がある旨の記載がされた場合における住宅資金貸付債権（民再221条３項３号・４号，前記１(2)(b)・452頁参照）は，債権調査の対象にならない（民再226条５項・６項，前記(b)(ウ)・458頁参照）ことから，評価の対象ともならない（民再227条10項）。

評価の申立てをするときは，申立人は，その申立てに係る手続の費用として裁判所の定める金額を予納しなければならない（民再227条３項）。この手続費用は，主に，評価の申立てを受けて選任する個人再生委員の報酬に充てられる[20]。費用の予納がないときは，裁判所は，再生債権の評価の申立てを却下しなければならない（同条4項）。

裁判所は，評価の申立てがあったときは，当該申立てを不適法として却下する場合及び既に個人再生委員が選任されている場合を除き，個人再生委員を選任し（民再223条1項ただし書），個人再生委員が裁判所に調査の結果を報告すべき期間を定める（民再227条5項）。

個人再生委員は，再生債権の評価に関し裁判所を補助して（民再223条2項2号），調査，報告をし（民再227条5項），意見を述べる（同条8項）。そのための手段として，再生債務者もしくはその法定代理人又は再生債権者に対し，再生債権の存否や額，担保不足見込額に関する資料の提出を求めることができる（民再227条6項）。正当な理由なくこれを拒んだ場合には，過料の制裁が科される（民再266条2項）。

裁判所は，個人再生委員の意見に基づき，評価の申立てに係る再生債権について，その債権の存否及び額又は担保不足見込額を定める（民再227条7項）。再生債権が条件付債権や非金銭債権である場合は，現在化ないし金銭化して，評価額を定める（民再227条9項・221条5項，前記(1)・456頁参照）。

評価の裁判は，再生債権の手続内での取扱いのみを定める簡易な手続であることから，不服申立ては認められない。

(d)　再生債権の手続内での確定　　異議申述期間内に再生債務者及び届出再生債権者から異議が述べられなかった再生債権（無異議債権，民再230条8項）の届出債権額又は担保不足見込額と，評価の裁判を受けた再生債権（評価済債権，民再230条8項）について裁判所が定めた債権の額又は担保不足見込額は，手続内で確定し，以下の基準となる（その趣旨について，前記(a)・457頁参照）。

---

20)　予納金の金額は，裁判所によって異なるが，1件当たり2万円ないし5万円としているところが多い。なお，東京地方裁判所破産再生部においては，全件で個人再生委員を選任し，個人再生委員の権限として，再生債権の評価に関し裁判所を補助することを指定している（民再223条2項2号，前記Ⅰ6(2)・447頁参照）ため，評価の申立てがあった場合も改めて予納金を納付させることはしない扱いである。

① 再生債権者は，この額について議決権を行使することができる（民再230条８項，後記４(4)(d)・469頁参照）。

② 負債限度額（民再231条２項２号）や最低弁済額（同項３号・４号）の算定の基礎となる（後記５(1)(c)・471頁，(d)・472頁参照）。

③ 再生債権者は，この額について再生計画に従った弁済を受けることができる（民再232条２項～５項，後記５(2)(b)・476頁参照）。

しかし，無異議債権及び評価済債権の債権額及び担保不足見込額も，当該再生手続内において確定されたにすぎないので，通常の再生手続におけるように，再生債権者表が作成されて確定された結果が記載されるということはないし，債権について確定判決と同一の効力が与えられるということもない（民事再生法238条による同法99条１項・104条・110条・111条・185条〔189条８項・190条２項・195条７項において準用する場合を含む。〕の適用除外。第８章Ｉ７(4)・225頁，８(6)・230頁参照）。

３．再生債務者の財産の調査・確保

(1) 財産評定等及び民事再生法125条１項による報告書の提出

通常の再生手続と同様，小規模個人再生においても，再生債務者は，再生手続開始後遅滞なく，再生債務者に属する一切の財産について，再生手続開始の時における価額を評定し，財産目録を作成し，裁判所に提出しなければならない（民再124条１項・２項，第７章Ｉ・177頁参照）。しかし，小規模個人再生の対象となる個人債務者は，サラリーマン等の非事業者か零細な個人事業者が想定されるので，これらの者に貸借対照表の作成を要求することは困難であるし，財産目録や債権者一覧表が裁判所に提出される以上，これに加えて貸借対照表を作成，提出させる必要性は乏しいといえる。また，このような個人債務者については，再生手続開始申立書の添付書面として提出される財産目録（民再規14条１項４号）と再生手続開始後に行われる財産評定の結果がかけ離れることになる事態はほとんどないものと考えられる。そこで，小規模個人再生においては，貸借対照表の作成及び提出が不要とされ（民再228条），財産評定後に作成，提出する財産目録についても，再生手続開始申立書に添付した財産目録の記載を引用することができるとされている[21]（民再規128条）。

また，小規模個人再生においても，再生債務者は，再生手続開始後遅滞なく，再生手続開始に至った事情等民事再生法の定める事項を記載した報告書を，裁判所に提出しなければならない（民再125条１項，第７章Ⅱ１・185頁参照）。

⑵　否認に関する規定の適用排除

否認権は，詐害行為や偏頗行為によって再生債務者の財産から逸出した財産を回復するための手段であるが，その行使には相当期間を要するのが通常であり，小規模個人再生において否認の制度を設けるとすると，簡易迅速な再生手続という小規模個人再生の趣旨が大きく損なわれてしまう。そこで，小規模個人再生においては，否認に関する規定の適用は除外されている（民事再生法238条による同法第６章第２節の適用除外）。

そうすると，小規模個人再生の場合は，否認権を行使して逸出した財産を再生債務者に取り戻すことができないこととなるが，破産手続であれば破産管財人が否認権を行使して破産財団を増殖させることができ，その場合にはその分債権者に対する配当原資が増えるので，そのこととの均衡を考慮する必要がある。

そこで，実務上，否認対象行為がある場合には，清算価値の算定の場面において，否認権を行使したと仮定した場合に増殖したであろう再生債務者の財産を基準とすることとしている。ただし，破産手続で否認権を行使したとしても，どの程度財産を回復することができるかは事案により異なるので，清算価値算定に当たり否認対象行為をどの程度考慮するかは，否認が認められる可能性や逸出財産の回収可能性などを総合して判断することとなる。

否認権の行使によって回復されるべき財産の額が清算価値の算定において考慮されていない再生計画案が提出された場合は，破産の場合の配当額を下

21）　これに対し，東京地方裁判所破産再生部では，むしろ再生手続開始申立時点において「収入一覧及び主要財産一覧」を提出させるにとどめることにより負担を軽減し（前記１⑵(d)脚注16）・454頁参照），詳細な財産目録は，開始決定から約６週間後に民事再生法125条１項の報告書とともに提出するよう求めている。

回り再生債権者一般の利益に反する（民再174条２項４号）ので，否認対象行為の存在が判明した時点が再生計画案の決議前であれば再生手続は廃止され（民再191条１号・２号・230条２項，**第13章Ⅱ**・370頁参照），再生計画案の可決後であれば不認可となる[22]（民再174条２項４号・231条１項，**第11章Ⅳ**１(1)・348頁参照）。

また，破産手続で否認権が行使されることを回避する目的で小規模個人再生の手続開始が申し立てられた場合には，不当な目的で再生手続開始の申立てをしたものとして，申立てが棄却される（民再25条４号）場合があり得る。

４．再生計画案の決議

(1)　再生計画案の作成・提出

再生債務者は，債権届出期間の満了後裁判所の定める期間内に，再生計画案を作成して裁判所に提出しなければならない（民再163条１項．**第11章**Ⅰ２・330頁参照）。この点は通常の再生手続と同様である。提出期間の伸長が認められるのも同様である（同条３項，民再規84条２項・３項）。しかし，再生債権者は再生計画案を提出することができない（民事再生法238条による同法163条２項の適用除外）。

(2)　再生計画案の条項

小規模個人再生における再生計画案の条項は，基本的には通常の再生手続と同様に，民事再生法154条以下の規定に従って作成するが，以下の点が異なる。

(a)　**個別条項は不要**　　小規模個人再生の場合も，通常の再生手続と同様，債務の減免，期限の猶予，その他権利変更の一般的基準を定める必要がある（民再156条・232条２項）が，変更されるべき権利を個別的に明示したり，一

22)　一問一答個人再生・269頁。東京高決平22・10・22判タ1343号244頁は，再生債務者が，特定の債権者に対し偏頗弁済を行っていた場合，弁済相当額が計画弁済総額に上乗せされない限り，再生計画案は「再生債権者の一般の利益」に反し，違法であると判示した。

般的基準に従って変更した後の権利の具体的内容まで定める必要はない（民事再生法238条による同法157条の適用除外）。通常の再生手続において，個別の権利変更についての条項は，当該再生債権が実体的に確定した場合に定められ（民再157条1項・159条参照），再生計画認可決定が確定してこの条項が再生債権者表に記載されると確定判決と同一の効力を有するようになる（民再180条，第11章Ｖ３・353頁参照）ものであるところ，小規模個人再生では，債権調査によっても再生債権は実体的には確定せず（前記２(2)(d)・460頁参照），再生計画認可決定後も再生計画により変更された再生債権について確定判決と同一の効力が付与されることはない（民事再生法238条による同法180条の適用除外，後記５(2)(b)・476頁参照）からである。

(b) **形式的平等主義** 通常の再生手続では，再生計画による権利の内容について，実質的平等主義が採用されている（民再155条1項，第10章Ⅱ２(1)(b)・306頁参照）。しかし，小規模個人再生における再生債権の多くは消費者信用取引に基づく同質的なものであり，衡平の見地からの例外を設ける必要性は乏しい。また，実質的平等主義を採用するとなると，個別の再生債権についての実情に踏み込んだ高度な判断が必要になるが，それでは簡易・迅速な手続の実現は困難となってしまう。そこで，小規模個人再生においては，原則として，形式的平等主義が採用されている[23)]（民事再生法229条1項，同法238条による同法155条1項の適用除外）。

ただし，小規模個人再生においても，以下の４つの場合は，例外的な取扱いが許される（民再229条1項）。

(ア) **不利益を受ける再生債権者の同意がある場合** 民事再生法155条1項ただし書と同様の趣旨による。

(イ) **少額の再生債権の弁済時期** 小規模個人再生においては，３か月に１回以上の割合による原則３年（最長５年）の分割弁済が計画されるが，少額の再生債権についてもこの原則を貫くと，１回当たりの弁済額が僅少となり，送金手数料にも満たない場合すら生じ得る。そこで，少額の再生債権の弁済については，弁済の時期について別の取扱い，例えば初期の段階で一

23） 一問一答個人再生・206頁。

括して弁済したり，最初の数回で弁済したりすることができるとされている。

「少額の再生債権」に当たるかどうかは，全体の負債額等個別の事案に応じて判断される。[24)]

なお，形式的平等主義の例外が認められるのはあくまで弁済時期に関してだけであり，通常の再生手続のように弁済率を優遇すること（民再155条１項ただし書，第10章Ⅱ２(1)(b)・306頁参照）はできない。

(ウ)　再生手続開始後の利息・損害金の請求権等　民事再生法84条２項に掲げる請求権は，破産手続においては劣後的破産債権とされている（破97条１号・２号・７号・99条）。このような再生債権については，他の再生債権よりも劣後的に取り扱うことがむしろ衡平であると考えられることから，形式的平等主義の例外とされている。

(エ)　住宅資金特別条項との関係　住宅資金特別条項によって権利の変更を受ける者との関係では，形式的平等主義は適用されない（民再229条４項）。

(c)　弁済の方法

(ア)　分割弁済の間隔　分割弁済は，３か月に１回以上でなければならない（民再229条２項１号）。これは，毎月の弁済を要求したのでは１回当たりの各債権に対する弁済額が少額になりすぎて，再生債務者にとっても再生債権者にとっても煩瑣な場合が生じ得ることが考慮されたものである。[25)]

(イ)　最終弁済期　最終の弁済期は，「再生計画認可の決定の確定の日から３年後の日が属する月中の日（特別の事情がある場合には，再生計画認可の決定の確定の日から５年を超えない範囲内で，３年後の日が属する月の翌月の初日以降の日）」でなければならない（民再229条２項２号）。

弁済期間が原則３年間とされているのは，個人債務者の小規模な事件について弁済期間を長期とすることは，債務者，債権者の双方にとって負担が重

---

24)　大阪地方裁判所では，１か月当たりの弁済額が1000円に満たないことを基準としているようである（大阪地方裁判所＝大阪弁護士会個人再生手続運用研究会編『改正法対応事例解説個人再生――大阪再生物語』（新日本法規出版，2006）244頁）。東京地方裁判所破産再生部では，このような一定の基準は設けていない。

25)　一問一答個人再生・207頁。

いこと，任意整理や特定調停における実務上の一般的な弁済期間が３年であることなどが考慮されたものである[26]。ただし，最低弁済額（民再231条２項３号・４号）や清算価値保障原則（民再174条２項４号）を満たしたうえで３年の弁済期間で弁済を完了させる再生計画案を作成することができない場合があることから，「特別の事情がある場合」には５年を超えない範囲で３年を超える弁済期間を定めることもできる。

また，弁済期間が３年未満となる再生計画は認められない。小規模個人再生は，通常の再生手続よりも簡易な手続を利用して再生債権の一部の免除等の不利益を債権者に与えるものであることから，再生債務者に対しては，将来の収入から３年間は弁済努力を求めるのが相当と考えられたことによる[27]。したがって，通常の再生手続でみられるようないわゆる一括弁済型の再生計画案（第10章Ⅵ３・321頁，４・327頁参照）は，小規模個人再生においては許されないことになる。

最終弁済期を再生計画認可の確定の日から３年後の日が属する「月中の日」としたのは，計画案作成の段階では認可決定の確定日はまだ定かでないことから，厳密にいえば３年を超えるものの３年後の月末までに弁済することを許容し，再生計画案の作成の便宜を図ったものである。これにより，「再生計画認可の決定が確定した日の属する月の翌月から３年間毎月○日限り支払う。」との再生計画案を策定することが可能になる[28]。

(ウ)　**住宅資金特別条項との関係**　　以上の弁済方法に関する原則は，住宅資金特別条項については適用されない（民再229条４項）。

(d)　**再生計画による保証・担保の提供の排除**　　小規模個人再生は，再生債務者の継続的又は反復的収入を基礎として再生債権に対する分割弁済を行う制度であるから，再生計画において保証や担保を提供することは認められない（民事再生法238条による同法158条・165条１項の適用除外）。

(e)　**非免責債権**　　①再生債務者が悪意で加えた不法行為に基づく損害賠

26）　一問一答個人再生・209頁。
27）　一問一答個人再生・209頁。
28）　一問一答個人再生・209頁。

償請求権，②再生債務者が故意又は重大な過失により加えた人の生命又は身体を害する不法行為に基づく損害賠償請求権，③再生債務者の家族法上の義務に係る請求権については非免責債権とされ，当該再生債権者の同意がある場合を除き，債務の減免その他権利に影響を及ぼす定めをすることはできない（民再229条３項）。破産法上の非免責債権（破253条１項各号）と同様の趣旨に基づくものである。[29)]

これらの非免責債権については，再生計画に基づく弁済期間中は他の再生債権と同様の基準で弁済され，弁済期間が満了したときに，一括して残額を支払わなければならない（民再232条４項，後記５(2)(d)・478頁参照）。

(f) **清算価値保障原則，最低弁済額基準，住宅資金特別条項**　清算価値保障原則（民再174条２項４号，後記５(1)(a)・470頁参照），最低弁済額基準（民再231条２項３号・４号，後記５(1)(d)・472頁参照）及び住宅資金特別条項の定め（民再231条２項５号，後記５(1)(e)・475頁参照）は，いずれも法文上は再生計画案の付議（民再230条２項）及び再生計画認可決定（民再231条１項・２項）の要件として規定されているが，当然のことながら，再生計画案はこれらの要件を満たしていなければならない。

(3) 再生計画による返済計画表

小規模個人再生の再生計画案においては，各債権者の権利について変更後の権利内容の個別の定めを置く必要はないが，再生債権者の立場からすると，個別の再生債権者に対する支払額が明らかでないと，再生計画案への同意をするかどうかの判断が困難である。そこで，多くの裁判所において，再生債務者に対し，再生計画により変更されるべき権利や変更後の権利の内容等を記載した書面（民再規130条の２，「再生計画による返済計画表」と呼ばれる。）の提

29) ただし，破産手続における非免責債権と範囲が完全に一致していないことに注意を要する。すなわち，租税等の請求権（破253条１項１号），使用人の請求権等（同項５号）及び債務者が知りながら債権者名簿に記載しなかった請求権（同項６号）は，小規模個人再生においては非免責債権とされていない。もっとも，使用人の請求権等については一般先取特権で担保された範囲で，租税等の請求権はその全額について，一般優先債権としてそもそも再生計画による変更の対象とならないものである（民再122条）。

出を求めている。

(4) 再生計画案の決議

再生計画案の決議に関しては，小規模個人再生では，通常の再生手続の規定の適用が一般的に除外され（民事再生法238条による同法第7章第3節〔172条を除く。〕の適用除外），以下のとおり，独自の規定が設けられている。

(a) 特　　色

(ア) 書面による決議のみ　小規模個人再生においては，各再生債権の額は少額であるのが通常であることから，債権者の出頭の必要がある債権者集会による決議の制度は採用せず，専ら書面による決議によることとされている（民再230条3項）。

(イ) 消極的同意要件の採用　通常の再生手続においては，債権者集会に出席又は書面等投票をした議決権者の過半数で，かつ，議決権者の議決権の総額の2分の1以上の議決権を有する者の同意があった場合に再生計画案が可決する（積極的同意要件〔民再172条の3第1項〕，第11章Ⅱ3(6)・341頁参照）。これに対し，小規模個人再生においては，再生計画案に同意しない旨を回答した議決権者が議決権者総数の半数に満たず，かつ，その議決権の額が議決権者の議決権の総額の2分の1を超えないときは，再生計画案の可決があったものとみなすとされている（消極的同意要件〔民再230条6項〕）。小規模個人再生が対象とする個人債務者に対し債権者の同意を取り付ける努力を要求するのは困難であるうえ，債権者の多数を占めると考えられる消費者金融業者は倒産処理手続にも慣れているのが通常であり，再生計画案に対して不同意である旨を裁判所に書面で通知することを要求しても過大な負担を課すことにはならないと考えられたことによる[30]。

(b) 付議の要件

裁判所は，異議申述期間が経過して届出再生債権がすべて確定し，かつ，再生債務者の裁判所への報告書（民再125条1項）が提出された後でなければ，再生計画案を決議に付することができない（民再230条1項）。決議を実施するためには，議決権者と議決権額が確定している必要

30） 一問一答個人再生・217頁。

があるし，また，計画案について賛否を判断するための資料が必要と考えられたことによる。[31]

また，裁判所が再生計画案について不認可事由があると認める場合も再生計画案を決議に付することはできない（民再230条２項）。仮に当該再生計画案が可決されたとしても不認可となり，手続がむだになるからである。

(c) **付議決定**　付議の要件が満たされている場合には，裁判所は，提出された再生計画案を書面による決議に付する旨の決定をする（民再230条３項）。

付議決定をすると，裁判所は，その旨を公告するとともに，議決権者に対し，再生計画案の内容又はその要旨及び再生計画案に同意しない者は裁判所の定める期間内に書面でその旨を回答すべき旨を通知する（民再230条４項）。この期間は，付議決定の日から２週間以上３か月以下の期間内[32]で定められる（民再規131条１項）。

なお，「再生計画による返済計画表」を提出させた場合には，その内容も議決権者に通知する（民再規130条の２第２項）。実務上は，再生計画案を記載した書面と「再生計画による返済計画表」を送付するのが通常である。

(d) **再生計画案の決議**　届出再生債権者は，異議申述期間経過までに異議が述べられなかった届出再生債権（再生手続開始前の罰金及び住宅資金貸付債権を除く。「無異議債権」という。）については届出があった再生債権の額又は担保不足見込額に応じて，評価の裁判により裁判所が債権の額又は担保不足見込額を定めた再生債権（「評価済債権」という。）についてはその額に応じて，それぞれ議決権を行使することができる（民再230条８項，前記２(2)(d)・460頁参照）。

議決権者は，再生計画案に同意する場合には，その旨を裁判所に回答することを要しない。同意しない場合には，裁判所の定めるところにより，その旨を回答しなければならない[33]（民再規131条２項）。

31）　一問一答個人再生・218頁。

32）　東京地方裁判所破産再生部の標準スケジュールでは２週間としている（Ⅰ５(2)・445頁参照）。

再生計画案に同意しない旨を回答した議決権者が議決権者総数の半数に満たず，かつ，その議決権の額が議決権者の議決権の総額の２分の１を超えないときは，再生計画案の可決があったものとみなされる（民再230条６項）。

なお，議決権の不統一行使によって，その有する議決権の一部のみを行使したものがあるときは，当該議決権者１人につき，議決権者総数に１を，再生計画案に同意しない旨を書面で回答した議決権者の数に２分の１を，それぞれ加算するものとされる（民再230条７項）。

５．再生計画の認可

(1)　小規模個人再生における再生計画の不認可事由

再生計画案が可決された場合には，裁判所は，不認可事由が認められる場合を除き，再生計画認可の決定をする（民事再生法231条１項，同法238条による同法174条１項の適用除外）。

小規模個人再生における不認可事由は，①再生手続一般の不認可事由（民再174条２項，**第11章Ⅳ１**・348頁参照），②住宅資金特別条項を定めた場合の不認可事由（民再202条２項，**第16章Ｖ３**・428頁参照），③小規模個人再生固有の不認可事由（民再231条２項）の３種がある。ここでは，①再生手続一般の不認可事由の一つである清算価値保障原則違反及び③小規模個人再生固有の不認可事由について説明する。

(a)　**清算価値保障原則違反**　　通常の再生手続と同様，小規模個人再生においても，破産手続により債権者が得られる配当以上の弁済をすることが定められなければ，再生計画案は付議されず，可決されても不認可となる（清算価値保障原則，民再174条２項４号）。

通常の再生手続では，この清算価値把握の基準時を再生手続開始決定時と考えるか，あるいは再生計画認可決定時と考えるかについて争いがある（**第10章Ⅱ２(1)(a)**・305頁参照）。しかし，小規模個人再生においては，再生計画

33)　東京地方裁判所破産再生部では，議決権者に「不同意回答書」と題する用紙を送付し，この用紙を使用することを求めている。

に基づく弁済の総額が，再生計画認可の決定があった時点で再生債務者につき破産手続が行われた場合における配当の総額を下回ることが明らかになったときは，再生計画取消しの決定をすることができると規定されている（民再236条）。そのため，実務上，小規模個人再生における清算価値把握の基準時は，再生計画認可決定時とするのが通常である。

(b) **収入要件の欠如**　再生債務者が将来において継続的に又は反復して収入を得る見込みがないときは，再生計画は不認可となる（民再231条２項１号）。この見込みがあることは，小規模個人再生の開始の要件でもある（民再221条１項，前記１(1)(b)・449頁参照）が，手続開始後，勤務先を退職したり，個人事業者の事業が破綻するなどして，その後の継続的な収入の見込みがなくなることもあり得る。そこで，このような場合は，再生計画が可決されても不認可とすることとしている。

(c) **負債限度額の超過**　無異議債権（一般異議申述期間又は特別異議申述期間を経過するまでに異議が述べられなかった届出再生債権。民再230条８項）の額及び評価済債権（民事再生法227条７項により裁判所が債権の額又は担保不足見込額を定めた再生債権。民再230条８項）の額の総額（住宅資金貸付債権の額，別除権の行使によって弁済を受けることができると見込まれる再生債権の額及び民事再生法84条２項に掲げる請求権の額を除く。[34]）が5000万円を超えているときは再生計画は不認可となる（民再231条２項２号）。本要件についても，同様の事由が小規模個人再生の開始の要件ともなっている（民再221条１項，前記１(1)(c)・450頁参照）。再生手続開始決定時の債権者一覧表等による判断では限度内と考えられたが，その後の債権届出・債権調査の結果，限度額を超えていることが判明した場合は不認可とされる。実務上，再生手続開始決定時において，担保物件の評価を誤っていた場合，無担保の保証債務を担保付債務と誤信して扱っていた場合，勤務先からの借入債務を計上するのを失念していた場合などで，その後の債権

---

34) 住宅資金特別条項を利用する場合には，住宅資金貸付債権は，調査や評価の対象にならない（民再226条５項・227条10項。前記２(2)(b)(ウ)456頁，(c)・458頁参照）ことから，無異議債権や評価済債権に含まれない。したがって，そこから更に住宅資金貸付債権の額を控除するということもなく，この住宅資金貸付債権を含まない状態の無異議債権及び評価済債権の額が，ここで基準となる債権額となる。

調査の結果，負債限度額を超過してしまう例がままみられる。

なお，ここにいう「無異議債権の額及び評価済債権の額の総額」を算出する際は，住宅資金貸付債権は，住宅資金特別条項を利用するか否かにかかわらず除外されることに注意を要する。

(d)　計画弁済総額が最低弁済額基準を下回る場合

(ア)　最低弁済額基準とは　小規模個人再生の対象となる個人債務者の多くは，めぼしい資産を持たないので，弁済額の最低限度を画する規律を清算価値保障原則（民再174条2項4号）のみとしたのでは，わずかな弁済額で足りることとなってしまい，いわゆるモラルハザードを招くおそれがある。また，小規模個人再生は，簡素な手続ではあるものの，破産手続における同時廃止（破216条）と比較すると，債権者及び裁判所に負担をかける手続であることから，この手続を利用する以上は，再生計画はある程度実質のある弁済を行うものであることが求められる。そこで，小規模個人再生においては，最低弁済額基準という要件が設けられている（民再231条2項3号・4号）。

最低弁済額基準においては，「基準債権」という概念が用いられている。基準債権とは，無異議債権及び評価済債権のうち別除権の行使によって弁済を受けることができると見込まれる再生債権及び再生手続開始後の利息等の民事再生法84条2項各号に掲げる請求権を除いたものをいう。前記(c)の「無異議債権の額及び評価済債権の額の総額」において常に住宅資金貸付債権が全額除外されるのとは異なり，「基準債権」においては，住宅資金貸付債権は，住宅資金特別条項を利用する場合は全額除外される（この場合，住宅資金貸付債権は，調査や評価の対象とならない〔民再226条5項・227条10項〕のため，無異議債権や評価済債権に含まれない。）が，住宅資金特別条項を利用しない場合は，担保不足見込額の限度で除外されない（すなわち，住宅資金貸付債権があるのに住宅資金特別条項を利用しない場合には，基準債権の方が高額となる。）点に注意を要する。

住宅資金貸付債権は一般に非常に高額になることから，小規模個人再生を利用できるかどうかの基準となる「無異議債権の額及び評価済債権の額の総額」からは常に除外するのが相当と考えられたが，住宅資金貸付債権でも住宅資金特別条項により支払うこととされていない場合は，担保不足見込額の限度で一般の再生債権と同じように再生計画を通じて支払われることとなるので，最低弁済額の基準となる「基準債権」にはその範囲で含まれることとされた。そこで，このような差が生じたものである。[35)]

■図表17－5　最低弁済額基準の具体的内容

Ⅰ　無異議債権の額及び評価済債権の額の総額が3000万円以下の場合

	基準債権の総額	最低弁済額
i	100万円未満	基準債権の総額
ii	100万円以上500万円未満	100万円
iii	500万円以上1500万円以下	基準債権の総額の1/5
iv	1500万円超	300万円

Ⅱ　無異議債権の額及び評価済債権の額の総額が3000万円を超え5000万円以下の場合

無異議債権の額及び評価済債権の額の総額の1/10

最低弁済額基準の具体的内容は■図表17－5のとおりである。

このように，「無異議債権の額及び評価済債権の額の総額」が3000万円以下の場合は基準債権の総額が基準となるのに対し，「無異議債権の額及び評価済債権の額の総額」が3000万円を超える場合は，「無異議債権の額及び評価済債権の額の総額」が基準となる点には注意を要する。

基準債権，無異議債権，評価済債権等の各概念を整理すると，■図表17－6のとおりとなる。

この基準債権に対する再生計画に基づく弁済の総額（「計画弁済総額」と呼ばれる。）が最低弁済額基準の額を下回っている場合には，再生計画は不認可とされる（民再231条２項３号・４号）。

なお，当然ながら，清算価値が最低弁済額を上回る場合は，再生計画による弁済額は清算価値をも上回るものでなければならない（前記(a)参照）。

(イ)　最低弁済額算出の具体例

〔ケース１〕　無異議債権の額86万円，評価済債権の額９万円，住宅ロー

35）　一問一答個人再生・233頁。

■図表17－6　基準債権，無異議債権，評価済債権等の各概念の整理

概　念	内　容	適用場面
再生債権の総額 （民再221条1項）	債権者一覧表に記載した再生債権の合計額から，住宅資金貸付債権の額，別除権の行使によって弁済を受けることができると見込まれる再生債権の額及び再生手続開始前の罰金等の額を除いたもの	5000万円を超えない場合のみ，小規模個人再生手続の申立てをすることができる。
無異議債権 （民再230条8項）	一般異議申述期間又は特別異議申述期間を経過するまでに異議が述べられなかった届出再生債権 再生手続開始前の罰金等，住宅資金特別条項を用いる場合の住宅資金貸付債権はこれに含まれない	届け出られた再生債権額又は担保不足見込額に応じて議決権を行使することができる。
評価済債権 （民再230条8項）	民事再生法227条7項により裁判所が債権の額又は担保不足見込額を定めた再生債権	裁判所が定めた額に応じて議決権を行使することができる。
無異議債権の額及び評価済債権の額の総額 （民再231条2項2号～4号）	無異議債権の額及び評価済債権の額の合計額から，住宅資金貸付債権の額，別除権の行使によって弁済を受けることができると見込まれる再生債権の額及び民事再生法84条2項に掲げる請求権（再生手続開始後の利息の請求権，再生手続開始後の不履行による損害賠償及び違約金の請求権，再生手続参加の費用の請求権）の額を除いたもの	5000万円を超えているときは再生計画の不認可事由となる。 3000万円を超えているときは，その10分の1が最低弁済額となる。
基準債権 （民再231条2項3号・4号）	無異議債権及び評価済債権から別除権の行使によって弁済を受けることができると見込まれる再生債権及び民事再生法84条2項各号に掲げる請求権（再生手続開始後の利息の請求権，再生手続開始後の不履行による損害賠償及び違約金の請求権，再生手続参加の費用の請求権）を除いたもの	「無異議債権の額及び評価済債権の額の総額」が3000万円以下のときは，基準債権の総額が，最低弁済額算定の基準になる。

ン・別除権付債権なし，民事再生法84条２項各号に掲げる請求権３万円の場合

基準債権の総額が95万円であり，100万円を下回っているので，基準債権の総額95万円が最低弁済額となる（民再231条２項４号）。

〔ケース２〕　住宅ローンを除く無異議債権の額221万円，評価済債権の額９万円，住宅ローン（別除権付債権）3000万円，担保不足見込額500万円，民事再生法84条２項各号に掲げる請求権３万円の場合

①　住宅資金特別条項を用いる場合

基準債権の総額が230万円であり，その５分の１の46万円よりも100万円の方が多いので，100万円が最低弁済額となる（民再231条２項４号）。

②　住宅資金特別条項を用いない場合

基準債権の総額が730万円であり，その５分の１の146万円の方が100万円よりも多いので，146万円が最低弁済額となる（民再231条２項４号）。

〔ケース３〕　住宅ローンを除く無異議債権の額1521万円，評価済債権の額９万円，住宅ローン（別除権付債権）5000万円，担保不足見込額2500万円，民事再生法84条２項各号に掲げる請求権３万円の場合

①　住宅資金特別条項を用いる場合

基準債権の総額が1530万円であり，その５分の１が300万円を超えるので，300万円が最低弁済額となる（民再231条２項４号）。

②　住宅資金特別条項を用いない場合

基準債権の総額が4030万円であり，その５分の１が300万円を超えるので，300万円が最低弁済額となる（民再231条２項４号）。「無異議債権の額及び評価済債権の額の総額」は1530万円なので（住宅資金貸付債権は「無異議債権の額及び評価済債権の額の総額」には含まれない。）ので，民事再生法231条２項３号の適用場面ではないことに注意を要する。

(e)　**債権者一覧表の記載に反し住宅資金特別条項の定めがない場合**　再生債務者が債権者一覧表に住宅資金特別条項を定めた再生計画案を提出する意思がある旨の記載をした場合（民再221条３項４号，前記１(2)(b)・452頁参照）において，再生計画に住宅資金特別条項の定めがないときは不認可となる（民再231条２項５号）。小規模個人再生においては，再生債務者が債権者一覧

表に住宅資金特別条項を定めた再生計画案を提出する意思がある旨を記載した場合は，当該住宅資金貸付債権は債権調査手続の対象とならない（民再226条5項・227条10項，前記2⑵(b)(ウ)・458頁参照）。そのため，その後再生計画案で住宅資金特別条項を定めなかった場合は，当該住宅資金貸付債権について債権調査を改めて行うことが必要となってしまう。しかし，手続の最終段階に至った段階で，再生債務者の落ち度のために債権調査手続をやり直すのは相当でないと考えられる。そこで，このような場合には再生計画を不認可にすることとしたものである[36)]（**第16章Ⅴ3⑶**・429頁参照）。

⑵ 再生計画の効力

再生計画認可の決定が確定したときは，以下の効力が生じる（民再232条）。

(a) **条件付債権・将来債権の現在化，非金銭債権の金銭化**　民事再生法87条1項1号から3号までに掲げる債権は，それぞれ当該各号に定める金額の再生債権に変更される（民再232条1項）。小規模個人再生においては，通常の再生手続よりも短い弁済期間（民再229条2項2号）内にすべての再生債権についてその一部を金銭で分割弁済させ，残債務は免責することにより，個人債務者の経済的再生を図ることとして，非金銭債権や条件付債権等をすべて金銭化，現在化することとしたものである[37)]（前記2⑴・456頁参照）。

(b) **一般的基準に基づく権利変更**　通常の再生手続においては，再生債権は債権調査手続を通じて実体的に確定され，確定判決と同一の効力が与えられる（民再104条・110条・111条・185条・189条8項・190条2項・195条7項。**第8章Ⅰ7⑷**・225頁，8⑹・230頁参照）。そして，再生計画認可決定が確定すると，再生計画による変更がなされたうえで，やはり確定判決と同一の効力が与えられる（民再179条1項・180条，**第11章Ⅴ3**・353頁参照）が，再生債権者が届出をせず，再生債務者が自認もしなかった再生債権については，原則として再生債務者は免責される（民再178条，**第11章Ⅴ2⑵**・352頁参照）。

これに対し，小規模個人再生においては，債権調査手続を経ても再生債権

36） 一問一答個人再生・235頁。
37） 一問一答個人再生・160頁。

の実体的な確定がなされず，再生債権について確定判決と同一の効力が与えられることはない（前記２⑵(d)・460頁参照）。こうした債権調査手続に再生債権者が参加しなかったとしても，これに対して失権という大きな不利益を与えるのは相当ではないと考えられる。そこで，小規模個人再生では，再生計画認可決定が確定すると，債権調査手続を通じて確定した債権か否かにかかわらず，すべての再生債権者の権利（非免責債権及び再生手続開始前の罰金等を除く。）は再生計画中の権利変更の一般的基準に従って変更され，届出がなされなかった再生債権についても免責はされないこととされている[38]（民事再生法232条２項，同法238条による同法178条・179条・181条１項の適用除外）。

また，そもそも再生債権の実体的な確定がなされていないことから，再生計画認可決定が確定しても，再生債権について確定判決と同一の効力が与えられることはない（民事再生法238条による同法180条の適用除外）。そこで，無異議債権や評価済債権についても，それ以外の再生債権についても，当事者は別途訴訟を提起するなどしてその存否，額等について争うことができる。そして，再生債権には執行力が与えられないので，再生債権者が強制執行を行おうとする場合は，訴訟などによって債務名義を取得しなければならない。

(c)　**無異議債権及び評価済債権以外の再生債権の劣後的扱い**　前記(b)のとおり，小規模個人再生においては，債権調査手続を経ていない再生債権も失権するものではないが，手続内で確定しなかった再生債権も再生計画で定められた弁済期間内に弁済しなければならないものとすると，再生債務者が弁済期間内に弁済すべき金額が予想外に増加し，再生計画の遂行に影響が及ぶおそれがある。そこで，このような事態を防ぐため，無異議債権及び評価済債権以外の債権は，原則として再生計画で定められた弁済期間が満了するまでの間は弁済を受けられないという劣後的扱いを受けることとなっている[39]（民事再生法232条３項本文，同法238条による同法181条２項の適用除外[40]）。

38）　一問一答個人再生・241頁。

39）　一問一答個人再生・242頁。

40）　劣後的に扱う再生債権を再生計画に定められた弁済期間の満了後等に弁済する場合の弁済方法については，一括で弁済すべきとする説と，再生計画に定められた弁済期間の満了時等を起点として再生計画に定められた方法により分割弁済をすればよいとする説に分かれている（新注釈民事再生法(下)・488頁〔付岡透〕）。

ただし，再生債権者が責めに帰することができない事由により届出期間内に届出をすることができず，かつ，その事由が付議決定前に消滅しなかった場合には，再生計画の定めに従った弁済を受けられる（民再232条３項ただし書前段）。また，評価の裁判（民再227条７項）において再生債権の存在が認められなかったが，その後に確定判決などによりこれが存在することが確定した場合も，やはり劣後的な扱いは受けないこととされている（民再232条３項ただし書後段。ここで「再生債権の評価の対象となったものであるとき」とは，このような意味に解されている。[41]）。

(d)　**非免責債権の取扱い**　　非免責債権については再生計画による権利変更の効力は及ばない（民再232条２項，前記４(2)(e)・466頁参照）。しかし，非免責債権について随時の権利行使を可能とした場合，再生計画の遂行に影響が及ぶおそれがある。そこで，非免責債権についても，再生計画による期限の利益を与えることとしている。まず，無異議債権及び評価済債権であるものについては，再生計画の一般的基準に従って弁済し，かつ，再生計画で定められた弁済期間が満了する時に，当該債権の額から当該弁済期間内に弁済をした額を控除した残額につき弁済をしなければならないとされている（民再232条４項）。再生債権者が責めに帰することができない事由により届出期間内に届出をすることができず，その事由が付議決定前に消滅しなかった場合や，評価の裁判において再生債権の存在が認められなかったが，その後に確定判決などによりこれが存在することが確定した場合も同様である（民再232条５項ただし書）。これに対し，以上の場合以外のものについては，再生計画で定められた弁済期間が満了する時に，当該請求権の債権額の全額につき弁済をしなければならないとされている（民再232条５項本文）。

６．再生手続の終結

通常の再生手続においては，再生計画認可の決定が確定した後も，監督委員に最長３年間にわたって再生計画の履行の監督をさせることができる（民

41）　新注釈民事再生法(下)・488頁〔付岡透〕。

再186条２項・188条２項，**第12章Ⅰ２・358頁参照**)。これに対し，小規模個人再生においては，監督委員が選任されることはなく（民事再生法238条による同法第３章第１節の適用除外)，個人再生委員の職務には履行監督は含まれていない（民再223条２項，前記Ⅰ６(1)・445頁参照）ので，認可決定後に履行監督を行う機関は存在しない。また，実際上も，一般に弁済額が少額であることなどから，費用対効果の観点からも，履行監督を行わせる必要性は乏しいものといえる。そこで，小規模個人再生では履行監督は行われず，認可決定の確定によって当然に再生手続が終結することとされている（民再233条)。また，別途の終結決定や公告も要しない（民事再生法238条による同法188条の適用除外)。[42]

〔古 谷　慎 吾〕

7．再生手続の廃止

(1) 廃 止 事 由

小規模個人再生においても，条文上，通常の再生手続の廃止に関する規定（民再191条～195条）の適用は除外されていない（民再238条)。しかし，小規模個人再生は再生計画認可決定確定により必ず終了する（民再233条，前記６・478頁参照）ので，再生計画認可決定確定後の再生手続廃止の規定（民再194条，**第13章Ⅴ１・375頁参照**）が適用されることはあり得ないものと考えられる。[43]

また，小規模個人再生においては，再生計画案の決議は書面によってのみなされ（民再230条３項，前記４(4)(a)(ア)・468頁参照)，消極的同意要件が採用されている（同条６項，前記４(4)(a)(イ)・468頁参照）ことから，通常の再生手続における再生計画案の否決の場合を前提とした廃止事由（民再191条３号，**第13章Ⅱ１(3)・371頁参照**）の適用もないものと考えられる。そして，小規模個人再生では，これに相当する固有の廃止事由として，下記(a)が定められている。[44]

42）　このような制度設計となっているため，再生計画の履行の確保をどのようにして図るかが課題となる。そこで，履行可能性をテストするため，手続の進行中，毎月の計画弁済予定額相当額の積立てを指示している裁判所が多い。東京地方裁判所破産再生部では，これを分割予納金として納付させて，個人再生委員の報酬の原資としている（前記Ⅰ６(2)・447頁参照)。

43）　詳解再生法・645頁〔山本克己〕。

44）　一問一答個人再生・266頁。

上記以外の通常の再生手続における廃止事由は，小規模個人再生においても廃止事由となる。そしてさらに，小規模個人再生固有の廃止事由として，後記(b)が定められている。

(a)　**再生計画案への不同意が過半数となった場合**　小規模個人再生手続において，不同意の旨を通知すべき期間内（民再230条4項）に，再生計画案に同意しない旨を書面によって回答した議決権者が議決権者総数の半数以上となり，又はその議決権の額が議決権者の議決権の総額の2分の1を超えた場合には，裁判所は，職権で，再生手続廃止の決定をしなければならない（民再237条1項前段）。上記のとおり，小規模個人再生においては消極的同意要件を採用していることから，民事再生法191条3号に代わる廃止事由として規定されたものである。

なお，議決権の不統一行使がある場合の決議の算定方法については，民事再生法230条7項が準用されており，当該議決権者1人につき，議決権者総数に1を，再生計画案に同意しない旨の回答をした議決権者の数に2分の1を，それぞれ加算することとされている（民再237条1項後段・230条7項）。

(b)　**財産目録の不実，不正記載**　再生債務者が，財産目録に記載すべき財産を記載せず，又は不正の記載をした場合には，裁判所は，届出再生債権者もしくは個人再生委員の申立てにより又は職権で，再生手続の廃止の決定をすることができる（民再237条2項前段）。

小規模個人再生においては監督委員や調査委員の制度は設けられておらず（民事再生法238条による同法第3章第1節及び第2節の適用除外），再生債務者の財産状況に関する情報の開示について，再生債務者自身が提出する財産目録（民再124条2項）に依存する程度が通常の再生手続よりもはるかに大きくなることから，これに不実の記載をした場合の制裁として規定されたものである。[45][46]

---

45)　一問一答個人再生・267頁。

46)　この廃止は再生計画認可決定確定後も可能であると解する説がある（条解再生法・1214頁〔佐藤鉄男〕）が，小規模個人再生は再生計画認可決定確定により必ず再生手続が終了する（民再233条）ことから，否定すべきである（伊藤・896頁，新注釈民事再生法(下)・514頁〔山田尚志〕）。

なお，財産目録の不実，不正記載は裁量的な廃止事由であり，その程度が軽微な場合にまで必ずしも手続を廃止することを要しない。当該事由による廃止決定をするに当たっては，裁判所は，再生債務者を審尋しなければならない（民再237条２項後段・193条２項）。

⑵　廃止の手続，効果等

再生手続廃止の手続，効果等は，基本的に通常の再生手続と変わりがない（第13章Ⅵ・377頁参照）。ただし，小規模個人再生においては，債権調査の手続によっても再生債権の実体的確定はなされないことから，再生手続が廃止された場合も，再生債権について確定判決と同一の効力が付与されることはない（民事再生法238条による同法195条７項の適用除外，前記２⑵(d)・460頁参照）。

なお，東京地方裁判所破産再生部では，手続が廃止された場合でも，当然には職権による破産手続の開始（民再250条１項）はしない扱いとしている（第15章Ⅲ１⑹・400頁参照）。

〔内田　博久＝石井　芳明〕

８．再生手続終結後の措置

⑴　再生計画の変更

⒜　意　　義　　通常の再生手続における再生計画の変更は，再生手続終了前に限られている（民再187条１項）ところ，小規模個人再生では，再生計画認可決定確定と同時に再生手続が終了するので，このような規律を適用すると，再生計画を変更できる場合はほとんどなくなることになる。しかし，小規模個人再生は，個人債務者の将来の反復継続的な収入の中から清算価値ないしは最低弁済額を上回る金額を原則３年間（最長５年間）で弁済する手続であるため，再生手続終了後に収入の減少等の事情の変動があると，直ちに再生計画の遂行が不能になるおそれが生じかねない。そこで，このような場合においても，再生債権をできるだけ弁済させるため，小規模個人再生においては，通常の再生手続における再生計画の変更の規定の代わりに特別の規定が設けられて，再生手続終了後であっても再生計画を変更できることと

されている[47]（民再234条 同法238条による同法187条の適用除外）。

(b) 要　　件　「やむを得ない事由で再生計画を遂行することが著しく困難となったとき」であることが必要である。債務者のコントロールが及ばないような事情であることを要し，事前に予測できたり，再生債務者が故意に招いたりしたような事情はこれに当たらない。典型例は再生計画作成時に想定していた収入が著しく低下した場合であり，勤務先の業績不振により給与の引下げが行われた場合や，失業し再就職したが収入が低下してしまった場合などが考えられる[48]。

(c) 変更の内容　通常の再生手続においては，条文上，計画の変更の内容に限定を加えていないが，小規模個人再生における再生計画の変更で認められるのは弁済期間の延長だけであって，弁済額の増額又は減額は認められない。変更手続の簡素化を図る趣旨である。また，延長できる期間は，最大2年に限定されている。この2年という期間は延べの期間であり，まず1年延長する計画の変更を行った再生債務者は，再度変更の申立てをしても，更に1年しか延長することができないものと解される。

なお，この手続により住宅資金特別条項の変更を行うことは想定されていないものと解される[49]。

(d) 手　　続　再生計画の変更は，再生債務者の申立てに基づいてのみ始まり，職権で行うことはない。申立てに当たっては，再生計画変更の申立書と変更計画案の提出が必要である（民再規132条）。申立て後は，再生計画案の提出があった場合の手続に関する規定が準用される（民再234条2項）。したがって，書面による決議を経て変更決定がされることになる。変更決定に対しては即時抗告が可能であり，また，変更決定の確定時に変更後の再生計画の効力が生じる（同234条3項）。

〔古谷　慎吾〕

47) 一問一答個人再生・251頁。

48) 一問一答個人再生・252頁。

49) 新注釈民事再生法(下)・498頁〔服部一郎〕。破産・再生の実務〔第3版〕(下)・475頁，個人再生の手引・428頁〔島岡大雄〕。

(2) 再生計画の取消し

(a) **取消事由** 通常の再生手続における再生計画の取消事由（再生計画の不正成立，再生計画の不履行，再生債務者の手続義務違反〔民再189条１項各号〕。第13章Ⅳ・373頁参照）は，小規模個人再生においても再生計画の取消事由となるが，これに加えて，小規模個人再生においては，計画弁済総額（民再231条２項３号，前記５(1)(d)(ア)・472頁参照）が再生計画認可決定の時点で再生債務者につき破産手続が開始されたとして想定される基準債権（民再231条２項３号，前記５(1)(d)(ア)・472頁参照）に対する配当の総額を下回ることが明らかになったことも，再生計画の取消事由とされている（民再236条前段）。

このような清算価値保障原則違反は，通常の再生手続においても小規模個人再生においても，もとより再生計画の不認可事由とされている（民再174条２項４号・231条１項。第11章Ⅳ１(4)・349頁参照，前記５(1)(a)・470頁参照）が，通常の再生手続においては，再生計画の取消事由とまではされていない。しかし，小規模個人再生においては，監督委員や調査委員の制度は利用できず（民事再生法238条による同法第３章第１節及び第２節の適用除外），個人再生委員もこれらと比較すれば厳格な調査は行わない運用が想定されることから，再生債務者の財産状況に関する情報の開示については，財産目録の提出（民再124条２項）等を通じた再生債務者自らの申告に依存する程度が，通常の再生手続よりもはるかに大きくなる。そこで，こうした情報提供が不十分，不適切であったことにより再生計画が清算価値保障原則に反するものとなった場合には，これに対する制裁として，それが再生計画認可決定確定後に判明した場合であっても，再生計画を取り消すことができることとしたものである。[50)]

清算価値保障原則違反による取消しも，再生債権者の申立てによってなされる。ただし，再生債権者が再生計画認可の決定に対する即時抗告により当該取消事由を主張しもしくは知りながら主張しなかったとき，当該取消事由があることを知った時から１月を経過したとき，又は再生計画認可の決定が確定した時から２年を経過したときは，取消しの申立てをすることができない（民再236条後段・189条２項）。

50) 一問一答個人再生・265頁。

(b)　**手続，効果等**　再生計画取消しの手続，効果等は，基本的に通常の再生手続におけるのと変わりがない（第13章Ⅶ３・381頁，４・382頁参照）。清算価値保障原則違反を理由とする取消しも，他の取消事由による取消しと同様に，裁量的である（民再236条前段）[51]。

ただし，小規模個人再生においては，債権調査の手続によっても再生債権の実体的確定はなされないことから，再生計画が取り消された場合も，再生債権について確定判決と同一の効力が付与されることはない（民事再生法238条による同法189条８項の適用除外。前記２(2)(d)・460頁，第13章Ⅶ４(1)・382頁参照）。

東京地方裁判所破産再生部では，職権による破産手続開始決定（民再250条１項）は，当然にはしない扱いである（第15章Ⅲ１(6)・400頁参照）。

(3)　ハードシップ免責

(a)　**意　　義**　やむを得ない事由により再生計画の遂行が著しく困難となった場合，再生債務者は再生計画の変更の申立てをすることができる（前記８(1)・481頁参照）が，それでは，対処できないような事情が生じることもある。このような事情には様々なものが考えられ，再生債務者の責めに帰すことができない事情により再生計画の遂行ができなくなった場合であっても破産手続による以外に債務を整理する方法がないとするのは，個人債務者の経済的再生を図るという小規模個人再生の制度趣旨に照らすと，厳格にすぎる嫌いがある。

そこで，小規模個人再生においては，再生計画の遂行ができなくなったのが再生債務者の責めに帰することのできない事由によるものであり，かつ，再生計画の遂行が相当程度行われている場合に，裁判所は残債務の免責を認めることができることとされている。これが，計画遂行が極めて困難となった場合の免責，いわゆるハードシップ免責である（民再235条）。

(b)　**要　　件**

(ア)　**再生債務者の責めに帰することができない事由により，再生計画を遂行することが極めて困難になったこと**（民再235条１項柱書）　ハードシッ

---

51)　伊藤・898頁，新注釈民事再生法(下)・509頁〔佐藤昌己〕，条解再生法・1211頁〔佐藤鉄男〕。

プ免責が認められるためには，まず，再生計画の遂行ができなくなったのが「債務者の責めに帰することができない事由」によることが必要である。具体的には，勤務先の事情による失業で収入がなくなった場合や，自身の病気や事故，親族の介護により就業することができず，収入の見込みがなくなった場合などが考えられる。

次に，「再生計画を遂行することが極めて困難」とは，再生計画の変更により弁済期を延長しても計画の遂行が困難な場合である。一時的に収入が減少した程度では，「再生計画の遂行が極めて困難」とは認められないことが多い。失業のケースであれば，再就職の努力をしているにもかかわらず年齢や経済情勢から困難であるといった事情が必要であろう。

(イ) 再生計画に従って弁済をなすべき債権に対して，その４分の３以上の弁済があること（民再235条１項１号・２号）　免責という強い効果を生じさせるため，再生計画に基づいて相当程度の弁済がなされていたことが要件とされている。具体的には，権利変更後の基準債権（民再232条２項，前記５(1)(d)(ア)・472頁参照），劣後扱いの例外とされる債権（同条３項ただし書，前記５(2)(c)・477頁参照）及び非免責債権のうち権利変更の一般的基準に従って弁済される部分（前記５(2)(d)・478頁参照）について，それぞれ４分の３以上の弁済を終えていることが必要である。

(ウ) 清算価値保障原則に反しないこと（民再235条１項３号）　免責の決定をすることが再生債権者の一般の利益に反しない場合でなければならない。これは，行われた弁済が清算価値保障原則を満たすものであること，すなわち，再生計画認可決定時に再生債務者について破産手続による清算が行われたとした場合の配当額以上の弁済が既に行われていることを意味する（前記５(1)(a)・470頁参照）。したがって，再生計画に基づく弁済総額が清算価値をわずかに超えるような場合には，ハードシップ免責が認められる場合も限定的となる。

(エ) 再生計画の変更をすることが極めて困難なこと（民再235条１項４号）

再生計画の遂行が困難となった場合の救済手段として，再生計画の変更の手続が設けられているので，可能な場合にはこれによるべきという趣旨である。

(c) 手　　続　ハードシップ免責の申立ては，再生債務者がすることができる。申立てがあった場合，裁判所は，届出債権者の意見を聴いたうえ（民再235条2項），要件が具備されている場合には免責の決定をする。なお，再生計画において住宅資金特別条項が定められている場合には，住宅資金特別条項により権利の変更を受けた者に対しても意見聴取をする必要がある（同条8項）。

法文の文言上は「免責の決定をすることができる」（民再235条1項柱書）とされているが，これは裁判所の権限を表したものであって，要件が認められる場合には，裁判所は，裁量で申立てを棄却することはできず，必ず免責の決定をしなければならないものと解されている。また，破産手続における免責のように裁量により免責を認める規定（破252条2項）は存在しないので，要件が欠けている場合に裁量的に免責を認めることもできない[52)]。

免責の決定がなされたら，再生債務者，届出再生債権者，及び住宅資金特別条項により権利の変更を受けた者に対して，決定の主文及び理由の要旨を記載した書面を送達する（民再235条3項・8項）。ハードシップ免責の申立てについての裁判に対しては，即時抗告をすることができる（同条4項）。

(d) **ハードシップ免責の効力**　ハードシップ免責が確定すると，再生債務者は，履行をした部分を除き，再生債権者に対する債務の全部についてその責任を免れる[53)]（民再235条5項・6項）。ただし，非免責債権及び再生手続開始前の罰金等は免責の対象から除外されている[54)]。

ハードシップ免責が確定しても，別除権者の担保権，再生債務者の保証人その他再生債務者とともに債務を負担する者に対して有する再生債権者の権利及び再生債務者以外の者が再生債権者に対して提供した担保に影響を及ぼさない（民再235条7項）。附従性を認めると，人的・物的担保の意味がなくなってしまうからであり，この点は破産手続における免責と同様である（破

52）新注釈民事再生法(下)・506頁〔佐藤浩史〕。

53）免責の効果の法的意味については，破産法上の免責と同様の議論があり（伊藤・551頁参照），多数説は自然債務になると解している。

54）非免責債権の範囲は破産手続と異なっている（民再229条3項，破253条1項6号，前記4(2)(e)・466頁参照）。

253条２項)。

ハードシップ免責を受けた場合，モラルハザード防止の趣旨から，当該債務者は，再生計画認可決定確定の日から７年以内は，給与所得者等再生の手続を利用することができず（民再239条５項２号ロ)，また，破産手続においても原則として免責を受けることができない（破252条１項10号ハ)。

９．小規模個人再生において適用が除外される規定

小規模個人再生においては，その制度趣旨や，小規模個人再生において独自の規定が設けられていること等から，通常の再生手続の規定のうち，以下の適用が除外されている（民再238条)。

・再生手続開始の通知，公告に関する規定（民再34条２項・35条・37条ただし書）
・監督委員，調査委員に関する規定（民再第３章第１節・第２節）
・再生債権の調査，確定に関する規定（民再40条・第４章第３節〔113条２項から４項までを除く。〕・185条〔民再189条８項，190条２項及び195条７項において準用する場合を含む。〕・200条２項・４項）
・債権者集会，債権者委員会に関する規定（民再第４章第４節・126条）
・約定劣後再生債権に関する規定（民再85条６項・87条３項・155条２項・174条の２・175条２項，及び37条本文，42条２項，89条２項，94条１項，156条の約定劣後再生債権に係る部分）
・否認制度に関する規定（民再40条の２〔民法423条の規定により再生債権者の提起した訴訟に係る部分を除く。〕・第６章第２節）
・再生計画の内容に関する規定（民再155条１項～３項・157条～159条・165条１項）
・再生計画の成立手続に関する規定（民再163条２項・164条２項後段・第７章第３節〔172条を除く。〕・174条１項・202条１項）
・再生計画の効力に関する規定（民再178条～180条・181条１項・２項・205条２項）
・再生計画の履行，変更に関する規定（民再186条３項・４項・187条）
・再生手続の終結に関する規定（民再188条）

・簡易再生及び同意再生に関する規定（民再第12章）

〔内田　博久＝石井　芳明〕

Ⅲ　給与所得者等再生

1．再生手続の開始

(1)　給与所得者等再生に固有の手続開始要件

給与所得者等再生は小規模個人再生の特則として位置づけられることから，手続開始要件として，通常の再生手続の要件（民再21条１項・25条）はもちろん，小規模個人再生の要件（民再221条１項）も満たす必要がある（民再239条，前記Ⅱ１(1)・448頁参照）。さらに，給与所得者等再生固有の開始要件として，①債務者が給与又はこれに類する定期的な収入を得る見込みがある者であって，かつ，その額の変動の幅が小さいと見込まれるものであること（民再239条１項・５項１号），②再生債務者に民事再生法239条５項２号に該当する事由がある場合には，給与所得者等再生を求める申述がこれを禁ずる期間内になされていないこと（民再239条５項２号）が必要である。以下，説明する。

(a)　**給与又はこれに類する定期的な収入を得る見込みがある者であって，かつ，その額の変動の幅が小さいと見込まれること**　　給与所得者等再生は，再生計画案の決議を不要とするなど，小規模個人再生よりも更に手続を簡素化，合理化したものであるため，手続の利用資格を，より安定した収入を得ている者に限定したものである[55]。

「給与又はこれに類する定期的な収入を得る見込みがある者」とは，いわゆるサラリーマンが典型であるが，収入は労働の対価には限られない。したがって，年金や恩給，家賃収入によって生計を立てている者も含まれる。また，「定期的な収入を得る見込みがある者」であればよいのであり，手続開始申立時点では失業状態であるが近々再就職が予定されているというような

55）一問一答個人再生・276頁。

場合も含まれる。

いかなる場合に「額の変動の幅が小さい」といえるかについては，可処分所得を算出する際の収入額の算定において，再生債務者の年収につき，再生計画案の提出前２年間の途中で５分の１以上の変動があった場合に，変動後の収入額を基準にしていること（民再241条２項７号柱書・イ，後記４(1)(c)(イ)・497頁参照）との対比から，少なくとも変動が年収の５分の１に満たない場合にはこの要件を満たすと考えてよい[56)]。

具体例としては，アルバイトやパートタイマーについては，正社員と同様に継続的に勤務し，あるいは継続的に勤務していくことが見込まれ，収入の変動の幅も小さいと見込まれる場合はこの要件を満たすと考えられる。

歩合給の者については，他に基本給があるなどの事情により，過去の実績からみて年収の額に大きな変動がない場合はこの要件を満たすと考えられるが，完全歩合給で各年の変動の幅も大きいという場合は要件を満たさない。

失業保険受給者は，保険受給期間が短期間に限られており，継続的な収入を得ているとはいえないので，この要件は満たさない。

(b) **再生債務者に民事再生法239条５項２号に該当する事由がある場合には，給与所得者等再生を求める申述がこれを禁ずる期間内になされていないこと**　給与所得者等再生は，債権者による再生計画案の決議が不要とされる手続であるが，過去に破産免責等を受けた者に対し，短期間のうちに債権者の多数の同意を要せずに再び免責を受けさせることは，いわゆるモラルハザードを招来するおそれがある。そこで，①再生債務者が給与所得者等再生における再生計画を遂行した場合は当該再生計画認可の決定の確定の日から，②計画遂行が極めて困難となった場合の免責（ハードシップ免責〔民再235条・244条〕）を受けた場合は当該免責の決定に係る再生計画認可の決定の確定の日から，③破産免責（破252条１項）を受けた場合は免責許可決定の確定の日から，それぞれ７年間は，給与所得者等再生を行うことを求める申述をすることはできないとされている（民再239条５項２号）。

56) 一問一答個人再生・278頁。

(2) 給与所得者等再生開始の申立て

(a) **給与所得者等再生を行うことを求める旨の申述**　再生債務者は，給与所得者等再生を行うことを求める旨の申述をしなければならない（民再239条２項）。この申述は，債務者自身が再生手続開始の申立てをする場合は再生手続開始申立書に記載してしなければならない点（民再規136条１項），債権者申立ての場合は再生手続開始の決定があるまでにしなければならない点（民再239条２項括弧書）は，小規模個人再生と同様である（前記Ⅱ１(2)(a)・451頁参照）。

ところで，通常の再生手続，小規模個人再生及び給与所得者等再生は段階的に開始要件が加重されているところ，給与所得者等再生の開始を求めて申立てをする者の中には，この手続が利用できないのであれば他の手続を利用したいと考える者が多いであろうが，他方，簡素化，合理化されたこの手続の利用ができないのであれば，他の手続の利用は望まない者もいると考えられる。そこで，債権者が再生手続開始の申立てをした場合を除き，再生債務者は，給与所得者等再生を行うことを求める申述をする際，小規模個人再生の要件を具備しないことが明らかとなった場合に通常の再生手続による手続の開始を求める意思があるか否か，及び給与所得者等再生の要件を具備しないことが明らかとなった場合に小規模個人再生による手続の開始を求める意思があるか否かを，再生手続開始の申立書に記載して明らかにしなければならないとされている（民再239条３項，民再規136条２項１号・２号）。

(b) **債権者一覧表の提出**　再生債権者は，上記(a)の申述をするには，所定の事項を記載した債権者一覧表を提出しなければならない（民再244条・221条３項，民再規140条・114条１項）。その趣旨，内容は，小規模個人再生におけるのと同じである（前記Ⅱ１(2)(b)・452頁参照）。

(c) **申立書の記載事項**　再生債務者が給与所得者等再生の開始を求める場合には，再生手続開始の申立書には，通常の再生手続開始の申立書の記載事項（民再規12条１項。第４章Ⅳ１・94頁，２・94頁参照）に加え，前記(a)の申述等と，再生債務者の職業，収入，家族関係その他の生活の状況及び民事再生法221条１項に規定する再生債権の総額を記載し，さらに，民事再生法239条５項２号イからハまでに掲げる事由のいずれかがある場合には，それぞれイからハまでに定める日から７年以内に前記(a)の申述がなされたものではない旨を記載しなければならない（民再規136条２項３号～５号，前記(1)(b)・489頁参照）。

(d) **添付書類**　申立書には，通常の再生手続の申立書の添付書面（民再規14条１項）のほか，①確定申告書の写し，源泉徴収票の写しその他の民事再生法241条２項７号イからハまでに定める額を明らかにする書面，②財産目録に記載された財産の価額を明らかにする書面，③住宅資金特別条項を定めた再生計画案を提出する意思がある場合は，住宅資金貸付契約の内容を記載した証書の写し等民事再生規則102条１項に掲げる書面を添付しなければならない（民再規136条３項・140条・115条１項）。

(3) 保全処分，他の手続の中止命令等

他の手続の中止命令（民再26条），包括的禁止命令（民再27条），仮差押えその他の保全処分（民再30条），担保権の実行手続の中止命令（民再31条），抵当権の実行手続の中止命令（民再197条１項・２項）の各制度の利用が可能であること等は，小規模個人再生手続と同様である（前記Ⅱ１(3)・454頁参照）。

(4) 給与所得者等再生の開始

給与所得者等再生開始の申立てが，通常の再生手続と共通の手続開始要件及び小規模個人再生に特有の手続開始要件は満たしているが，給与所得者等再生に固有の手続開始要件を満たしていないという場合，裁判所は，当該事件を小規模個人再生として開始決定をする。ただし，債権者申立事件の場合を除き，債務者が小規模個人再生手続の開始を求める意思がない旨を明らかにしていたときは，申立てを棄却する（民再239条５項，前記(2)(a)・490頁参照）。

また，通常の再生手続と共通の手続開始要件は満たしているが，小規模個人再生に特有の手続開始要件を満たしていないという場合は，裁判所は，当該事件を通常の再生事件として手続開始決定をする。ただし，債権者申立事件の場合を除き，債務者が通常の再生手続の開始を求める意思がない旨を明らかにしていたときは，申立てを棄却する（民再239条４項，前記(2)(a)・490頁参照）。

通常の再生手続と共通の手続開始要件すら満たさない場合は，申立てを棄却する（民再25条）。

手続開始要件をすべて満たした場合，裁判所は，給与所得者等再生の開始の決定をする。

裁判所は，給与所得者等再生の開始決定と同時に，債権届出期間及び一般異議申述期間を定める（民再244条・222条１項）。また，再生手続開始決定後，直ちに，再生手続開始の決定の主文，債権届出期間及び一般異議申述期間を公告したうえ，再生債務者及び知れている再生債権者に通知する（民再244条・222条２項・３項）。知れている再生債権者には，債権者一覧表に記載された事項も通知する（民再244条・222条４項）。これらの点は小規模個人再生と同様である（前記Ⅱ１(4)(a)・454頁参照）。

再生手続開始決定の効果についても，小規模個人再生と同様である（民再245条，前記Ⅱ１(4)(b)・455頁参照）。

２．再生債権の調査と再生債務者の財産の調査

給与所得者等再生における再生債権の届出及び調査並びに再生債務者の財産の調査の手続は，小規模個人再生と同様である（民再244条・224条～228条，民再規140条・118条～126条。前記Ⅱ２・456頁，３・461頁参照）。

３．再生計画案に対する意見の聴取

(1) 再生計画案の作成・提出

再生計画案の作成・提出，再生計画案の条項及び再生計画による返済計画表を提出させる運用については，小規模個人再生と同様である（民再163条１項・３項，民再規84条２項・３項，民再154条以下。民再245条・238条による157条・158条・165条１項の適用除外。民再244条・229条，民再規140条・130条の２。前記Ⅱ４(1)(2)(3)・463～468頁参照）。

なお，収入の定期性及び安定性の欠如（民再241条２項４号），民事再生法239条５項２号所定の事由（民再241条２項６号）及び可処分所得額基準を満た

さないこと（同項7号）は，いずれも法文上は給与所得者等再生固有の再生計画不認可事由として規定されている（民再241条2項，後記4(1)・495頁参照）が，当然のことながら，給与所得者等再生の再生計画案は，これらに該当しないものでなければならない。

(2) 再生計画案に対する意見の聴取

(a) **趣　　旨**　小規模個人再生と異なり，給与所得者等再生では，再生計画案についての債権者の決議は不要とされているが，その反面として，可処分所得額基準を満たさないこと等の給与所得者等再生固有の再生計画不認可要件が規定され，これにより再生債権者の保護が図られている（民再241条2項，後記4(1)・493頁参照）。したがって，再生計画案に不認可事由が存在しないことは，再生債権者の権利の保障のために非常に重要であることから，これについて再生債権者の意見を聴取する特別の手続が設けられた。

(b) **意見聴取決定**　給与所得者等再生において再生計画案の提出があった場合には，裁判所は，再生計画案を認可すべきかどうかについての届出再生債権者の意見を聴く旨の決定をする（民再240条1項柱書）。

ただし，以下の場合は，意見聴取の決定はしないこととされている。

(ア) **提出された再生計画案に不認可事由があるとき**（民再240条1項1号）

提出された再生計画案に民事再生法241条2項に掲げる不認可事由がある場合，仮に意見聴取をしても，再生計画は結局不認可とされる（民再241条2項）。したがって，不認可事由があることが既に明らかとなっている場合には，再生債権者の意見を聴かずに，再生手続を廃止する（民再243条2号）。

(イ) **異議及び評価の手続が終了していないとき**（民再240条1項2号・3号）

再生計画案に不認可事由があるか否かについては，債権調査及び評価の手続が終了し，手続内で取り扱われる再生債権の総額が定まらないと判断できない（民再241条2項5号）。そこで，一般異議申述期間が経過していないか，又は一般異議申述期間内に異議が述べられた場合において評価申立ての不変期間が経過していないとき（その不変期間内に再生債権の評価の申立てがあったときは，再生債権の評価がされていないとき），特別異議申述期間が定められた場合において，当該特別異議申述期間が経過していないか，又は当該特別異議申述期間内に異議が述べられたときであって評価申立ての不変期間が経過していないとき（当該不変期間内に再生債権の評価の申立てがあったときは，再生債権の評価がされていないとき）は，これらの期間が経過し，あるいは再生債権の評価の手続が終了するまでは，意見聴取の決定は行わない。

(ウ)　**民事再生法125条1項の報告書の提出がされていないとき**（民再240条1項4号）　債権者が再生計画案の不認可事由の有無について適切な意見を述べるためには，そのための判断材料が必要であり，中でも民事再生法125条1項の報告書は重要な資料となるものである。そこで，この報告書の提出がなされない間は意見聴取の決定はできないこととされている。

(c)　**手　　続**　裁判所は，意見聴取の決定をした場合には，その旨を官報に公告し，かつ，届出再生債権者に対し，再生計画案の内容又はその要旨及び再生計画案について不認可事由があるとの意見がある場合は裁判所の定める期間内にその旨及び当該事由を具体的に記載した書面を提出すべき旨を通知する（民再240条2項）。この期間は，意見聴取の決定の日から2週間以上2か月以下（届出再生債権者で日本国内に住所，居所，営業所又は事務所がないものがある場合には，4週間以上3か月以下）の範囲内で定められる[57]（民再規139条1項）。通知を受けた届出再生債権者は，意見がない場合には裁判所に対して意見を述べることを要しない（民再規139条2項）。意見を述べる場合には，裁判所から意見を述べるための用紙[58]の送付を受けたときは，当該送付を受けた用紙に不認可事由を具体的に記載して，裁判所に提出しなければならない（同項）。

(d)　**意見聴取の結果の反映**　再生債権者から，不認可事由を具体的に指摘した意見が提出された場合，裁判所は，これを参考にして，不認可事由の存否について慎重に審理することになる。具体的には，当該意見を提出した再生債権者と再生債務者の双方を審尋し（書面審尋が中心となろう。民再18条，民訴87条2項・187条），証拠資料の提出を求める，個人再生委員に調査を依頼するなどの方法が考えられる。

---

57)　東京地方裁判所破産再生部では2週間としている（前記■図表17－3参照）。

58)　東京地方裁判所破産再生部では，「意見書」と表題のついた用紙を送付している。

他方，再生債権者が不認可事由を具体的に指摘せず，単に不認可を求める旨の意見を提出したにすぎない場合は，裁判所の認可すべきか否かの審査に寄与しないため，考慮の外に置かれることになる。

なお，意見聴取の決定がなされた後は，再生債権届出の追完や再生計画案の修正はできなくなる（民再240条３項・95条・167条）。したがって，意見聴取により再生計画不認可事由があることが明らかになったとしても，再生計画案の修正によりこれを補正することはできず，裁判所は不認可決定をするほかはない。

４．再生計画の認可

(1) 給与所得者等再生における再生計画の不認可事由

再生計画案に対する意見聴取のための期間が経過したときは，裁判所は，提出された意見を参考にしたうえ，不認可事由が認められない限り，再生計画認可の決定をする（民再241条１項）。

給与所得者等再生は小規模個人再生の特則であることから，①再生手続一般の不認可事由（民再241条２項１号本文・174条２項１号・２号，**第11章Ⅳ１**・348頁参照），②住宅資金特別条項を定めた場合の不認可事由（民再241条２項１号括弧書・202条２項２号・241条２項３号・202条２項３号，**第16章Ⅴ３**・428頁参照），及び③小規模個人再生固有の不認可事由（民再241条２項５号・231条２項２号～５号，前記Ⅱ５(1)・470頁参照）は，給与所得者等再生においても再生計画不認可事由となる。[59] そしてそのうえで，④給与所得者等再生固有の不認可事由（民再241条２項４号・６号・７号）が規定されている。以下，④について説明する。

(a) 収入の定期性及び安定性要件の欠如　再生債務者が，給与又はこれ

59) 給与所得者等再生では再生計画案の決議が行われないことから，民事再生法174条２項３号・４号の不認可事由は除外され，同項４号の不認可事由に相当するものとして同法241条２項２号の不認可事由が加えられている。また，同法231条２項１号の不認可事由については，給与所得者等再生固有の不認可事由である同法241条２項４号がより厳格な要件を定めていることから除外されている。

に類する定期的な収入を得ている者に該当しないか，又はその額の変動の幅が小さいと見込まれる者に該当しないときは，再生計画は不認可となる（民再241条２項４号）。これらの者に該当することは，給与所得者等再生の開始の要件でもある（民再239条１項，前記１(1)(a)・488頁参照）が，手続開始後，勤務先を退職するなどして要件を欠くに至ることもあり得る。そのため，再生計画の認可の審査の時点で，改めてその充足を確認する趣旨である。

⒝　**民事再生法239条５項２号の事由**　民事再生法239条５項２号に規定する事由があるとき，すなわち，①再生債務者が給与所得者等再生における再生計画を遂行した場合は当該再生計画認可の決定の確定の日から，②個人再生手続におけるハードシップ免責（民再235条１項・244条）を受けた場合は当該免責の決定に係る再生計画認可の決定の確定の日から，③破産法上の免責（破252条１項）を受けた場合は免責許可決定の確定の日から，それぞれ７年の間に，給与所得者等再生を行うことを求める申述をしていたときは再生計画は不認可となる（民再241条２項６号）。本事由も，給与所得者等再生の開始の要件（前記１(1)(b)・489頁参照）について，再生計画の認可の審査の時点で，改めてその充足を確認する趣旨である。

⒞　**計画弁済総額が可処分所得額基準を下回る場合**　給与所得者等再生は，再生計画案に対する再生債権者の決議を省略する点が最大の特色であるが，これが合理性を有するためには，再生計画による弁済の総額が再生債務者の収入状況に照らして合理的かつ最大のものである必要がある。そこで，計画弁済総額（民再231条２項３号．前記Ⅱ５(1)(d)㋐・472頁参照）が再生債務者の収入等をもとに算出される可処分所得の２年分以上であると認めることができないときは，再生計画を不認可とすることとした（民再241条２項７号）。

可処分所得額の算出方法は次のとおりである。

㋐　**原　則　型**　後記㋑㋒以外の場合については，まず，再生計画案の提出前２年間の再生債務者の収入の合計額からこれに対する所得税等[60]に相当する額を控除した額を２で除する。そして，この金額から，再生債務者及

60)　所得税，個人の道府県民税又は都民税及び個人の市町村民税又は特別区民税並びに所得税法74条２項に規定する社会保険料をいう（民再241条２項７号イ）。

びその扶養を受けるべき者の最低限度の生活を維持するために必要な１年分の費用の額（最低生活費[61]）を控除し，さらに，その額（可処分所得額。▩図表17－７）に２を乗じた額が最低弁済額となる（民再241条２項７号柱書・ハ）。

▩図表17－７　可処分所得額の算出方法（原則型）

［（再生計画案の提出前２年間の再生債務者の収入の合計額）－（所得税等の合計額（２年分））］÷２－（政令で定められる１年分の最低生活費）＝可処分所得額

㈠　**再生計画案の提出前２年間の途中で年収について５分の１以上の変動が生じた場合**　この場合は，変動が生じた時から再生計画案提出時までの間の収入の合計額からこれに対する所得税等の額を控除した額を１年間当たりの額に換算した額を求め，ここから最低生活費を控除し，この額（可処分所得額）に２を乗じた額が最低弁済額となる（民再241条２項７号柱書・イ）。

㈡　**再生計画案の提出前２年間の途中で，給与所得者等再生の利用資格を満たす安定した定期的な収入を得るに至った場合**　自営業者が廃業してサラリーマンになった場合が典型である。この場合，給与所得者等再生の利用資格を満たす収入を得るに至った時から再生計画案提出時までの間の収入の合計額からこれに対する所得税等の額を控除した額を１年間当たりの額に換算した額を求め，ここから最低生活費を控除し，この額（可処分所得額）に２を乗じた額が最低弁済額となる（民再241条２項７号柱書・ロ）。

⑵　再生計画の効力

再生計画の効力については，小規模個人再生と同様である（民再244条・232条，前記Ⅱ５⑵・476頁参照）。

61）　この１年分の費用の額は，再生債務者及びその扶養を受けるべき者の年齢及び居住地域，当該扶養を受けるべき者の数，物価の状況その他一切の事情を勘案して政令で定めるとされ（民再241条３項），これを受け，「民事再生法第241条第３項の額を定める政令」（平成13年政令第50号）が制定され，平成13年４月１日から施行されている。

5．再生手続の終結

再生計画認可決定の確定によって当然に再生手続が終結することは，小規模個人再生と同様である（民再244条・233条）（前記Ⅱ６・478頁参照）。

〔古 谷　慎 吾〕

6．再生手続の廃止

給与所得者等再生においては，再生計画案の決議が行われないことから，決議の存在を前提とする廃止事由を定めた民事再生法191条及び237条１項の適用は除外される（民再244条・245条）。そして，これらに代わる廃止事由として，①不認可事由の存在しない再生計画案の作成の見込みがないことが明らかになったとき，及び②裁判所の定めた期間もしくはその伸長した期間内に再生計画案の提出がないか，その期間内に提出された再生計画案に不認可事由が存在するとき，が定められている。これらの廃止事由が存在する場合には，裁判所は職権で再生手続廃止の決定をしなければならない（民再243条）。

上記の点以外については，給与所得者等再生の廃止は，小規模個人再生の廃止と変わりがない（民再191条〜195条・244条・237条２項，同法245条・238条による同法195条７項の適用除外。前記Ⅱ７・479頁参照）。

7．再生手続終結後の措置

(1) 再生計画の変更

再生計画の変更に関しては，変更計画案について決議がなされず，再生債権者等に意見聴取（民再240条）がなされることとなる点を除いては，小規模個人再生と同様である（民再244条・234条，前記Ⅱ８(1)・481頁参照）。

(2) 再生計画の取消し

給与所得者等再生でも，小規模個人再生と同様，再生計画が清算価値保障原則に違反していることは再生計画取消事由とされているが（前記Ⅱ８(2)・483頁参照），のみならず，計画弁済総額が最低弁済額である可処分所得の２年分以上の額を下回ることも，再生計画の取消事由とされている（民再242条前段・241条２項７号）。後者の可処分所得額基準違反は，もとより再生計画不認可事由とされている（民再241条２項７号，前記４(1)(c)・496頁参照）が，給与所得者等再生においては監督委員や調査委員の制度は利用できず（民事再生法245条・238条による同法第３章第１節及び第２節の適用除外），個人再生委員もこれらと比較すれば厳格な調査は行わない運用が想定されるため，再生債務者の所得に関する情報の開示については，再生債務者自らの申告に依存する程度が，通常の再生手続よりもはるかに大きくなる。そこで，こうした情報開示が不十分，不適切であったことにより再生計画が可処分所得額基準を満たさないものとなった場合には，これに対する制裁として，それが再生計画認可決定確定後に判明した場合であっても，再生計画を取り消すことができることとしたものである[62)]。

上記のいずれの場合も，再生債権者が再生計画認可の決定に対する即時抗告により当該取消事由を主張しもしくは知りながら主張しなかったとき，当該取消事由があることを知った時から１月を経過したとき，又は再生計画認可の決定が確定した時から２年を経過したときは，取消しの申立てをすることができない（民再242条後段・189条２項）。取消しが裁量的であることは，他の取消事由に係る場合と同様である[63)]。

上記の点以外については，給与所得者等再生における再生計画の取消しは，小規模個人再生におけるのと変わりがない（民事再生法189条，同法245条・238

62) 一問一答個人再生・296頁参照。

63) 伊藤・911頁，新注釈民事再生法(下)・546頁〔白﨑識隆〕，条解再生法・1238頁〔田頭章一〕。これに対し，立法担当者は，「再生計画取消しの決定をすることができる」との文言は裁判所の権限を表したものであって当該取消事由が存在する場合には取消しは義務的であるとの見解を示している（一問一答個人再生・297頁）。しかし，取消事由が存在しても一定の場合には取消申立権が失権することが規定され（民再242条後段・189条２項），法的安定性への配慮がなされていることなどに照らすと，疑問である。

条による同法189条8項の適用除外。前記Ⅱ8(2)・483頁参照)。

(3)　ハードシップ免責

ハードシップ免責については，小規模個人再生と変わりがない（民再244条・235条，前記Ⅱ8(3)・484頁参照)。

8．給与所得者等再生において適用，準用が除外される規定

(1)　通常の再生手続の規定の適用除外

給与所得者等再生では，通常の再生手続の規定で小規模個人再生において適用が除外されているものはやはり適用が除外されているが，さらに，その制度趣旨や，給与所得者等再生において独自の規定が設けられていること等から，以下の規定の適用が除外されている（民再245条)。

・再生計画案の議決に関する規定（民再87条1項・2項・172条・191条)

・再生計画の認可に関する規定（民再174条2項・3項・202条2項)

(2)　小規模個人再生の規定の準用除外

給与所得者等再生では，小規模個人再生の規定のほとんどが準用されているが，その制度趣旨や，給与所得者等再生において独自の規定が設けられていること等から，以下の規定は準用されていない（民再244条)。

・民再221条1項・2項・6項・7項・230条・231条・236条・237条1項

〔内田　博久＝石井　芳明〕

事項索引

あ

か

さ

た

な

は

ま

や

ら

わ

判例索引

最高裁判所

最判昭40・9・22民集19巻6号1600頁・判時421号20頁 …… 149
最判昭41・4・28民集20巻4号900頁・判時453号31頁 …… 272
最判昭47・7・13民集26巻6号1151頁 …… 217
最判昭48・2・2民集27巻1号80頁・判時704号44頁・判タ294号337頁 …… 159,163
最判昭54・2・15民集33巻1号51頁・判時922号45頁・判タ383号95頁 …… 272
最判昭56・12・22裁判集民134号617頁・判時1032号59頁・判タ464号87頁 …… 276
最判昭57・3・30民集36巻3号484頁・判時1039号127頁・判タ469号181頁 …… 170
最判昭58・3・22裁判集民138号303頁 …… 34
最判昭59・2・2民集38巻3号431頁 …… 36,262
最判昭61・9・11裁判集民148号445頁・判時1215号125頁・判タ624号127頁 …… 403
最判昭61・11・10民集41巻8号1559頁 …… 273
最判昭62・11・26民集41巻8号1585頁 …… 164,165
最判平7・4・14民集49巻4号1063頁・判時1533号116頁・判タ880号147頁 …… 278,280
最判平11・1・29民集53巻1号151頁 …… 273
最決平12・7・26民集54巻6号1981頁・判時1721号82頁・判タ1040号132頁 …… 131
最決平13・3・23判時1748号117頁・判タ1060号170頁 …… 131
最判平13・11・22民集55巻6号1056頁・判時1772号44頁・判タ1081号315頁 …… 274
最判平17・1・17民集59巻1号1頁 …… 217,218
最決平20・3・13民集62巻3号860頁 …… 349
最判平20・12・16民集62巻10号2561頁・判時2040号16頁・判タ1295号183頁 …… 170,171,216,278,280
最判平22・6・4民集64巻4号1107頁・判タ1332号60頁 …… 35,276
最判平23・11・22民集65巻8号3165頁・判時2134号62頁 …… 246,250
最判平23・11・24民集65巻8号3213頁・判時2134号67頁 …… 245
最判平23・12・15民集65巻9号3511頁・判時2138号37頁 …… 268
最判平25・11・21民集67巻8号1618頁 …… 244

高等裁判所

大阪高決平11・10・14金判1080号3頁・金法1569号108頁 …… 285
東京高決平14・3・15金法1679号34頁 …… 282
名古屋高決平16・8・10判時1884号49頁 …… 294
名古屋高決平16・8・16判時1871号79頁 …… 449
大阪高判平16・11・30金法1743号44頁 …… 144
東京高決平17・1・13判タ1200号291頁 …… 93
東京高判平17・6・30金判1220号2頁・金法1752号54頁 …… 246
福岡高決平18・3・28判タ1222号310頁 …… 294

大阪高決平18・4・26金法1789号24頁 …… 396
高松高決平18・10・25金判1249号37頁 …… 93
東京高判平19・3・14判タ1246号337頁・金法1869号47頁 …… 280
東京高決平19・7・9判タ1263号347頁 …… 93
東京高決平19・9・21判タ1268号326頁 …… 93
大阪高決平21・6・3金法1886号59頁 …… 121
東京高決平21・7・7判時2054号3頁・判タ1308号89頁 …… 294
福岡高那覇支決平21・9・7判タ1321号278頁・金判1333号55頁 …… 121
東京高判平21・9・9金判1325号28頁・金法1879号28頁 …… 268
東京高決平22・10・22判タ1343号244頁 …… 463
名古屋高金沢支判平22・12・15金法1914号34頁 …… 268
東京高決平24・3・9金判1393号46頁 …… 93
東京高決平24・9・7金判1410号57頁・金法1977号60頁 …… 93

地方裁判所

大阪地決平13・7・19判時1762号148頁・金法1636号58頁 …… 280,296
東京地判平15・12・22判タ1141号279頁・金法1705号50頁 …… 280
東京地判平16・2・27判時1855号121頁・判タ1153号279頁 …… 301
東京地判平16・6・10判タ1185号315頁・金法1869号55頁 …… 280
東京地判平17・3・9金法1747号84頁 …… 246
東京地判平17・6・10判タ1212号127頁 …… 265,269
東京地判平18・1・30判タ1225号312頁・金法1783号49頁 …… 257
大阪地決平20・5・15判時2007号96頁・判タ1272号301頁 …… 396
東京地決平20・6・10判時2007号96頁・判タ1272号301頁 …… 396
東京地判平20・10・21判タ1296号302頁・金法1859号53頁 …… 407
東京地判平20・10・30判時2045号127頁・金法1859号53頁 …… 407
大阪地判平20・10・31判時2039号51頁・判タ1300号205頁 …… 35

リーガル・プログレッシブ・シリーズ
民事再生

2014年６月16日　初版第１刷印刷
2014年７月15日　初版第１刷発行

廃止　検印

©編著者　佐《さ》村《むら》浩《ひろ》之《ゆき》
内《うち》田《だ》博《ひろ》久《ひさ》

発行者　逸見慎一

発行所　東京都文京区本郷６丁目４の７　株式会社　青林書院

振替口座　00110-9-16920／電話03(3815)5897～8／郵便番号113-0033

印刷・モリモト印刷㈱　落丁・乱丁本はお取り替え致します。

Printed in Japan ISBN978-4-417-01627-4